Andreas Platthaus

Auf den Palisaden

Amerikanisches Tagebuch

ROWOHLT · BERLIN

Mit Illustrationen von Burkhard Neie

Originalausgabe
Veröffentlicht im Rowohlt · Berlin Verlag, März 2020
Copyright © 2020 by Rowohlt · Berlin Verlag GmbH, Berlin
Innentypografie Daniel Sauthoff
Satz Maiola bei Pinkuin Satz und Datentechnik, Berlin
Druck und Bindung CPI books GmbH, Leck, Germany
ISBN 978-3-7371-0095-3

Für Guy Morgan Reeve IV,
my American twin

Inhalt

Vorbemerkung

Auf den Palisaden – dieser Titel stand fest, bevor ich auch nur eine Minute im Thomas Mann House verbracht, geschweige denn eine Zeile geschrieben hatte. Pacific Palisades ist in Deutschland ein Mythos des deutschen Exils, darüber hinaus weiß man nichts über die kleine Stadt mit ihren 27000 Einwohnern im Norden des Großraums von Los Angeles. Aber im San Remo Drive lebte eben von 1941 bis 1952 Thomas Mann, und er hielt von dort aus Wache über das, was er als deutsche Kultur ansah; das war entschieden dem entgegengesetzt, was die Nationalsozialisten darunter verstanden, die ihn 1933 außer Landes getrieben hatten. Auf den Palisaden von Pacific Palisades stand Thomas Mann und verteidigte in Wort und Schrift die Demokratie gegen ihre Feinde und Verächter.

Beim Erwerb seines kalifornischen Wohnsitzes im Jahr 2016 durch die Bundesrepublik Deutschland und dem Umbau zu einem Residenzhaus, dessen Fellows den kulturellen Austausch zwischen Amerikanern und Deutschen fördern sollen, war ursprünglich nur geplant, an das kämpferische Wirken der Familie Mann in einer für Deutschland schmachvollen Zeit zu erinnern. Doch mit der Wahl des amerikanischen Präsidenten Donald Trump kurz nach dem Kauf des Anwesens änderte sich alles. Plötzlich wurde auch das Erbe der Manns aus der Nachkriegszeit zum Bezugspunkt: jene Jahre in Pacific Palisades, als sich in den Vereinigten Staaten angesichts des beginnenden Kalten Kriegs eine antikommunistische Hysterie entwickelte, die den Geist der bislang als vorbildlich geltenden amerikanischen Demokratie verriet. Unter dem Eindruck einer gegenüber Liberalen immer feindlicher gesinnten Stimmung verließen Thomas Mann und die Seinen ihr neues Heimatland wieder – der Schriftsteller war 1944 amerikanischer Staatsbürger geworden – und kehrten nach Europa zurück, in die Schweiz. Zuvor aber hatten sie auch den repressiven Tendenzen in Amerika einen heftigen Kampf geliefert. In dieser Tradition sieht sich das Thomas Mann House: als befristeter Wohnort von intellektuellen Mittlern zwischen den Vereinigten Staaten und Deutschland, die keine Kompromisse bezüglich der demokratischen Werte einzugehen bereit sind. Die Fellows sollen nicht im Schatten der Palmen von Pacific Palisades liegen, sondern auf den Palisaden stehen.

Die kolportierte Milde des kalifornischen Lichts ließ indes nicht vermuten, dass man hier leicht kampfeslustig gestimmt werden könnte. Deshalb war ich entschlossen, in meiner Zeit im Thomas Mann House neben Recherchen für ein kommendes Buch über den deutschamerikanischen Künstler Lyonel Feininger ein Tagebuch zu führen, in dem ich Beobachtungen eines Europäers über Amerika festhalten wollte. Eine Meinung zur aktuellen Lage in den Vereinigten Staaten brachte ich mit, aber wer war ich denn, dass ich dieses Land hätte vorverurteilen können? Über vier Monate hinweg habe ich viel gesehen und noch viel mehr gelernt. Was mir während meiner kalifornischen Zeit erklärt und verklärt, teuer und verhasst wurde, das steht in diesem Buch.

I.

April – Tausend Schritte bis zur Dialektik der Aufklärung und zurück

31. März 2019 Ich komme nach Kalifornien aus einem Land, das Ende März noch keine Schönwettergarantie kennt. Trotzdem erfolgt die Abreise bei strahlender Sonne – genau wie die Ankunft am Nachmittag in Los Angeles gegen 15 Uhr. Für das Abendlicht des ersten Tages habe ich mir im Flugzeug einen Plan zurechtgelegt: Fahrt herunter vom San Remo Drive an den Pazifik, einen Ozean, den ich bislang nur von der anderen Seite, von Japan und Neuseeland her kenne. Bestärkt hat mich in diesem Vorhaben eine Szene aus Jacques Audiards neuem Spielfilm «The Sister Brothers», der im Bordprogramm zu sehen war: John C. Reilly und Joaquin Phoenix reiten in dem Western über einen kalifornischen Hügel, und plötzlich tut sich vor ihnen der Pazifik auf. Ich stelle mir das ganz ähnlich vor: mit dem Wagen den Sunset Boulevard entlang und bei Sonnenuntergang aufs Meer schauen. Aber vor die schönsten Pläne haben die Götter die Passkontrolle gesetzt.

Im Flugzeug hatte ich mich nach den Einreiseformularen erkundigt; die brauche man nicht mehr, beruhigte der Steward, das erfolge alles online. Fast möchte man es bedauern, denn das Ausfüllen des Fragebogens kurz vor der Landung hatte bislang immer eine diffuse Spannung erzeugt, als wäre man eine kafkasche Figur unter unberechtigter Anklage. War ich für die amerikanischen Grenzbeamten nicht vielleicht doch ein Terrorist, Alt-Nazi oder Waffenschmuggler, auch wenn ich in allen Spalten Nein ankreuzte? Aber wurden diese Zettel überhaupt gelesen? Als meine Frau sich vor Jahren als Juristin beim Ausfüllen des Einreiseformulars darüber empörte, dass man dort einwilligen musste, auf sämtliche Rechtsmittel gegen einen ablehnenden Bescheid durch die Einwanderungsbehörde zu verzichten, strich sie kurzerhand handschriftlich den ganzen Passus. Es hat damals niemanden interessiert. Heute muss man diesen Verzicht im Netz mit einem Klick bestätigen, sonst kommt man einfach nicht weiter bei der Eingabe. Schlechte Zeiten für mutige Juristinnen.

Meine Frau ist jedoch diesmal nicht mit an Bord, im «Thomas Mann House» sind Partnerbesuche nur zeitlich eingeschränkt erlaubt. Glück gehabt, Madame! Denn noch keine meiner Einreisen in die Vereinigten Staaten glich dieser. Am Sonntagnachmittag gegen 15 Uhr sind gleich mehrere Großraumflugzeuge aus Europa gelandet, davon offenbar das Gros aus Frankreich, und entsprechend viele Menschen drängen in die Immigration Hall. Die Beamten sprechen zu meiner Überraschung ausgezeichnetes Französisch, was den Bearbeitungsprozess aber nicht beschleunigt. Die Halle ist mittels Absperrbändern zu einem virtuosen Schlangenlinienparcours mit mehreren Labyrinthen gestaltet worden, der zudem permanent verändert wird, um die Massen noch um ein paar Ecken mehr herumlenken und damit eine größere Menge an Leuten unterbringen zu können. Mitten in der Schlange, beim Übergang aus einem Labyrinth ins nächste, erfahre ich von einer Beamtin, dass für mein J1-Visum eine Zollerklärung nötig ist, was weder jemand im Flugzeug noch vorab im Thomas Mann House wusste, und so werde ich nach den ersten erfolgreich absolvierten Kurven wieder zum Anfang der inzwischen endlos langen Schlange zurückgeschickt, wo es die Zollerklärung gibt. Auf der ist unter anderem auch zu vermerken, ob man Schnecken auf der Reise mitführt.

Die wären allemal schneller als die Menschen hier, aber nach knapp zwei Stunden ist die Sache ausgestanden (was für ein passendes deutsches Wort!), und mein Gepäck wartet in einer langen Reihe von Koffern anderer Unglücklicher neben dem längst ausgeschalteten Rollband.

Dann nur noch eine Busfahrt vom Terminal zum Mietwagenverleih (Los Angeles macht seinem Ruf als Autofahrerstadt gleich zu Beginn alle Ehre), und schon geht es weiter über den San Diego Freeway und einen Abschnitt des Sunset Boulevard zum Thomas Mann House im San Remo Drive. Hier sieht es weniger schlimm aus als nach den Ankündigungen der Mitarbeiter erwartet, die vor Umbauarbeiten im Außenbereich gewarnt hatten, weshalb ich an der Einfahrt auch erst einmal vorbeifahre: Ich habe mit einer Wüstenei gerechnet, stattdessen ist der Zutritt beinah lauschig. Als erster Fellow, der nach Fertigstellung der eigentlichen Villa einziehen darf, bekomme ich Thomas Manns ehemaliges Schlafzimmer zugewiesen, abgewandt vom Bauplatz rund ums entstehende Gartenhaus, in dem das Büro der Mitarbeiter Platz finden wird. Der verantwortliche Programmdirektor führt durch das erfreulich karg möblierte Gebäude. Dann ist für ihn nach dem langen Warten auf meine Ankunft endlich Feierabend. Für die Fahrt an den Pazifik ist es jetzt bereits zu dunkel.

Oder doch nicht? Wer die Zeitumstellung bewältigen will, sollte lange aufbleiben. Also noch in den Wagen und den Sunset Boulevard hinab zum Will Rogers Beach. Um kurz nach 21 Uhr Ortszeit bin ich an der Küste. Zu sehen ist hier wenig, aber zu spüren umso mehr, nach einigermaßen halsbrecherischer Kletterei über die Felsen: Der Pazifik ist warm. Ein erster Gruß der erhofften sonnigen Saison, wenn auch im vollkommenen Dunkel.

1. April Die Nacht war kurz, sie reichte von Mitternacht
bis 2.28 Uhr. Thomas Mann hat in seinen Tagebüchern häufig über schlechten Schlaf geklagt, aber schon gestern Abend
habe ich feststellen müssen, dass just die Bände aus seiner
Zeit in Pacific Palisades in der Bibliothek im ehemaligen Arbeitszimmer noch fehlen; dort hört das Leben des früheren
Hauseigentümers schon in Princeton auf.

Um halb sieben röten sich die Ränder der Hollywood
Hills am östlichen Horizont. Etwas weiter links soll das Getty
Center liegen, aber eine Konifere versperrt den Blick. Rund
um das Haus zieht sich ein dichtes grünes Band aus Bäumen,
und auf dem östlichen Rasenstück unter meinem Schreib-
tischfenster stehen die drei mittlerweile riesigen Palmen,
die die Familie Mann hier noch pflanzen ließ; ursprünglich
waren es sieben. Wie ich bei der Erkundung des Gartens
feststelle, hat man für vier neue gesorgt, die aber neben
ihren drei älteren Schwestern noch kaum auffallen. Überhaupt wirkt der Garten zurückhaltend; auf der Fahrt zum
Meer habe ich mich gestern an der Liebe der Anwohner erfreuen können, ihre Palmen zu illuminieren – als wäre hier
das ganze Jahr Weihnachten. An den Hauseinfahrten sind
kleine Löwenfiguren, Amphoren, schmiedeeiserne Laternen
zu sehen, die ganze ästhetische Erbschaft des versunkenen
alten Kontinents entlang der nach mediterranen Sehnsuchts-
orten benannten Straßen: Amalfi, Sorrento, Napoli, Monaco,
Lucca, Pavia, Capri und eben San Remo; drei Zitronenbäu-
me prunken in einem Vorgarten mit dichtem Fruchtbehang –
Goethe hätte auf einer etwaigen kalifornischen Reise daran
seine Freude gehabt. Das Amerikanischste in diesem Wohn-

gebiet sind Hydranten und die allgegenwärtigen Stars and Stripes.

Die Bebauung entlang des San Remo Drive ist locker, die Straßen schlagen hangaufwärts elegante Bögen, schließen Kreise, kreuzen sich. Nicht nur dieses Planstadtprinzip, auch die Architektur der meist bungalowartigen Häuser erinnert an bessergestellte Feriensiedlungen auf Mallorca, auch in der Liebe zu Nippes und Kitsch, aber hier wohnen, wie ich höre, Goldie Hawn, Kurt Russell und Adam Sandler in der Nachbarschaft. Auf den Straßen sind kurz nach sieben Uhr morgens nur mexikanische Bau- und Gärtnerkolonnen unterwegs, außer Spanisch hört man kein Wort, aus einem parkenden Auto tönt Mariachimusik, in vielen Fahrzeugen dösen Arbeiter vor sich hin, denn vor acht Uhr wird keine wirklich lärmende Arbeit begonnen. Im frühen Sonnenlicht steht der Geruch von blühendem Jasmin. Die zur Spitze des Hügels mäandernden Sträßchen enden alle in Privatauffahrten; ganz oben stehen die größten Häuser, darunter das von Steven Spielberg, breite Glasfronten nach Westen und Süden, in Richtung Pazifik und Stadt. Aus einem vergitterten Tor am Ende einer Sackgasse rollt ein Radfahrer bergab, der erste Anwohner auf meiner Lauferkundung an diesem Morgen. Zurück im Thomas Mann House sind auch hier die Bauarbeiter eingetroffen.

Im Morgenlicht ist das Gebäude noch eindrucksvoller, über einen gewinkelten Gang mit Fensterbändern hin zum Garten werden die Schlafzimmer im oberen Geschoss erschlossen. Mitten durch das Grundstück ist ein Eisenzaun gezogen, wie man ihn von den amerikanischen Konsulaten in Europa zu kennen meint, hier aber ist er Teil der gesetzlich vorgeschriebenen Absicherung des Swimmingpools, mit der verhindert werden soll, dass Kinder darin ertrinken. Er wurde von den Hauseigentümern gebaut, die der Familie Mann folgten, und damals gab es noch nicht die Vorschrift, das Becken komplett einzuzäunen. Bald wird das Gitter vermutlich den ganzen Pool umgeben. Immerhin hat man die martialische Wirkung der Absperrung durch zwei in kleine Gitterfenster eingehängte Fischplastiken gemildert, die bei Wind leise hin und her schwingen. Und dann ist da noch Raffael, der Leiter der Baumaßnahmen, ein mächtiger Amerikaner, dessen Stolz auf seine Umbauarbeiten beim ersten Treffen unüberhörbar ist: Noch nie zuvor habe er ein so schönes Haus in dieser Gegend renovieren dürfen; die Verbindung des strengen Vierziger-Jahre-Stils mit den Erfordernissen moderner Haus- und Sanitärtechnik bringt den Mann mit dem zur hiesigen Straßenbenennung so passenden Namen ins Schwärmen. Wo ich denn untergebracht sei? Ah, in der Presidential Suite! So sei Thomas Manns ehemaliges Schlafzimmer nämlich auf den aktuellen Umbauplänen ausgewiesen. Das hätte wohl auch dem Schriftsteller gefallen.

2. *April*   Der Präsidentschaftswahlkampf ist seit dem 28. Januar 2019 eröffnet, zumindest für Marianne Williamson, die an jenem Tag erklärt hat, sich um die Kandidatur für die Demokratische Partei zu bemühen. Gut, dass sie bis zur Entscheidung darüber noch etwas Zeit hat: Im Programmblatt zu ihrem Auftritt an diesem Abend in der First Unitarian Church von Los Angeles schwankt die Schreibweise des Namens der Bewerberin noch zwischen Williamson und Willaimson. Dabei handelt es sich um eine prominente Bestsellerautorin, die von ihrem Erstling «A Return to Love» (1992) bis zum für

dieses Jahr angekündigten Handbuch «A Politics of Love» zahlreiche Lebenskunstbücher publiziert hat, darunter zuletzt «21 Spiritual Lectures of Surrendering Your Weight Forever». Ein politisches Leichtgewicht will die talkshowerprobte Autorin aber nicht sein: «Wer weiß, wie man ein Herz gewinnt, der weiß, wie man die Welt ändert», beschwört sie die Kraft der Liebe, und zum stehenden Schlussapplaus der Besucher in der Kirche formt sie mit beiden Händen ein Herz. Ein Drittel der 65000 Unterstützungsunterschriften und ein paar tausend Dollar fehlen Williamson noch, um an den demokratischen Vorwahlen teilnehmen zu können, das gibt sie zu. Aber hier in Los Angeles hat sie ein Heimspiel, hier wohnt sie, hier hat sie ihren Hut für den Wahlkampf in den Ring geworfen, und hier hat sie mit der First Unitarian Church auch den richtigen Rahmen für ihre Botschaft der Liebe.

Die 1877 in Los Angeles gegründete Glaubensgemeinschaft versteht sich als Sachwalterin des Humanismus, und ihr Gebäude in der West 8th Street ist eng mit Thomas Mann verknüpft. Der deutsche Protestant bewunderte die religiöse Liberalität der Unitarier, die sich für ihre aufklärerischen und menschenfreundlichen Lehren von den unterschiedlichsten Glaubensrichtungen inspirieren lassen. Mit dem von 1948 bis 1969 amtierenden Pastor Stephen Hole Fritchman lernte der deutsche Schriftsteller zudem einen Mann kennen, der sich mindestens so vehement für die Verteidigung der Demokratie in Amerika gegen Joseph McCarthys Verdächtigungswahn einsetzte wie Thomas Mann selbst. Und die unitarische Gemeinde hatte dafür gesorgt, dass Lion Feuchtwanger und seine Frau 1941 aus Europa in die Vereinigten Staaten ausreisen konnten. Thomas Mann honorierte dieses humanitäre Engagement: Nicht nur, dass er am 4. März 1951 seine einzige Kanzelrede hier in der Kirche hielt (zum Jahresgedächtnis an den Tod seines Bruders Heinrich, dessen Beerdigungsgottesdienst Reverend Fritchman zelebriert hatte); Thomas Mann hatte auch schon vorher dafür gesorgt, dass alle seine Enkel, beginnend mit dem 1940 im kalifornischen Monterey geborenen Frido, unitarisch getauft wurden. Der Literaturwissenschaftler Heinrich Detering hat diese überraschende Faszination für die Freikirche in seinem Buch «Thomas Manns amerikanische Religion» umfassend dargestellt. Und Keola Whittaker, der Vorsitzende der Gemeinde, beruft sich in seiner Eröffnungsansprache zur Veranstaltung mit Marianne Williamson auch auf Thomas Mann.

War aber in der Nachkriegszeit die First Unitarian Church eine Hoffnungsträgerin für den deutschen Schriftsteller, ist es heute die amerikanische Schriftstellerin für die Kirche. Die Zeit ist nicht gut umgegangen mit dem Gotteshaus: Das hohe Tonnengewölbe mit Rohputzwänden über einer vier Meter hohen Holzvertäfelung ist renovierungsbedürftig, die hölzernen Klappsitze knarren verdächtig, und die Mitgliederzahl der Gemeinde ist stark geschrumpft; zu Thomas Manns Zeiten gab es hier sonntags vier Gottesdienste, heute nur noch einen. Da bringt die populäre Lebenshilfeautorin dringend benötigtes junges Publikum in den Saal. In ihrer einstündigen Rede vor fast vollem Haus begründet sie ihre Bewerbung um die demokratische Präsidentschaftskandidatur mit der Notwendigkeit, sich die Demokratie zurückzuerobern: «Nach 1776 muss auch heute wieder eine Aristokratie ausgetrieben werden.» Gemeint ist damit die Gruppe von Superreichen, der die amerikanische Regierung nicht erst seit Trump, aber nunmehr besonders skrupellos, Aufträge zuschachere, die nicht im Sinne der Bevölkerungsmehrheit seien: «Holen wir uns unsere Demokratie zurück!» Dazu bedürfe es eines Rezepts, das Williamson ihren Ratgeberbüchern entlehnt hat: des ernsten Selbstgesprächs. Ihre drei Kernprogrammpunkte, die sie auf einer «Love America Tour» quer durchs ganze Land tragen möchte, lauten: Förderung von Kindern, Wiedergutmachungszahlungen für die Nachkommen der jahrhundertelang in den Vereinigten Staaten ausgebeuteten Sklaven und eine konsequente Friedenspolitik. Wenn sie dafür zur Präsidentin gewählt werde, dann sei das nicht nur eine Ehre und persönliche Bestätigung: «I'll work like hell!» Protestantisches Arbeitsethos in der Unitarian Church: «Denn all das, was wir tun, kehrt wieder zu uns zurück.» Sprach's und bekam vom Verstärker eine scheußliche Rückkopplung.

Dass sich Marianne Williamson in der Diskussion mit ihren Wählern beim Thema Klimaschutz auf einen italienischen Industriellen beruft, der gesagt haben soll: «Damit alles beim Alten bleiben kann, muss sich alles ändern», und dafür kräftigen Jubel in der Kirche einheimst, lässt indes bei der Erfolgsautorin – anders als bei dem von ihr zitierten Italiener – auf wenig literarische Bildung schließen, sonst hätte sie den berühmtesten Satz aus Lampedusas Roman «Der Leopard» erkannt. Aber für sie sind ja nach eigenem Bekunden auch fünfunddreißig Jahre Buchproduktion über die Kraft der Liebe dasselbe wie der nun anstehende Wahlkampf. Sie wird Kraft brauchen.

3. April Kaum mehr als fünfhundert Schritte von Thomas Manns Haus im San Remo Drive entfernt lag der Bungalow von Max Horkheimer, im nahen Deste Drive. Mann und Horkheimer luden sich gegenseitig gern zum Essen ein; bei solchen Gelegenheiten versuchte Horkheimer bisweilen, den einflussreichen Literaturnobelpreisträger als Rezensenten für Publikationen seines Instituts für Sozialforschung zu gewinnen – was Katia Mann dem Nachbarn übelnahm, denn ihr doch etwas gealterter Gatte brauchte seine ganze Schaffenskraft fürs eigene Werk. Horkheimers engstem Mitarbeiter und -denker, dem ebenfalls nicht weit entfernt in der South Kenter Avenue wohnenden Theodor W. Adorno, galt das Ehepaar Mann als «Großkopfete», wie er am 29. März 1943 an seine nach Kuba geflüchteten Eltern schrieb: Er wolle am Abend einer Essenseinladung Horkheimers folgen, obwohl dort auch Thomas und Katia Mann zu Gast sein würden. Die waren dem Hausherrn und Adorno eine ganze Generation voraus und ließen das die jüngeren Anwesenden offenbar spüren. Trotzdem war das Verhältnis der Manns zu Horkheimer eng – in Adornos Augen sogar derart, dass er sich später bei Thomas Mann beschwert haben soll, dass sein Freund und Kollege Horkheimer in den nachgereichten Würdigungen der beratend am Romanstoff des «Doktor Faustus» Beteiligten gar nicht erwähnt wurde. So behauptet es wenigstens Katia Mann in ihren «Ungeschriebenen Memoiren». Horkheimer selber schien es jedoch nicht sonderlich übel zu nehmen: Die freundschaftliche Beziehung zwischen Mann und ihm hielt bis zu seiner Rückkehr nach Frankfurt am Main im Jahr 1950. Das war im Falle Adornos ganz anders, der in Thomas Manns Essay «Die Entstehung des Doktor Faustus» zwar als wichtiger Anreger genannt wurde, aber dennoch unzufrieden blieb. Obwohl Adorno sogar noch ein paar Monate länger im Norden von Los Angeles wohnen blieb als Thomas Mann, haben sich die beiden in den frühen fünfziger Jahren nicht mehr viel zu sagen gehabt.

Von Horkheimers Bungalow im Deste Drive ist nichts mehr übrig. Ich bin heute nach dem Frühstück dorthin gegangen.

Die Hausnummer 13524 (trotz kurzer Straßenlänge protzt der
Deste Drive mit fünfstelligen Hausnummern) ist ein hässlich verschachtelter weißer Neubau mit plumpschwarzen
Metall-Fensterrahmen. Denkmalschutz für bedeutende kulturgeschichtliche Orte ist in den Vereinigten Staaten kaum
üblich, deshalb fiel das für Horkheimer gebaute Haus, in
dem weite Teile der «Dialektik der Aufklärung» geschrieben
wurden, vor ein paar Jahren der Abrissbirne zum Opfer. Das
gleiche Schicksal hätte wohl auch dem Thomas Mann House
geblüht, aber hier sprang 2016 die Bundesrepublik als Käu-
ferin ein. Schon 1977 hatte sie eine Bronzeplakette für das
damals noch in Privatbesitz befindliche Haus gestiftet, die
nun nach dem Umbau neben der Eingangstür angebracht ist.
Für den Horkheimer-Bungalow hatte sich offenbar seit dem
Auszug des Soziologen vor fast siebzig Jahren niemand in
Deutschland interessiert, also konnte er widerstandslos abgerissen werden. Horkheimer schrieb den Deste Drive übrigens
in seiner Korrespondenz konsequent italienisch, «D'Este».
Die nach der berühmten Fürstenfamilie benannte Allee ist
so etwas wie das Herzstück all der mediterran bezeichneten
Wege auf diesem Hügel des deutschen Exils: eine regelrechte
Aufmarschstraße, überdimensioniert, mit mächtigen Palmen
rechts und links der Mittelachse, als hätte man bei der Anlage des Straßennetzes in den späten zwanziger Jahren hier
auch ein Stück des zeitgenössischen Italien unter Mussolini
simulieren wollen. Die Straßenschilder aber lauten heute alle
auf «Deste». Horkheimer hätte dieser Umschlag der Italien-
verehrung in Italienischverhunzung als weiteres Indiz für die
Dialektik der Aufklärung dienen können. Und das nicht einmal hundert Schritte von der eigenen Haustür entfernt.

4. *April* Eigentlich wollte ich nur zum Skylight Bookstore.
Der liegt im Stadtteil Los Feliz, an der Vermont Avenue, nicht
gerade die Schokoladenseite der Stadt. Doch gegen die Ama-
zon.books-Filiale im reichen Pacific Palisades ist Skylight
eine Offenbarung: große Auswahl, trotzdem eine eigene
Handschrift (unter anderem eine reichhaltige Comic-Abtei-
lung, und die besteht nicht aus Superheldenheften, sondern
aus Graphic Novels, auch europäischer Provenienz – aber ich
schweife in eine private Obsession ab). Gibt es im Amazon-
Buchladen etwas vom größten aller amerikanischen Roman-
autoren zu kaufen, von Herman Melville? Natürlich nicht.
Bei Skylight steht allein schon «Moby-Dick» in fünf verschiedenen Ausgaben, und «The Confidence-Man», «Billy Budd»,
«Typee» oder «Bartleby, the Scrivener» gibt es auch. Dieser
Laden ist ein großes Glück, aber ein noch größeres liegt etwas
weiter Richtung Downtown auf der anderen Straßenseite.
Ich hatte es beim Verlassen der Metrostation der Red Line
schon gesehen, aber nicht gewusst, was es war. Noch nie habe
ich mich so unvorbereitet in eine Großstadt begeben wie nach
Los Angeles, keinen Reiseführer im Gepäck, nur eine Emp-
fehlung aus dem Freundeskreis: für «The Dresden», ein Restaurant, das zwischen der Metrostation und Skylight liegt.
Auch deshalb bin ich hierhergekommen, aber das «Dresden»
öffnet erst am späten Nachmittag. Doch da ist ja noch diese
Anhöhe hinter gesichtslosen Geschäftshäusern auf der anderen Straßenseite, mit einem grünen Pflanzenkranz über einer
rätselhaften festungsartigen Bebauung. An solch fremdartig
wirkenden Orten kann man nicht einfach vorbeigehen, also
biege ich auf dem Rückweg von Skylight rechts in den Holly-

wood Boulevard ab und gehe dann über ein paar Treppen, die an den Aufstieg zum Kreuzberg in Berlin erinnern, hinauf zu der bewaldeten Hügelkuppe mitten in der Stadt.

In Serpentinen führt auch eine Straße hier hoch, und in einer dieser Kehren steht ein seltsames Haus, umzäunt, teilweise eingerüstet und in einigermaßen beklagenswertem Zustand. Seltsam wirkt es mit seinen ornamentalen Zierleisten auf wie aus einem Baukasten zusammengesetzten Betonkuben – ein Kultbau, möchte man meinen. Das trifft zu, aber anders als gedacht. Die Anmutung mexikanischer oder ägyptischer Tempel spielt hier weniger eine Rolle als die Persönlichkeit des Baumeisters: Frank Lloyd Wright, die Ikone der amerikanischen Architektur. Das Haus, so belehrt ein Schild auf dem Bauzaun, stammt aus dem Jahr 1920, errichtet als Nebengebäude des Hollyhock House. Nie davon gehört, aber es wird wohl nicht weit weg liegen. In der Tat: Es findet sich oben auf dem Hügel, weist dieselben Stilelemente wie der Nebenbau auf, ist nur viel größer. Und als weitere Parallele ist es ebenfalls komplett eingezäunt. Zwei Gebäude von Frank Lloyd Wright und beide nicht zu besichtigen. Die Renovierung des kleineren hat schon 2016 angefangen; es sieht nicht so aus, als käme sie bald an ein Ende. Die Renovierung des größeren kann man nur postulieren, denn es ist keinerlei Bauaktivität zu erkennen.

Aber gerade die Isolation der beiden Gebäude von den wenigen Besuchern, die sich hier hinauf verirrt haben und den phantastischen Blick über das Häusermeer zum Pazifik genießen, verleiht ihnen die Aura von Tempelbauten. Und wie im Fall der versunkenen Mayastätten entsteht aus dem Niedergang ein eigener Zauber, eine höhere Glaubwürdigkeit der Kultbauten, die nicht Menschen dienen, sondern Göttern – Frank Lloyd Wright gilt in seiner Zunft längst als ein solcher. Obwohl er seinen Auftraggebern bisweilen als Teufel erschienen sein muss, liefen die Kosten für die Errichtung ihrer Häuser doch meist aus dem Ruder. So auch beim Hollyhock House, das Wright für ein Enfant terrible der High Society von Los Angeles errichtete: die millionenschwere Öl-Erbin Aline Barnsdall, die ein Faible fürs Theater hatte und deshalb von den kulissenartigen Entwürfen Wrights begeistert war. Bis sie das neue Haus bezog und feststellte, dass es nicht nur einen Gutteil ihres Vermögens verschlungen hatte, sondern auch unbequem zu bewohnen war. Also schenkte sie es schon 1927 der Stadt – Plutokraten verstehen es, Kosten zu sozialisieren. Immerhin setzte die Kommune dann leicht verspätet den ursprünglichen Plan von Aline Barnsdall um, auf dem grünen Hügel neben der Villa auch noch ein Kulturensemble zu errichten. In heftigstem Brutalismus wurden den prächtigen Flachbauten von Wright in den siebziger Jahren die Municipal Art Gallery mit angebautem Theater und ein Kunstzentrum für Jugendliche vor die Nase gesetzt. Von unten sieht das Ganze aus wie eine Akropolis. Von oben – nun ja.

Und doch sind alle diese Gebäude im mittlerweile nach Barnsdall benannten Park wunderbar gealtert, die nun fast hundert Jahre alten Wright-Bauten wie die ein halbes Jahrhundert jüngeren Kultureinrichtungen. Das wird man von Frank Gehrys ein paar Kilometer weiter südlich in Downtown errichteter Walt Disney Concert Hall nicht behaupten können. Das aluminiumverkleidete dekonstruktivistische Gebilde – Bilbao lässt grüßen! – hat auch nach sechzehn Jahren keinerlei Patina angesetzt und sieht darum unerfreulich aseptisch aus. Man sehnt sich nach der Ruinenromantik, die Frank Lloyd Wrights Häuser ausstrahlen. Und plötzlich bekommt Albert Speers längst als Lüge entlarvte Behauptung,

Adolf Hitler hätte gefordert, die NS-Architektur müsse ihren Verfall mit einkalkulieren, um später gute Ruinen abgeben zu können, eine gespenstische Plausibilität. Speers Monumentalbauten sehen in ruinösem Zustand schlecht aus, Wrights dagegen blendend. Man möchte sich wünschen, dass die 2016 begonnene Renovierung nie beendet würde. Dann bliebe auch der Barnsdall-Park so spärlich besucht wie heute und damit eine Oase im Trubel von Los Angeles. Wenn die beiden Gebäude, Neben- und Haupthaus, erst wieder zugänglich sind, wird der Kulturtourismus zuverlässig einsetzen. Noch aber kann man diesen Ort zufällig entdecken. Wer braucht da einen Reiseführer? Gut, dass ich mich bei Skylight wieder gegen die Anschaffung eines solchen entschieden habe.

5. *April*   Es hat eine gewisse Ironie, dass das Getty Center eine Ausstellung mit dem Titel «MONUMENTality» zeigt. Denn ein monumentaleres Gebäude als die Museumsburg hoch über der Kreuzung San Diego Freeway/Sunset Boulevard gibt es in Los Angeles kaum. Während der Trambahnfahrt vom Parkhaus auf die Höhe des Getty Centers wird eine Art symphonischer Triumphmarsch eingespielt. Hoffentlich werde ich den nicht jedes Mal hören müssen, wenn ich ins Getty Research Institute komme; die Melodie ist schon nach dem ersten Mal kaum mehr aus dem Kopf zu kriegen. Beim Runterfahren drei Stunden später werde ich verschont; vielleicht sollen die Besucher nur in die richtige weihevolle Stimmung gebracht werden, und wenn man sie dann zurück in den Alltag entlässt, können sie ja sehen, wie sie ihren ästhetischen Haushalt wieder ausgeglichen bekommen.

«MONUMENTality» ist nicht im eigentlichen Museum

zu sehen, sondern in dem am Rand der Anlage errichteten Gebäude des Research Institute, deshalb verirrt sich kaum jemand hierhin. Thema der Ausstellung ist die Überwältigungsstrategie totalitärer Systeme, wobei man sich diesmal die Nazis weitgehend gespart hat und vor allem auf das Sowjetsystem und Mussolinis Faschismus abzielt. Eine Reihe kitschiger Leninbüsten und einige augenzwinkernde postsowjetische Verarbeitungen von niemals umgesetzten bolschewistischen Monumentalprojekten wie der «Palast der Sowjets» und eine hundert Meter hohe Lenin-Statue machen den Anfang, bevor das seltsamste Objekt kommt: ein gigantischer Klebeband von Benedetta Cappa Marinetti (ja, die Gattin des berühmten Futuristen, selbst eher eine berüchtigte Futuristin), in dem sie ihre künstlerischen Aktivitäten von 1924 bis 1941 dokumentierte, also fast zur ganzen Zeit des italienischen Faschismus. Dieses Buch ist ein Kunstwerk eigenen Rechts, Hybris in Hochform. Aufgeschlagen ist eine Doppelseite mit zwei ganzseitigen Zeitungsartikeln zur Eröffnung des Hauptpostamts von Palermo im Jahr 1934, einem Prestigeprojekt der faschistischen Regierung, für das Benedetta, wie der Künstlername von Signora Marinetti lautete, ein riesiges Wandbild mit dem Titel «Sintesi della communicazione» im Konferenzraum ausgeführt hatte, zur Feier der modernen Kommunikationsmittel. Dass die Künstlerin dann die altvordere Form des Klebealbums für die Beweisführung ihrer futuristischen Aktivitäten wählte, ist ein wunderbarer Anachronismus. Die beiden Zeitungsseiten sind übrigens ungefaltet eingeklebt – die Größe des Benedetta-Albums entspricht durchaus dem Größenwahn Mussolinis.

Die Ausstellung im Getty Research Institute selbst jedoch ist winzig, denn viel mehr als das Erwähnte ist kaum zu sehen; jedenfalls heute nicht, weil der zweite Teil der Schau geschlossen bleibt. So folgen nur noch eine Graphikserie zum Berlin der unmittelbaren Nachwendezeit und ein sowjetisches Stoffmuster mit industrieverherrlichendem Dekor, das war es dann auch schon. Auch hier also eine gewisse Ironie: Weniger Monumentalität als bei MONUMENTality war nie. Aber die Schau findet ja im richtigen Rahmen statt, auf den Höhen des kalifornischen Parnass, im Pantheon der Kunst, dem Paradies des Mäzenatentums. Man kann nur monumental darüber sprechen.

6. April Warum sollte es mir besser gehen als allen anderen auf der Welt? Auch ich hetze Donald Trumps ständigen Winkelzügen hinterher. Gestern war er in Calexico, an der Grenze zu Mexiko, heute bin ich da. Wir haben beide dasselbe gesehen, aber er nennt es «a great wall». Ich nenne es einen hässlichen Gitterzaun.

In Calexico, das in seinem Namen die benachbarten Staaten Kalifornien und Mexiko vereint, verläuft die Absperrung mitten durch die Stadt. Die mexikanische Hälfte heißt Mexicali, auch das ein Kompositum aus den beiden Grenzstaaten, aber viele weitere Verbindungen gibt es nicht mehr. Das Gebäude der United States Border Control ist das mit Abstand repräsentativste des Stadtzentrums; es steht direkt an der Grenze, und hier kann sie von Fußgängern passiert werden: durch stählerne Drehtüren, deren ununterbrochenes Geschepper bis auf den Vorplatz dringt. Und wenn man etwas beiseitetritt, kann man eine Menschenmenge hören, die sich, für Amerikaner unsichtbar durch die Grenzanlagen, auf mexikanischer Seite versammelt hat.

Rechts und links vom Areal dieses Fußgänger-Grenzübergangs zieht sich der Zaun, etwa fünf Meter hoch und mit zahlreichen Rollen Stacheldraht bewehrt. Auf Schildern wird davor gewarnt, diesem näher als drei Meter zu kommen, doch gleich neben dem Grenzschutzgebäude stehen fünf Mexikaner auf der amerikanischen Seite und plaudern durch den Zaun hindurch mit einer Frau unter einem rosa Sonnenschirm. Auf der mexikanischen Seite sind die Metallbarren der Grenzbefestigung zu willkommenen Präsentationsflächen für Souvenirhändler geworden: Dort ist alles vollgehängt mit Tinnef aller Art. Hier stoßen wirklich zwei Welten aufeinander, aber anders als gedacht. Auf amerikanischer Seite wirkt alles tot, auf mexikanischer brodelt das Leben.

Kurz bevor Calexico am Stadtrand seine Besucher – notabene: die von der amerikanischen Seite anreisenden – mit dem längst zynisch klingenden «Welcome to Calexico, the global gateway city» willkommen heißt, steht da noch ein anderes Schild an der Staatsstraße 111: «Elevation Sea Level». Es ist, als sollte durch diese Höhenangabe die Überschwemmungsmetaphorik von Donald Trump bestätigt werden, die von ihm geschürten Ängste vor anstürmenden Massen: Was soll das flache Land hier schützen, wenn nicht ein hoher Zaun, «a great wall»? In seiner Rede in Calexico hat der Präsident in Richtung mexikanischer Seite gesagt: «Unser Land ist voll. So ist es nun einmal, also kehrt um.» Von Los Angeles nach Calexico fährt man vier Stunden, und die letzten beiden führen durch weitgehend menschenleere Wüste. Hätte Trump gesagt: «Unser Land ist leer, also kehrt um, denn ihr werdet auf dem Weg in die weit entfernten Städte verdursten», wäre das zutreffender gewesen.

Der einzige Grenzübergang für Autos ist die Imperial Avenue, und als ob das Imperium die Augen davor verschließen wollte, was an seinem Rand geschieht, knickt diese über viele

Kilometer schnurgerade auf die Grenze zuführende Straße unmittelbar vor dem Übergang noch einmal rechtwinklig ab, sodass man beim Näherkommen nicht sehen kann, was dort passiert. Die Benennung der Avenue als «Imperial» verdankt sich allerdings dem Namen des Countys, in dem Calexico liegt, Imperial County; ganz so selbstherrlich, wie man glauben könnte, sind die Vereinigten Staaten bei Straßenbezeichnungen also doch nicht.

Die First Street von Calexico dagegen ist genau, was der Name besagt: die erste Straße, auf die man stößt, wenn man es aus Mexiko doch irgendwie in die Vereinigten Staaten geschafft hat. Sie verläuft parallel zum innerstädtischen Zaun, und als wollten sie die Bemühungen des amerikanischen Präsidenten, diese Grenze hermetisch abzuriegeln, verhöhnen, buhlen die heruntergekommenen Geschäfte alle auf Spanisch um Kundschaft. Calexico ist ein Nest von immerhin fast vierzigtausend Einwohnern, mit flachen Gebäuden von unverkennbar mexikanischem Einfluss, die Straßen staubig, die Ladenschilder ausgebleicht. Auch die nach Mexiko hin ausgerichtete Aufschrift «Welcome to Calexico» auf einer Art-déco-Steintafel im «International Border Friendship Park» gleich an der Grenze ist kaum noch zu lesen, um das darunter ergänzte «Bienvenidos» steht es noch schlechter. Wann die Fontäne in diesem kleinen Park mit dem großsprecherischen Namen zum letzten Mal gesprudelt hat, möchte ich lieber gar nicht wissen; die Anlage mit Blick auf die «great wall» ist menschenleer bis auf einige auf dem nackten Boden schlafende Mexikaner. Um einen hat sich ein Schwarm Tauben versammelt, die Vögel picken seine Vorräte weg.

Der amerikanische Präsident ließ sich im Stadtzentrum gar nicht erst blicken, sondern zu einem Abschnitt der Grenzabsperrung führen, der erst kürzlich fertiggestellt wurde:

Mehr als neun Meter hohe Stahlpfähle sollen das Hinüberklettern unmöglich machen, Stacheldraht braucht es da nicht mehr. Durch die Zwischenräume fällt der Blick auf Mexiko: Nichts unterscheidet die Topographie beider Länder hier im Grenzgebiet, endlose Weite, karg und menschenfeindlich. Diese optische Durchlässigkeit des Zauns entspricht nicht jenem Ideal einer Mauer zwischen Amerika und Mexiko, das Trump einst beschworen hat, als von einer blicksicheren Betonkonstruktion die Rede war. Aber warum sollte ihn das stören? Im Gegenteil: Er nennt das neu errichtete Gebilde «better, faster and less expensive». Vor allem Letzteres ist nach dem Haushaltskompromiss mit den Demokraten vom Februar wichtig, denn für die Grenzbefestigung steht jetzt nur ein Viertel der ursprünglich von Trump verlangten Summe von mehr als fünf Milliarden Dollar zur Verfügung. Dass man durch den Zaun hindurchsehen kann, findet der Präsident nun ganz prima: Da könne man früh erkennen, ob jemand versucht, die Grenzbefestigung zu überwinden oder etwas hinüberzuwerfen. Zwei Kilometer der neuen Grenze sind mittlerweile fertig bei Calexico, und prompt seien dort die Grenzverletzungen um 65 Prozent zurückgegangen, erklärt eine Grenzwächterin der Presse auf Aufforderung des Präsidenten («Say hello to the fake news people»). Der ist durch ihre Worte dann aber sichtlich verärgert: «Hundert Prozent», korrigiert er, die anderen Fälle seien Grenzverletzungen, die neben der neuen Mauer stattfänden, also müsse rasch weitergebaut werden. Auf zehn Kilometer soll die «great wall» bei Calexico von Juni an erweitert werden. Die Gesamtlänge der amerikanisch-mexikanischen Grenze beträgt 3144 Kilometer. Da ist noch einiges zu tun. Vielleicht komme ich im Juni noch mal vorbei, um mir den Fortschritt anzuschauen.

Auf der Rückfahrt lande ich in einer Fahrzeugkontrolle

der Border Control, aber als erkennbar hellhäutiger Mensch werde ich einfach durchgewinkt. Am Straßenrand stehen die Autos von Latino-Fahrern – mit offenen Kofferräumen, damit die Schäferhunde der Grenzbehörde nachträglich noch Witterung von eventuell darin Herübergeschmuggelten aufnehmen können. Dann wären die jetzt, zu Fuß, trampend, irgendwo zwischen Calexico und Los Angeles. Ich brauche für den Rückweg nach Los Angeles nur vier Stunden. Die meisten hinter mir werden dort im ganzen Leben nicht hinkommen.

7. April
Das Haus muss einen phantastischen Blick über Los Angeles haben, so viel sieht man schon von der Einfahrt aus. Weiter hinein will ich nicht gehen, das Anwesen im Blue Heights Drive ist privat. Es ist ein Komplementärbau zum Thomas Mann House: elegante bauhausinspirierte Moderne, viel Glas und Terrassen, ein veritabler Leuchtturm des deutschen Exils an der Westküste, nur dass dieses Gebäude hier noch ein paar Jahre älter ist und über einem mehr als hundert Meter tiefen Abgrund schwebt, was von unten her wirkt, als wäre ein Schiff von einer Flutwelle dorthin gespült worden – der Balkon über die ganze Breite der Südseite hinweg gleicht einer Kommandobrücke. Anders als im San Remo Drive wollte hier niemand seine neue Wohnstatt in eine ans mediterrane Europa erinnernde Umgebung einbetten und sich somit in der Fremde heimisch fühlen. Hier sollte ein Zeichen gesetzt werden: Die Stadt liegt dem Eigentümer zu Füßen.

Der Eigentümerin. Denn das Haus ließ Emilie Esther Scheyer, genannt Galka, bauen. Das war 1934, und die 1889 geborene Braunschweigerin lebte damals schon seit sechs Jahren in Los Angeles und seit zehn in den Vereinigten Staaten. Dort vertrat sie die Künstlergruppe «Die Blaue Vier». Diesen Namen hat heute keiner mehr parat, aber die vier einzelnen Mitglieder der Gruppe kennt man umso besser: Lyonel Feininger, Alexej Jawlensky, Wassily Kandinsky und Paul Klee. Die drei Bauhaus-Meister und ihr Freund aus Wiesbaden hatten sich zur besseren Vermarktung in Amerika einen an die bekannte Künstlervereinigung «Der Blaue Reiter» angelehnten Namen gegeben (die Kandinsky mitbegründet hatte), wobei die Idee dazu von Galka Scheyer stammte, die als Agentin der Gruppe dann nach Amerika ging. Als sie, die Tochter einer jüdischen Familie, bei ihrem letzten Deutschlandbesuch 1933 nur zu deutlich sah, was sich in der früheren Heimat anbahnte, gab sie nach der Rückkehr das neue Haus in den Hollywood Hills bei dem mit ihr befreundeten Architekten Richard Neutra in Auftrag. Wie historische Fotos zeigen, lag es damals ganz allein auf dem steilen Abhang, und für die eigens angelegte Straße schlug Galka Scheyer den Behörden den Namen «Blue Heights Drive» vor – als Hommage an die «Blue Four».

Mit deren Emigration aus Europa rechnete sie über kurz oder lang, deshalb wurde 1937 noch ein kleiner Seitentrakt am Haus angebracht. Keiner der vier mit ihr befreundeten Künstler hat ihn jemals bewohnt. Feininger immerhin kam 1936 auf der Durchreise zu Besuch in den Blue Heights Drive, als er in Oakland einen Lehrauftrag absolvierte. Im Jahr darauf kehrte er dauerhaft in sein Geburtsland zurück, doch nach Hollywood zog es ihn nie wieder. Klee, Kandinsky und Jawlensky verließen zwar alle Deutschland, aber nicht Europa und starben während des Krieges. Galka Scheyer blieb allein. In ihrem Haus hoch über Los Angeles ersetzte eine der besten Privatsammlungen die persönliche Anwesenheit dieser Maler.

Stattdessen kamen andere Berühmtheiten vorbei. Marlene Dietrich und Greta Garbo etwa ließen sich zu Galka Scheyer hinauffahren, und man kann sich dieses Abenteuer kaum groß genug vorstellen, denn noch heute ist der Weg vom Sunset Boulevard über die Queens Road und den Sunset Plaza Drive zum Blue Heights Drive eine Herausforderung für Gefährt und Fahrer. Scheyer erzählte in ihren Briefen an die Künstlergruppe, dass es oftmals wetterbedingt gar nicht möglich gewesen sei, mit dem Auto zu ihr hochzufahren; dann mussten eben fünfhundert Höhenmeter zu Fuß überwunden werden. Entsprechend wenige Interessenten fanden den Weg hierherauf, um sich die Bilder anzuschauen; dafür musste man schon Filmstar sein und sich einen wagemutigen Chauffeur leisten können. Mittlerweile ist Scheyers Bungalow, der mit seiner schwebenden Transparenz besticht, umgeben von zahlreichen Protzgebäuden, und mittlerweile geht es auch noch höher hinauf im Blue Heights Drive. Aber nirgendwo so steil nach unten.

Gleich nebenan hat sich übrigens ein Betongebäude in den Hang gekrallt, das neugierige Fernsehserien-Fans anlockt. Als ich noch unschlüssig war, wo ich mein Ziel zu suchen haben würde (Scheyers Haus ist von der Straße aus kaum zu sehen), parkte hinter mir in einer Kurve mit atemraubender Aussicht, wo es die einzige Abstellmöglichkeit auf dem Blue Heights Drive gibt, ein anderer Wagen, aus dem ein Paar stieg, das sofort das Betonhaus fotografierte. Es gebe den Drehort für die Wohnung von Harry Bosch ab, erfuhr ich, dem Titelhelden der seit 2014 erfolgreich laufenden Fernsehdetektivserie «Bosch». Alles einigermaßen krude: Die fiktive Handlung verkauft das Haus als Fremdkörper in einer heruntergekommenen Straße der Hollywood Hills. Dabei kann man in Wirklichkeit kaum repräsentativer wohnen. Keine fünfzig Meter weiter sind dagegen die wildesten wahren Geschichten passiert, aber wer interessiert sich noch dafür? Die beiden Amerikaner jedenfalls nicht, ihnen sagen nicht einmal die Namen Feininger und Kandinsky etwas. Ob sie wissen, dass der Name Harry Bosch auf einen anderen Maler anspielt, einen Meister des Unheimlichen?

Galka Scheyer starb am 13. Dezember 1945 in ihrem Haus an Krebs, sie wurde 56 Jahre alt. Ihre Mutter war in Deutschland geblieben und hatte sich 1942 am Tag vor der Deportation umgebracht. Wenigstens konnte Galka noch das Ende der Naziherrschaft erleben. Unter glücklicheren Umständen wäre ihr Haus heute eine Begegnungsstätte wie das Thomas Mann House oder wenigstens ein Museum (wenn auch mit herausfordernder Anfahrt) geworden. Ihre Sammlung blieb immerhin komplett erhalten und ist im Norton Simon Museum von Pasadena zu sehen.

8. April Ist es ein Zeichen von Orientalismus, dass das Berggruen Institute für Elif Shafak einen türkischen Teppich ausgerollt hat? Besser gesagt: zwei Kelims, die das Podest zieren, auf dem die türkisch-britische Schriftstellerin sich mit ihrem australischen Kollegen David Francis unterhält. Nicolas Berggruen geht auf Nummer sicher und lässt sich, bevor er seine Gäste zur Veranstaltung in der Suite 500 des Bradbury Building in Downtown L.A. begrüßt, von Elif Shafak ausdrücklich versichern, dass sie sich über diese Ausstattung der Bühne freue – «a blessing» nennt der Hausherr diese Exkulpierung seines Instituts durch den Gast. An demonstrativer Hochachtung lässt Berggruen es nicht fehlen.

Aber ist es nicht auch ein Zeichen von Orientalismus, wenn sich das Gespräch mit einer Schriftstellerin aus der Türkei nicht um ihre Bücher, sondern um die dortige Politik dreht? Und wenn der Gesprächspartner dann offenbar so wenig weiß über die Türkei, dass er die aktuellen Kommunalwahlergebnisse vom Vortag nicht einmal anspricht, die so viel Ärger bei Präsident Erdoğan hervorgerufen haben – und so viel Hoffnung bei der Opposition, der auch Elif Shafak sich zugehörig fühlt? Natürlich ist es unvermeidlich, dass eine derart politische Autorin wie Shafak auf die Zustände in einem ihrer vielen Heimatländer angesprochen wird (geboren in Frankreich, aufgewachsen in Spanien und der Türkei, britische Staatsbürgerin), aber ein wenig mehr hätte man doch gerne über ihr literarisches Schaffen erfahren, etwas, das über die bloße Inhaltsangabe des letzten Romans, «Three Daughters of Eve», hinausgeht, das diese Schriftstellerin auch in ihrem literarischen Rang würdigt, nicht nur als politische Persönlichkeit. Dadurch wäre auch dem entsprochen worden, was sie fordert: die Anerkennung einer multiplen Identität gegen das derzeit überall florierende Gerede von *identity politics*.

Damit stand ein Elefant im Raum, und Shafak benannte ihn auch noch, forderte ihre Zuhörer auf, sich darüber mit ihr zu streiten. In den westlichen Demokratien diagnostiziert sie Abstumpfung: «Eine Wahlurne ist nicht genug.» Die Rede vom aktiven Wahlrecht führt ihrer Ansicht nach also in die Irre. Wahrer Aktivismus verlangt mehr: gesellschaftliches Engagement. Vor allem gegen die Rückkehr zur Stammesbildung, die von den Populisten betrieben wird.

«Populisten» – das sind nach Elif Shafaks Meinung veritable Volksfeinde, weil sie Volksnähe vorgaukeln, aber just die multiple Persönlichkeit des Volks leugnen, seine Vielstimmigkeit. In Wahrheit seien die Populisten, die das Volk gegen eine angebliche Elite aufhetzen, selbst Angehörige einer Elite, illustriert von Shafak am Beispiel von Nigel Farage, dem ehemaligen UKIP-Parteivorsitzenden. Das ist ein etwas überholtes Beispiel, aber Boris Johnson hätte hier auch genannt werden können. Oder – in Los Angeles naheliegender – Steve Bannon, dessen elitäres Selbstverständnis der gerade in den Vereinigten Staaten angelaufene Dokumentarfilm «The Brink» von Allison Klayman mustergültig vorführt.

Das Gespräch plätschert dahin, obwohl Shafak Feuer hat, obwohl sie die Türkei wie auch Großbritannien kritisiert, aber da, wo sie gegen aktuelle politische Moden stichelt, ist der Panzer ihrer amerikanischen Zuhörer zu dick. Was es bedeutet, wenn eine Schriftstellerin, die sich mehreren gesellschaftlich benachteiligten Gruppen zurechnen darf – Frauen, Orientalen, Farbigen –, sich dagegen verwahrt, auf eine davon reduziert zu werden, weil nur aus deren Gesamtheit die Persönlichkeit von Elif Shafak entsteht, das hat man im großstädtisch-intellektuellen Amerika mit seinem Fetisch «Identität» einfach nicht begriffen. Oder ist man nur zu höflich an diesem Abend, der mit Häppchen und Getränken auf der Balustrade des Bradbury Building so harmonisch begonnen hat, um den Gast herauszufordern? Das wäre für jemanden wie Elif Shafak zweifellos die größte Beleidigung.

9. April Wie viele Musikliebhaber oder -forscher werden wohl schon über der an der University of Southern California aufbewahrten Korrespondenz des Komponisten Hanns Eisler aus dessen amerikanischen Exiljahren gesessen haben und begierig die alphabetisch sortierten Mappen bis zur Nummer 4/24 durchgegangen sein: der zu seinem Lehrer

Arnold Schönberg? Der war schon 1934 nach Los Angeles gekommen, und über das Verhältnis zum Schüler Eisler gibt
es erstaunliche Berichte. Aber dann liegt in der Mappe nur
ein einzelner Bogen von Schönberg, datiert auf den 3. Oktober 1944 und beschriftet mit einem vorgedruckten Dank
an die Gratulanten zu seinem drei Wochen zuvor gefeierten
siebzigsten Geburtstag, herauslaufend auf die Formulierung:
«Many recommend: ‹Many happy returns!› Thank you, but
will this help? Will I really become wiser this way? I cannot
promise it, but let us hope.» Sechs weitere Geburtstage waren
Schönberg noch vergönnt.

Das ist der banale Teil des Schreibens. Der lustige ist,
dass Schönberg dann doch für Hanns Eisler und dessen
Frau Lou eine handschriftliche Ergänzung vornahm, die
fast so lang ausfiel wie der vorgedruckte Text: «Unfortuna-
tely this letter fits neither close nor the more distant friends.
Believe me – one day you will also be in the situation, but
might profit from my experience – believe me: it is difficult,
if you hate to do it with the ‹Ausserstande zu … auf diesem
heute nicht mehr ungewöhnlichen Wege meinen herzlichen
Dank …›-Formula.» Dass diese Passage an den deutschen
Schüler auf Englisch (wenn auch mit deutscher Floskel) geschrieben wurde, lässt die böse Vermutung zu, dass Schönberg auch sie für eine größere Gruppe von Gratulanten vor-
formuliert hatte, um die ihm Näherstehenden, die auf einen
persönlichen Dank Anspruch erheben zu können hofften,
nicht zu enttäuschen. Wie könnte man diese Vermutung
überprüfen? Wir wissen leider nicht, was die Eislers dem
Jubilar geschenkt haben. Schönberg bedankt sich jedenfalls
für ihre Gabe ebenfalls handschriftlich und versichert, wie
sehr er sich darüber gefreut habe. Auch dieser Satz ist in seiner Unbestimmtheit keine Ergänzung, die auf einen indivi-

dualisierten Nachtrag schließen ließe. Man möchte sich den nunmehr Siebzigjährigen vorstellen, wie er die monotonen Bemerkungen in den drei Wochen nach dem Fest wieder und wieder zu Papier bringt – auf einem Briefbogen, der wohl vorsorglich nur auf der oberen Hälfte mit dem ganz unpersönlichen Dank bedruckt wurde. Nun müsste man gleich ins nächste Archiv, nach weiteren Briefwechseln von Schönberg-Freunden aus der Exil-Zeit schauen und nachsehen, ob sie alle im Herbst 1944 das gleiche Dankschreiben bekommen haben, mit den gleichen individuellen (also womöglich doch kollektiven) handschriftlichen Zusätzen. Und schon hätten wir im Begründer der Zwölftonmusik auch noch einen Pionier des Minimalismus vor uns.

10. April

Ein besseres Gefühl als Metro, das Bus- und Bahnunternehmen von Los Angeles, seinen Kunden vermittelt, kann man wohl kaum selbst haben: «Riding metro fights climate change», verkünden Plakate in den innerstädtischen Rail-Stationen. «How awesome are you?» Ja, wie großartig bin ich denn nun? Nach einer Woche Bahnfahren in L.A. weiß ich es immer noch nicht recht.

In den Außenbezirken der Stadt fühlt man sich als Fahrgast jedenfalls deutlich weniger großartig als im Zentrum. Hier draußen gibt es keine Plakate mit frohen Botschaften, und die Fahrgäste sind erkennbar solche, die sich kein Auto leisten können. An der Station 26th Street/Belmont in Santa Monica, der nächstgelegenen zum Thomas Mann House, gibt es denn auch keinen Parkplatz, der für Pendler vorgesehen wäre, die hier in die Bahn umsteigen wollen. Und auch sonst habe ich nirgendwo so etwas wie ein Park-&-Ride-System

entdecken können. Man kann wohl von Glück reden, dass es nicht weit von meiner Bahnstation ein paar Straßen gibt, wo aus rätselhaften Gründen kein Parkverbot gilt (außer einmal pro Woche für zwei Stunden, wenn die Straßenreinigung kommt). Dass ich dort bislang tatsächlich immer einen Parkplatz gefunden habe, bestätigt nur, dass niemand, der hier ein Auto hat, die Bahn nimmt.

Fragt man ein wenig herum, sind die Meinungen über Metro geteilt. Für die einen ist es eine Offenbarung, für die anderen eine Zumutung. Die Wahrheit liegt in der Mitte. Die Stationen sind deutlich besser in Schuss als deutsche Bahnhöfe in den Vorstädten, aber die Unpünktlichkeit ist ein Problem. Auf dem Papier sieht die Sache großartig aus: Von frühmorgens bis spätabends regelmäßiger Zugverkehr (meist alle zwölf Minuten, zu Stoßzeiten noch öfter), aber die Wirklichkeit ist eine andere. Und die angegebenen Fahrzeiten sind bestenfalls Schätzungen, die realistischen betragen etwa das Anderthalbfache bis Doppelte. Das hat zum Teil damit zu tun, dass die von mir genutzte Expo-Line sich kurz vor der Endstation in Downtown noch immer überirdisch durch die Straßen bewegt, zwar im eigenen Gleisbett, aber mit allen Verkehrsampeln. Die Strecke zwischen 23rd Street und Pico ist im Fahrplan mit fünf Minuten ausgewiesen. Das wäre auch machbar, wenn man mit dem Zug ungefähr das Tempo der danebeben entlangfahrenden Autos erreichte. Aber zunächst wird man von diesen überholt, dann ziehen auch die Fahrräder an den Waggons vorbei, ehe man den eiligeren Passanten hinterhersieht, um schließlich von Rollstuhlfahrern und alten Leuten auf den Bürgersteigen abgehängt zu werden. Sogar die Sonne ist auf ihrem Weg gen Westen schneller unterwegs als die Expo-Line, jedenfalls ist die Bewegung des Lichteinfalls deutlich sichtbarer als die des Zugs. Andere Linien haben das Glück, unterirdisch zu verlaufen; da kann man sich diese deprimierende Erfahrung sparen.

Aber Achtung! Bisweilen nutzen zwei Linien denselben Bahnsteig, so etwa Red und Purple Line im zentralen Bahnhof Metro Center. Wer nun gedacht hätte, dass man die Züge zur Unterscheidung irgendwie kennzeichnen würde, sieht sich getäuscht. Im Gegenteil: Die Purple Line hat einen roten Streifen auf den silbernen Waggons. Anzeigetafeln an den Zugtüren gibt es nicht.

In den Waggons wird davor gewarnt, elektronische Geräte zur Schau zu stellen und damit Überfälle zu provozieren, aber alle Passagiere starren auf ihre Smartphones. Das hat eine erstaunliche Ruhe zur Folge. Zum Stadtzentrum hin werden die zusteigenden Fahrgäste sichtlich wohlhabender, und dann setzen auch die anfangs erwähnten moralischen Werbeparolen ein, die in den Außenbezirken offenbar niemanden beeindrucken würden. «We refuse to be labeled a car culture», heißt es, und schön doppelsinnig: «Be part of the movement.» Wenn diese Bewegung doch wenigstens eine etwas schnellere wäre! Andererseits brauche ich mit dem Auto für die nicht einmal zehn Kilometer von der Station zurück nach Pacific Palisades im Spätnachmittagsverkehr manchmal auch schon eine halbe Stunde. Was ist da eine Viertelstunde amüsantes *street watching* zwischen 23rd und Pico? Und dann auch noch das Klima geschützt. Mann, bin ich klasse!

11. April

Als meine Kinosozialisation ernsthaft begann, kursierte unter meinen hollywoodaffinen Freunden die Einschätzung, dass der amerikanische Film Bruce Dern vor allem eines verdanke: seine Tochter Laura. Die spielte damals für David Lynch: in «Blue Velvet» eine markante Neben-, in «Wild at Heart» die Hauptrolle. Und etliche Jahre darauf kam noch «Inland Empire» nach, ein grandioses Spätwerk mit einem prominenten Darstellerkollektiv, aus dem Laura Dern trotzdem einsam herausragte. Dagegen ihr Vater: ein Mann für alle Fälle, also auch für Rollen ohne größeren Anspruch. Zumindest dachten wir das. Wir wussten ja nicht, dass man in Europa einen Großteil des Schaffens von Bruce Dern gar nicht hatte sehen können.

Heute ist er 82 Jahre alt und hat in Hollywood seit den frühen Sechzigern insgesamt 173 Rollen gespielt. Eine der jüngeren habe ich gerade hier bewundern dürfen: Dern als bärbeißigen Pferdetrainer im Spielfilm «The Mustang», aller Voraussicht nach wieder ein Werk, das es nicht nach Deutschland schaffen wird, denn die Geschichte um einen Häftling, der sich in einem ländlichen Gefängnis einer Gruppe von anderen Häftlingen anschließt, die im Auftrag des Staates gemeinsam Mustangs zureiten, damit diese anschließend verkauft werden können, ist trotz des populären Pferdethemas wohl zu amerikanisch, als dass sich dafür ein größeres europäisches Publikum finden ließe. Aber seit «The Mustang» abgedreht ist, hat Bruce Dern schon wieder in vier weiteren Filmen gespielt, die derzeit noch in Postproduktion sind. Der Mann ist unermüdlich.

Und dabei ist er seit einiger Zeit schwer angeschlagen, denn letztes Jahr hat er sich die Hüfte gebrochen – ein harter Schlag für einen fanatischen Ausdauerläufer, der nach eigenen Angaben in seinem Leben schon mehr als hunderttausend Meilen zurückgelegt hat. Um irgendwann wieder Wettkämpfe laufen zu können, hat Dern auf ein künstliches Hüftgelenk verzichtet und wartet nun auf die Regeneration seines natürlichen Knochengerüsts. Das wird noch dauern, wenn man seinen Auftritt vom Mittwochabend zum Maßstab nehmen darf.

Im «New Beverly Cinema» von Los Angeles, dem von Quentin Tarantino betriebenen Programmkino am Beverly Boulevard, findet derzeit eine Bruce-Dern-Retrospektive statt. Nicht vollständig – wie auch angesichts der erwähnten 173 Rollen? –, aber doch zwei Handvoll Filme, die man lange nicht gesehen hat. Oder gar nie. «Smile» aus dem Jahr 1975 zum Beispiel, den ersten der beiden an diesem Abend gezeigten Dern-Filme, kennt auch in Amerika kaum jemand (in Deutschland kam er als «Lauter nette Mädchen» immerhin ins Fernsehen). In New York, so erwähnt Dern nebenbei, ist «Smile» bis heute nie in einem Kino gelaufen. In Kalifornien dagegen brauchte es dafür nicht erst Tarantinos Begeisterung, denn der Film spielt in diesem Bundesstaat. Der Regisseur Michael Ritchie erzählt die Geschichte einer Miss-Wahl, genauer: vom Kampf um den kalifornischen Titel einer «Young Miss America». Bruce Dern spielt einen der Juroren. Und was für einen!

Nach der Vorführung schleppt er sich an einer Krücke auf die Bühne, wo kein Geringerer als der Regisseur Joe Dante als Gesprächspartner auf ihn wartet. Den es aber gar nicht gebraucht hätte, denn Dern hält einen knapp einstündigen Monolog mit Erinnerungen an seine Kinolaufbahn, der ihn auch als einen Gedächtnisdauerläufer ausweist. Noch das kleinste Detail aus Gesprächen mit all den Berühmtheiten, die mit ihm zusammengearbeitet haben, hat er im Kopf. Er erzählt von seinen «sechs Genies» Elia Kazan, Alfred Hitchcock, Dalton Trumbo, Francis Ford Coppola, Alexander Payne und Quentin Tarantino, aber auch von Roger Corman, den Dern dann kurzerhand zum noch größeren Genie erklärt, oder seinem Gesprächspartner Dante, Lee Strasberg oder Marilyn Monroe, die in Strasbergs «Actors Studio» heimlich noch Unterricht nahm, als sie längst ein Star war, und dort dem Schauspielanfänger Dern begegnete, der sie erkannte. In einer Regennacht, so erinnert er sich, brachte Dern sie zu Fuß durch Manhattan zu ihrer Privatwohnung in Sutton Place, und wer nun erwartet hätte, dass eine wilde Liebesgeschichte ausgebreitet würde (das ganze Kino erwartete es), wurde aufs witzigste enttäuscht, denn vor Monroes Haus begegneten die beiden einer älteren Frau, die an ihnen vorbei zu einem Taxi lief, und Marilyn, so Dern, sei bei ihrem Anblick in Tränen ausgebrochen: Das sei Greta Garbo gewesen, und die habe sie nicht erkannt.

Die schönste Pointe dieser Erzählung bestand aber nicht darin, wie Dern die tieftraurige Marilyn zu trösten verstand, sondern darin, dass er selbst wiederum die Garbo nicht erkannt hatte. «Ich kenne niemanden», will er Monroe damals gesagt haben. Das war der beste Gag des ganzen Abends, besser sogar als alles in «Smile», denn dieser von einer Anekdote zur nächsten eilende Erzähler auf der Bühne kennt ersichtlich jeden in Hollywood. Über Hitchcock berichtete Dern noch staunend, dass dieser sich einmal nach dem Abschluss von Dreharbeiten bei 71 Mitarbeitern für die Zusammenarbeit bedankt und jeden einzelnen namentlich genannt habe. Nicht die Glanzrolle in «Smile» und auch nicht die Grimassierrolle als Kleinstadt-Mobster im danach folgenden «Diggstown» von 1992 war die größte Schauspielleistung von Bruce Dern an diesem Abend, sondern sein Staunen über Hitchcocks Gedächtnis. Denn er selbst hatte doch noch viel mehr parat als nur 71 Vornamen. Über Laura Dern gab es übrigens auch etwas zu hören (und nur das Beste), aber mit diesem Abend hat der Vater seiner Tochter bei mir in Sachen Sympathie den Rang abgelaufen.

12. April Gestern bin ich in einem Buch über die deutschen Exilanten der dreißiger und vierziger Jahre auf eine doppelseitige Karte von Los Angeles gestoßen, die alle Wohnsitze der prominenten Flüchtlinge verzeichnet. Jetzt weiß ich, dass ich auf dem Weg zu Galka Scheyers Krähennest auch noch bei Fritz Langs ehemaligem Haus hätte vorbeischauen können und dass Emil Ludwig einen knappen Kilometer von Thomas Mann entfernt gewohnt hat (im Amalfi Drive, wo er als Nachmieter Aldous Huxley gefolgt war), aber auch dessen direkter Nachbar hätte werden können, wenn Mann sich nicht entschlossen hätte, im San Remo Drive seinen Neubau errichten zu lassen. Zuvor wohnte er nämlich für ein knappes Jahr selbst im Amalfi Drive, doch in dessen unterer Hälfte lebte (und lebt) man nicht so repräsentativ wie hier oben (besserer Blick auf den Pazifik), und was ein ordentlicher Lübecker Patrizier war, der achtete auf so etwas.

Noch etwas tiefer im Amalfi Drive ist auf der Karte der zeitweilige Wohnsitz von Hanns Eisler verzeichnet, und das erinnerte mich daran, dass ich in dessen Korrespondenz auf ein an ihn gerichtetes Schreiben gestoßen war – die Anschrift hatte darauf hingewiesen, dass auch er im näheren Umkreis von Thomas Mann gewohnt haben musste, aber ich bin noch nicht dazu gekommen, dort vorbeizugehen. Nur ist es laut Buch eine ganz andere Hausnummer gewesen: 689 Amalfi Drive, während ich mir aus dem Brief die 1650 notiert habe. Und als ich mich heute dorthin aufmache, erweist sich diese Adresse als denkbar nahe: Aus der Einfahrt von 1550 San Remo Drive geht man nach rechts, biegt in die zweite Straße links, und schon ist man da, gleich hinter der Baustelle an der

Ecke für einen neuen Imponierbau, ein Fußweg von kaum drei Minuten. Das Haus, ein zurückhaltendes eingeschossiges Gebäude im Hazienda-Stil, dürfte alt genug sein, dass Eisler hier gelebt haben könnte. Aber nirgendwo im Netz oder in der Fachliteratur findet sich ein Hinweis auf 1650 Amalfi Drive als Wohnsitz von ihm – wie kurzfristig auch immer. Nur der Brief, der leider kein Datum aufweist. Und es war auch kein Umschlag da, auf dem der Postbote womöglich eine Adresskorrektur vermerkt hatte. So bleibt es ein kleines Rätsel: Hat Eisler neben seinen drei bislang bekannten Wohnungen in Los Angeles (die anderen beiden lagen in Brentwood und Malibu) noch ein Zwischenquartier bewohnt? Dann wäre der Weg für Thomas Mann zu den gelegentlichen Konsultationsgesprächen betreffs des «Doktor Faustus» noch etwas kürzer gewesen. Und die vielzitierte Bemerkung Manns über Eisler aus dem Jahr 1947 – «Ich kenne den Mann recht gut, er ist hoch gebildet, geistvoll, im Gespräch sehr amüsant, und oft habe ich mich mit ihm, namentlich über Wagner, glänzend unterhalten» – wäre angesichts des dafür nötigen geringen Zeitaufwands retrospektiv noch plausibler.

13. April

Wer Lisa Teasley trifft, der muss sich fragen, wie man auf so vielen Feldern so gut und erfolgreich sein kann. Sie kam zu Besuch ins Thomas Mann House, weil wir eine gemeinsame Bekannte haben, die Hamburger Comiczeichnerin Line Hoven; die beiden Frauen haben sich vor sechs Jahren bei einem Literaturfestival in Nigeria kennengelernt und sind seitdem in Kontakt geblieben, wovon ich jetzt profitiere. Lisa Teasley aber auch, denn sie schätzt Thomas Mann, wusste jedoch nicht, dass er hier in Los Angeles gelebt hat. Dabei ist sein früheres Domizil gerade einmal zwanzig Autominuten von ihrem eigenen in Venice entfernt.

Wobei zwanzig Minuten an einem Freitagnachmittag für diese Fahrstrecke unserem amerikanischen Programmassistenten Tyler Smith ein anerkennendes Lächeln entlocken. Lisa Teasley ist also erst einmal eine sehr gute Autofahrerin, aber das muss sie als gebürtige Angelina auch sein. Dann ist sie Schriftstellerin – deshalb war sie seinerzeit mit Line auf dem nigerianischen Festival –, und das mit einigem Erfolg, aber seit 2006 hat sie keine fiktionalen Bücher mehr publiziert, weil sie Philosophie an der University of California Los Angeles (UCLA) lehrte. Jetzt jedoch hat Lisa Teasley einen neuen Erzählungsband fertig und außerdem die ersten achtzig Seiten eines Romanprojekts, für die sie gerade die Fühler nach einem Verlag ausstreckt. Auf eigene Faust, denn mit Agenten hat sie keine guten Erfahrungen gemacht. Ein Verleger, mit dem sie sich kürzlich getroffen hat, war ganz irritiert, dass es keinen Mittler zwischen ihm und Lisa geben sollte. Es gehört augenscheinlich schon Mumm dazu, einem Schriftsteller die Bedingungen, unter denen er publizieren soll, ins Gesicht zu sagen.

Zwischendurch hat Lisa Teasley einen Dokumentarfilm für die BBC gemacht, eine Literaturperformance im Auftrag des Broad-Museums für zeitgenössische Kunst in Los Angeles konzipiert, eine Schriftstellerresidenz in Schanghai absolviert, etliche Kurzgeschichten und Essays für Zeitungen und Zeitschriften geschrieben und nicht zuletzt seit vier Jahren eine Stelle inne, die fast ihre ganze Zeit beansprucht: als *senior fiction editor* der «Los Angeles Review of Books». Diese seit 2012 im Netz vertretene literarische Zeitschrift hat mittlerweile auch eine gedruckte Ausgabe, aber vor allem die Online-Publikation braucht ständig neuen Stoff, also ist Lisa

Teasley als verantwortliche Literaturredakteurin im Dauer-
einsatz. Malerin ist sie auch noch; in der Marie Baldwin Gallery im Zentrum von Los Angeles läuft gerade ihre Ausstellung «Paintrospective»: Frontalporträts von eindrucksvollen
Menschen in bunten Farben – veritable *people of color*. Auch
die Weißen, deren Porträts vertreten sind.

Also so bald wie möglich dorthin, nachdem ich Lisa nun
kennengelernt habe. Am Tag danach hat die Galerie bis fünf
Uhr nachmittags geöffnet, das reicht, um nach einem Termin
in Alhambra noch rechtzeitig in die Innenstadt zu gelangen.
Marie Baldwin hat ihre Räume im ersten Geschoss des To-
mahawk Building, und wer das nicht weiß, wird die Galerie
nicht finden, denn ein Schaufenster hat sie nicht, nur ein
unscheinbares Klingelschild. Doch mein Signal bleibt lange
unbeantwortet; endlich meldet sich eine zögerliche Stimme
aus der Gegensprechanlage, die mich fragt, was ich wolle. Die
Ausstellung von Lisa Teasley ansehen. Oh, das sei leider nicht
möglich, heute habe die Galerie ausnahmsweise geschlossen,
aber am Dienstag sei wieder regulär geöffnet. Nun ja, Dienstag und Mittwoch sind schon verplant, und am Donnerstag
geht es für Recherchen zwei Wochen an die Ostküste, die
Ausstellung endet am 27. April. Ich werde die Bilder also nicht
sehen können. Irgendwie beruhigend, dass es wenigstens ein
Manko in der scheinbar so unwiderstehlichen Existenz der
Künstlerin und Publizistin Lisa Teasley gibt.

14. April Eine Stunde vor Ausstellungseröffnung hängt noch
kein einziges Bild. Aber darüber macht sich bei «Nucleus» offenbar niemand Sorgen, man hat ja Routine. Und in Alhambra scheint an diesem Mittag ohnehin die Zeit stillzustehen.

Oder über das Städtchen hinweggegangen zu sein. «Nucleus», das Spezialgeschäft für Illustrations- und Bilderbücher, hat sein Ladenlokal auf der Main Street, also mittendrin. Doch hier haben die meisten Geschäfte am Samstag geschlossen, und einige haben gleich ganz aufgegeben in den letzten Jahren. So etwa «Camera», das es seit 1937 gab, wie man dem Reklameschriftzug über dem Schaufenster entnehmen kann. Einen Nachmieter sucht man hier wohl schon länger.

«Nucleus» ist alles, was Alhambra nicht mehr ist: schick, modern, experimentierfreudig. Und es ist blendend sortiert: Wo findet man denn einen Laden, der sowohl «Inside Moebius» anbietet als auch einen Prachtband über Al Hirschfeld oder einen französischen Ausstellungskatalog mit Stadtansichten von Daniel Torres, von zahllosen Publikationen lokaler Illustratoren und kleiner Verlage ganz zu schweigen? Mit einem Wort: «Nucleus» ist *cutting edge.* Heute wird hier Jon Klassen – Jahrgang 1981 und selbst schick, modern und experimentierfreudig – sein neues Bilderbuch «Circle» vorstellen, den Abschluss einer Trilogie, deren Protagonisten geometrische Figuren sind; vor dem Kreis gab es schon Bücher über Dreieck und Quadrat. Alle drei hat Mac Barnett geschrieben, aber der ist gerade in China. Also übernimmt der Illustrator Klassen die Buchvorstellung allein.

Die der drei eigenen Bücher. Denn heute ist bei «Nucleus» auch noch der junge Illustrator Christian Robinson mit seinem wortlosen Bilderbuch «Another» zu Gast. Wer nun glaubte, dass die Vorstellung eines «stummen» Titels rascher vonstatten gehen wird als die von drei klassischen Bilderbüchern, der sieht sich getäuscht. Klassen ist mit seiner Komplettlesung der geometrischen Trilogie in einer Viertelstunde durch, Robinson braucht dagegen eine gute halbe, denn er hält seine Bilder hoch und lässt die anwesenden Kinder erklären, was sie darauf sehen. Und Kinder sehen Dinge häufig ganz anders – als andere Kinder, aber auch als Erwachsene. Robinson ist entzückt, und wir erwachsenen Besucher sind es auch.

Die Atmosphäre im «Nucleus» ist speziell, denn eigentlich läuft die Präsentation nicht so wie vorgesehen. Nicht, weil Klassens Bilder nicht rechtzeitig aufgehängt worden wären, die waren pünktlich an der Wand (und schockierten mich mit ihren Preisen, denn für die paar Zeichnungen, die neben etlichen Drucken angeboten werden, sind bis zu 2200 Dollar aufgerufen). Aber was nicht funktioniert, ist die geplante Bilderpräsentation auf einem Großbildfernseher. Weder Klassen noch Robinson können ihre Laptops mit dem Gerät verbinden. «We're gonna do actual books», ruft Klassen deshalb in den Raum, und aus den Mündern der vor ihm auf dem Boden sitzenden Kinder schallt ihm ein begeistertes «Aaaaah!» entgegen. Da bekommt man doch Hoffnung für die junge Generation.

Klassen und Robinson halten also jeweils ihre Bücher hoch und blättern Doppelseite für Doppelseite vor den Zuhörern auf. Der Effekt ist wunderbar, die Stimmung bestens, und da man bei Robinsons «Another» das Buch dauernd drehen, es mal kopfüber und mal seitwärts ansehen muss, um die ausgesprochen geistreiche Handlung zu erfassen, ist das Hallo im Raum ein noch größeres.

Beim Signieren stelle ich mich Klassen als denjenigen vor, der ihn vor fünf Jahren auf dem Internationalen Literaturfestival Berlin präsentieren und befragen durfte. Da hatte der Zeichner einen ersten Höhepunkt seiner Karriere erreicht: 2011 war mit «I Want My Hat Back» ein Bilderbuch erschienen, das weltweit Furore machte, zwei Jahre später gewann er dafür den Deutschen Jugendliteraturpreis und für den Nach-

folgeband «This Is Not My Hat» die amerikanische Calde-
cott-Medaille – zwei der renommiertesten Bilderbuchpreise
überhaupt. Seitdem hält der Erfolg seiner Bücher an, aber an
den Berliner Auftritt erinnert er sich noch. Wie sich zeigt, lebt
der in Kanada geborene Künstler mittlerweile in Los Angeles,
und seine Frau, sagt Klassen, sei ein Riesenfan von Lyonel
Feininger, also sei mein kalifornisches Recherchethema wie
maßgeschneidert für sie. Aber hätte man bei einem Zeichner,
der Bücher über Dreiecke, Quadrate und Kreise illustriert,
nicht auch schon selbst eine gewisse Bauhaus-Affinität vermuten dürfen?

15. April Die Murphy Ranch ist ein Mythos von Pacific
Palisades. Errichtet wurde sie in den Jahren nach 1933, als
eine Witwe namens Jessie M. Murphy dem Schauspieler
Will Rogers den nördlichen Teil seines Privatgrundstücks im
damals denkbar abgelegenen Rustic Canyon abgekauft hatte.
Allerdings gibt es nirgendwo Belege für die reale Existenz
von Mrs. Murphy, weshalb sich von 1938 an in Los Angeles
das Gerücht verbreitete, dass es sich bei ihr lediglich um eine
Tarnexistenz für das Ehepaar Norman und Winona Stephens
handelte, amerikanische Hitler-Sympathisanten, die hier ein
Zentrum für den Aufbau eines arischen Staates in Amerika
nach der von ihnen erwarteten Niederlage in einem kommenden Krieg gegen Deutschland errichten wollten – alles angeblich unter dem Einfluss eines gewissen deutschen Herrn
Schmidt, für dessen Existenz es aber offenbar auch keine
Belege gibt.

Die erwähnten Daten lassen aufhorchen: 1933 als Jahr des
Beginns des «Dritten Reiches» und 1938 als Jahr des internatio-

nalen Entsetzens über die Ereignisse der deutschen Pogromnacht vom 9. November taugen allemal als historische Eckdaten für Mythen, die mit den Nazis zusammenhängen. Es wird unter den Bewohnern von Pacific Palisades kolportiert, dass sich auf der Murphy Ranch prominente amerikanische Hitler-Sympathisanten versammelten, darunter auch Walt Disney. Das ist aber tatsächlich Mund-zu-Mund-Propaganda über acht Jahrzehnte hinweg, nicht einmal im geschwätzigen Netz findet sich dazu etwas. Disney ist immer wieder eine Faszination für den Nationalsozialismus unterstellt worden, was jedoch vor allem auf seiner Begeisterung für Leni Riefenstahls Filme und seinem Image als Buhmann während der McCarthy-Ära, als er als Zeuge im Untersuchungsausschuss des amerikanischen Senats gegen vermutete kommunistische Einflussnahme in Hollywood aussagte, beruht. Dass er eng mit dem entschiedenen Hitler-Gegner Charlie Chaplin befreundet war, neben Riefenstahls Filmen auch die von Sergei Eisenstein bewunderte und im Krieg gegen Deutschland wie kein anderer Hollywood-Studiochef das amerikanische Militär unterstützte, ja angeblich mit seinem animierten Lehrfilm «Victory Through Air Power» überhaupt erst die kriegsentscheidenden Luftangriffe bei Präsident Roosevelt durchsetzte – all das lassen die Anhänger der These einer Nazi-Connection von Disney unter den Tisch fallen.

Wahrscheinlich hat die Legende von Walt Disneys Besuchen im Rustic Canyon ihre Ursache darin, dass es in dessen unterem Teil auch das Clubhaus der sogenannten «Uplifters» gab, einer Vereinigung von Hollywood-Größen, die in der damaligen Abgeschiedenheit dieses Ortes das Alkoholausschankverbot der Prohibitionszeit umgehen konnten. Disney war Stammgast dieses exklusiven Herrenclubs.

Wie dem auch sei, die Vorstellung, dass weniger als drei

Kilometer Luftlinie entfernt von Thomas Manns Wohnsitz im San Remo Drive, dem «Weißen Haus des Exils», wie Bundespräsident Steinmeier das Haus bei dessen Eröffnung im Juni 2018 genannt hat, ein Zentrum des amerikanischen Nazismus existiert haben soll, das am Tag nach Pearl Harbor, also am 8. Dezember 1941, von der Polizei geräumt worden sei (55 Verhaftungen werden behauptet), hat etwas reizvoll Gespenstisches. Wobei Thomas Mann erst im Frühjahr 1942 aus dem gemieteten Haus im Amalfi Drive hierher umzog, aber auch das erste Domizil lag nahe genug an der Murphy Ranch, dass man eine Spur der kolportierten Razzia im Tagebuch finden müsste – wenn es die denn überhaupt gegeben hat. Heute läuft man auf der Sullivan Fire Road oberhalb des Areals an der Ranch vorbei, deren bauliche Überreste 2016 von der Stadt Los Angeles abgerissen worden sein sollen. Diese Behauptung trägt natürlich zur Mythenbildung nur noch mehr bei. Vielleicht traue ich mich mal auf einen der beiden Seitenwege, die es zur Ranch hinab in den Canyon geben soll, um zu überprüfen, ob dort noch etwas zu sehen ist.

16. April Die Gelegenheit, einen Abstecher zur Murphy Ranch zu machen, kommt früher als gedacht. Nicht, weil ich es vor Neugier nicht mehr ausgehalten hätte, sondern weil ich auf den nächsten Lauf die Sullivan Fire Road entlang mein Smartphone mitgenommen habe, um die fabelhafte Aussicht von den Wegbiegungen nach Santa Monica und zum Pazifik hin fotografisch festzuhalten. Aber just an diesem Morgen liegt Dunst über der Bucht; ich hätte es mir denken können, denn am Abend zuvor hatte ich nach einem Abendessen in Santa Monica während der ganzen Rückfahrt am Strand entlang den Scheibenwischer betätigen müssen, um trotz der Luftfeuchtigkeit freie Sicht zu haben. Aber schon auf der Straße hinauf nach Pacific Palisades war das nicht mehr nötig gewesen, und der frühe Morgen heute wirkt wunderbar wie zuletzt immer, also ist die Enttäuschung beim Blick von den Hügeln hinab umso größer. Aber da gibt es doch noch die beiden Wege zur Murphy Ranch. Warum nicht einen davon nehmen, wenn gerade eine Kamera zur Hand ist?

In einem amerikanischen Blogeintrag, der kurz vor dem damals erwarteten Abriss der Gebäude entstand, habe ich gelesen, dass es von der Straße aus rund fünfhundert Stufen hinabgeht. Da kam sofort – wahrscheinlich auch noch unter dem gestrigen Eindruck der brennenden Notre-Dame in Paris – die Erinnerung ans Besteigen des Kölner Doms in der Kindheit hoch: 509 Stufen lautete damals die magische Zahl. Sehr viel, wie ich mich leidvoll erinnern kann.

Und die Zahl für den Abstieg in den Rustic Canyon ist – eigentümlich genug im Netz – sogar noch untertrieben. Es sind 622 Stufen. Zumindest, wenn man wie ich den zweiten Weg nimmt. Die Treppe führt an einem alten Wassertank vorbei direkt zu einem kleinen Nebengebäude, das früher die Elektrizitätsversorgung der Ranch sicherstellte. Und wie man an dieser Beschreibung schon merken dürfte: Davon, dass die Anlage abgerissen worden sei, kann keine Rede sein.

Das Maschinenhaus liegt auf der Talsohle, nur ein paar Meter neben dem Rustic Creek, einem heimelig murmelnden Gewässer. Das Gebäude ist holzverschalt und überall mit Graffiti bedeckt, aber noch ziemlich vollständig erhalten. Etwas weiter liegen die Ummauerungen von Gartenbeeten und einige Terrassenanlagen. Wenn es hier einmal Nazis gab, hatten sie es ziemlich schön. Dagegen ist das, was vielleicht einmal das Haupthaus der Ranch war, ein riesiger Haufen

Holztrümmer, von unzähligen Sprayern verziert und durchaus mit pittoreskem Charakter. Das und die im gestrigen Eintrag schon festgestellte gespenstische Nähe zum Thomas Mann House haben, wie ich nunmehr herausfinde, auch schon eine in Los Angeles ansässige deutschstämmige Fotografin namens Ina Jungmann kürzlich dazu veranlasst, beide Orte abzulichten; ein Buch mit ihren Fotos ist vor wenigen Monaten erschienen.

Vor ein paar Tagen habe ich ja auch schon die uns von Albert Speer untergejubelte angebliche Ruinenästhetik der NS-Architektur erwähnt. Wäre die tatsächlich Hitlers Ideal gewesen, so hätte sich ihm angesichts des heutigen Zustands der Murphy Ranch der Magen umgedreht: Mehr Kraut und Rüben und weniger klassizistischer Verfall ist kaum denkbar. Die Mär von der Ranch will wissen, dass der ominöse Herr Schmidt mit staatlichen Geldern des Deutschen Reichs auch für die finanziellen Mittel gesorgt habe, die der Bau verschlungen hat, und es sollen Pläne für ein viel größeres Haus im Nachlass des Architekten Lloyd Wright, des Sohnes von Frank Lloyd Wright, existieren (dessen Urheberschaft daran die Nachlassverwalter jedoch bestreiten; vorhanden sind die Pläne jedenfalls).

Die Bauten sind schlecht gealtert, und die Stadt Los Angeles tut gut daran, die ganze Anlage einfach dem natürlichen Verfall zu überlassen. Der schmale Pfad zwischen Haupthaus und Nebengebäude ist durch einen Bergsturz schon so gut wie unpassierbar; man muss über die ehemalige Zufahrtsstraße gehen, um in großem Bogen zur Ruine zu gelangen. Ach ja, und wenn hier tatsächlich mehr als fünfzig Menschen im Dezember 1941 von der Polizei ausgehoben und verhaftet worden sein sollten, dann müssten sie verteufelt eng beisammen gewohnt haben. Kein Reichskanzlei-Größenwahn an der Pazifikküste. Als Keimzelle für ein kommendes amerikanisches arisches Imperium taugte dieses Anwesen wenig.

Wieder hoch zur Sullivan Fire Road geht es über eine andere Treppe, die tatsächlich ungefähr fünfhundert Stufen aufweist. Ein mexikanisches Pärchen kommt mir entgegen, und trotz allem kann ich mir beim Herannahen der Stimmen den Gedanken nicht verkneifen, dass es sich um Neonazis auf Nostalgietrip handeln könnte. Bis mir aufgeht, dass den beiden jungen Leuten der ganz in Schwarz gekleidete blonde Läufer, dessen Gutenmorgengruß man den deutschen Akzent wohl deutlich anhört, an diesem Ort viel unheimlicher vorkommen dürfte. Aber sie machen extrem freundliche Miene zum blöden Spiel.

17. April Das ist ein seltsames Gefühl: Nachdem ich das Thomas Mann House zwei Wochen allein bewohnt habe, ist ein weiterer Fellow eingezogen. Spätabends sitze ich in der Küche und lese Herman Melvilles Briefe, als er nach einigen Stunden Erholung vom langen Flug aus seinem Zimmer herunterkommt: Herein tritt ein ehemaliger Bewohner dieses Hauses zu Zeiten von Thomas Mann, ein Mitglied der Familie, der älteste Enkel Frido Mann. Er ist der erste Amerikaner unter den Seinen gewesen, geboren 1940 im ein paar hundert Kilometer nördlich von hier gelegenen Monterey und Inhaber der amerikanischen Staatsbürgerschaft qua dieser Geburt, während seine älteren Verwandten sie erst später annahmen. Frido Mann ist, obwohl seine Eltern bei San Francisco lebten, auch im Haus am San Remo Drive aufgewachsen; seine Großeltern bezogen es, als er zwei Jahre alt war, und er verbrachte jedes Jahr mehrere Wochen hier, manchmal auch Monate.

Also kennt er hier alle Räume, aber erkennt er sie nach dem Umbau wieder? Wir haben beide unsere Teetassen in der Hand, als er auf die Tür vom Flur zur Küche zeigt und sagt: «Die gab es früher gar nicht.» Viele zusätzliche Türen und Fenster sind bei der Modernisierung eingebaut worden – schwer vorstellbar für mich, denn die dadurch so lichten Räume sind ein Traum, und warum sollten den nicht schon der ursprüngliche Architekt und seine Auftraggeber 1941/42 geträumt haben? Frido Mann hat im ersten Geschoss jene Fellow-Wohnung bezogen, in die sein ehemaliges Kinderzimmer aufgegangen ist. «Das ist jetzt das Arbeitszimmer; wo ich schlafen werde, dort lag früher Erikas Zimmer.»

Doch besonders wichtig ist ihm die frühere Garage im Erdgeschoss, die künftige fünfte Wohnung, wo derzeit noch die guten Thomas-Mann-House-Geister Nikolai Blaumer, Josh Widera und Tyler Smith ihr gemeinsames Büro haben, solange das für sie vorgesehene Gartenhaus auf Vollendung wartet. «In der Garage stand der Buick von Thomas Mann, und dorthin habe ich mich geschlichen, um im Autoradio heimlich die täglich ausgestrahlten Hörspielserien ‹Lone Ranger› oder ‹Superman› zu hören.» In seinem Buch «Das Weiße Haus des Exils» mit den Erinnerungen an seine Besuche hier in Pacific Palisades hat Frido Mann diese kindliche Faszination erwähnt, nicht aber die Umstände, wie er den Sendungen im großelterlichen Haus gelauscht hat. «Einmal habe ich damit die Batterie des Buick aufgebraucht, das hat richtig Ärger gegeben.» Und noch heute hat er die mitreißende Einleitungsmusik zu «Lone Ranger» im Ohr: Rossinis Wilhelm-Tell-Ouvertüre. Nicht gerade ein Ohrenschmaus für den mehr auf Wagner oder César Franck eingeschworenen Großvater.

«The Lone Ranger» lief im Radio schon seit 1933 und sollte erst 1954 eingestellt werden, zwei Jahre nach dem Abschied

Thomas Manns von Pacific Palisades und damit dem Verlust des Hauses auch für den Enkel, während die Hörspielreihe «Superman» im selben Jahr wie Frido Mann geboren wurde, aber nur bis 1951 im Programm blieb. Wohlgelitten war die Vorliebe des kleinen Mann-Enkels für solche Abenteuergeschichten nicht: «Als Erika mich einmal dabei erwischt hat, verglich sie die Hörspiele mit ‹Honig im Gehirn›. Das hat mir als kleiner Junge schon zu denken gegeben und mir die Begeisterung ausgetrieben.» Mein Lieblingsroman des hochgeschätzten Kollegen Dietmar Dath trägt den Titel «Für immer in Honig». Was der einen eine warnende Metapher war, ist dem anderen eine wohlige. Für Frido Mann trifft beides zu, wenn ich den versonnenen Blick beim Erzählen richtig deute.

18. April Wann hatte Präsident Trump noch mal den Abzug der amerikanischen Truppen aus Syrien angekündigt? Das ist jetzt erst ein paar Monate her, und erfreulicherweise hat er diese Ankündigung bislang nicht umgesetzt. Hätte er es getan, dann wäre der seit letzter Woche hier in den Kinos laufende französische Film «Les Filles du soleil» wohl als so etwas wie eine Protestkundgebung dagegen angesehen worden. Dass er nun an Brisanz in der öffentlichen Wahrnehmung eingebüßt hat, ist die einzige bedauerliche Folge von Trumps Inkonsequenz. Als der Film vergangenes Jahr im Wettbewerb des Festivals von Cannes lief, erntete er größtenteils hämische Kritiken, weil Subtilität und Authentizität vermisst wurden. Dabei wollte die Regisseurin Eva Husson eine Art cineastische Unterstützung in einem Kampf auf Leben und Tod leisten.

Der Spielfilm erzählt auf der Grundlage von Gesprächen mit realen Vorbildern vom Kampf eines kurdisch-jesidischen

Bataillons, in dem sich ehemals vom «Islamischen Staat» verschleppte und in Gefangenschaft misshandelte Frauen zusammengetan haben, um ihre Heimatgebiete in Syrien und andere von den Extremisten noch als Geiseln gehaltene Frauen und Kinder zu befreien. In einer Szene wird nach der Eroberung einer Ortschaft die schwarze Fahne des IS von einem Haus herabgeholt, und die Kämpferin auf dem Dach brüllt: «Es lebe das freie Kurdistan!» Hier haben wir es, wie jeder weiß, mit den Verbündeten der Amerikaner zu tun, jener Gruppe, die nun unter dem Damoklesschwert des Trumpschen außenpolitischen Schlingerkurses lebt. Im Saal des Laemmle-Kinos von Santa Monica hat dieser Schrei eine andere Kraft als von einer europäischen Leinwand herab. Und er klingt verzweifelter.

Später warten die Frauen, nachdem sie in einem Himmelfahrtskommando durch einen Tunnel ins Zentrum einer feindlich besetzten Stadt vorgedrungen sind, auf die zugesagte Unterstützung durch Kampfflugzeuge der Koalition. Als endlich die ersten Bomben auf die verbliebenen IS-Widerstandsnester fallen, bemerkt eine der Kämpferinnen nur: «Die Amerikaner.» «Girls of the Sun», wie der Film hierzulande betitelt ist, hätte auch ein Requiem auf die kurdisch-amerikanische Zusammenarbeit sein können, und es ist nicht ausgeschlossen, dass er das noch wird. Dann wären die «Sonnenmädchen», die Eva Husson hier feiert, wieder im Schatten.

19. April Sunny season auch am anderen Ende des Kontinents, in Providence an der Ostküste, wohin ich gestern gereist bin – aus einem Grund, über den in den nächsten Tagen noch zu berichten sein wird. Nach Regen bei der Ankunft in

Boston und einem kalten Abend in Providence ist der heutige Morgen strahlend sonnig.

Es ist Karfreitag, scheinbar genau das richtige Datum für einen Besuch in Providence, dem ein schauriger Ruf vorausgeht, der hier auch noch kräftig kultiviert wird: etwa mit dem Aufkleber «Providence – weird since 1636». Den Ruf der Seltsamkeit verdankt die Stadt vor allem ihrem berühmtesten Sohn, dem Schriftsteller H. P. Lovecraft. Glaubt man seinem Bild der Neuengland-Staaten und speziell der Stadt Providence, dann sind hier dunkle Schrecken sonderzahl zu finden. Aber wie das an einem solch schönen Tag? Selbst wenn es Karfreitag ist?

Ein staatlicher Feiertag wie in Deutschland ist der Karfreitag in den Vereinigten Staaten nicht, obwohl die Kirchendichte in den neuenglischen Städten höher ist als in der Alten Welt. Hier gab es einfach mehr Konkurrenz: Als Rhode Island, dessen Hauptstadt Providence ist, 1663 vom britischen König James II. seine Rechte als englische Kolonie zugesprochen bekam, war darunter auch das der Religionsfreiheit. Damit unterschied sich die Kolonie vom Mutterland, und die Durchsetzung dieses Rechts verdankte sie Roger Williams, dem 1603 in London geborenen und 1630 nach Amerika ausgewanderten Gründer von Providence. So konnten sich die unterschiedlichsten christlichen Gruppen in Rhode Island ansiedeln und ihre Gotteshäuser bauen.

Allerdings sind die vielen Kirchen ausgerechnet heute, an einem der wichtigsten christlichen Feiertage, geschlossen. Ein anderer auswärtiger Gast, den ich vor einer Baptistenkirche in der Prospect Street beim Rütteln am Portal treffe, schimpft wie ein Rohrspatz, dass man heute in kein Gotteshaus mehr hineinkomme. Früher wären sie jeden Tag offen gewesen; was sei nur aus der Welt geworden?

Aus Europa bin auch ich täglich geöffnete Gotteshäuser zumindest von katholischen Kirchen gewöhnt. Nun tauchte der Katholizismus in den Neuenglandstaaten relativ spät auf; mit den Pilgervätern waren zunächst protestantische Sekten über den Atlantik gekommen, die sich mit der anglikanischen Church of England nicht vertrugen. Erst als im mittleren 19. Jahrhundert die Massenauswanderung aus Irland und Italien nach Nordamerika einsetzte, kamen auch große Mengen Katholiken in diesen Teil der Vereinigten Staaten. Providence wurde Sitz einer katholischen Diözese; die Bischofskirche Saints Peter and Paul aber musste ihren Platz am Rande der Stadt suchen. Immerhin war im Jahr 1873 noch einer der sieben Hügel frei, auf denen Providence erbaut ist.

Wenn man aus der Innenstadt dorthin geht und auf den Vorplatz der Kathedrale tritt, wähnt man sich erst einmal in einer deutschen Stadt, denn die Kirche hat hier Verwaltungsgebäude und den Bischofssitz in einem Stil errichten lassen, der genauso aussieht wie die Wiederaufbauarchitektur der fünfziger Jahre daheim. Nirgendwo in den Vereinigten Staaten sieht es europäischer aus als rund um diesen weiten Platz mit seinen niedrigen, sachlichen Bauten. Hinge da nicht ein riesiges Kruzifix über dem Eingang zum Bischofsgebäude, wäre die Illusion vollkommen, aber eine derartige Ausstellung des zentralen christlichen Symbols findet man auf keinem europäischen Bischofspalast, der mir bekannt wäre.

Links am Platz liegt die Kathedrale, ein dunkelroter neoromanischer Bau mit zwei Türmen, von einer düsteren Wucht, als stammte er aus einer Lovecraft-Geschichte. Hier wird über Architektur der Machtanspruch einer Glaubensrichtung deutlich, vor allem im Vergleich mit den filigranen Holzkirchen der anderen christlichen Konfessionen in Providence. Man kann gar nicht anders, als an die zahllosen Missbrauchsskandale zu denken, die die katholische Kirche in den Vereinigten Staaten und der ganzen Welt seit Jahren erschüttern. Im aktuellen Heft des «New Yorker» ist der Bericht eines katholischen Journalisten zu lesen, der die Bemühungen der Kirche beschreibt, sich mit den Missbrauchsopfern durch finanzielle Ausgleichszahlungen zu arrangieren. Ein neuer Ablasshandel, so düster wie die Wirkung der Kathedrale von Providence.

Auch sie ist verschlossen, und nun setzt am sonnigen Karfreitag doch ein schauriges Frösteln ein, das erst beim Abstieg in die Innenstadt wieder verfliegt. Über den Providence River hinüber geht es vom anderen Flussufer aus wieder bergauf, bis in die Barnes Street, wo in der Nummer 10 eines der Wohnhäuser von H. P. Lovecraft erhalten ist (diese Adresse findet zudem in der berühmten Erzählung «Der Fall Charles Dexter Ward» Verwendung). Nichts an dieser Doppelhaushälfte aus der zweiten Hälfte des 19. Jahrhunderts weist auf den prominenten Bewohner der Jahre 1926 bis 1933 hin, der hier im Erdgeschoss einige der unheimlichsten Geschichten schrieb, die die Weltliteratur kennt. Das Lovecraftsche Erbe wird aber sonst durchaus gepflegt in der Stadt. In der Arcade etwa, der 1828 erbauten ältesten Mall der Welt, gibt es den Laden «Lovecraft Arts & Sciences», in dem nicht nur Bücher und Devotionalien aller Art angeboten werden, sondern auch Touren auf den Spuren des Übersinnlichen. Und man hofft hier auf Gruselzulieferung, denn ein Aushang im Schaufenster bittet um die Weitergabe von Gespenstergeschichten: «Ghost stories wanted.» Für eine Gespenstertour durch Providence werden «wahre, lebensechte» Erlebnisse paranormaler Art gesucht. Wie bedauerlich, dass der kurze Schauder an diesem warmen neuenglischen Karfreitag vor der katholischen Kathedrale keinerlei paranormale Ursachen hatte.

20. April Aus dem Golden State ins Gilded Age – das nenne ich einen Abstieg, auch wenn mein Weg ins vergoldete Zeitalter über den verheißungsvollen Ortsnamen Providence geführt hat. Vorgestern morgen noch in Kalifornien, gestern Abend dann in Newport angekommen, dem ehemaligen Nobelbadeort in Rhode Island, in dem sich die reichsten Bürger von New York City im späten 19. Jahrhundert Ferienhäuser errichten ließen, die sich gern auch einmal am Vorbild französischer Schlösser orientierten. Nur dass man beim Nachbau bisweilen noch ein Stockwerk draufsetzte, denn irgendwo mussten ja auch die Bediensteten unterkommen, und mehr Personal als ein französischer Adliger hatte man natürlich schon als Astor oder Vanderbilt. Wenn man vom Gilded Age spricht, ist das also nicht etwa ein Hinweis auf mehr Schein als Sein (im Gegenteil: So reich wie damals wurden einzelne Amerikaner erst wieder im Internet-Zeitalter), sondern ein kritischer Unterton, den bereits die damaligen Zeitgenossen angeschlagen haben. Und wenn man sich die Prachtvillen von Newport ansieht, weiß man auch, warum. Sie waren teuer, aber trotzdem ist die meiste Marmor- und Goldarchitektur reine Kulisse. Imitate, vergoldet eben.

Das größte Haus dieser Art ist «The Breakers», der ehemalige Sommersitz von Cornelius Vanderbilt II, dem Sohn des millionenschweren Eisenbahnbarons. Hier wurde im Stil eines italienischen Renaissancepalastes gebaut, und innen kann man den entfalteten Prunk kaum fassen. Da die Vanderbilts eine große Familie waren, hatten sie auch mehrere Ferienhäuser in Newport, und das führte untereinander zu einem für uns heute erfreulichen Ausstattungswettbewerb. Der Marmor in «The Breakers» ist deshalb sogar echt. Das Gold an den Säulen und Möbeln dagegen nur aufgetragen, aber das haben die Renaissancefürsten ja auch nicht anders gemacht.

Ich hasse Audioguides, aber hier habe ich – warum, weiß der Himmel – einen genommen. Und was für ein Glück! Denn ich verdanke der akustischen Besichtigungsbegleitung die lapidarste und nachvollziehbarste kulturgeschichtliche Betrachtung, die ich in meinem schon einigermaßen langen Leben vernommen habe. Man kann seinen Gang durchs Haus von dem Gerät mehr oder weniger individuell kommentieren lassen, und in einem der Räume wird das Phänomen des «Gilded Age» thematisiert. Dazu gibt es auch die anwählbare Frage: «When did the Gilded Age end?» Die Antwort, die ich darauf bekomme, lautet: 1913. Aber nicht, wie ich als geschichtsfixierter Europäer angenommen hätte, weil im Jahr danach der Erste Weltkrieg ausbrach. Nein, der Audioguide hat die wunderbare Erklärung parat: «With the establishment of income tax.» Von solch materialistischer Klarheit und Nachvollziehbarkeit könnten sich Karl Marx und Co. noch eine Scheibe abschneiden.

21. *April*   Hier sei der Grund nachgereicht, warum ich Providence zu einem meiner Reiseziele an der Ostküste gemacht habe. Im dortigen Museum der Rhode Island School of Design wird Lyonel Feiningers Gemälde «Gelmeroda XII» aufbewahrt. Der aus New York stammende Maler lernte das thüringische Dorf Gelmeroda 1906 kennen, als er erstmals nach Weimar kam (wo er später jahrelang als Meister am Bauhaus wirken sollte), und war begeistert von den Proportionen der örtlichen Kirche. In den nächsten Jahrzehnten zeichnete und

malte er sie immer wieder; das letzte Gemälde mit diesem Motiv entstand kurz vor seiner Rückkehr in die Vereinigten Staaten im Jahr 1937. Das war «Gelmeroda XIII», das 1942 vom Metropolitan Museum in New York angekauft wurde und Feininger erstmals fest im Kunstmarkt seines Heimatlandes etablierte. Heute gilt die Gelmeroda-Serie als bedeutendste Werkgruppe im Schaffen des Künstlers, und obwohl seine eigene Zählung bis XIII geht, gibt es nur elf Gemälde der Kirche, denn zwei frühe Versionen wurden zwar in Zeichnungen konzipiert, nummeriert und als Bilder geplant, aber nicht ausgeführt. Umso glücklicher darf sich jemand schätzen, der eines der weltweit verstreuten elf Gemälde besitzt. Sollte man meinen.

Das Rhode Island School of Design Museum ist ein wunderbares Haus, vor elf Jahren um einen modernen Anbau erweitert und seitdem auch ausstellungsästhetisch auf dem neuesten Stand, wobei die neuen oder frisch renovierten Säle reizvoll mit jenem Trakt des Museums kontrastieren, der aus dem Pendleton House besteht, einem mehr als zweihundert Jahre alten Bürgerhaus, in dem mittels *period rooms* das Wohngefühl des amerikanischen 18. und 19. Jahrhunderts vermittelt wird. Die Antikenabteilung des Museums ist ebenso eindrucksvoll wie die Ostasiatika-Sektion, und die kleine Impressionistensammlung glänzt mit einem Van Gogh, einem herausragenden Monet, zwei schönen Manets und sogar einem halbwegs akzeptablen Renoir (neben weiteren typisch unerfreulichen Werken dieses Malers). Und irgendwo müsste sich ja nun auch das Feininger-Meisterwerk «Gelmeroda XII» aus dem Jahr 1929 finden lassen.

Ich finde es nicht. Fehlanzeige in dem Saal, wo man es von der chronologischen Anordnung her erwarten dürfte. Also frage ich einen Aufseher, ob er mir den Weg zum Kunstwerk weisen könne. Feininger? Den Namen hat er noch nie gehört. Von «Gelmeroda» ganz zu schweigen. Erfreulicherweise ist das Gemälde im digitalen Bestandsverzeichnis des Museums verzeichnet, samt Abbildung. Ah, doch, das Bild kenne er, das habe bis vor kurzem dort drüben gehangen, aber nun sei es abgenommen worden. In diesem Saal, das fällt auf, ist die klassische Moderne von Werken zeitgenössischer Kunst durchsetzt; auch in Providence will man wie fast überall auf der Welt absolut modern sein und nicht nur klassisch.

Angekauft hatte das Haus sein Feininger-Gemälde schon, bevor das Metropolitan Museum das andere «Gelmeroda»-Bild erwarb. Man hatte also ein sicheres Gespür in Providence – früher zumindest. Ich tröste mich heute mit dem Gedanken, dass «Gelmeroda XII» wohl derzeit nach Deutschland entliehen sein wird, an eine der zahllosen Ausstellungen zum hundertsten Geburtstag des Bauhauses. Immerhin entstand dieses Bild der Serie im Atelier von Feiningers Meisterhaus in Dessau. Es wäre also ein Glanzstück in jeder dieser Schauen. Doch dann gehe ich am Ende noch im Museumsshop vorbei, in dem es einen recht umfangreichen Auswahlkatalog der hiesigen Sammlung gibt. Auch darin keine Spur von Feiningers «Gelmeroda XII», obwohl die Publikation durchaus Werke enthält, die derzeit nicht in der ständigen Ausstellung zu sehen sind, so etwa ein schönes Gemälde von Franz Marc, «Zwei Pferde» von 1912. Feininger scheint aktuell leider nicht nur beim Wachpersonal wenig geschätzt zu werden. Mein eigentlicher Anlass, nach Providence zu reisen, hat sich somit als obsolet erwiesen. Man kann lediglich hoffen, dass das Bild tatsächlich gerade nach Deutschland entliehen ist und nicht nur einfach im Depot lagert. Größere Bedenken, was eine Ausleihe anlangt, dürften ja vonseiten des Museums kaum zu erwarten sein.

22. April In Cambridge, Massachusetts, geht die Welt unter. Es regnet, als sollte jeder Hauch von Frühling und Freude weggeschwemmt werden. Da tut es einem um die Arbeitszeit im Archiv nicht leid. Nur hätte es das richtige sein müssen. Dabei hatte ich geglaubt, keinen Besuch von Pacific Palisades aus so intensiv vorbereitet zu haben wie diesen.

Im Busch-Reisinger-Museum der Harvard-Universität, dem einzigen in Nordamerika, das ganz deutscher Kunst gewidmet ist, liegt der Nachlass von Lyonel Feininger – eine schöne späte Pointe zur lange fehlenden Bereitschaft seines Heimatlandes, den Künstler als Amerikaner zu akzeptieren, die ihn sogar übers Grab hinaus verfolgt hat. Auch die Familienkorrespondenz wurde von seiner Witwe Julia hierhergegeben und bis zu ihrem Tod gesperrt, aber das Ableben von Mrs. Feininger liegt lange zurück; seit 1970 kommt man an alle Dokumente heran. Deshalb kennt man nun auch Briefe von Feininger wie den vom 19. Mai 1933, in dem er eine Hitler-Rede im Reichstag, während der der neue Reichskanzler dem Versailler Vertrag alle Schuld am Elend der Deutschen gegeben hatte, auf Englisch so kommentierte: «I am quite enraptured and totally enthusiastic about Hitler's speech in front of the Reichstag – in front of the world! – Have I not asked a thousand times why doesn't anyone stand up and proclaim in clear public view what millions know and no one has said out loud?» Veröffentlicht wurde dieses Zitat 2011 in einem Katalog des New Yorker Whitney-Museums, und es hat mich neugierig auf die Ambivalenz Feiningers in den ersten Monaten des NS-Staates gemacht. Julia Feininger stammte aus einer jüdischen Familie, und das Bauhaus, Feiningers früherer Arbeitgeber, war den Nazis verhasst. Der Maler wiederum hasste die Nazis, was viele andere Briefstellen beweisen. Wieso also damals die Augenblicksbegeisterung für Hitler (die seine Frau übrigens teilte)?

Von Kalifornien aus hatte ich in den Bibliothekskatalogen von Harvard alle Feininger-Bestände überprüft. Die «Feininger Papers», der schriftliche Nachlass, liegen in der dortigen Houghton Library. Also eine Anfrage an die Bibliothek, ob man die Korrespondenz des Ehepaars einsehen könne. Die Antwort kommt prompt, verweist aber für diesen Teil der Papers auf das Busch-Reisinger-Museum. Hier wiederum hat man die Archivbestände ausgelagert, in den Stadtteil Somerville, und die zuständige Bibliothekarin will mich mit zwei Stunden Lesezeit abspeisen – für einen Briefwechsel, der mehr als dreißig Jahre umfasst. Auf meine Bitte hin verlängert sie auf dreieinhalb Stunden: Es werde schon recht schnell gehen, so viel Material sei es ja gar nicht. Diese Bemerkung hätte mich misstrauisch machen sollen.

In der Archivaußenstelle des Museums warten vier Kästen auf mich, zwei davon bis an den Rand gefüllt mit Feininger-Brieftexten. Allerdings nicht den Originalen, sondern maschinenschriftlichen Abschriften, die Julia Feininger angefertigt hat, einmal auf Deutsch und noch einmal auf Englisch, wobei Feininger seit 1933 rund die Hälfte der Briefe an Julia in seiner Muttersprache verfasste. Und die Abschriften sind nicht vollständig, sondern geben nur wieder, was Feiningers Frau für wichtig hielt. Oder für überlieferungswürdig, denn der Brief vom 19. Mai 1933 ist im Konvolut gar nicht enthalten, nicht einmal in Auszügen. Auch andere mir aus der Literatur bekannte Äußerungen in Briefen an seine Frau haben hier keine Spuren hinterlassen. Interessant ist das Übrige allemal, aber von Ambivalenz kann keine Rede mehr sein.

Auf meine Frage nach dreieinhalbstündiger Eillektüre (die tatsächlich gerade so hinreichte), wo denn die Originale liegen, kommt die erwartete und befürchtete Antwort: in der Houghton Library. Dort hatte ich vorab Briefe der drei Feininger-Söhne und weitere Familiendokumente zur Einsicht bestellt, aber nicht die Korrespondenz mit seiner Frau, die ich ja im Museumsarchiv wähnte. Die Zeit in Cambridge wird nicht mehr reichen für eine Nachbestellung, geschweige denn für eine sorgfältige Lektüre. Also wird mich mein Weg später noch einmal nach Harvard führen müssen.

Wunderschön sind dagegen die Briefe von Andreas Feininger an seine Eltern, die ich am späten Nachmittag gerade noch zu lesen beginnen kann: Verfasst erfreulicherweise von 1933 an, als Andreas nach Frankreich gegangen war, und fortgeführt bis zum Tod von Julia, sind sie ein grandioses Künstlerzeugnis – des berühmten Fotografen Andreas Feininger. Über Lyonel allerdings oder gar dessen zwiespältige Situation in den Jahren der NS-Herrschaft findet sich darin kaum ein Wort; nur einmal die Bemerkung, dass Andreas zu nicht näher ausgeführten heiklen Fragen in Deutschland lieber nichts aus Schweden, wo er mittlerweile lebte, schreiben wolle. Morgen bleibt mir in den wenigen Stunden bis zur Abfahrt zum Dartmouth College noch die Hoffnung auf die Briefe der Jahre 1936 und 1937, ehe auch Andreas nach Amerika ausreiste, wo sein Vater schon kurz vorher angekommen war. Vielleicht reicht die Zeit sogar noch für die Schreiben seiner Brüder Laurence und T. Lux an die Eltern. Wobei ich wenig optimistisch bin, dass die beiden mehr über ihren Vater zu berichten wussten als Andreas Feininger. Lyonel schrieb einmal an Julia, dass es in seinen Briefen immer nur um ihn selbst gehe; diese Egozentrik haben die Söhne dann wohl übernommen. Und die eher selbstlose Julia Feininger hat sich leider bemüht, das auszumerzen, was die Welt über ihren Mann nicht wissen sollte. Man möchte weinen, aber das wäre ja noch mehr Wasser auf Cambridge, Massachusetts.

23. April Ich würde mein Geschäft nicht Bartleby nennen. Was käme meinen Kunden denn anderes in den Sinn, als bei der Kaufentscheidung «Ich möchte lieber nicht» zu denken? «I would prefer not to» ist ja die Standardantwort der Titelfigur von Herman Melvilles berühmter Erzählung «Bartleby, the Scrivener», die schon bei ihrem ersten Erscheinen 1853 Aufmerksamkeit erregte, doch erst im 20. Jahrhundert richtig gefeiert wurde: als Gründungsdokument der literarischen Moderne. Für Konsum ist Verweigerungshaltung jedenfalls tödlich.

Was mag sich also die Person gedacht haben, die ihr Unternehmen «Bartleby's Seitan Stand» getauft hat? Bei der Fahrt aus Boston heraus ist mir der kleine Lieferwagen mit dieser Aufschrift ins Auge gefallen, nicht zuletzt deshalb, weil ich seit meiner Ankunft in den Vereinigten Staaten fast nur Melville-Bücher lese. Thomas Mann hat sie in seinen amerikanischen Jahren auch bewundert, und «Bartleby, der Schreiber» war das Erste, was er von Melville las. «Moby-Dick» darf Anspruch darauf erheben, der bekannteste amerikanische Roman zu sein, und «Billy Budd» genießt Kultstatus nicht nur in Homosexuellenkreisen. Andererseits sei die Frage gestattet, ob Melville wirklich noch gelesen wird, wenn der Hersteller einer vegetarischen Speise sich nach Bartleby, dem Geist, der stets verneint, benennt.

Nicht, dass dieser Hersteller selbst Bartleby hieße. Melville hat den Namen offenbar gut erfunden, im Telefonbuch von Boston findet sich heute kein Eintrag außer eben dem des

Seitan-Verkaufsstands. Der wurde 2014 von Stephanie Kirkpatrick gegründet, und wie uns die Homepage ihres Unternehmens verrät, war die Namenswahl eine durchaus bewusste, weil Bartleby «einmalig und lustig auszusprechen» sei. Eine seltsame Karriere für eine höchst tragische Figur, deren Leben ihr Autor Melville unbeachtet im Hof eines Gefängnisses enden lässt.

«Bartleby's Seitan Stand» versucht gar nicht erst, den berühmten Satz seines Paten heranzuziehen, obwohl man ja allemal verkaufsfördernd hätte behaupten können: Ich möchte lieber nicht ... Fleisch essen, sondern Seitan. Stattdessen bemüht sich der Lebensmittelanbieter in umständlichen Formulierungen zu erläutern, warum auf seinem Lieferwagen neben dem Schriftzug ein kleiner Teufel abgebildet ist: Seitan werde von Amerikanern oft wie «Satan» ausgesprochen. Das leuchtet mir wiederum ein, der sich die japanische Speisenbezeichnung «Seitan» immer nur durch eine Eselsbrücke zum «Schaitan» merken konnte, der muslimischen Entsprechung des Teufels. Aber diese Assoziation empfand ich nie als besonders genussfördernd, weshalb das Produkt selbst auch noch nicht auf meinem Speisezettel gelandet ist. Ob die Bostoner Beschwörung Bartlebys daran etwas ändern wird, wage ich zu bezweifeln. Zumal es sich bislang auch nur um einen lokalen Seitan-Anbieter handelt und ich so schnell nicht wieder nach Boston kommen werde. Melville schätzte die Stadt in Massachusetts übrigens sehr, weil die Familie seiner Frau dort herstammte (und deren Geld). Aber er blieb doch mit Leib und Seele New Yorker. Sein Heimatstaat ging denn auch mit dem Ruhm des großen Sohnes respektvoller um als Boston: 1854, noch zu Lebzeiten des Schriftstellers, wurde der kleine Ort Sweet Hollow auf Long Island in Melville umbenannt. Dagegen Bartleby? Ich möchte lieber nicht ... in Boston speisen.

24. *April* Angesichts des zwischen populärer Rede von Diversität und politisch heiklen Identitätspraktiken zerrissenen akademischen Selbstverständnisses in Amerika hat das Dartmouth College, an dem ich mich gerade für vier Tage aufhalte, eine blendende Ausgangsposition. In diesem Jahr feiert es seinen 250. Geburtstag, und der Gründer Eleazar Wheelock ist zwar ein alter weißer Mann, wie er im Buche steht (geboren 1711, war er schon fast sechzig, als er 1769 für das College eine königliche Bestätigungsurkunde erhielt, die sich der finanziellen Unterstützung des Earl of Dartmouth verdankte, daher der Name der Universität), aber seine Bildungsbemühungen galten vor allem den Indianern, die hier am Rande der «zivilisierten» Welt lebten. Das Dartmouth College liegt an der Westgrenze von New Hampshire, damals weitab von jeder größeren Siedlung, und auch heute noch ist es das einzige Mitglied der Ivy League, also der berühmten Gruppe von acht Eliteuniversitäten im Nordosten der USA, das seinen Campus nicht in einer größeren Stadt hat. Hanover, wie die kaum zehntausend Bewohner zählende Ortschaft rund ums College heißt, besteht eigentlich nur aus der für die Versorgung von Universitätsmitarbeitern und Studenten notwendigen Infrastruktur.

Hanover, Dartmouth – wenn es nach diesen Namen ginge, könnte man es sich kaum klassisch europäischer denken. Umso willkommener ist die Gründungsgeschichte um Wheelocks Intentionen, die aber auch eine besondere Verpflichtung mit sich bringt. Das indianische Erbe wird hier hochgehalten, zumal man wie alle anderen Eliteuniversitäten heute unter steter öffentlicher Beobachtung steht, ob auch genug für die

Diversität der Studenten gesorgt wird. Fünftausend gibt es hier, mehr nicht, und die Studiengebühren sind immens, was der sozialen Vielfalt auf dem Campus nicht eben förderlich ist. Da kommt eine Tradition der interkulturellen Verständigung, auf die man sich berufen kann, gerade recht.

Diese zeitigte indes in der Vergangenheit einige Effekte, auf die man heute nicht mehr stolz ist und die sogar für Ärger sorgten. Der Mythos um Eleazar Wheelock brachte etwa im späten 19. Jahrhundert ein populäres studentisches Trinklied hervor, in dem besungen wurde, wie der Pädagoge und Geistliche sein College mit Hilfe von fünfhundert Litern Rum gründete, die er an die Ureinwohner ausgeschenkt habe. Dieses Lied wiederum wurde von dem Maler Walter Beach Humphrey, selbst ein Dartmouth-Absolvent, 1937 zum Vorbild für eine Serie von Wandbildern genommen, die er für das Untergeschoss der wichtigsten Bibliothek von Dartmouth, der Baker Library, anfertigte. Aussehen tut der Zyklus wie eine Serie von Liebigbildern für ein Sammelalbum des späten 19. Jahrhunderts. Auch für jede Kneipe, etwa in Heidelberg, geeignet.

Humphrey reagierte damit auf das in der Baker Library schon 1932 entstandene Wandbild «Epic of American Civilization» des mexikanischen Malers José Clemente Orozco, das neben der versöhnlichen Wirkung von gemeinsamen Bildungsanstrengungen auch die Konflikte zwischen den amerikanischen Ureinwohnern und den europäischen Kolonisatoren thematisierte. Zudem war Orozco als Vertreter des mexikanischen Muralismo überzeugter Kommunist, was man dem Bild mit seinen klassenkämpferischen Aspekten auch deutlich ansieht. Das kam nicht gut an bei den schon damals fürs finanzielle Überleben des Colleges so wichtigen ehemaligen Absolventen, die meist zur weißen und vor allem ökonomischen Elite zählten, also beschloss man ein von diesen Alumni finanziertes Gegenkunstwerk, und das Ergebnis waren Humphreys Bilder, die nach dem Verfasser des erwähnten Trinklieds, Richard Hovey, als «Hovey Murals» bekannt und in Studentenkreisen vielgeliebt wurden.

Mittlerweile hat sich das umgekehrt. Orozco ist längst anerkannt als einer der wichtigsten lateinamerikanischen Künstler des 20. Jahrhunderts, Humphrey kennt man fast nur noch wegen seiner «Hovey Murals», und die wiederum gelten heute als Inbegriff paternalistischer Erhebung von Weißen über die *Native Americans.* Da Letztere aber wichtig für das Selbstverständnis des Dartmouth Colleges und erfreulicherweise dank Förderungsprogrammen unter den Studenten genauso stark vertreten sind wie im Lehrplan (Native American Studies), konnte es in Zeiten, in denen sich Minderheiten intensiv mit ihrer Identität beschäftigen, nicht ausbleiben, dass Humphreys Wandgemälde mit ihren bestenfalls naiv zu nennenden Darstellungen von Bilderbuch-Rothäuten Anstoß erregten. Die Angehörigen der indianischen Studentenschaft sprachen sich für die Entfernung der «Hovey Murals» aus, und 2018 empfahl das auch eine eigens aus Vertretern der unterschiedlichsten universitären Gruppen gebildete Kommission. So wurden die Bilder Anfang Oktober letzten Jahres entfernt und in ein Lagerhaus außerhalb des Campus verbracht, wo sie nun nicht mehr öffentlich sichtbar sind – zum Bedauern einiger Dozenten des Colleges, die vor ihnen gerne Lehrveranstaltungen zu Fragen von Rassismus und *white supremacy* abhielten. Aber Zweideutigkeiten haben heute im kulturellen Diskurs der Vereinigten Staaten eindeutig keine Chance mehr.

25. April Auf dem Bürgersteig vor dem Fenster einer Hotelbar mitten in Hanover steht ein Dinosaurier. Natürlich kein echter, sondern ein Mensch in einem Kostüm. Er fuchtelt mit den kurzen Ärmchen herum und reißt das Maul weit auf, und ich wünschte, ich säße jetzt in der Bar, um zu überprüfen, ob ein solch überraschender Anblick von innen lächerlich oder fürchterlich aussieht. Nach ein paar Sekunden trottet das Ungeheuer weiter. Schreckensschreie aus der Bar habe ich nicht vernommen.

Wer steckte da im Kostüm? Meine Vermutung ist, dass es sich um einen Studenten handelte, der das Aufnahmeritual einer *fraternity* durchläuft. Diese «Bruderschaften» entsprechen den deutschen Verbindungen, haben eigene Häuser rund um den Campus, und angesichts der akuten studentischen Wohnungsnot im winzigen Hanover sind die Mitgliedschaften hier noch begehrter als in anderen amerikanischen Universitätsstädten. Wer aber in die *fraternities* (oder *sororities*, wenn es sich um Häuser für Studentinnen handelt) hineinwill, muss sich deren Regeln unterwerfen, und dazu gehören seit alters mehr oder minder drastische Aufnahmerituale. Wie etwa, sich in einem Dinosaurierkostüm durch die Stadt zu bewegen.

Aber ich habe mich getäuscht; es sei nicht die Zeit für diese Rituale, sagt Veronika Füchtner, die Chefin des Department of German Studies, als ich ihr vom gesichteten Saurier erzähle. Die fänden jeweils zu Beginn der Terms statt, nun aber nähern wir uns bereits dem Ende des Frühlingsabschnitts. Und sie seien auch generell nicht mehr zeitgemäß, solche Herausforderungen, bei denen etwa Studenten dazu gezwungen wurden, im Schlafanzug in die Vorlesungen zu gehen oder sich eine Woche lang nicht zu waschen. Das habe sich auf dem Campus optisch und olfaktorisch leider nur zu deutlich bemerkbar gemacht, und dabei handele es sich bei diesen beiden Beispielen ja noch um eher harmlose Aufgaben. Manche Aufnahmerituale seien geradezu gefährlich gewesen – *hazing* heißt der Begriff dafür. Je härter die selbst erduldeten Prüfungen gewesen seien, desto üblere denke man sich dann für die nächste Generation von *fratboys* aus.

Das Dartmouth College hat *hazing* deshalb mittlerweile verboten. Aber die genaue Bestimmung dessen, was damit untersagt wurde, ist offen. Ersichtlich gesundheitsgefährdende Aktionen ganz gewiss, und Studenten im Schlafanzug seien seitdem nicht mehr in den Kursen aufgetaucht, sagt Veronika Füchtner. Zumindest ihre eigene Nase lasse die Vermutung zu, dass die *fraternities* offenbar auch den Zwang zur Unreinlichkeit als eine gefährliche Prüfung einordnen und deshalb mittlerweile darauf verzichten. Aber gesetzt den Fall, der Gang als Dinosaurier durchs abendliche Hanover wäre doch eine solche Prüfung gewesen – wen hätte das gefährdet? Die größte Gemeinsamkeit von Sauriern und *hazing* ist, dass nunmehr beide ausgestorben sind.

26. April Brooklyn liegt nur acht Kilometer von Hanover entfernt, allerdings in einem anderen amerikanischen Bundesstaat, in Vermont. Wem das seltsam vorkommt, der weiß nichts von der Sehnsucht der transatlantischen Hanoveraner nach großstädtischem Flair. Ein Lebensgefühl wie in Brooklyn wollen sie nach eigener Aussage in einem Ort empfinden, der mit rund 2300 Einwohnern nicht einmal ein Viertel so groß ist wie das eigene Städtchen: in White River Junction, etwas südwestlich jenseits des Connecticut River gelegen, der die Grenze zwischen New Hampshire und Vermont darstellt. Und vielleicht soll die Beschwörung eines neuenglischen Brooklyns dem eigenen Ort ja in geographischer Analogie den Status eines zweiten Manhattans zusprechen. Dann jedenfalls könnte man besser verstehen, wieso White River Junction in Hanover eine solche Wertschätzung genießt.

Das Städtchen in Vermont verdankt seinen Namen der Kreuzung zweier Eisenbahnlinien, die ihm im 19. Jahrhundert eine große regionale Bedeutung verschafften. Manchen Gebäuden sieht man das noch an, aber der Teil, der hier mit seinen Restaurants und Geschäften an Brooklyn erinnern soll, erstreckt sich rund um einen Häuserblock, und dessen Ladenlokale sind nicht einmal alle vermietet. Immerhin gibt es da «Piecemeat Pies», einen großartigen Pastetenladen, in dem meine Frau und ich mit dem Comiczeichner Jason Lutes verabredet sind, der am hiesigen Center for Cartoon Studies unterrichtet. Vor einem Monat haben wir uns in Hamburg getroffen und das heutige Wiedersehen in seinem Wohn- und Wirkungsort verabredet. Größer könnte der urbane Kontrast kaum ausfallen. Deshalb lacht Jason auch laut auf, als ich ihm von der Hanoveraner Klassifizierung White River Junctions als lokales Brooklyn erzähle. Das müsse er unbedingt seinen Nachbarn weitergeben; unter den Bewohnern hier kursiere bislang eher der heimliche Slogan «White River Junction – it's not that bad». Aber zu Jason Lutes und seiner Tätigkeit mehr im morgigen Eintrag.

Ein Teil von diesem winzigen Brooklyn ist der Tinnef-Laden «The Post». Dort kann man allerlei Büro- und Schreibwaren kaufen. Und ein paar Dinge darüber hinaus, etwa einen Lippenbalsamstift, der den Markennamen «O-Balm-a» trägt. Von der Verpackung lächelt das vertraute Gesicht des früheren amerikanischen Präsidenten Barack Obama herab (noch das jugendliche aus der ersten Amtszeit), und als Werbespruch steht daneben: «Mint you can believe in». Es braucht gar nicht die direkt daneben im Verkaufsregal liegende Trump-Seife (auch mit dem Konterfei des Namensgebers), die laut Aufschrift «for dirty politics» gedacht ist, um klarzumachen, dass es sich bei dem Lippenbalsam «O-Balm-a» um Satire handelt, allerdings eine durchaus praktische und in diesem Teil des Landes, das wie ganz Neuengland eher demokratisch gesinnt ist, wohl auch populäre.

Auf dem Lippenbalsam selbst steht zu lesen: «Still on everyone's lips» – ein hübsches Wortspiel mit dem amerikanischen Äquivalent zum deutschen «Noch in aller Munde sein», das hier Obamas Sympathisanten zum Kauf bewegen soll. Dreht man den Pflegestift um, wird verkündet: «Soothes and protects» (besänftigt und schützt). Auch das natürlich eine Spitze gegen den polarisierenden und provozierenden aktuellen Amtsinhaber. «Apply liberally» wird als Gebrauchsanweisung beigegeben, und alle liberal gesinnten Amerikaner (was hierzulande so viel wie «links» bedeutet) werden das als probate Aufforderung verstehen. «Actually works» wird auch noch versprochen, also ein tatsächlich funktionsfähiges Produkt im Gegensatz zu Trump. Und um diesem und seinem America-first-Programm den Wind aus den Segeln zu nehmen, wird die Herkunft des Lippenbalsams so ausgewiesen: «Made in the USA», aber gefolgt von der Formulierung «by Americans of all kinds» – ein Plädoyer für Diversität und Integration. Und das Ganze, wird noch betont, «promotes recovery», sorge also auch für die vom Präsidenten ständig verheißene Erholung der amerikanischen Wirtschaft.

Hinter diesem witzig-politischen Pflegeartikel steckt ein Hersteller, der den schönen Namen «The Unemployed Philosopher's Guild» führt. Auf einem einzigen Lippenbalsam hat er mehr anspielungsreichen Humor untergebracht als die «Saturday-Night-Live»-Show manchmal in einer Stunde Sendezeit. Und wo hat diese Gilde der nicht angestellten Philosophen ihren Sitz? Na, in Brooklyn natürlich. Das passt ja nach White River Junction.

27. April

Als Jason Lutes fünfzig wurde – anderthalb Jahre ist das jetzt her –, schenkten ihm seine gegenwärtigen und früheren Studenten und Kollegen etwas, von dem er nicht zu träumen gewagt hätte. Jeder von ihnen hatte sich eine Seite aus Jasons Hauptwerk, der 2018 vollendeten Graphic Novel «Berlin», ausgesucht und sie im eigenen Stil noch einmal neu gezeichnet. Das reichte zwar nicht für eine komplette Neuinterpretation («Berlin» umfasst fast sechshundert Seiten), aber ein rundes Drittel kam zusammen, und so bleibt zum sechzigsten und siebzigsten Geburtstag noch etwas zu tun übrig. Und selbst wenn es so lange dauern sollte, wäre das kürzer, als Jason selbst für den kompletten Comic gebraucht hat: «Berlin» erschien in zweiundzwanzig Einzelheften, dessen erstes 1997 herauskam; die Arbeit daran hatte wiederum schon 1995 begonnen. Bis zur Fertigstellung der Geschichte vergingen also dreiundzwanzig Jahre. Es dürfte eines der langwierigsten Comic-Projekte aller Zeiten gewesen sein, aber es spricht einiges dafür, dass es auch eines der langlebigsten werden könnte. Das Geschenk behielt Jason übrigens nicht für sich, sondern deponierte es in der Bibliothek des Center for Cartoon Studies, an dem er seit zwölf Jahren lehrt. Dort dient es als anschauliches Beispiel für die Vielzahl von Talenten, die hier ausgebildet worden sind.

Bis zu achtundvierzig Studenten, die für ihre zweijährige Lehrzeit jeweils dreißigtausend Dollar Gebühren bezahlen müssen, kann die private Hochschule derzeit aufnehmen. Allerdings hat man hier hohe qualitative Ansprüche, die die Bewerber um einen der Ausbildungsplätze zu erfüllen haben, also werden bisweilen auch weniger neue Studenten akzeptiert, als eigentlich möglich wäre. Dass das Center trotzdem schuldenfrei dasteht, obwohl es vor ein paar Jahren eines der repräsentativsten Häuser in White River Junction, das ehemalige Postamt, als zweites Hochschulgebäude gekauft hat, ist eine geschäftliche Meisterleistung.

Die Main Street von White River Junction sieht aus, wie man sich eine amerikanische Provinzstadt aus dem frühen 20. Jahrhundert vorstellt. Es ist, als hätte der berühmte kanadische Comiczeichner Seth hier seinen städtebaulichen Traum verwirklichen dürfen. Wen wundert es da, dass Seth, als er zum ersten Mal zu Besuch kam, denn auch restlos begeistert war und sich gerne bereit erklärte, eine Imagebroschüre für das Center for Cartoon Studies zu illustrieren.

Jason Lutes ist zufrieden mit dem eigenen Dasein: «Berlin» ist fertig, drei neue Comics sind bereits in Planung (mit vergleichsweise moderaten 96 Seiten jeweils gleich lang und als Genregeschichten konzipiert). Mit Frau, Tochter und Sohn lebt er hier in der ländlichen Umgebung von White River Junction auf einer Farm, die seinen Kindern ein Aufwachsen ermöglicht, wie er selbst es erlebt hat und sich deshalb auch für den eigenen Nachwuchs wünscht: kein Smartphone, keinen Computer, nicht mehr als einen Film pro Woche.

«Natürlich murren die beiden manchmal, aber ihnen ist nie langweilig.» Als Waldorfschüler werden sie zusätzlich auf kreative Pfade gebracht.

Im Center for Cartoon Studies warten die Abschlussarbeiten der Studenten des zweiten Ausbildungsjahres auf Begutachtung: ein rundes Dutzend graphischer Erzählungen in höchst aufwendig von Hand hergestellten Einbänden. Im Kellergeschoss des Centers gibt es neben Zeichentischen, Computern und Kopierern auch eine Siebdruckmaschine und eine Buchbinderwerkstatt, deren sich die Studenten eifrig bedienen. Hier wird eine Generation von Comic-Autoren herangebildet, die auch die traditionellen Techniken erlernen. Alle fünf Jahre evaluiert der Bundesstaat Vermont das von ihm zertifizierte Ausbildungsprogramm des Centers, das die Studenten mit einem Master of Arts abschließen; 2020 wird es wieder eine solche staatliche Überprüfung geben. Aber die Comic-Hochschule ist längst so wichtig für das Selbstverständnis von White River Junction geworden, dass Jason keine Angst vor der Evaluation hat. Dartmouth College hat vor zweihundertfünfzig Jahren ja auch mit ein paar Dutzend Studenten angefangen. In der kleinen Nachbarstadt träumt man amerikanisch groß.

28. April «Gut, dass ihr jetzt abfahrt», hat Jason Lutes noch zu uns gesagt, «es soll hier am Wochenende frieren.» Als wir nach drei Stunden Autofahrt in Pittsfield, Massachusetts, ankommen, hätten wir das gern hingenommen, wenn es denn beim Frieren geblieben wäre. Wir parken aber im Schneegestöber an der Holmes Road.

«Arrowhead» heißt das vor uns liegende Farmgebäude aus

dem späten 18. Jahrhundert; von 1850 bis 1863 wohnte hier Herman Melville. «The Confidence-Man», «Pierre» und die Erzählungen der «Piazza Tales» wurden hier geschrieben, Letztere sogar benannt nach einem Teil des Hauses, der Veranda, von der aus man nach Norden auf den Mount Greylock blickt, die höchste Erhebung in diesem Teil der Berkshires. Es wird gern behauptet, dass die Form dieses Berges Melville an den Rücken eines Wals erinnert habe, und tatsächlich hat er erst hier «Moby-Dick» zu Ende geschrieben.

Somit wäre heute eigentlich ein idealer Besuchstag, denn natürlich kommt der Greylock nur schneebedeckt als Vorbild für den weißen Wal in Frage. Aber die Sicht ist, um es zurückhaltend auszudrücken, eingeschränkt, und Erin, die Mitarbeiterin der Berkshire Historical Society, die uns eigens das regulär erst von Mai an zugängliche Haus geöffnet hat, verzichtet angesichts der Wetterkapriolen auf den sonst obligatorischen Außenrundgang. Immerhin kann man an einem Tag wie diesem die Irritation nachvollziehen, die unter den New Yorker Freunden Melvilles herrschte, als der Schriftsteller sich auf seine Farm im provinziellen Pittsfield zurückzog. Die Sommer mögen hier angenehmer sein als im notorisch heißen New York City, aber von den viel längeren Wintern sollte man lieber schweigen. Dieses letzte Aprilwochenende des Jahres 2019 ist beredt genug.

Was tun, wenn das Wetter keinen Freiluftaufenthalt in einer der angeblich reizvollsten Regionen von Neuengland gestattet? Bei «Ozzie's Steak & Eggs» einkehren, das mit seinem Markenzeichen, dem Alligator (aufnahmefähig wie ein solches Tier sollte man in der Tat sein, wenn man sich den köstlichen Riesenportionen in diesem Lokal stellt), wenigstens einen Hauch von Süden in den kalten Nordosten bringt. Und ins Kino gehen, einen kleinen Beitrag leisten zum mutmaßlich gerade neu aufgestellten Besucherrekord am Startwochenende eines Films. «Avengers: Endgame» läuft seit Freitag auf der Hälfte aller Leinwände in Nordamerika, und allemal in den meisten Sälen des Regal Cinema, das sich in einer Mall im Pittsfielder Vorort Lanesborough befindet, die ohne die zahlreichen Filmbesucher an diesem Abend so ausgestorben wäre, als hätte der böse Thanos tatsächlich vor einem Jahr den Großteil der Menschheit mit einem Fingerschnippen ausgelöscht, wie es der dritte Teil der «Avengers»-Filmhandlung erzählt hat. Diese Untat gilt es nun im vierten Teil ungeschehen zu machen, und am Ende sind tatsächlich alle ehedem zu Staub gewordenen Superhelden wieder da, darunter zu unserer Freude auch Buck, der treue Freund von Captain America, der den heute überaus passenden Kampfnamen «The Winter Soldier» trägt. Als die drei Stunden Laufzeit vorbei sind, ist es tiefe Nacht, und draußen liegt erstaunlicherweise kein Schnee mehr. Aber dem Frost sind wir nun wirklich nicht entkommen.

29. April Die Distanz zwischen den beiden Palisaden beträgt fast fünftausend Kilometer: einmal von Küste zu Küste durch das ganze Land, vom Pazifik im Südwesten bis an den Atlantik im Nordosten. Als Pacific Palisades 1922 seinen Namen erhielt, hießen die Palisades am Ufer des Hudson River schon seit vierhundert Jahren so: benannt vom italienischen Seefahrer Giovanni die Verrazzano, der 1524 im Auftrag des französischen Königs Franz I. die amerikanische Küste erkundete, aber weniger Ruhm damit erntete als seine Landsleute Kolumbus und Vespucci (wenigstens trägt heute die große Brücke zwischen Brooklyn und Staten Island seinen

Namen). Er fuhr ein Stück den Hudson hinauf und sah dort eine Steilküste am westlichen Ufer, die alles übertraf, was er aus Europa kannte – eine veritable senkrechte Felswand von mehr als hundert Metern Höhe und mehreren Kilometern Länge. Die nannte er «Palisaden», und die Formation verdient den Namen doch etwas mehr als die hübsche, aber keineswegs an eine Befestigung erinnernde Hügellandschaft am anderen Ende der Vereinigten Staaten.

Klar, dass man als zeitweiser Bewohner von Pacific Palisades nicht an den Palisades am Hudson vorbeikann, wenn man nach New York City reist. Dieses Naturschauspiel, das das Elbsandsteingebirge wie eine Spielzeuglandschaft aussehen lässt, liegt fast schon gegenüber der Metropole, und zwei getrennte Abschnitte des Flussufers sind gemeinsam als Palisades Interstate Park ausgewiesen – «Interstate», weil der nördliche Teil zum Bundesstaat New York, der südliche zu New Jersey gehört. Von diesem aus hat man einen faszinierenden Blick auf Manhattan, selbst an einem Tag, an dem sich das Wetter immer noch nicht zwischen Winter und Frühling entscheiden kann, aber jedenfalls für graue Horizonte sorgt. Für Spaziergänge ist es entschieden zu unbeständig.

So ist der gute Vorsatz, jeweils an West- und Ostküste zum Palisadenwanderer zu werden, zum Scheitern verurteilt. Dabei gäbe es hier noch eine andere Wahlverwandtschaft, deren Kenntnis ich Herman Melville verdanke, der weltweit nur zwei Flusslandschaften gelten ließ: die des Hudsons und die des Rheins, den er 1849 kennenlernte, als er mit einem Schiff von Köln nach Koblenz fuhr. Die pittoreskesten Abschnitte des deutschen Flusses hat er also gar nicht gesehen, aber dennoch setzte er den Rhein mit dem heimatlichen Hudson gleich, was einigermaßen grotesk anmutet, wenn man von den Palisades herabblickt auf den hier wohl an die fünf Kilometer breiten amerikanischen Strom. Wieso der Reisende Melville seinerzeit nicht reagierte wie eine russische Schriftstellerin unserer Tage, die – an Gewässer vom Ausmaß der Wolga, des Ob oder des Jennissei gewöhnt – in Bonn am Ufer saß und ihre deutsche Begleitung fragte, wie denn dieses Flüsschen eigentlich heiße, um dann entsetzt zu erfahren, dass es sich dabei um den weltberühmten Rhein handele, weiß ich nicht, aber die Sympathie des amerikanischen Autors für den mir so vertrauten heimischen Fluss macht ihn wiederum mir besonders sympathisch. Und ich war wild entschlossen, auch das Hudsontal zu lieben, aber an Tagen wie diesem fällt es schwer. Da sehne ich mich nach den Palisaden auf der anderen Seite des Kontinents.

30. April Wer hätte gedacht, dass sich Benito Cerreno als derart aktuell erweisen würde. Dabei ist die historische Figur dieses Namens längst hinter der literarischen mit dem leicht anders geschriebenen Nachnamen «Cereno» verschwunden – obwohl beide dasselbe erlebten, Cerreno im Jahr 1805, sein literarischer Wiedergänger Cereno sechs Jahre früher (so nimmt die Erfindung dem Original auch noch den historischen Primat). Der wahre wie der erzählte Cer(r)eno war Kapitän eines spanischen Sklavenschiffs vor der Westküste Südamerikas, dessen menschliche Fracht revoltierte, die Besatzung gefangensetzte, teilweise massakrierte und Cer(r)eno zwang, seine nautischen Fähigkeiten zur Verfügung zu stellen, um die Aufständischen zu einem sicheren Hafen zu bringen. Dabei trafen sie auf ein amerikanisches Kriegsschiff, dessen Kapitän die Situation zunächst missverstand, aber schließlich doch erkannte, was sich nebenan an Bord abspielte, seinen spanischen Kollegen rettete und die befreiten Sklaven niederringen ließ; die meisten starben dabei oder wurden später hingerichtet. So in der Wirklichkeit und so auch in der Erzählung, die den Namen «Benito Cereno» trägt.

Sie stammt von Herman Melville, und da Anfang August die zweihundertste Wiederkehr seines Geburtstags gefeiert wird, darf man damit rechnen, dass seine Bücher jetzt wieder mehr gelesen werden. Aber «Benito Cereno»? Ja, gerade bei diesem Text lohnte es sich. Heute ist weniger klar als im frühen 19. Jahrhundert, wie die moralischen Rollen in dieser Geschichte verteilt sind. In der 1817 publizierten Augenzeugenschilderung des amerikanischen Kapitäns liegt alle Verworfenheit bei den Sklaven, und ihr Autor ist naturgemäß ein Held. Das war schon achtunddreißig Jahre später, als die Erzählung erschien, etwas anders, denn deren Autor ließ auch den Sklaven Gerechtigkeit widerfahren. Allerdings kein besseres Schicksal. Der amerikanische Kapitän dagegen wird als literarische Figur zum Simpel, weil er alle Zeichen an Bord des spanischen Schiffs falsch deutet. In Zeiten wie den unseren, wo in den Vereinigten Staaten die Frage nach der historischen Rolle der Sklaverei für die weiterhin existierenden gesellschaftlichen Probleme nicht weniger intensiv diskutiert wird als die nach Schein und Sein, Lüge und Wahrheit, *fake* und *real news*, müsste «Benito Cereno» ein Zentraltext sein. Politisch war er das aber erstaunlicherweise eher in den späten dreißiger Jahren des 20. Jahrhunderts, als die erste deutsche Übersetzung erschien und Vertreter der inneren Emigration darin eine literarische Analogie zum Hitler-Regime erkennen wollten. Sie identifizierten sich selbst allerdings nicht mit den revoltierenden Sklaven, sondern mit dem terrorisierten und zur Zusammenarbeit gezwungenen Cereno, dessen potentieller Retter die Gefahr nicht erkennen will.

«Benito Cereno» las ich vor ein paar Wochen eher zufällig in Los Angeles, weil ich mir wieder Melvilles «Billy Budd» vornahm, und wie es der Zufall wollte, bot meine Ausgabe beide Geschichten. Zusammen mit «Bartleby» hat man das Trio der Meistererzählungen von Melville zusammen, aber die am wenigsten gelesene davon ist «Benito Cereno». Deshalb war es trotz ihrer evidenten Aktualität eine Überraschung, dass ein alter amerikanischer Bekannter, den ich in New York besuchte, auch gerade erst diese Erzählung gelesen hatte, ja sogar unser Gespräch mit einer Bemerkung dazu eröffnete und voller Begeisterung hörte, dass ich nun auf der Reise Melvilles Roman «The Confidence-Man» dabeihabe: «Ja, das ist wohl das Buch, das man in der Trump-Zeit lesen muss.»

Im «Confidence-Man» geht es, wie der Titel schon verrät, um Vertrauen. Die obskure Hauptfigur, ein geschäftstüchtiger Heuchler, wie er im Buche steht (aber nirgendwo so eindrucksvoll wie in diesem), veranstaltet allerhand Maskeraden, um sich an Bord eines Mississippi-Dampfers das Vertrauen seiner Mitreisenden zu erschleichen. Auch hier wieder die Frage nach Schein und Sein, Lüge und Wahrheit, *fake* und *real news*. Melvilles Versuche, nicht sie zu beantworten, aber auf sie aufmerksam zu machen, lagen nur zwei Jahre auseinander (die Erzählung erschien 1855, der Roman 1857). Und sie nahmen unendlich viel von dem vorweg, was mehr als anderthalb Jahrhunderte später sein Heimatland umtreiben sollte. Wer diese beiden Texte liest, ist für die Ambivalenz von Wahrnehmung und Erkenntnis gewappnet.

II.
Mai – Die Kontinentaldrift aushalten

1. Mai   Im Flur zum Treppenhaus meines New Yorker Domizils steht ein Sofa. Nicht im Gang selbst, dann käme man daran kaum mehr vorbei, sondern es lehnt hochkant gestellt neben der Treppe an der Wand, sandhügelcremefarben, wie meine Frau in Anlehnung an eine alte Lackierungsbezeichnung diese Farbe nennt. Das Design weist die Couch als den siebziger Jahren entstammend aus, und auch vom Gesamtzustand her ist sie ein Veteran in diesem Gebäude. Ob sie den Bewohnern der winzigen Apartments als Ausweichbettstatt dienen mag, wenn sie wegen einer Gästebelegung (wie durch mich) oder aus anderen mehr oder weniger guten Gründen nicht mehr in ihre Wohnungen gelangen? Die schmale Treppe ist steil und je nach selbstverschuldeter Beeinträchtigung wohl schwer zu bewältigen. Die Zahl der Kneipen ringsherum ist ja auch gewaltig; eigentlich ist die ganze 9th Avenue eine einzige Gastronomiemeile – ach, was sage ich: Diese Straße bietet gleich mehrere Meilen Gastronomie am Stück. Dazwischen hat sich der eine oder andere Kiosk verirrt, an dem man auch Getränke kaufen kann (allerdings meist nichtalkoholische), aber keinesfalls das, was ich an einem Kiosk suche: Presseprodukte. Zwar liegt auf jeder Theke ein halbes Dutzend Exemplare der «New York Times» oder «New York Post» neben der Kasse, aber diese kleinen Stapel sind am Abend noch genauso hoch wie am Morgen, und anderes Gedrucktes gibt es gar nicht. Meine Hoffnung, etwa den aktuellen «New Yorker» nebenan erwerben zu können, wurde von der Antwort des Verkäufers auf meine Frage nach der Zeitschrift zunichtegemacht: «So etwas liest man doch heute nur noch online, den bekommen Sie nirgendwo mehr.» Der Mann hatte unrecht, aber gefunden habe ich den «New Yorker» als Papierausgabe in dessen Berichtsgebiet New York erst zwei Tage später und mehr als fünfzig Blocks tiefer in Downtown bei einem unabhängigen Buchhändler in der Prince Street.

Mit dieser Beute zurückgekehrt, kam mir ein neuer Gedanke zur Funktion des Sofas im Hausflur, denn für ein gemütliches Lesemöbel ist neben Bett und Tisch in den winzigen Wohnungen des Apartmentgebäudes kein Platz. Doch wofür das senkrecht gelagerte Objekt wirklich aufbewahrt zu werden scheint, erfuhr ich heute Morgen, als ich hinaus auf die Straße wollte und auf dem nun irgendwie waagerecht in den Gang und damit in eine benutzbare Position hineingezwängten Sofa einen Schläfer fand. Er war erkennbar kein Bewohner des Hauses, sondern ein Gast von draußen, der den Unbilden des nächtlichen Wetters entflohen war und sich hier ein Quartier eingerichtet hatte, in dem er sich auch nicht davon stören ließ, dass ich über ihn hinweg zum Ausgang klettern musste. Der schlafende Mann hatte nichts Unangenehmes an sich außer der Mühe, die er mir bereitete, und selbstverständlich der Beschämung, die ein offensichtlich wohnungsnotleidender Mensch in jemandem auslöst, der sich in Manhattan eine Unterkunft leisten kann. Mag der Herr, über dessen etwaig regelmäßige Benutzung dieses Notbetts ich mangels längeren Aufenthalts in New York nichts sagen kann, hier nun aktiv geduldet werden (wofür seine frühmorgendliche Anwesenheit im noch doppelt verschlossenen Flur spricht) oder nicht, er erfüllt eine wichtige soziale Funktion. Und dass die Bewohner des Hauses das wissen und honorieren, dafür spricht die mir bislang so rätselhafte Bevorratung des Sofas.

2. Mai Für Uber habe ich nichts übrig. Meine einzige Erfahrung mit diesem Unternehmen liegt mehr als ein Jahr zurück, und sie war schlecht: In Wien machte der bestellte Fahrer einfach Feierabend, bevor er bei mir ankam. Es ist jedoch vor allem die mangelnde Bereitschaft dieses Taxidienstes, Sozialleistungen für seine Fahrer zu entrichten, die nicht nach meinem Geschmack ist, und mich desillusionieren all die ach so gesellschaftskritischen und umweltbewussten Menschen um mich herum, die trotzdem munter Uber nutzen, um ein paar Dollar zu sparen. Mit einem klassischen Taxiunternehmen kostet die Fahrt von Midtown Manhattan zum La-Guardia-Flughafen vierzig Dollar plus Brückenzoll. So viel wird man sonst in New York zu zweit leicht schon für Kaffee und Kuchen los.

Per Telefon wird die überpünktliche Ankunft des Wagens angekündigt, der Fahrer heiße Adam, den Namen solle ich mir merken. Dann ruft Adam selbst an, und auch er lässt mich seinen Namen eigens noch einmal wiederholen, um sicherzustellen, dass ich ihn mir gut eingeprägt habe. Ruft man als Fahrgast dem Mann beim Vorbeifahren vom Bürgersteig aus vielleicht dessen Namen zu, auf dass er halten möge? In der SMS, die zwei Minuten später eintrifft, ist die Unterschrift «Adam» extra noch einmal unterstrichen. Ich gehe hinunter auf die Straße.

«Hi, I'm Adam.» Natürlich steht der Wagen schon da, und Adam hätte viel eher meinen Namen wissen müssen als ich seinen. Umso erstaunlicher dann aber, dass sich Adam seiner neben dem Lenkrad angebrachten Taxizulassung zufolge als ein Ahmad erweist, der offenbar fürchten muss, dass er mit seinem muslimischen Namen Argwohn bei der amerikanischen Kundschaft auslöst. All die Betonung von Freiheit und Individualität in diesem Land scheint nichts gegen religiöse Zerrbilder auszurichten, und man kann den Fahrgästen zwar per Schild im Taxi androhen, dass tätliche Übergriffe auf den Fahrer mit Gefängnisstrafen von bis zu 25 Jahren geahndet werden, aber ersichtlich keine Vorurteile sanktionieren. Dabei wird man sich kaum einen amerikanischeren Bürger vorzustellen vermögen als Adam/Ahmad, der schon vor Erreichen des Bryant Parks eine geharnischte Philippika gegen die Gewerkschaften losgelassen hat (nur auf ihr Anspruchsdenken bei Löhnen und Renten für die Mitglieder sei es zurückzuführen, dass Jahr für Jahr zwanzig Milliarden Dollar fürs öffentliche Verkehrswesen in New York City ausgegeben werden müssten), um dann an der Public Library, also nur einen Block weiter, bereits darüber zu klagen, dass man in dieser Stadt zu wenig verdiene, um sich das Leben hier noch leisten zu können. Bindeglied dieser Argumentation ist verblüffenderweise Amazon: Die mögliche Ansiedlung eines neuen Firmenhauptquartiers, um das mehrere amerikanische Standorte konkurrieren, sei im New Yorker Stadtteil Queens daran gescheitert, dass das Unternehmen dort nur Gewerkschaftsmitglieder hätte beschäftigen dürfen. Und daran, dass der Widerstand der Bevölkerung gegen den Plan groß gewesen sei, weil die Alteingesessenen ihre Verdrängung durch die gutverdienenden (Gewerkschaft!) Zuzügler befürchteten. So verbinden sich in Adams/Ahmads Augen Anspruchsdenken und Abstiegsängste zur Gesamtstimmung in der Stadt.

Die Fahrt mit dem Taxi nach La Guardia folgt übrigens einer überaus attraktiven Route, auf der das Auto nicht nur Bryant Park und Public Library, sondern auch Grand Central Station, UN-Hauptquartier und Williamsburg Bridge passiert. Allein schon diese Besichtigungsfahrt ist mit nicht einmal fünfzig Dollar eher billig. Ich möchte nicht wissen, was die Bustouren durch die Stadt kosten.

3. Mai
Ich war noch nie in Asheville, North Carolina. Ich habe auch bis vor wenigen Monaten nichts davon gehört. Nun weiß ich, dass die Stadt nicht nur die vierzehntattraktivste in den Vereinigten Staaten für Mitglieder der LGBT-Community ist (so besagt es eine aktuelle Meldung der hiesigen Lokalpresse), sondern auch Standort von America's Largest Home. Das nehme man bitte wörtlich, auch wenn ich gegenüber solchen Angaben besonders skeptisch bin, wenn sie ein eingetragenes Warenzeichen sind und derart unbestimmte Begriffe wie «home» enthalten. Aber Biltmore House ist tatsächlich insofern ein Wohnhaus, als es der Familie Cecil gehört, den direkten Nachkommen des Erbauers George Vanderbilt, der sich von 1889 bis 1895 in den Hügeln südlich von Asheville diese Villa errichten ließ, in die das Weiße Haus dreimal hineinpasst. Und dazu ein Grundstück erwarb, dessen Ausmaße am besten durch die Worte des Busfahrers anzudeuten sind, der uns vom Herrenhaus zum Parkplatz zurückfährt (auf diesem Besitz braucht man für diese Wegstrecke schon einen Bus): «Sehen Sie den Berg da hinten am Horizont? Das ist der höchste der ganzen Gegend, und das Grundstück endete früher dort.» Ich würde die Distanz auf etwa dreißig Meilen schätzen.

Man könnte die Größe des Hauses auch dadurch illustrieren, dass man die Zahl der Toilettenräume darin erwähnt: dreiundvierzig. George Vanderbilt, der hier mit Frau, Tochter und etwa dreißig Bediensteten lebte, hatte viele Gäste. Asheville galt und gilt nämlich als besonders attraktiver Ferienort. Aber offenbar nur unter Amerikanern. Ich glaube nicht, dass ich heute beim Besuch in Biltmore auch nur eine Fremdsprache gehört habe. Und das bei einer Besucherzahl, die im Regelfall zu dieser Jahreszeit täglich an die drei- bis viertausend beträgt. 1930 hat Familie Cecil ihr Haus öffentlich zugänglich gemacht, das nicht nur das größte private Anwesen in Amerika sein soll, sondern auch das meistbesuchte. Der Sommersitz «The Breakers» von Vanderbilts Bruder Cornelius II, über den ich vor ein paar Tagen aus Newport berichtet habe, kann sich da nur verstecken.

Mir selbst haben allerdings drei andere Orte in Asheville mehr imponiert. Zwei davon sind Buchläden. «Malaprop's» in der Haywood Street ist eine veritable Sensation in puncto Auswahl und Anspruch, mit dem sich kein anderer Buchladen, den ich bislang in den Vereinigten Staaten kennengelernt habe, messen kann, und «Battery Park Book Exchange & Champagne Bar» löst genau das ein, was der Name verspricht: ein Antiquariatsangebot von seltener Qualität und einen Champagnerausschank, der ein rundes Dutzend Sorten bietet, darunter einige selbst in Europa durchaus nicht selbstverständliche.

Diese bislang noch seltene, aber allemal zukunftsträchtige Kombination zweier Geschäftsmodelle findet sich vom Grundgedanken her auch in der dritten Sensation von Asheville: der Grove Arcade. Das ist eine Mall, aber keine von denen, die gerade allerorten in den USA zu Bürogebäuden umgebaut werden, weil die an der Peripherie errichteten Ladenzentren im Zeitalter des Internetshoppings die Kundschaft nicht mehr locken, sondern eine, die mitten in der Stadt liegt und zudem eine architektonische Schönheit ist. Die Fassade des 1929 eröffneten Gebäudes könnte man spätgotisch nennen, wobei die Rampen, über die man früher die große Dachterrasse erreichen konnte, eher an barocke Schlossanlagen erinnern. Zahllose Accessoires aus der Errichtungszeit sind noch erhalten, und wenn man Malls wieder so bauen würde, dann müsste einem um deren Fortbestand nicht bange sein. Die allererste ihrer Art habe ich vor zwei Wochen in Providence besichtigt: The Arcade, noch hundert Jahre älter als The Grove, nämlich von 1828. Damals kam man in Rhode Island auf die kluge Idee, ein großes Gebäude für viele kleine Läden zu errichten, und meine Tage in Neuengland haben mir auch klargemacht, warum man gerade hier auf diesen Gedanken kommen musste: Trocken einkaufen zu können hat seinen Reiz. Auch The Arcade ist eine Schönheit mit ihrer klassizistischen Portikus und dem wunderbaren Glasspitzdach über der Mall. Aber The Grove wollte es 1929 wohl mit Biltmore aufnehmen – nicht an Größe, aber an Eleganz. Warum sollten auch nur Milliardäre etwas von den Genüssen des Lebens verstehen?

Hierhergekommen bin ich allerdings nicht wegen Biltmore und nicht wegen The Grove und auch nicht wegen der beiden fabelhaften Buchläden, sondern wegen einer Institution, die es, einst weltberühmt, seit 1957 nicht mehr gibt: das Black Mountain College, etwas mehr als zwanzig Kilometer weiter östlich in den Bergen. Es hat die umgekehrte Karriere von Biltmore gemacht: Ehedem eine öffentliche Einrichtung, sind die Gebäude des Colleges heute in Privathand und deshalb nicht mehr zugänglich. Dadurch ist auch dieses wichtigste Stück in Asheville geschriebener Kulturgeschichte in der Region fast vergessen; die Archivarin in den Western Regional Archives, die mir Unterlagen zur Geschichte des Black Mountain Colleges heraussucht, kann sich gar nicht genug darüber beklagen, dass sich hier niemand mehr dafür interessiere. In der Tat ist der deutsche Gast der einzige Benutzer der Archivräume an diesem Tag. Und er findet dort Schätze, die ihm Biltmore niemals hätte bieten können.

4. Mai

Als ich vor zwei Jahren zum letzten Mal an der amerikanischen Ostküste war, fühlte sich jeder, wirklich jeder Amerikaner bemüßigt, sich für die damals erst wenige Monate zurückliegende Wahl von Donald Trump zum Präsidenten zu entschuldigen – bis hin zum Museumskassierer in Manchester, New Hampshire, der mir, als er mich am Akzent als Ausländer erkannt hatte, geradezu konspirativ zuraunte, ob ich denn schon von «der Katastrophe» gehört hätte. Ich dachte bei diesen Worten an die Beschädigung eines Kunstwerks oder gar die Schließung des Zimmerman-Hauses von Frank Lloyd Wright, für dessen Besichtigung meine Frau und ich eigens nach Manchester gekommen waren, doch der Herr an der Kasse glaubte tatsächlich, dass wir im fernen Europa nichts von der Präsidentschaftswahl mitbekommen hätten. Was mir bei früheren Aufenthalten in den Vereinigten Staaten nie begegnet war, politische Selbstzweifel der Amerikaner, das war nun eine ständige Erfahrung. Der einzige dezidierte Trump-Anhänger, auf den wir damals in zwei Wochen stießen, war ein General-Store-Betreiber in einem Hundertseelendorf abseits jedes metropolitanen Lebens. Und um ihn zu finden, hatte es des Hinweises einer Nachbarin bedurft, die den Mann als eine Art lokale Skurrilität anpries.

Mittlerweile haben sich die liberalen Amerikaner der West- und Ostküste mit Präsident Trump zumindest so weit arrangiert, dass sie sich nicht mehr dauernd für ihn entschuldigen.

Drehten sich vor zwei Jahren noch alle Gespräche um ihn, so ist das Hauptthema bei Unterhaltungen mit Amerikanern heute etwas weitaus Appetitlicheres und im Idealfall leichter Verdauliches: das Essen. Es ist, als hätte sich der aufgeklärte Teil der hiesigen Gesellschaft zu erleuchteten Feinschmeckern gewandelt. Heute morgen im Bed-&-Breakfast-Quartier in Asheville saßen wir mit drei amerikanischen Paaren zusammen, die sich vor allem darüber austauschten, welche Stadt die wahre Food-Metropole sei: Los Angeles kam dabei noch etwas besser weg als Houston, aber gelobt wurde jeweils die Fusion-Küche, also die Verschmelzung verschiedener Esskulturen. Die Intelligenzija der Vereinigten Staaten hat im grenzüberschreitenden Essen die probate (und angenehmste) Form des passiven Widerstands gegen Trumps America-first-Politik entdeckt. Im Ausland dagegen schätzt sie das Typische umso mehr. Das junge Paar aus Charlotte, das von früheren Besuchen her jedes Lokal in Asheville einzuschätzen weiß, hat erst vor kurzer Zeit drei Wochen in Italien mit reinem Gastronomietourismus verbracht – «wir waren in keinem einzigen Museum». Italien sei kulinarisch viel attraktiver als Spanien, denn die Italiener schätzten lokale Produkte mehr. In Asheville aber lobt das Paar die kreolische Küche des «Nine Mile» – in der Tat ein Genuss, wie wir mittlerweile wissen –, weil die so unerwartet unkreolisch sei.

Das ältere Paar aus Houston wiederum hat in Charlotte bereits angesagte Lokale besucht, in die es die dort ansässigen jungen Gourmets noch gar nicht geschafft haben. Und am Vortag hatte ein mittlerweile wieder abgereistes texanisches Paar die Wahl dieser Bed-&-Breakfast-Unterkunft vor allem mit deren Frühstücksqualität begründet. Beim Essen spricht man in Amerika nur übers Essen. Und anderswo zumindest meistens. Damit klärt sich im Nachhinein auch die während

der vergangenen fünf Wochen von mir konstatierte Dauer-
präsenz des Themas Gastronomie in den hiesigen Medien.
Keine Zeitung ohne Restaurantempfehlung, und in der «New
York Times» und der «Los Angeles Times» habe ich mich bereits an die regelmäßigen mehrseitigen Essensrubriken gewöhnt. Die «Los Angeles Times» veranstaltet gegenwärtig ein
eigenes Food-Festival und bewirbt es heftiger als ihre Abon-
nements. Wer will schon etwas von Politik lesen, wenn die
Welt doch zumindest am Tisch in Ordnung ist? Bon appétit.

5. Mai

Von der Ostküste zurück nach Los Angeles gekommen, finde ich prompt ein Stück Heimat: An der Ecke
Melrose/Huntley in West Hollywood stoße ich auf einen
«Späti». Ja, «Späti», also Spätverkauf wie in Leipzig oder Berlin, genau so steht es auf der Leuchtreklame, die allerdings
hier im Inneren des Ladenlokals angebracht ist, über einem
Verkaufstresen, der Salzstangen und Kaugummis bietet,
auch Afri-Cola, Jägermeister, Beck's Bier und Hanuta. Als
amerikanischen Fremdkörper dazwischen Ginger Beer, aber
solche Geschmacksverirrungen kann man ja heute ebenso
jedem deutschen Späti zutrauen. Und nicht zu vergessen: der
Zeitungsständer links neben der Tür mit seinem geschmack-
vollen Spektrum von MoPo, Bild-Zeitung, Berliner Kurier
und B. Z., also einem veritablen Boulevardpresse-Albtraum
in mehreren Stapeln Hauptstadt-Blättern.

Womöglich sind wir wirklich in einem schlechten Traum,
denn alle Zeitungen weisen als Erscheinungsdatum den
21. November 2018 aus. Nun liegt man in Los Angeles wegen
der Zeitzone tatsächlich etwas hinter Europa zurück, aber
mehr als fünf Monate? Das Rätsel löst sich, wenn man den

zweiten Zeitschriftenständer (rechts neben dem Tresen) inspiziert: Er ist voller Kundenmagazine des Modelabels «Marcell von Berlin», die die Eröffnung von dessen Flagship Store in Los Angeles verkünden, und zwar im November 2018. Im Entrée ebendieses Flagship Store stehen wir. Die Berlin-Anmutung qua Späti-Interieur ist also ein Ausstattungsgag. Und die Zeitungen hat man damals zur Einweihung stapel-weise eingeflogen. Es spricht für die Kundschaft in Los Ange-les, dass sie seitdem kein Exemplar davon gekauft hat. Wobei zu befürchten ist, dass in diesem Späti alles Kulisse ist und somit unverkäuflich. Dann werden wir uns hier noch jahre-lang an der Bild-Schlagzeile vom 21. November 2018 erfreuen können: «Von 103 Schülern spricht nur einer deutsch.» Na und? Wie viele Kunden des Marcell-von-Berlin-Flagship-Store in Los Angeles sprechen denn wohl deutsch? Und regt das irgendwen auf?

Andererseits: Was werden sie wohl denken, wenn sie das Wort «Späti» lesen? Jedenfalls werden sie sich, weil sie es nicht verstehen, nicht groß darüber wundern, dass der Laden an der Ecke Melrose/Huntley werktags bereits um 19 Uhr schließt und heute am Sonntag sogar noch eine Stunde früher. Aber in Berlin ist es jetzt ja schon 3 Uhr am nächsten Montagmorgen. Das kann sich als Öffnungszeit selbst für einen Späti sehen lassen.

6. Mai Zwei Wochen Abwesenheit können eine Gegend ganz schön verändern. Das dachte ich schon gestern Abend spät bei der Fahrt vom Pacific Highway hoch nach Pacific Pa-lisades über den Chautauqua Boulevard. Kurz nach meiner Ankunft im Thomas Mann House hatte ich hier mit Nikolai

Blaumer bei einer holprigen abendlichen Rückfahrt aus der Stadt über die prekären Straßenzustände in Los Angeles (Schlaglöcher, aufgerissener Asphalt, Spurrillen) gelästert, die man eher mit einem Entwicklungsland als mit dem Inbegriff einer Autofahrerstadt verbindet. Ob man den Kleinbus des Thomas Mann House abhört? Denn gestern fuhr ich über eine herrlich glatte, seidig schwarz glänzende neue Asphaltdecke bergan, und für die rund drei Kilometer dieses Straßenverlaufs sollen gerade mal zwei Arbeitstage gereicht haben, wenn ich die noch in der Nacht blinkenden Warnschilder im Vorbeifahren richtig gelesen habe.

Aber die eigentliche Überraschung erwartete mich heute am frühen Morgen, im Bett von Thomas Mann (oder richtiger gesprochen: in dem Bett, das auf dem Platz steht, wo auch Thomas Mann das seinige früher stehen hatte). Amerikaner müssen sich ja schon im eigenen Land bei Reisen von Küste zu Küste mit Jetlag herumschlagen, und deshalb wachte ich so früh auf wie seit dem ersten Tag meines Aufenthalts nicht mehr und hörte draußen ein mir seit zwei Wochen höchst vertrautes Geräusch: Regenrauschen. Nun war ich gestern von Houston an über einen vollkommen unter Wolkendecken liegenden Kontinent geflogen, und auch in den neuenglischen Tageszeitungen hatte ich das eine oder andere Mal von Regenprognosen für den äußersten Südwesten der Vereinigten Staaten gelesen, aber seit einem Morgen Anfang April, als auf den Balkon meines Zimmers ein paar Tropfen gefallen waren, hatte ich hier von Regen nichts gesehen. Und nun dieses überaus typische Geräusch fließenden, nein, fast stürzenden Wassers, das ich bis vor zwei Wochen, vor Newport, Cambridge, Hanover und zuletzt auch wieder Asheville, fast vergessen hatte. Lauschig, wenn man noch im Bett liegt, aber unerfreulich, wenn man dabei an die Wiederaufnahme des morgendlichen Laufprogramms denkt. Egal, es ist noch deutlich vor sechs Uhr und ohnehin noch dunkel, also wieder umdrehen.

Plötzlich jedoch erlebe ich etwas, das ich nur aus der Abenteuerliteratur kenne: Der Wolkenbruch stoppt von einer Sekunde auf die andere, abrupt, wie es aus den Tropen immer wieder kolportiert wird. Alles still draußen, nur die Vögel singen. Es ist Punkt sechs Uhr. Und ich verstehe mit einem Mal, dass in meiner zweiwöchigen Abwesenheit die schmerzlich vermisste Bewässerungsanlage der Rasenfläche im Garten wieder in Gang gebracht wurde und das Regenrauschen nichts anderes war als das Geräusch von ein, zwei Dutzend eifrig aktiven Wasserdüsen. In der aufgehenden Sonne sehe ich den Rasen noch nass schimmern, doch auf den Straßen ist es dann so trocken, wie man es erwarten darf. An jedem zweiten Grundstück hört mein sensibilisiertes Ohr nun die dortigen Bewässerungssysteme rattern, rauschen und rotieren. Jedem Haus sein eigenes Mikroklima hier im Paradies der Regenmacher.

7. Mai Es ist Zeit, beim Getty Research Institute Abbitte zu leisten. Vor vier Wochen habe ich über dessen Jahresthema «Monumentality» gespottet – einerseits angesichts einer Museumsanlage, die kaum monumentaler gedacht werden kann, und andererseits mit Blick auf eine Ausstellung zum Thema, wie sie kleiner kaum vorstellbar ist, weil an dem Tag, als ich sie besichtigte, zwei Drittel davon nicht zugänglich waren. Die fehlenden Teile habe ich mittlerweile nachgeholt, und es waren eindeutig die besseren. Dort wird nicht nur ironisch auf die Monumentalästhetik des 20. Jahrhunderts geschaut

(was ich in Anbetracht der hochherrschaftlichen Umgebung geradezu frivol fand), sondern weiter zurückgeblickt: auf die ganze Neuzeit und ihre Freude am Großen, Schönen, aber nur selten Wahren. Und heute hat im Vortragssaal des Getty Museums die Jahrestagung des Getty Research Institute (GRI) begonnen, auch sie hat das Thema «Monumentality» – natürlich, wie es sich für diesen Gegenstand gehört, in Großbuchstaben geschrieben.

Sieben Vortragende aus der ganzen Welt am ersten, noch einmal sechs am morgigen zweiten Tag, für jeden gut eine Stunde Redezeit. Das ist selbst monumental, wie die Organisatorin der Konferenz zutreffend bemerkt. Trotzdem bringt die Chefin des GRI, Mary Miller, das Kunststück fertig, sich nicht im Glanz ihres Postens zu sonnen und sich für die Begrüßung einen Löwenanteil am Zeitplan zu sichern. Nein, Miller spricht wunderbar knapp und präzise und legt gerade damit die Latte für alle nachfolgenden Redner hoch. «Gehen Sie herum», fordert sie den Saal mit Verweis auf den rundum herrschenden architektonischen Prunk auf, «und denken Sie darüber nach, was Monumentalität ist.»

Im fast schon abgelaufenen Studienjahr des GRI hat es bereits ein rundes Dutzend Einzelvorträge zum Leitthema gegeben, darunter ein Gespräch des monumental-minimalistischen Bildhauers Richard Serra mit dem Kunsthistoriker Hal Foster (der den Namen eines der monumentalsten Comiczeichner trägt, aber dafür kann er ja nichts), und vier weitere Abende werden in den Wochen nach der Jahreskonferenz noch folgen, ehe zum Abschluss Darby English eine provokative Frage stellen wird: «What about minor monumentality?» Aber schon heute wird versucht, sie zu beantworten.

Denn von Beginn an ist bei der Tagung neben der Monumentalität auch die Anti-Monumentalität im Spiel, und zwar als probate Gegenbewegung der am Anspruch schierer Größe zweifelnden Künstler. In Dieter Thomäs Auftaktvortrag zu performativen und gesellschaftlichen Aspekten von Monumentalität wird eine wunderbare Suite von Herkulesdarstellungen französischer Provenienz vorgestellt: von Jacques-Louis Davids für das revolutionäre Fest der nationalen Einigkeit am 20. August 1793 geschaffenem temporärem (nämlich aus Gips gefertigtem) Kolossalstandbild eines siegreichen Herkules bis zu dessen kläglichen Namensvettern, die Honoré Daumier, der Großmeister der Karikatur, fünfzig Jahre später gezeichnet hat. Daumier lieferte damit viel eher Karikaturen des Herkules-Mythos ab als Zerrbilder jener Politiker, die er in den lächerlichsten heroischen Posen porträtierte.

Herrlich komische Zeiten also am frühen Vormittag auf dem kalifornischen Parnass, aber so kann es beim Thema der Tagung nicht bleiben. Die Niederlande im Goldenen Zeitalter (vorgestellt von Marissa Bass), das antike Rom der Kaiserzeit (Ann Marie Yasin) oder das China des Reichseinigers Qin (Weihong Bao) nahmen die eigenen Missionen als jeweils gottgewollte und -gefällige Musterstaaten viel zu ernst, als dass ihnen Monumentalität so peinlich hätte gewesen sein können wie dem aufgeklärten Spötter Daumier. Jahrtausendelang wurden munter monumentale Monumente gebaut als Erinnerungsspeicher, die dennoch keine Gewähr für die verheißene Ewigkeitswirkung geben konnten: Die lebensgroße Terrakotta-Armee des ersten chinesischen Kaisers geriet nach dessen Tod in Vergessenheit, ehe sie ein Bauer 1974 zufällig beim Pflügen fand; die römischen Herrscher okkupierten die Bauwerke ihrer illustren Vorgänger mit großspurigen und kleingeistigen Inschriften; und das spektakuläre Grabdenkmal des niederländischen Admirals Michiel de Ruyter in der

Nieuwe Kerk von Amsterdam wird heute in dem mittlerweile zur Ausstellungshalle umgewidmeten Gotteshaus meist verschämt hinter Videoinstallationen versteckt. Wir tun uns aktuell ja so schwer mit Monumenten, wie sollten wir da erst Monumentalität genießen können?

So hat Woo Jung-Ah auch besonders großen Erfolg mit einem Vortrag über zwei Künstler aus ihrer Heimat Südkorea, die dezidiert antimonumentale Werke schaffen, allerdings ironisch im Stil just jener Monumentalität, gegen die sie ankämpfen. Wunderbar etwa Do-ho Suhs 2001 für die Biennale in Venedig entworfener leerer Denkmalsockel, der von mehreren hundert winzigen Figuren getragen wird. Allerdings ist Suhs subversive Kunst längst marktgängig geworden. In Los Angeles hat er unlängst für das «Wilshire Grand Hotel» eine große Arbeit geschaffen, und das LACMA (das Los Angeles County Museum of Art, die berühmteste hiesige museale Adresse) wird ihm im kommenden November eine Ausstellung ausrichten. Mit Antimonumentalität kann man monumentale Erfolge feiern.

Bloß nach dem Gegenteil von Monumentalität zu suchen, wie es bislang auf der Konferenz erfolgt ist, ist noch nicht der entscheidende Schritt. In den klassischen Kategorien von Hegel gesagt: Aus These und Antithese muss Synthese hervorgehen, aber die steht bei der Jahrestagung des GRI noch aus. Vielleicht am zweiten Tag? Ich werde wieder mit dabei sein.

8. Mai

Es muss etwas Erstaunliches vermerkt werden. Zum ersten Mal überhaupt bin ich morgens zwei weiteren Läufern begegnet. Bei der Dame war zwar nicht genau zu erkennen, ob sie ihren Hund beschäftigen wollte oder ob dieser sie hinter sich herzerrte, aber was auch immer ihr geschah, es spielte sich im Laufschritt ab. Den Herrn kannte ich schon, vor meiner Reise an die Ostküste waren wir uns mehrfach morgens entgegengelaufen, jeweils jenseits des Sunset Boulevard am tiefsten Punkt des Napoli Drive, nach dem es auf meiner Strecke dann nur noch bergauf zum Thomas Mann House geht, weshalb man den Bauherrn noch fast achtzig Jahre später dafür schelten möchte, dass er so bedeutungsschwanger hoch hinaus auf den Riviera-Hügel wollte. Er hätte doch auch nahe seines Interimsquartiers hier unten im Amalfi Drive bauen lassen können, dann hätte ich armer Fellow bei der Morgenertüchtigung die Wahl, wann es bergan gehen soll.

Die Vorstellung, dass Thomas Mann, wie sich sein Enkel Frido erinnert, regelmäßig Spaziergänge hier hinunter unternahm, löst bei mir am Tiefpunkt der Laufstrecke immer wieder Hochachtung für den sich damals schon in seinen Siebzigern befindlichen Schriftsteller aus, denn auch er musste danach wieder hinauf zur Nummer 1550 San Remo Drive. Sofern er sich nicht von einem der häufig wechselnden Fahrer oder einem Verwandten in seinem Buick abholen ließ, aber davon ist zumindest in den Tagebuchnotizen oder Erinnerungen nie die Rede. Offenbar war der Weg seinerzeit *a small step for Thomas Mann*, aber heute ist er *one giant leap for Mann-kind*, wie man in etwas schiefer Analogie zu Neil Armstrong sagen könnte. Spaziergänger wie Thomas Mann habe ich überhaupt noch nie hier gesehen, weder morgens noch sonst irgendwann am Tag, und selbst die Schaulustigen auf der Suche nach den Häusern von Hollywood-Prominenz werden mit Bussen durch die Straßen auf dem Riviera-Hügel gefahren, obwohl sich in einer Viertelstunde Fußmarsch an allen einschlägigen Anwesen vorbeigehen ließe.

Ertüchtigung spielt sich heutzutage nicht auf den Straßen, sondern in den Häusern ab, und an den zahlreichen Rohbauten, die in der Nachbarschaft gerade hochgezogen werden, kann man ablesen, wie das aussieht. In den Erdgeschossen der Holzkonstruktionen sind jeweils riesige Räume vorgesehen: natürlich die größten als Garagen und fürs repräsentative Entrée, aber auch ausladende Zimmer hinter den Autoabstellplätzen, die nur als Fitnessräume vorstellbar sind, meist mit Blick den Hang hinab auf die Stadt oder den Pazifik. Da wird man auf dem Laufband oder dem Rudergerät zumindest optisch das schöne Gefühl haben, in der Natur zu sein. Im Thomas Mann House war 1942 an nichts dergleichen gedacht worden, man hielt sich eben auf alteuropäische Weise mit Spaziergängen fit. In besseren amerikanischen Wohnhäusern war es damals dagegen längst üblich, sportliche Betätigung in die eigenen vier Wände zu verlegen. Im Biltmore House bei Asheville zum Beispiel gab es neben einem großen Schwimmbad im Keller auch ein Gym, also eine Turnhalle, in der nicht nur Keulen und Gewichte unterschiedlichster Größe zum Trainieren fein säuberlich aufgereiht an der Wand hingen, sondern auch ein heute mehr als hundert Jahre altes Rudergerät bereitgehalten wurde – in seiner mechanischen Archaik ein erstaunlicher Anblick. Da hatte George Vanderbilt wohl gar kein Interesse, beim Frühsport noch etwas anderes zu betrachten, denn auch seine Turnhalle ist im Keller angesiedelt und somit fensterlos.

Verblüffend, dass wir heute im Zeitalter hedonistischer Selbstdarstellung von Fitness und Schönheit die dafür notwendigen Maßnahmen wieder immer mehr in die Verborgenheit von Turnhallen verlegen, seien es kommerzielle Fitnesscenter oder private Trainingsräume. Die sportlich aussehenden jungen Menschen, die in ihren Autos an uns drei morgendlichen Joggern vorbeifahren, haben wahrscheinlich heute früh schon mehr für ihre Gesundheit getan als wir, aber sie würden sich dabei nie öffentlich zeigen. Fitness soll als Gottesgabe erscheinen, nicht als Resultat von Arbeit an sich selbst. Das wäre ein neuer Aspekt von Monumentalität, diesmal einer des eigenen Körpers als Denkmal, das ewige Dauer verheißt. Auf die Tagung dazu werde ich aber wohl noch länger warten müssen.

9. Mai

Mit einem Film ging gestern Abend die Monumentality-Konferenz zu Ende: zwanzig Minuten poetischer Kommentar zu einem denkbar erschütternden Thema, nämlich der Zwangsräumung der von gemischtrassigen Fischern bewohnten Insel Malaga vor der Küste von Maine im Jahr 1911. Damals kam der (weiße) Tourismus im nordöstlichsten Bundesstaat der USA auf, und man wollte den Besuchern den Anblick der dunkelhäutigen Menschen nicht zumuten; diejenigen Bewohner der Insel, die noch etwas dunkelhäutiger waren als die anderen, steckte man in Heime für Geisteskranke. Theaster Gates, derzeit Artist in Residence im Getty Research Center, hat daraus den Essayfilm «Dance of Malaga» gemacht, in dem ein tänzerisch choreographiertes Miteinander gezeigt wird, zwischen das Zitate aus rassistischen Reden und Gesetzestexten eingeblendet werden. Hier war nicht Monumentalität im üblichen Sinne die Anbindung ans Tagungsthema, sondern das Selbstverständnis des Films als ein Monument für die kurzlebige Illusion eines ungestörten gemischtrassigen Lebens in einer Region der Vereinigten Staaten, die geographisch so weit von den Südstaaten entfernt ist wie nur möglich und ihnen geistig doch so nahestand.

Zuvor hatte der letzte der insgesamt dreizehn Vorträge der zweitägigen Konferenz die mit Abstand intensivste Diskussion mit dem Publikum ausgelöst. Nicht, weil er kontrovers gewesen wäre – im Gegenteil, alle waren begeistert vom Beitrag des in Montreal lehrenden Architekturhistorikers Inderbir Singh Riar über den legendären amerikanischen Architekturkritiker und -theoretiker Lewis Mumford. Aber die nicht abbrechen wollenden Nachfragen zeigten, dass hier etwas ins Spiel gekommen war, das zuvor gefehlt hatte: Nicht Grabanlagen, Tempel, Gärten oder Paläste waren Gegenstand des Vortrags gewesen, sondern eben Lewis Mumford. Ein Mensch. Und über nichts reden wir so gern wie über unseresgleichen.

Dieses Interesse am Menschen vermochten auch zwei übermenschliche oder besser: unmenschliche Bauwerke des 20. Jahrhunderts nicht einzudämmen, obwohl es sich dabei um Staudämme handelte. Der deutsche Historiker Karl Schlögel stellte zwei der berühmtesten Bauten dieser Art einander gegenüber: den 1932 fertiggestellten sowjetischen Dneproges in der Ukraine und den vier Jahre später eingeweihten Hoover-Staudamm in Colorado. Beides Ikonen der Technikmoderne und beide derzeit nur eingeschränkt in Funktion: der amerikanische Staudamm wegen zu niedrigen Wasserstands, der ukrainische wegen der Vibrationsbelastung durch die vielen Lastwagen, die auf der Staumauer den Dnjepr überqueren. Die Halbwertszeit der Moderne ist gering. Beim Bau des Hoover-Damms starben 101 Arbeiter; wie viele es beim von Gulag-Häftlingen errichteten Dneproges waren, wird nie mehr zu ermitteln sein. Wer hätte schon unter Stalin Opfer zählen wollen?

Ein dritter Damm, über den der Architekturhistoriker Rodrigo Booth sprach, war der große Unbekannte unter den Monumenten der Machbarkeit. Er liegt in Chile, im nördlichen Patagonien, und wurde nach dem verheerenden Erdbeben von 1939 gebaut, um der dadurch weitgehend zerstörten Industrie des Landes wenigstens genug Energie zum Wiederaufbau bereitzustellen. Der Haken daran: Man staute mit dem Damm den Fluss Pilmaiquén auf und vernichtete damit ein Naturwunder: dessen Wasserfälle, auf die man zuvor in Chile noch alle Hoffnungen für die Belebung des Tourismus gesetzt hatte. Aber Schönheit hatte keine Chance gegen billigen Strom. Rodrigo Booth machte aus der Pilmaiquén-Geschichte ein Lehrstück über den Unterschied zwischen Monumenten (in diesem Fall die Wasserfälle als scheinbar unvergängliche Naturwunder) und Monumentalität (der architektonischen Zähmung der Naturgewalten).

Letztere indes sorgt überhaupt erst für die Möglichkeit, hier Tagungen abzuhalten. Los Angeles deckt den Großteil seiner Wasserversorgung mit dem vom Hoover-Damm aufgestauten Lake Mead, den ich auf der Reise von Deutschland nach Kalifornien aus dem Flugzeugfenster gesehen habe und über dessen aus großer Höhe winzig wirkende Staumauer ich gar nicht genug staunen konnte: Das sollte der Hoover-Damm sein? Mit mehr als zweihundert Metern von der Talsohle bis zur Mauerkrone stellt das Bauwerk allerdings jede Kathedrale in den Schatten. An diesem zweiten Tag der Konferenz schienen generell alle Dämme der menschlichen Vorstellungskraft zu brechen, und wohl auch deshalb war im letzten Vortrag die Rückbesinnung auf das bescheidene Maß einer einzelnen Person, sei sie auch so einflussreich wie Mumford, so wohltuend und inspirierend. Zuvor hatte Conrad Thake noch über die Baugeschichte auf der Insel Malta gesprochen: etliche monumentale historische Relikte in einem kleinen Land, 5000 Jahre in 45 Minuten Vortragszeit, wie der Referent angekündigt hatte. Aber es dürfen auch gerne nur 95 Jahre in 45 Minuten sein, wenn es sich dabei um die Lebenszeit eines so brillanten Kopfes wie Lewis Mumford handelt. Und man bräuchte wohl nicht einmal ein derartiges intellektuelles Kaliber. Im Metropolgebiet von Los Angeles leben derzeit mehr als dreizehn Millionen Menschen. Jeder einzelne von ihnen verspricht mehr Faszination als all die Imponierbauten ringsherum. Und das bestätigte dann auch Theaster Gates' «Dance of Malaga». Da kehrte man doch recht belehrt und bekehrt vom Getty-Hügel zurück in die Mühen der Ebene.

10. Mai

So schnell bin ich dem Getty-Hügel dann doch nicht untreu geworden. Am Montag im Lesesaal der Special Collections und heute schon wieder dort, dienstags und mittwochs bei der GRI-Jahreskonferenz und gestern mit anderen Fellows des Thomas Mann House und der Villa Aurora zu Besuch in der Restaurierungsabteilung, die seit einem Jahr von dem Deutschen Ulrich Birkmaier geleitet wird, der allerdings schon über ein Vierteljahrhundert in Amerika tätig ist. Die Werkstatt hat riesige Fenster, die einen spektakulären Blick auf Los Angeles bieten. Kann man hier überhaupt konzentriert am Alten arbeiten oder immer nur aufs Neue staunen über das, was sich dort unten ständig verändert? Aber da auf den Schreibtischen CDs mit Bachs Goldberg-Variationen, gespielt von Glenn Gould, oder den «Vier letzten Liedern» von Strauss, gesungen von Jessye Norman, liegen, ist Liebe zum Altmeisterlichen glaubhaft nachgewiesen, also werden hier wohl auch die Gemälde der Alten Meister die nötige Aufmerksamkeit finden. Zwei grüßen denn auch von weiter hinten herüber, Gäste aus Birkmaiers alter Heimat, und für mich sind es regelrecht alte Bekannte: zwei Altartafeln von Ercole de' Roberti, die sich normalerweise in der Dresdner Gemäldegalerie befinden.

Es handelt sich natürlich nicht um einen Fall von Kunstraub, aber auch dergleichen kann man in der Restaurierungswerkstatt besichtigen, zumindest in seinen Folgen. Denn gleich vorne im Raum steht ein Bild aus Willem de Koonings «Woman»-Serie, gemalt 1955, betitelt «Woman-Ochre» und gestohlen 1985 aus dem University of Arizona Art Museum in Tucson. Wiederaufgetaucht ist es erst vor zwei Jahren – es befand sich nur einen Bundesstaat weiter, in New Mexico, wo die beiden Diebe wohnten, ein Lehrerehepaar, das sich mit Kunstraub einen schönen Lebensabend finanzierte. Den De Kooning aber verscherbelten sie nicht (was auch schwierig gewesen wäre, weil es sich um eines der bekanntesten Bilder des Malers handelt), sondern hängten ihn in ihr Schlafzimmer. Als beide gestorben waren, gelangte die Leinwand 2017 mitsamt dem restlichen Nachlass für insgesamt zweitausend Dollar zu einem Trödler, bei dem das etwa fünfzigtausend Mal teurere Gemälde dann entdeckt wurde und so wieder ins Museum nach Tucson gelangte.

Obwohl das Bild offenbar von den Dieben so innig geliebt wurde, befindet es sich in beklagenswertem Zustand. Es war 1985 aus dem Rahmen geschnitten, aber unglücklicherweise ein paar Jahre vorher doubliert, also der besseren Konservierung wegen auf eine zweite Leinwand aufgeklebt worden. Die aber war nicht nur mit dem eigentlichen Bild fest verbunden, sondern auch mit dem Rahmen, also rissen die Diebe kurzerhand die ursprüngliche Leinwand von der zweiten ab, was etliche Risse im Gemälde verursachte. Kunstliebhaber mochten die beiden Lehrer zwar gewesen sein, aber keine Kenner, denn sie rollten den De Kooning bei der Flucht aus dem Museum auch noch mit der bemalten Seite nach innen ein, was etliche Farbabsplitterungen zur Folge hatte. So muss das Bild, bevor man es endlich wieder ausstellen kann, nun erst einmal aufwendig restauriert werden. Dafür ist es im Getty-Institut genau am richtigen Ort.

Sieben Restauratoren sind hier aktiv, was viel ist für eine Sammlung mit gerade einmal 485 Bildern. Aber mehr als am eigenen Bestand arbeitet man mit Bildern aus anderen Museen, die sich eine derart gut ausgestattete Restaurierungswerkstatt nicht leisten können oder einfach zu viele Gemälde besitzen, als dass sie sie alle selber restaurieren könnten. Die Staatlichen Kunstsammlungen Dresden, mein persönliches Leib- und Magenmuseum, sind deshalb langjährige Partner des Getty-Instituts, «fast ein Schwestermuseum», so charakterisiert Birkmaier die enge Beziehung beider Häuser. Und die sächsische Schwester hat nun eben ihre beiden Robertis zur Restaurierung nach Los Angeles geschickt. Rechtzeitig zur Wiedereröffnung der renovierten Sempergalerie werden sie nach Dresden zurückkehren, aber vorher noch über den Sommer hinweg im Getty Museum gezeigt, gemeinsam mit dessen eigenem Roberti, einem heiligen Hieronymus. Nur wenn die restaurierungsbedürftigen Bilder auch einen inneren Zusammenhang mit der Getty-Sammlung aufweisen, kommen andere Häuser in den Genuss einer solchen Kooperation. Und dann kann ein solches Haus auch einmal eine kleine oberitalienische Kirche sein wie San Michele Arcangelo in Carmignano, die kürzlich ihr großes Altarbild hier restaurieren lassen durfte: eine Heimsuchung von Pontormo. Von diesem Maler der Hochrenaissance besitzt das Getty ein eindrucksvolles Männerporträt. Beide Gemälde nebeneinander zu sehen, ergänzt noch um neun weitere Werke, sodass die gesamte Präsentation gerade einmal elf Objekte bot, bedeutete gleich in der ersten Woche mein bislang schönstes Kunsterlebnis in Amerika. So schön, dass ich seitdem noch kein anderes Museum in Los Angeles aufzusuchen wagte, weil ich fürchtete, dass dieser erste Eindruck für eine Weile alles andere entwerten würde.

Ercole de' Roberti repräsentiert die Frührenaissance, allerdings nicht die Florentiner oder venezianische – er arbeitete in Ferrara. Dennoch ist die Nähe zu Mantegna und Bellini unverkennbar, aber Robertis Bilder sind bewegter. In den jeweils knapp einen Meter breiten querformatigen Dresdner Tafeln werden Christi Gefangennahme und sein Kreuzweg derart dynamisiert durch die Gestik der anderen Figuren, dass sich Strudel in den Szenen zu drehen scheinen. Verbindendes Element dieser Doppelkomposition war ursprünglich eine kleinere quadratische Pietà-Darstellung, die heute in Liverpool aufbewahrt wird. Zusammen ergaben die drei Tafeln einen veritablen Tragic-Strip, wenn auch die Chronologie nicht den sequentiellen Gesetzen der Comic-Ästhetik gehorcht: Die Beweinung erfolgte bei Roberti zwischen den zeitlich davor angesiedelten Ereignissen. Leider verbietet der Zustand des Liverpooler Bildes einen Transport nach Los Angeles zur sommerlichen Ausstellung; im Gegensatz zu den beiden Dresdner Tafeln wurde bei ihm das Pappelholz nachträglich aufgespalten, um das Bild leichter aufhängen zu können. Pech für die Pietà, Glück für ihre früheren Nachbarn. So, wie der zentimeterdicke Holzgrund der beiden Robertis sich uns in der Restaurierungswerkstatt präsentiert, scheinen sie für die Ewigkeit gemalt, aber der Schein trügt. Deshalb sind sie ja hier.

Und doch: Fast ein halbes Jahrtausend liegt zwischen diesen beiden Bildern und dem De Kooning, und Letzterer ist laut Birkmaier in deutlich bedenklicherem Zustand. Nicht nur des Raubes wegen, sondern auch, weil der amerikanische Maler schlechte Farben benutzte. Zudem ist das Bild 1974 nachträglich gefirnisst worden – eine Entscheidung, die damals bei einer ersten Restaurierung im MoMA getroffen wurde und über die sich Birkmaier heute wundert. Dieser Firnis muss wieder weg, aber zuvor soll das herausgeschnittene Bild mit den Resten seiner doublierten Leinwand vereinigt werden, die am Rahmen im Museum zurückblieben und dort mehr als dreißig Jahre lang in der Zuversicht aufbewahrt wurden, dass das gestohlene Werk irgendwann wieder auftauchen würde. Auch diese Überreste sind aus Tucson ans Getty-Institut geschickt worden, und nun wird man hier versuchen, die einzelnen Fasern der Leinwandteile miteinander zu verbinden. Dabei werden die beim Raub entstandenen Risse paradoxerweise gute Dienste leisten, weil dort die Leinwand ausfaserte, während die glatten Schnittkanten Probleme bereiten. Mehrere Monate wird allein dieser Rettungsversuch beanspruchen.

Gleichzeitig steht in der Restaurierungswerkstatt Arbeit an einem Damenbildnis von Tissot und einem spätgotischen Heiligengemälde des Florentiner Malers Mariotto di Nardo an. Beide sind ebenso Getty-Eigentum wie die jüngste Neuerwerbung des Museums, ein Schmerzensmann von Quentin Massys, der erst vergangenes Jahr in deutschem Adelsbesitz identifiziert wurde und für das Getty Museum angekauft werden konnte. Bevor diese kleine Tafel überhaupt ausgestellt wird, ist ihr Firnis entfernt worden, und die nunmehrige Frische der originalen Farbsubstanz begeistert. Zumal, wenn man sie mit den bislang publizierten Fotos des Bildes vergleicht.

Ganz hinten in der Ecke liegt auf einem Tisch ein riesiger Manet aus dem Norton Simon Museum im benachbarten

Pasadena. Unter dem Mikroskop wird dessen Hintergrund untersucht und gereinigt. Und auf einer Staffelei steht eines der faszinierenden Nachtbilder des englischen Lichtmagiers Joseph Wright of Derby. Meisterwerke aus sieben Jahrhunderten und fünf Ländern – die Restaurierungswerkstatt des Getty-Instituts ist selbst ein veritables Museum. Und so wie hier werden diese Bilder nie mehr zusammenkommen. Plötzlich habe ich doch wieder große Lust auf Museen. Von nächster Woche an werde ich sie hier in Los Angeles nacheinander erkunden.

11. Mai

Wo bekommt man diese sechzig Stühle unter? Das Thomas Mann House ist nicht unterkellert, es hat auch keinen Speicher, und Abstellkammern habe ich nirgendwo entdeckt. Auch das separate Verwaltungsgebäude im Garten ist noch nicht fertig, und als Schuppen wäre es eh zu klein. Wohin also mit diesen Sitzgelegenheiten, die wie aus dem Nichts gestern Nachmittag im Wohnzimmer aufgetaucht sind? Gut, es sind Klappstühle, das macht die Sache einfacher, aber fünf Dutzend davon nehmen auch ganz schön Platz weg. Das kann man noch heute sehen, eingeklappt und fein säuberlich aneinandergelehnt, lagern sie neben dem Kamin. Und wo sind eigentlich all die anderen Sessel, Couch- und Beistelltische, die sonst im Wohnzimmer stehen?

Man könnte meinen, sie wären da, wo sich sonst die Klappstühle befinden, doch weit gefehlt. Das reguläre Sitzmobiliar ist kurzerhand ins Arbeitszimmer von Thomas Mann geräumt worden, das damit noch einmal so vollgepackt wirkt, wie man es von den historischen Fotografien kennt. Die Familie Mann hatte zwar ein denkbar modernes Haus, aber darin eine unvorstellbar altertümliche Einrichtung: schwere Möbel und Teppiche, dunkle Farben. Keine Spur von der heutigen Helligkeit der Räume. Da die Manns mit Ausnahme der fest installierten Bücherregale und der Einbauküche ihr gesamtes Mobiliar mit nach Europa nahmen, brauchte man bei der Inneneinrichtung keine Rücksicht auf historische Erbschaft zu nehmen. Stattdessen kauften die Bundesrepublik und die beteiligten Stiftungen neues Mobiliar, das in den vierziger und fünfziger Jahren entworfen wurde – das passt zum Haus. Und mir passt es ganz besonders.

Aber all diese Mid-Century-Eleganz ist nun kurzfristig ins Arbeitszimmer verbracht, wo sich früher Schreibtisch, Sofa, noch ein Tisch und diverse weitere Ablageflächen zwischen den umlaufenden Wandregalen den Platz streitig machten. So habe ich erstmals das Gefühl, in ein benutztes Zimmer zu treten, denn die bislang hier versammelten paar hundert Bücher (gegenüber ehedem mehr als dreitausend) und der neue Holzschreibtisch reichen nicht aus, um so etwas wie Arbeitsatmosphäre zu schaffen. Die ist jetzt zweifellos zu spüren, allerdings eher in Form der Arbeitsatmosphäre eines Umzugsunternehmens. So chaotisch hatte Thomas Mann es denn doch nicht.

Wieso aber überhaupt das ganze Hin-und-her-Geräume von Polstermöbeln und Klappstühlen? Gestern Abend las im Wohnzimmer Frido Mann zur Erinnerung an die Bücherverbrennung von 1933, und für ein halbes Hundert geladene Gäste muss man erst einmal Sitzgelegenheiten bieten. Frido las natürlich Thomas Mann: eine von dessen Rundfunkansprachen an «Deutsche Hörer» aus der Kriegszeit, ausgestrahlt 1943 zum zehnten Jahrestag des Datums, das der ganzen Welt die Kulturbarbarei der Nazis deutlich gemacht hatte. Der 10. Mai 1933 war ein Einschnitt in der deutschen Geschichte;

Heinrich Mann und Oskar Maria Graf erkannten das seinerzeit sofort und schrieben umgehend bittere Kommentare zur Bücherverbrennung, während Thomas Mann sich damals noch zu fein war, dezidiert antifaschistisch aufzutreten. Deshalb las Frido Mann zuerst zwei Texte seines Großonkels und des unglücklichen Emigranten Graf, der via Zeitung von den Nazis verlangte, dass sie gefälligst auch seine Bücher verbrennen sollten – in solcher Zeit musste es als Schande gelten, in Deutschland noch gelesen werden zu dürfen.

Umrahmt wurde der Abend durch die amerikanische Geigerin Alena Hove, die Sonaten von Karl Amadeus Hartmann und Erwin Schulhoff vortrug, also jeweils einem Vertreter der inneren und der wirklichen Emigration. Der eine überlebte den Krieg und wurde zum wichtigsten Komponisten der frühen Bundesrepublik; gerade im vergangenen Jahr ist er wieder viel gespielt worden. Schulhoff dagegen starb 1942 in dem Lager, in das ihn die Nazis nach seiner Festnahme in der Tschechoslowakei verschleppt hatten. Ich habe nur einmal etwas von ihm auf einer deutschen Bühne gehört: seine Oper «Flammen» (meine Güte, hätte die thematisch perfekt zu diesem Abend gepasst!) nach einem Libretto von keinem Geringeren als Max Brod, die vor etwa zwanzig Jahren in Leipzig wiederaufgeführt wurde – ein Hochgenuss, aber leider kein Durchbruch für Schulhoff, der bizarrerweise heute nur deshalb noch im kollektiven Bewusstsein ist, weil ihn die Nazis für «entartet» erklärten. Diese Erinnerung lediglich qua Verfemung wird seiner Musik aber nicht gerecht. Schulhoffs Violinsonate bewies das gestern Abend eindrucksvoll.

Die Texte von Graf und den Brüdern Mann sowie ein kurzes Gedicht von Brecht las Frido Mann in englischer Übersetzung. Damit wurde ein Problem künftiger Programme im Thomas Mann House hörbar: Der überwiegende Teil der

Gäste an diesem Abend waren Deutsche oder verstanden zumindest Deutsch, wie man an der begeisterten Reaktion auf Erich Kästners zum Abschluss unübersetzt vorgetragenes Gedicht «Kennst du das Land, wo die Kanonen blühen?» erkennen konnte. Aber die wenigen Zuhörer, die kein Deutsch verstehen, sind aufs Englische angewiesen; nur nimmt das den Texten ihre Authentizität. Musikalische Darbietungen wären da ein Königsausweg, aber die Geschichte des Hauses und seiner früheren Bewohner verlangt natürlich vor allem nach dem Wort. Wobei Thomas Mann ja eine große Plattensammlung hier im Wohnzimmer hatte, und zum Inventar gehörte auch ein Stutzflügel, auf dem unter anderen Bruno Walter als häufiger Gast im Haus gespielt hat. Dieses Instrument wird im August seinen Weg von München nach Los Angeles antreten, als Geschenk von Frido Mann. Dann wird hier so wie früher häufiger musiziert, und die sechzig Klappstühle kommen regelmäßig zum Einsatz. Aber wo sie aufbewahrt werden sollen, weiß ich immer noch nicht. Da stehen sie nun als schwarzer Block in der Ecke des leergeräumten Wohnzimmers herum, und für dieses Wochenende wird es hier also ungemütlich steril sein. Irgendwann aber werden die Stühle wohl genauso geheimnisvoll verschwinden, wie sie aufgetaucht sind, und die Sitzgruppen das Wohnzimmer wieder beleben. Und die Leere in Thomas Manns verwaistem Arbeitszimmer? Die wird durch ein weiteres Geschenk bald etwas schwinden. Näheres dazu in ein paar Tagen, wenn es eintrifft.

12. Mai Diesen Eintrag schreibe ich in situ, sonntagmittags um 13.15 Uhr etwas mehr als hundert Kilometer von Los Angeles entfernt unter einer Brücke der Interstate 5 nach

Sacramento. Es ist der potentiell gefährlichste Ort, den ich während der vier Monate aufsuchen werde, aber nicht wegen des über mir hinwegbrausenden Verkehrs, der die Betonrampe, auf der ich sitze, regelmäßig erzittern lässt. Nein, hier droht viel größere, übermenschliche Gewalt, und sie ist auch schon einmal ausgebrochen. Ob sie jedoch in den nächsten Minuten, Stunden, Tagen, Wochen, Monaten, Jahren oder erst Jahrhunderten wieder eskaliert, kann niemand sagen. Ich sitze beim Schreiben genau auf der San-Andreas-Spalte. Zu meiner Linken verläuft die Nordamerikanische Kontinentalplatte, zu meiner Rechten die Pazifische. Und unter mir treffen sie aufeinander. Das bedeutet geologisch betrachtet heftigen Rabatz und ungeheures Risiko.

Die San-Andreas-Spalte taugte jahrelang als Sinnbild der amerikanischen Politik: zwei gegensätzliche Kräfte, Verwerfungen, Reibungen, eine drohende Katastrophe. Jetzt, in Zeiten der Regierung Trump und der beginnenden Scharmützel um die Präsidentschaftswahl von 2020, wird sie sich anstrengen müssen, metaphorisch noch mithalten zu können. Denn das große Erdbeben in der Politik hat es 2016 schon gegeben, während die seit Jahrzehnten vorausgesagte katastrophale Erschütterung entlang der San-Andreas-Spalte noch aussteht.

Allerdings resultiert der Konflikt der beiden Erdkrustenplatten, die hier aufeinandertreffen, daraus, dass sie aneinander vorbeizusteuern versuchen. Das kann man von Republikanern und Demokraten derzeit beim besten Willen nicht behaupten. Die amerikanischen Medien beschreien in diesen Tagen eine Staatskrise, zurückzuführen auf den Streit zwischen Weißem Haus und Kongress über die Vorladung etlicher Personen, die mit dem Untersuchungsbericht des Sonderermittlers Robert S. Mueller über russische Einmischungen in den letzten amerikanischen Präsidentschaftswahlkampf befasst waren, darunter Justizminister Barr und Mueller selbst. Es knirscht also besonders heftig im politischen Gefüge. Aber zwei blinde Gewalten, die ohne Rücksicht aufeinander ihren Kurs verfolgen, sind nicht besser als direkt miteinander kollidierende Kräfte. Die Bewegung der Pazifischen Platte erfolgt in Kalifornien quer zur Nordamerikanischen, weshalb die San-Andreas-Spalte im geologischen Sinn gar keine Spalte ist, sondern eine Verwerfung.

Das ist mir egal. Ich will sie sehen, und es gibt hier in Südkalifornien angeblich nur einen Ort, an dem sie auch ordentlich sichtbar sein soll. Also bin ich hergekommen. Wo hat man denn schon einmal eine natürliche Gefahr, die so heißt wie man selbst? Eine Art dunkles Ich – da gruselt es einem bei der Anfahrt doch gleich noch ein bisschen mehr. Zumal es dazu hinauf nach Gorman geht, nördlich von Los Angeles in den Bergen auf fast 1500 Meter Höhe, und dieser winzige Ort, der an einer Ausfahrt der Interstate liegt und deshalb zwei Tankstellen und ein paar Imbisslokale zu bieten hat, ist wiederum nicht weit weg vom Tejon-Pass, in dessen Nähe sich das Epizentrum des größten kalifornischen Erdbebens befand, an das es menschliche Erinnerungen gibt. Nein, nicht das berühmte von 1906, das spielte sich vor allem rund um San Francisco ab. (Und wer in Los Angeles nimmt schon den Namen San Francisco in den Mund? Bestenfalls spricht man hier von «Bay Area».) Das größte dokumentierte Erdbeben fand ein halbes Jahrhundert früher statt; 1857, geschätzte Stärke 7,9 auf der Richterskala, 1906 sollen es «nur» 7,8 gewesen sein, aber beide Male waren die Messungen noch nicht akkurat. 1857 war die Gegend nördlich von Los Angeles viel dünner besiedelt als heute, also gab es im Gegensatz zum Jahr 1906 damals kaum Opfer zu beklagen. Dennoch sahen die Mexikaner, die ihre Nordprovinz Alta California erst zehn Jahre zuvor nach einem verlorenen Krieg in die Unabhängigkeit hatten entlassen müssen, die 1850 mit der Aufnahme der jungen Republik in die Vereinigten Staaten schon wieder endete, in der Naturkatastrophe von 1857 einen Fingerzeig Gottes. Mag ja sein, dass ein in Ewigkeiten denkender Demiurg für sein Fingerschnippen ein ganzes Jahrzehnt lang Anlauf nimmt.

Hier unter der Brücke sitze ich zwar und schreibe, aber ich sehe nichts von der San-Andreas-Spalte. Seit 1857, als sich an dieser Stelle ein großer Riss auftat, hat die Erosion dafür gesorgt, dass davon nicht mehr viel zu bemerken ist, und was möglicherweise noch zu erkennen wäre, ist vom Straßenbau zuasphaltiert worden. Eben bin ich auf der Nordseite der Interstate auf kleinen Straßen Richtung Osten gefahren, um jene Stelle zu finden, an der man an einem Hangabbruch die Gesteine beider Platten direkt übereinander sehen können soll: grauer Sandstein von der Pazifischen, darunter schräg ansteigend rötlicher von der Nordamerikanischen. Im Netz wird behauptet, diese Stelle, an der die Interstate die San-Andreas-Spalte zum ersten Mal kreuzt, liege südöstlich von Gorman. Aber noch bin ich nicht fündig geworden, also habe ich den dank GPS genau definierten zweiten Punkt, an dem sich Spalte und Fernstraße kreuzen, aufgesucht – hier unter der Brücke –, und gleich werde ich mich mit dem Wagen auf der Südseite noch einmal auf die Suche nach dem ersten machen, um das Naturschauspiel zu bewundern. Unter der Brücke ist dagegen alles menschliches Schau- und Trauerspiel: An einem Straßenschild ist ein blumengeschmücktes Holzkreuz angebracht, das an Alex Sonora Vega erinnert, der hier einem Verkehrsunfall zum Opfer fiel, nicht dem Erdbeben von 1857. Jeder Vibration des Betons unter mir spüre ich neugierig nach, aber Ursache sind immer nur die Trucks. Heute wird das wohl nichts mit der Naturkatastrophe. Hoffentlich in Zukunft auch nicht. Zumindest nicht in menschlichen Begriffen von Zukunft. Für den fingerschnippenden Demiurgen ist das ja alles keine Dauer.

Die kleine Straße am Südrand der Interstate in Richtung Osten ist nach ein paar hundert Metern gesperrt. Aber in die Gegenrichtung ist die Straße befahrbar, hinauf bis zum Tejon-Pass. Und genau dort, westlich von Gorman statt südöstlich (Schande über das Internet!), findet sich die charakteristische Gesteinsformation, wie ich sie von den Fotos kenne: grauer Sandstein von der Pazifischen Platte oben links, rötlicher von der Nordamerikanischen unten rechts. Parken ist hier verboten, aber kurz gehalten ist ja nicht geparkt, und so steige ich aus, breite meine Arme aus und berühre links die Pazifische, rechts die Nordamerikanische Platte. Wer kann schon behaupten, einmal Bindeglied der Kontinentaldrift gewesen zu sein?

13. Mai Kürzlich kam das Gerücht auf, das Grauman's Egyptian Theater am Hollywood Boulevard, einer der ältesten erhaltenen Kinopaläste von Los Angeles (Baujahr 1922!), werde an Netflix verkauft. Darüber konnte sich die traditionelle Filmindustrie noch mehr erregen als über die diesjährigen Oscars für die Netflix-Produktion «Roma», denn im Egyptian hat seit einigen Jahren die American Cinematheque, eine Organisation, die das Erbe des Hollywood-Kinos pflegt und immer wieder große Klassiker zeigt, eine ihrer beiden Spielstätten. Gestern Abend tat sie das im Egyptian nicht, stattdessen wurde dort ein nahezu vergessener britischer Film aus dem Jahr 1986 aufgeführt, gefolgt von einem, sagen wir

mal, bestenfalls kleinen Hollywood-Klassiker, den man auch eine große Groteske nennen könnte. Der Titel sagt eigentlich schon alles: «Bela Lugosi Meets a Brooklyn Gorilla».

Dieses C-Movie des Regisseurs William Beaudine entstand 1952 als Versuch, aus zwei Berühmtheiten Kapital zu schlagen. Einmal natürlich aus Bela Lugosi, dem legendären Dracula-Darsteller, der auch zwanzig Jahre nach diesem Erfolg noch der Inbegriff des Grusels war, und dann aus dem damals erfolgreichsten Komikerduo Amerikas, Dean Martin und Jerry Lewis. Die allerdings in Beaudines Film gar nicht mitspielten. Dafür aber ein anderes Duo, Duke Mitchell und Sammy Petrillo, deren Spiel man als das dreisteste Plagiat bezeichnen kann, das es im Filmgeschäft je gegeben hat. Jerry Lewis überlegte damals, die freche Kopie gerichtlich verbieten zu lassen, aber nachdem er sich den Film angesehen hatte, ließ er Gnade vor Recht ergehen: Er fand ihn so schlecht, dass sich die Mühe nicht lohnte.

Tatsächlich ist «Bela Lugosi Meets a Brooklyn Gorilla» unglaublich banal, aber gleichzeitig derart reich an Klischees, dass man ihn gemeinsam mit dem verzweifelten Bemühen von Petrillo und Mitchell, Lewis und Martin zu imitieren, heute als die Parodie genießen kann, die er nie war. Kein Wort an dieser Stelle über die hanebüchene Handlung und den armen Lugosi, der mit der Rolle noch einmal Kapital aus seinem Ruhm schlagen wollte. Er selbst kann den Film gar nicht so entsetzlich gefunden haben, denn die im Egyptian gezeigte Kopie, die einzige heute noch bekannte im originalen 35-Millimeter-Format, erhielt sich im Besitz seiner Familie.

Ausgewählt für diesen Abend hat sie nicht die American Cinematheque, sondern Leonard Maltin. In Hollywood muss man niemandem erklären, wer das ist: einer der wichtigsten amerikanischen Filmhistoriker. Ich habe vor fünfunddreißig

Jahren sein berühmtes Buch «Of Mice and Magic» über den amerikanischen Zeichentrickfilm gelesen, und auf jeder besseren DVD mit Disney-Klassikern tritt Maltin als redegewandter und euphorischer Experte auf. Ihn nun aber einmal selbst auf der Bühne und dann noch mit seinen Lieblingsfilmen sehen zu können, das war ein Glücksfall, denn das «MaltinFest», wie die insgesamt dreitägige Veranstaltung im Egyptian hieß, deren Finale die Bela-Lugosi-Kopie darstellte, wurde zum ersten Mal ausgerichtet.

Neben Maltin selbst interessierte mich vor allem der gezeigte britische Film. «Absolute Beginners» habe ich seinerzeit im Kino gesehen, auch wegen seines Soundtracks. 1986 war die Hochzeit des englischen Jazzpops; ich sage nur: Sade, Style Council, Working Week. Herrliche Musik, die uns als Jugendliche begeisterte, und alle diese Interpreten haben am Soundtrack zu «Absolute Beginners» mitgewirkt. Sade spielt sogar selbst mit, passenderweise als Jazzsängerin in dem Londoner Club im Jahr 1958, in dem die Handlung angesiedelt ist. Man könnte das Geschehen als Mischung aus «Blow Up» und «West Side Story» beschreiben, und an schriller Opulenz kann der Film es locker mit Fellini aufnehmen. Der Regisseur Julian Temple kam vom Musikvideo her, und das merkt man in jeder Sekunde. «Absolute Beginners» ist eine einzige Extravaganz, die perfekt in den Kinosaal des Egyptian passt. Die projizierte Kopie war etwas rotstichig, aber ansonsten ist der Film ordentlich gealtert. Und sein Thema, die Rassenkonflikte im Swinging London, wirkt im heutigen Amerika erschreckend aktuell.

Am Vortag hatte ich in Quentin Tarantinos New Beverly Cinema ein anderes *guilty pleasure* besuchen können: Kathryn Bigelows «Strange Days» von 1995. Da wurde im Publikum schallend gelacht, als der Hauptdarsteller Ralph Fiennes

Snuff-Videos mittels einer Art elektronischen Haarnetzes teilen muss. Aber 1995 war vom Internet 2.0 noch keine Rede, und trotzdem hatte das Drehbuch (verfasst von keinem Geringeren als James Cameron) seinerzeit ein hervorragendes Gespür für Fragen, die erst in der Zukunft wichtig werden sollten. Das New Beverly war übrigens wie bislang immer, wenn ich dort war, gerammelt voll. Es fasst zwar nur knapp zweihundert Menschen, aber an der im Vergleich mit dem Egyptian weitaus besseren Auslastung sieht man, dass es selbst der bekannteste amerikanische Filmhistoriker nicht mit einem berühmten Filmregisseur aufnehmen kann. Wenn Netflix tatsächlich das Egyptian kaufen sollte, könnte das MaltinFest ja nächstes Jahr einfach ins New Beverly wechseln.

14. Mai

Sessel und Tische sind zurück im Wohnzimmer, und das Arbeitszimmer ist dementsprechend wieder nutzbar. Aber seine abweisende Leere ist nun auch wieder da. Als ich vor sechs Wochen hier ankam, arbeiteten Nikolai Blaumer, Josh Widera und Tyler Smith noch von diesem Raum aus, weil es keine andere Möglichkeit für den Bürobetrieb im Thomas Mann House gab. Der dafür vorgesehene kleine Pavillon im Garten ist immer noch nicht fertig, seit einem Monat wird die zukünftige fünfte Fellow-Wohnung im Erdgeschoss als Interimsbüro genutzt. Dabei eignete sich das Arbeitszimmer viel besser dafür; es war dadurch belebt. Jetzt bietet der große neue Schreibtisch eine buchstäbliche Tabula rasa mit dem besonders deprimierenden Anblick einer vollständig leeren Stifte- und Papierablage. In den Regalen stehen erst ein paar hundert Bücher, man wird aber immerhin versuchen, die Bibliothek von ehedem mit den gleichen Ausgaben, die Thomas Mann besaß, zu rekonstruieren. Das dürfte jedoch seine Zeit brauchen, und so lange gähnen dem Besucher des Zimmers leere Regalbretter entgegen – ein Unding in einem ordentlichen Arbeitszimmer. Deshalb wird es auch für mich nicht mehr zum Arbeitszimmer werden; ich habe es versucht, aber in diesem Raum lässt es sich nicht gut schreiben, und das liegt nicht an der übermächtigen Aura des ersten Benutzers.

Kein inspirierenderer Anblick beim Schreiben als bereits Geschriebenes und Gedrucktes. Je mehr Bücher um mich herum, desto besser. Zumal sie auch als bloße Gegenstände konstante Anregung bieten. Eine der gängigsten lateinischen Spruchweisheiten lautet nicht umsonst «Habent sua fata libelli» – Bücher haben ihre Schicksale. Wobei die Formulierung wohl längst vergessen wäre, hätte der Börsenverein des Deutschen Buchhandels sie nicht 1888 zur Inschrift seines Wappens gemacht. Man kann streiten, ob das für einen Branchenverband, der mit Büchern ja vor allem Geld verdienen will, ein passendes Motto ist. Zwischen Flops und Bestsellern wurde von den alten Römern nicht unterschieden, Schicksal ist Schicksal.

Dass man die fast zweitausend Jahre alte Aussage heute durchaus auch ironisch oder zynisch verstehen kann, ändert indes nichts an ihrer Richtigkeit. Nehmen wir als Beispiel eine Publikation, die früher hier im Thomas Mann House stand und auf manchem im Arbeitszimmer entstandenen Foto des Hausherrn im Hintergrund zu sehen ist: die Sophien-Ausgabe der Werke Goethes. Wir sprechen da allerdings nicht von einem einzigen Buch, sondern von 144 Exemplaren. Keine andere Goethe-Ausgabe ist so umfangreich wie diese 1919 abgeschlossene, sie füllte allein ein ganzes Regal im Haus

1550 San Remo Drive. Und das wird sie bald auch wieder tun, denn der aktuelle Eigentümer der Mannschen Goethe-Bände, der in Berkeley lebende Germanist Fritz Tubach, hat sie dem Thomas Mann House versprochen. Mit 88 Jahren kann man sich von 144 Büchern schon mal trennen, und der Transportweg von Berkeley nach Pacific Palisades ist für amerikanische Verhältnisse kurz.

Wie aber kam Tubach zu Thomas Manns geliebter Goethe-Ausgabe? Er erhielt sie als Geschenk, nicht von Thomas Mann selbst, sondern von dessen Enkel Frido, meinem Mitfellow, der nun jedoch schon wieder zurück in Deutschland ist. Frido Mann hat die Ausgabe von seinen Eltern geerbt: von Gret Moser und Michael Mann, dem jüngsten Sohn von Thomas. Beide waren Musiker und lebten bei San Francisco, waren also praktischerweise noch im Land, als Thomas Mann 1952 schon in die Schweiz gezogen war, das Haus im San Remo Drive aber nicht direkt verkauft bekommen hatte. Ob es ihm zu kostspielig erschienen war, seine umfangreiche Sophien-Ausgabe nach Europa nachholen zu lassen, oder ob Michael Mann Gefallen an der stolzen Buchreihe gefunden hatte, ist unklar; jedenfalls blieb sie in Kalifornien, und als Frido Mann als Nacherbe später nicht den notwendigen Platz dafür hatte, schenkte er sie dem mit ihm befreundeten Tubach. Nun macht der daraus eine Art Gegengeschenk. Noch in diesem Jahr soll die Mannsche Sophien-Ausgabe wieder ihren angestammten Platz in den Bücherregalen im Arbeitszimmer einnehmen – die wollen endlich ordentlich benutzt werden. Interessant allerdings wird sein, wie man die bibliophile Rarität dann vor neugierigen Fellows wie mir wird schützen können. Bislang war Thomas Manns Goethe-Ausgabe der Forschung angeblich nicht zugänglich, und sie dürfte voller Anstreichungen und Notizen sein, denn keinen anderen Schriftsteller verehrte Mann sein Leben lang so sehr wie Goethe. Ich könnte mir leicht vorstellen, vier Monate hier im Arbeitszimmer nur mit diesen 144 Bänden zu verbringen. Das aber wäre weder im Sinne des Residenzprogramms noch der Erhaltung der Bücher. Wahrscheinlich ist es gut, dass die Sophien-Ausgabe erst nach meiner Abreise eintreffen wird. Schlecht ist es allerdings fürs Arbeitszimmer.

15. Mai Das ist also die schlimmste Straßenkreuzung der Welt. Oder zumindest von Los Angeles. Aber wenn es um Autoverkehr geht, macht dieser Stadt so schnell keine andere etwas vor. Das war schon vor knapp siebzig Jahren so, und damals war bei einer Reifenpanne auf einem vielbefahrenen kalifornischen Highway aus berufenem Munde ein Vergleich zu hören, der das Missgeschick herunterspielte: «Man stelle sich vor, das wäre uns auf der Kreuzung Wilshire/Vermont passiert!» Für diesen Mann war diese Kreuzung offenbar der Inbegriff hoher Verkehrsdichte.

Und weil diese Kreuzung so verkehrsreich sein soll, habe ich die Metro-Linie Red hierher genommen, denn wie es der Zufall will, heißt eine ihrer Stationen «Wilshire/Vermont». Die ist so tief unter dem Straßenniveau eingegraben, als bräuchte der oberirdische Verkehr die dreißig Meter Beton dazwischen als Fundament – noch ein scheinbar sicheres Zeichen für Automassen. Doch oben angekommen, ist die Enttäuschung groß: Das soll ein Verkehrsknotenpunkt sein, gar die schlimmste Straßenkreuzung der Stadt? Vielleicht war sie das 1950, aber sicher ist sie es heute nicht mehr. Da habe ich hier schon ganz andere Straßen befahren.

Aus der Zeit, als der eingangs zitierte Satz über den Horror einer Reifenpanne auf Wilshire/Vermont ausgesprochen wurde, ist rund um die Kreuzung kein einziges Gebäude mehr zu sehen. Sie ist gesichtslos, umgeben von mittelgroßen Bankhochhäusern, in einem davon residiert die Bank of Hope – ihr, die ihr eintretet, dürft alle Hoffnung hegen, soll dieser Firmenname wohl besagen. Ein paar zerrupfte staubige Palmen säumen den Straßenrand, eine Tankstelle, einige Straßenhändler; so könnte es überall in Downtown aussehen, aber der Verkehr ist vergleichsweise moderat. Gut, zum Reifenwechseln hätte ich hier auch keine Lust, aber es wäre nicht gefährlicher oder störender als auf jeder beliebigen Großstadtkreuzung.

Wer hatte denn vor fast siebzig Jahren so eine schlechte Meinung vom Verkehr auf Wilshire/Vermont? Einer, der es wissen musste, ein Ortsansässiger, wenn auch aus Burbank. Sein Name lautet Donald Duck. In der von Carl Barks gezeichneten Geschichte «Vacation Time», erschienen im Sommer 1950, begibt sich Duck mit seinen drei Neffen auf Ferienfahrt in einen kalifornischen Naturpark; und auf dem Weg platzt ihnen ein Reifen, was den Fahrer im amerikanischen Original zu seiner Bemerkung veranlasst (der deutsche Text nennt naheliegenderweise eine andere Schreckensstelle, denn wer könnte sich in Europa etwas unter Wilshire/Vermont vorstellen). Diese Ortsbestimmung ist eines der raren Beispiele für unmittelbaren Realitätsbezug in den Disney-Comics, allerdings erfolgte sie, bevor Barks die Heimatstadt der Familie Duck mit dem Namen Duckburg versah (auf Deutsch Entenhausen). Zuvor lebte Donald Duck in den Comics praktischerweise dort, wo auch das Disney-Studio angesiedelt war: in Burbank. Und deshalb hatte er so genaue Ortskenntnisse von Los Angeles.

Weil ich kürzlich in «Vacation Time» auf diese Dialog-

stelle stieß, kam die Straßenkreuzung auf meine Besichti-
gungsagenda, doch im Gegensatz zu den meisten bisherigen
Besuchszielen erfüllte dieses die damit verbundenen Erwartungen nicht. Dabei ist in der Duck-Geschichte sonst alles
so realistisch, vom Verkehrsstau auf der Ausfallstraße bis zu
den Naturschönheiten im nahen Bergland. In den großen
kalifornischen Städten hat der Autoverkehr in den letzten
Jahren massiv zugelegt, bedingt vor allem durch die Fahrten
von über Apps zu buchenden Taxidiensten wie Uber oder
Lyft – in San Francisco etwa seit 2014 um mehr als sechzig
Prozent, in Los Angeles etwas weniger. Da musste man für
Wilshire/Vermont das Schlimmste befürchten. Stattdessen
hat sich dort sichtlich etwas gebessert. Carl Barks lebte 1950
übrigens in Hemet, eine Stunde östlich von Los Angeles. Er
war nie ein Fan der Metropole, auch nicht, als er hier noch als
Angestellter im Disney-Studio arbeitete. Vielleicht hat er sich
mit Donald Ducks Stimme nur den eigenen Abscheu von der
Seele gesprochen.

16. Mai

Es regnet in Strömen, zum ersten Mal in fast sechs
Wochen. Das wird mich im Haus halten, es ist genug Material
aus den vergangenen Archivbesuchen zum Abschreiben da
und genug zum Erzählen, denn der gestrige Abend war me-
teorologisch noch trocken. Ansonsten weniger, er führte mich
in eine Lounge namens «Dresden Room».

Ein paar tausend Kilometer weiter östlich hängt in meiner
Frankfurter Wohnung ein Comicstrip aus der Detektivserie
«Rip Kirby» von Alex Raymond an der Wand, gezeichnet 1953.
Seine Handlung führt in einen Ballsaal namens «The Dres-
den Room». Man stelle sich meine Faszination vor, als mir ein

Leipziger Freund, der Universitätsbibliotheksdirektor Ulrich Johannes Schneider, von einem Lokal in Los Angeles erzählte, das er seit einem lange zurückliegenden Forschungsaufenthalt als Getty-Scholar dort immer wieder aufsuche: ebenjenem «Dresden Room» im Stadtteil Los Feliz. Nun spielt «Rip Kirby» meiner Erinnerung nach nicht in Los Angeles (einmal schneit es im Comic am dortigen Flughafen, das kann ich mir trotz des gegenwärtigen Blicks aus dem Fenster hier nicht vorstellen), und Raymond lebte und zeichnete an der Ostküste, aber «Dresden» war ein typischer Name für schicke amerikanische Etablissements in der Mitte des 20. Jahrhunderts. Der Mythos der Stadt hatte die Bombardierung überlebt.

Ungeachtet meiner Neugier auf den kalifornischen «Dresden Room» hat es doch lange gedauert, bis ich endlich hineinging, obwohl ich schon am dritten Tag dort vorbeigelaufen bin. Aber diese Verspätung wird Marty und Elayne egal gewesen sein, denn bei den beiden Hausmusikern des «Dresden» kommt es auf ein paar Wochen nicht an; sie spielen hier fünf Abende in der Woche seit 1982 und sind längst Lokalberühmtheiten, weit über die Mauern der Lounge hinaus. Am Mittwoch, wurde auf der Homepage angekündigt, laden die beiden regelmäßig musikalische Gäste ein, und tatsächlich stehen heute Abend bis zu sechs Personen auf der winzigen Bühne und machen eine Musik, die herzerwärmend ist. Das Repertoire, das ich zu hören bekomme, ist das bekannteste der Welt, ein Streifzug quer durchs Great American Songbook plus ein paar jüngere Klassiker. Man muss die Stücke einfach auflisten, damit jeder beim Lesen mitsummen kann: Los geht's mit «Route 66», dann «Summertime», «Summerwind», «New York, New York», «Don't Get Around Much Anymore», «In Other Words», «Something Stupid», «The Lady Is a Tramp», «Tequila», «L-O-V-E», «Since I Fell for

You», «Makin' Whoopee», «On the Street Where You Live», «How About You». Und das ist nur das erste Set des Abends. Alles sehr Sinatra- und Nat-King-Cole-lastig.

Aber hätten sich Sinatra oder Cole ein erstaunliches Duo aus einer Posaunistin und einem Trompeter, der noch dazu gut singen kann, auf die Bühne geholt? Robyn und Patrick heißen sie, mehr erfährt man leider nicht, und dann ist da noch Charlene, eine Sängerin, die neben dem riesigen Patrick aussieht wie ein Spielzeug, doch die beiden bringen die schönsten Duette zustande. Wie oft sie mit Marty und Elayne zusammen auftreten, weiß ich nicht, aber entweder sehr oft, oder alle diese Musiker sind atemraubend schnell aufeinander eingespielt. Vielleicht liegt es auch an all den Standards, die sie spielen.

Marty, Elayne, Robyn, Patrick, Charlene – das sind erst fünf Personen. Die sechste sitzt von Beginn an mit dem Kontrabass ganz hinten und heißt Donald. Von ihm ist nie die Rede, wenn es um Marty und Elayne geht, aber er ist das Rückgrat ihrer Musik, zumindest an diesem Abend. Über diesem Fundament spielt Marty Schlagzeug und singt, aber es ist mehr Sprechgesang als Crooning. Elayne wiederum, die zwischen zwei Klaviaturen und Querflöte hin und her wechselt, hat vokal ein ätherisches Geträller zu bieten, das gut und gerne als zusätzliches Instrument durchgehen kann. In den besten Momenten des Abends steht da vom Klang her eine veritable Bigband auf dem Podium.

Der «Dresden Room» selbst ist höher, als man je von außen vermutet hätte, aber so düster, dass es schwer fällt, die Wartezeit bis zum Programmbeginn um 21.10 Uhr mit Lesen zu überbrücken. Auf zwei Bildschirmen an der endlos langen Bar laufen Sportübertragungen ohne Ton. Noch ist es leer, aber das wird sich schnell ändern, am Ende platzt der

Raum aus allen Nähten, obwohl stetes Kommen und Gehen herrscht. Drinks und Essen sind billig, man mag es in Los Angeles kaum glauben; es wirkt, als wären die Preise, seit das Lokal vor 65 Jahren öffnete, kaum mehr angepasst worden. Und Drinks und Essen sind auch noch gut.

Von Martys gelegentlichen Plaudereien und Schäkereien mit dem Publikum ist wenig zu verstehen, für insgesamt drei Geburtstagskinder unter den Besuchern der Lounge werden Ständchen gegeben, und der doch schon etwas gereifte Sänger/Schlagzeuger, der mit seinen Koteletten wie ein ausgezehrter überlebender Elvis aussieht, wirft den schönen jungen Damen im Saal tiefverschleierte Blicke zu. Es ist überhaupt ein erstaunlich junges Publikum; ich könnte zumindest zu Beginn des Abends lässig als der Älteste im Raum durchgehen, abgesehen von Marty und Elayne selbst natürlich.

Und wenn es durch die Lüftung nicht so kalt wäre im «Dresden Room», derart kalt, dass selbst ein Hot Apple Cider nichts mehr retten kann, dann wäre es eine musikalisch heiße Nacht geworden. So aber geht es um 23 Uhr nach dem Ende des ersten Sets von Los Feliz die 25 Kilometer zurück nach Pacific Palisades, immer den Sunset Boulevard entlang, der am Donnerstag seinem Namen wohl nicht mehr gerecht werden wird. Aber Marty und Elayne werden vermutlich weitergespielt haben bis in den frühen Morgen. Wie sie es seit 1982 tun.

17. Mai

Ein Gutes hatte der vorgestrige Ausflug zur Kreuzung Wilshire/Vermont. Etwa 250 Meter weiter den Wilshire Boulevard hinab in Richtung Stadtzentrum sah ich einen spektakulären Turm, der mir schon vor einigen Wochen im Vorbeieilen auf dem Weg zur Unitarian Church aufgefallen war.

Damals hatte ich im Netz nachgesehen, worum es sich handelte, den geplanten Besuch jedoch dann unter der Fülle neuer Eindrücke wieder vergessen. Das sollte diesmal nicht wieder passieren, deshalb kehre ich gleich heute zum Turm zurück.

Man nennt diesen Teil der Innenstadt «Koreatown», und tatsächlich ist er im Gegensatz zu «Little Armenia» oder «Little Tokyo» optisch noch stark von der Einwanderergruppe geprägt, die ihm diesen Namen gegeben hat: Überall sind koreanische Schilder angebracht. Das liegt aber auch daran, dass die Koreaner deutlich später kamen als Armenier oder Japaner, erst in den sechziger Jahren, und bis heute sind viele weiterhin dort zu finden, wo sie oder ihre Eltern sich damals in der Stadt ansiedelten. Das, was man Wilshire/Vermont so überdeutlich angesehen hat, gilt für das ganze Viertel: Es hat seine beste Zeit schon lange hinter sich, und deshalb konnten Einwanderer hier leicht Unterkunft finden. Die beste Zeit dieser Gegend waren die zwanziger Jahre.

Damals wurde am Wilshire Boulevard in schönstem Art déco ein Kaufhaus gebaut. Zu diesem «Bullock's Wilshire» gehört der grandiose Turm, der von ferne am ehesten an den Hochzeitsturm auf der Darmstädter Mathildenhöhe erinnert, nur ist er ungleich strenger in der Formensprache. Das Riesengebäude, das er krönt, beherbergt heute eine Hochschule, die Southwestern Law School – ihre Plakate in den früheren Schaufenstern des Kaufhauses verkünden «100 years of innovation», «of excellence», «of diversity», «of public service», «of opportunity», «of leadership» und was man sich von Juristen sonst noch so alles über ein Jahrhundert hinweg erhoffen darf. Wobei das Zentenarjubiläum der SWLS auch schon wieder acht Jahre zurückliegt. Aber wen interessiert schon Akkuratesse? Die Plakate zeigen ja auch alle den spektakulären Turm, als wäre der schon hundert Jahre lang das Symbol der Hochschule. Dabei wurde «Bullock's Wilshire» 1929 erbaut, und die SWLS zog hier erst 1994 ein, nachdem der einstige Luxuskonsumtempel zwei Jahre zuvor durch Plünderungen, während der heftigen Rassenunruhen nach dem Freispruch für die Polizisten, die Rodney King brutal verprügelt hatten, ruiniert worden war.

Für mich ist das «Bullock's Wilshire» der schönste öffentliche Bau in Los Angeles (was soll das Renommiergeprotze von Frank Gehry, Richard Meier und Konsorten dagegen ausrichten?), ein Traum aus Sandstein, Granit und Kupfer, zudem mustergültig renoviert. Nun ja, fast mustergültig: Ein Eckstein trägt die eingravierten Namen des Warenhausdirektoriums im Eröffnungsjahr 1929 (John G. Bullock, P. G. Winnett, H. M. Bigelow, W. P. Sampson, W. A. Holt – wahre Prominenz erweist sich offenbar im Ausschreiben des Vornamens, wie bei Bullock als dem Präsidenten des Unternehmens hier geschehen), aber von anderen Inschriften sind nur noch die Bohrlöcher der Tafeln in der Fassade übriggeblieben. Die waren eben leichter zu entfernen als der Eckstein.

Eine unscheinbare Seitenpforte führt auf den mutmaßlich leersten Parkplatz in Downtown L. A. und dort, natürlich nicht der Straße, sondern den Autos der früher hier parkenden Kundschaft zugewandt, ist das Prunkportal des ehemaligen Kaufhauses platziert. Sein Narthex wird geschmückt von einem Deckenbild im Stil eines Delaunay-Gemäldes – die waren schwer in Mode in den späten zwanziger Jahren. Rund um einen grün gemalten Merkur (warum nur ist der Gott des Handels in dieser der Eifersucht zugeschriebenen Farbe gehalten – weil die Erwerbungen anderer Menschen Eifersucht und damit eigene Kauflust auslösen sollen?) sind ehedem topmoderne Transportmittel abgebildet: die Eisenbahn selbstverständlich, ein Ozeandampfer, keine Autos oder Lastwagen, aber dafür Flugzeuge und – ich bin gerührt – ein Luftschiff mit dem Namen «Graf Zeppelin». Ehre, wem damals Ehre gebührte; auf einem der Flugzeuge ist noch «Maddux» zu lesen, das war der Name einer hier ansässigen Airline, deren Maschinen dem «Graf Zeppelin» auf seiner legendären Weltreise im Sommer 1929 bei der Zwischenlandung in Los Angeles das Geleit gaben. Das Deckenbild war also ursprünglich geradezu tagesaktuell. Heute denken Amerikaner beim Namen Maddux wohl eher an einen erfolgreichen Baseball-Pitcher der neunziger Jahre. Sport verspricht mehr Prominenz als Technik.

Eine winzige Bronzeplakette neben dem Eingang erinnert an Ruth Patricia Shellhorn, die für das «Bullock's Wilshire» seinerzeit die Gartenplanung in der Hand hatte. Wie mag der heute seelenlose Parkplatz wohl einmal ausgesehen haben, wenn dafür eine eigene Landschaftsarchitektin beschäftigt wurde? Immerhin, ihre Plakette ist hinter einem eingetopften Ficus gut versteckt. Zwei weitere solcher Pflanzen verdecken die Tafeln, die auf die Aufnahme des Gebäudes in die staatliche Denkmalliste und die Auszeichnung für vorbildliche Restaurierung aus dem Jahr 1999 hinweisen. Die Southwestern Law School hat gut daran getan, der Stadt diese Artdéco-Perle zu erhalten. Jetzt müsste sie nur noch offensiver dafür sorgen, dass man es auch weiß. Das wäre bessere Imagewerbung als jahrealte Plakate.

18. Mai Ich habe einfach mal gezählt: Auf meiner Werktags-Laufstrecke durch das Riviera-Wohngebiet von etwa sechs Kilometern Länge komme ich an exakt 302 Häusern vorbei (nur sonntags laufe ich in den Rustic Canyon, wo es außer der Ruine der Murphy Ranch nichts gibt). Diese Zahl umfasst auch die gerade im Bau befindlichen oder für den Abriss vorgesehenen Häuser, die einen durchaus nennenswerten Anteil ausmachen. Das bedeutet, wenn man beide Straßenseiten berücksichtigt, durchschnittlich rund vierzig Meter Grundstücksbreite, also ein recht luxuriöses Ausmaß. Das Thomas Mann House hat sogar mehr als hundert Meter Straßenanteil, aber es liegt auch auf einer Eckparzelle. Auf allen Grundstücken stehen Einfamilienhäuser, das ist in Pacific Palisades so vorgeschrieben. Das Zauberwort heißt «single-family zoning». Es verbietet den Bau von Mehrfamilien- oder Reihenhäusern in einem bestimmten Gebiet. Im Stadtgebiet von Los Angeles fallen fast zwei Drittel aller Grundstücke unter diese Regelung, und das ist noch wenig, denn im gesamten Staatsgebiet von Kalifornien sind es fast 75 Prozent. Ein Stadtplaner sagte kürzlich einem Bericht der «Los Angeles Times» zufolge: «Wenn die Menschen weltweit an Los Angeles denken, dann stellen sie sich ein Haus mit einem eigenen Garten vor.» Ich gebe zu, dass ich das noch nie mit der Stadt assoziiert hatte.

Es herrscht Wohnungsnot in Los Angeles und anderen kalifornischen Großstädten, und das liegt nicht vorrangig an den lateinamerikanischen Einwanderern, wie Donald Trump und seine Gefolgsleute es gerne behaupten, sondern an der Anziehungskraft der Metropolen gerade auf die amerikanische Mittelschicht, von den Multimillionären des Filmgeschäfts (Los Angeles) oder der IT-Industrie (San Francisco) ganz zu schweigen. Grundstückspreise und Mieten sind exorbitant hoch, die Obdachlosigkeit ebenfalls. Meine vor zwei Wochen im Thomas Mann House eingetroffene Fellowkollegin Lisa Riedner forscht über solche Themen, und sie wird in Los Angeles ein unerfreulich ergiebiges Feld vorfinden.

Deshalb ist in Kalifornien eine Gesetzesinitiative eingebracht worden, die den Städten erlauben soll, in bestehenden
oder zukünftigen Single-Family-Zonen auch den Bau von
Apartmenthäusern zu genehmigen. Das ist Stadtgespräch in
den wohlhabenden Wohngebieten, deren Bewohner ohnehin
schon sauer über die rege Bautätigkeit in der Nachbarschaft
sind, denn in den besonders attraktiven Gegenden werden
die relativ bescheidenen alten Einfamilienhäuser nun oft
durch weitaus größere Neubauten ersetzt. Deshalb wurde der
Kauf des Thomas Mann House durch die Bundesregierung
von den Nachbarn energisch befürwortet, denn das bedeutete den Erhalt des nicht unter Denkmalschutz stehenden Gebäudes und damit auch keinen Baulärm.

Oder zumindest keinen besonders starken, obwohl sich
die Umbauten jetzt schon etwas länger hinziehen als erhofft.
Und wie man hört, haben sich prominente Nachbarn ein paar
Häuser weiter im San Remo Drive kürzlich über auf der Straße parkende Autos beschwert, wenn alle paar Wochen einmal
eine Veranstaltung im Haus stattfindet (nur auf Einladung,
denn offenen Publikumsverkehr gestattet die beim Kauf ge-
troffene Nachbarschaftsvereinbarung sowieso nicht; in *the
land of the free* ist alles wohlgeregelt).

Was die Bewohner der Single-Family-Zonen am meisten
erregt, ist aber nicht das Parken auf den Straßen, sondern die
Aussicht auf mehrstöckige Gebäude, die ihnen droht, wenn
die Gesetzesinitiative durchs Parlament in Sacramento kommen sollte. In der Nähe von wichtigen Verkehrsadern («mass
transit», also Massendurchgangsverkehr) soll der Bau solcher
Häuser möglich sein, und das ist ein massiver Bruch mit dem
bisherigen Usus, der im Regelfall nur ein Obergeschoss und
einen Speicher in Einfamilienhausgebieten vorsieht. Gerade
hier auf dem Riviera-Hügel, wo der Preis der Grundstücke

entscheidend von der Sicht auf den Pazifik oder die Innenstadt bestimmt wird, bedeutet die Vorstellung, weiter unten könnte so hoch gebaut werden, dass ein Dach in die eigene Blickachse ragt, nicht nur einen Verlust an Wohnqualität, sondern auch an Immobilienwert. Wobei niemand weiß, was denn «Nähe zum Massendurchgangsverkehr» konkret bedeuten soll. Fällt schon der Sunset Boulevard darunter? Dann wäre hier überall der Neubau von Mehrstöckern erlaubt. Ist die fünf Kilometer entfernte Auffahrt zum Freeway 405 (zweifellos Massendurchgangsverkehr) weit genug weg? Für Los Angeles ist so eine Distanz gar nichts. Die Unruhe unter den Ruhebedürftigen von Pacific Palisades wird sich wohl nicht so rasch legen.

19. Mai

Zeuge eines Rekordversuchs zu sein, kann deprimieren. Ich sitze am Sonntagmorgen am Schreibtisch und schaue dem Regen zu. Sollte der Niederschlag heute mehr als einen halben Inch betragen, also fast dreizehn Millimeter, wird dieses Datum als regenreichster Maitag in Los Angeles seit Beginn der Messungen eingehen. Der alte Rekord von 0,48 Inch ist allerdings gerade mal drei Tage alt. Am Donnerstag wurden nämlich bereits alle Mai-Regenrekorde für Südkalifornien gebrochen – wobei das keine allzu große Kunst war, denn der alte Rekord zum Beispiel am Flughafen von Long Beach bestand darin, dass dort im Mai 2011 «Spuren von Niederschlag» gemessen worden waren; vorher hatte es offenbar im Mai überhaupt noch nie geregnet. Dagegen waren die vor drei Tagen an diesem Flughafen gefallenen fünf Millimeter natürlich eine Sintflut. Aber auch stetes Getröpfel treibt gute Laune zuverlässig aus.

Uns geht es hier in Kalifornien natürlich noch gut. Für den heutigen Sonntag und den morgigen Tag sind Tornados in Kansas vorhergesagt, außerdem Schneestürme im Mittleren Westen. Für die einen sind das die Folgen des Klimawandels, für den Meteorologen von CBS News dagegen ganz normale saisonal bedingte Phänomene, wenn auch etwas extremer als gewohnt. Für den Kinogänger von gestern Abend im Will Rogers State Park wiederum ist das alles nur Rückenwind für ein dort aufgeführtes Meisterwerk, das mittlerweile achtzig Jahre alt ist, aber frisch wie am ersten Tag und denkbar aktuell – siehe den darin aufkommenden Wirbelsturm in Kansas.

Die Rede ist natürlich von «The Wizard of Oz», Victor Flemings Verfilmung des amerikanischen Kinderbuchklassikers von L. Frank Baum. Alle paar Jahre nehme ich an Umfragen über individuelle Kinovorlieben teil, und dabei landet dieser Film so sicher unter meinen zwanzig Lieblingsfilmen wie sonst nur «Die Sieben Samurai» oder «Armee im Schatten». Als ich hörte, dass er quasi auf einem Nachbargrundstück aufgeführt wird (dem ehemaligen Wohnsitz des 1935 tödlich verunglückten Hollywoodstars Will Rogers), kaufte ich sofort nach meiner Ankunft in Los Angeles eine Eintrittskarte – in der sicheren Erwartung, dass es fünf Wochen später, am 18. Mai, abends warm genug sein würde für eine Freiluftvorführung. So kann man sich täuschen.

Es war kalt und nass, denn der heutige Regen hat just gestern Abend eingesetzt, wenn auch nur mit leichtem Nieseln. Für Kalifornier ungewohnt genug, weshalb das erhoffte Publikum dem Will Rogers State Park weitgehend fernblieb. Zwar fanden immer noch an die zweihundert Entschlossene den Weg vor die auf einer Wiese gleich neben dem ehemaligen Wohnhaus des Schauspielers aufgestellte Großleinwand, aber die ausgewiesenen Parkplatzflächen zeigten, dass man wohl eher mit Tausenden gerechnet hatte. Veranstaltet wurde der Open-Air-Kinoabend von der Organisation Street Food Cinema, die über den Sommer hinweg sechzig solcher Aufführungen im Großraum von Los Angeles organisiert, immer ergänzt durch mehrere Imbisswagen, deren Betreiber gestern aber auch nicht auf ihre Kosten gekommen sein dürften. Im Verlauf der angesichts des Wetters früher als angekündigt begonnenen Projektion (dunkel genug war es eben schon lange vor 20.30 Uhr) verließ rund die Hälfte des Publikums den immer feuchter werdenden Rasen und begab sich lieber zurück ins warme trockene Heim. Wieder hat der Film recht: «There's no place like home» lautet schließlich seine zentrale Botschaft.

20. Mai Dabei hatte ich mir alles so schön überlegt: zur späten Mittagszeit aufbrechen und dann nicht über die San Diego und Santa Monica Freeways in die Innenstadt fahren, sondern über den Wilshire Boulevard. Da sollte man doch nicht mehr als eine Dreiviertelstunde bis zum LACMA, dem Los Angeles County Museum of Art, brauchen. Schwer getäuscht und schwer enttäuscht, denn die angeblich weniger befahrene Einfallstraße wird gerade ausgebessert, ist deshalb teilweise verengt, und die Staus sind entsprechend beträchtlich. Nicht um 15 Uhr komme ich beim LACMA an, sondern erst um Viertel vor vier. Um 17 Uhr aber schließt das Haus bereits wieder. Und es ist das größte Museum der Stadt.

Am vergangenen Freitag habe ich damit begonnen, die Museen in und um Los Angeles zu besuchen. Zuerst ging es nach Pasadena, ins Norton Simon Museum. Eine echte Überraschung mit seiner grandiosen südostasiatischen Abteilung, einer Raffael-Madonna, phantastischen Niederländern, darunter mehrere Rembrandts, dem schönsten Ruysdael, den ich bisher gesehen habe, und gleich sechs Van Goghs. Vor dem Haus stehen ein rundes Dutzend Rodin-Plastiken, darunter sein Balzac und die Bürger von Calais. Der eigentliche Grund jedoch, der mich dorthin geführt hatte, war die Blue Four Collection von Galka Scheyer, die nach dem Tod der Kunsthändlerin und Sammlerin hier ihr endgültiges Domizil fand, nachdem die UCLA sie trotz Zusage zu Lebzeiten Scheyers dann doch nicht für ihr hochschuleigenes Museum annehmen wollte. Schön dumm, so entgingen dem heutigen Hammer Museum in Los Angeles nicht nur etliche Kandinskys, Klees, Jawlenskys und Feiningers, sondern auch Bilder von Archipenko, Picasso und anderen modernen Meistern, die Scheyer nebenher zusammengetragen hatte. Als der Konzernchef Norton Simon (unter anderem Gründer der Autovermietung Avis) dann in den frühen siebziger Jahren das damalige Pasadena Art Museum regelrecht kaperte und seine eigene Altmeister- und Orientsammlung dort einbrachte, wurde das Provinzhaus endgültig zu einem der bedeutendsten Kunstmuseen der Vereinigten Staaten. 1995 baute Frank Gehry das alte Gebäude öffentlichkeitswirksam um, und auch damit erwies sich das Norton Simon Museum als wegweisend – bekannte Architekten sind mittlerweile museale Imagefaktoren, die bisweilen die eigentliche Sammlung überstrahlen.

Heute nun ging es auf die zweite Museumstour, eben ins LACMA. Dazwischen lag ein Wochenende, das die Museumsszene in Los Angeles gründlich durcheinandergewirbelt hat. Denn ein drittes hiesiges Haus, das MOCA (Museum of Contemporary Art), verkündete auf einer großen Spendengala am Samstag, dass es aufgrund einer privaten Zuwendung von zehn Millionen Dollar künftig auf Eintrittsgelder verzichten werde. Damit folgt es Konkurrenten wie dem Getty, dem Hammer Museum und dem Broad, die alle schon gratis waren (wobei man die Parkgebühren nicht vergessen sollte: beim Getty zwanzig Dollar pro Auto, beim Broad fünfzehn, wenn man drei Stunden nicht überschreitet, beim Hammer für die gleiche Zeit immerhin nur sieben). Von den großen Häusern der Stadt erhebt nun nur noch das LACMA Eintrittsgeld: satte 25 Dollar (plus 16 Dollar, wenn man den museumseigenen Parkplatz benutzt); in Pasadena kostet der Eintritt nur halb so viel, und das Parken ist gratis. Was bietet das LACMA dafür?

Wie gesagt: Es ist das größte Haus am Platze, ein Musemsgelände von den Ausmaßen der Berliner Museumsinsel, bestehend aus acht Gebäuden. Und dafür hatte ich also nun 75 Minuten Zeit. Doch die reichten lässig. Denn das meiste war ohnehin nicht zugänglich. Der Japan-Pavillon: geschlossen wegen Reparatur und Instandhaltung. Die Abteilungen für Antike, Südostasien, alte europäische Kunst, nordamerikanische Kunst, lateinamerikanische Kunst – alle geschlossen wegen «Inventur und Verpackung». Das gesamte Gebäude des LACMA West – endgültig dicht, weil abgetreten an die Academy of Motion Pictures, die hier ihr neues Filmmuseum errichten lässt, das eigentlich im Sommer 2019 eröffnen soll, aber diesen Termin kaum wird halten können, wenn man den Bauzustand betrachtet. Kurz gesagt: Zugänglich ist derzeit vielleicht ein Viertel des Gesamtbestandes des LACMA, und für das, was noch bleibt, sind 75 Minuten genug. Am sehenswertesten sind die vielen Museumsaufseher, die malerisch in den leeren Hallen mit monumentaler Gegenwartskunst von Frank Stella, Robert Rauschenberg oder Richard Serra herumstehen; die amerikanische Moderne erreicht nicht einmal ansatzweise das Niveau der Bestände von Museen in New York oder auch Köln. Das Publikum drängelt sich entsprechend bei der klassischen Moderne. An den Dutzenden von mittelmäßigen Picassos kann man aber ebenso rasch vorbeigehen wie an den lieblos arrangierten Giacomettis oder Matisses. Die einzige kunstgeschichtliche Ikone ist René Magrittes Gemälde «La trahison des images» von 1929, besser bekannt unter seiner Aufschrift «Ceci n'est pas une pipe».

Ist das hier ein Museum? Eher ein Kunstslum, denn selten ist mir ein derart heruntergekommenes Ausstellungsgelände begegnet. Kein Wunder, dass man sich am LACMA schon seit Jahrzehnten mit großen Umbauplänen beschäftigt. Daran sind bislang mit dem Büro Hardy Holzman Pfeiffer, Rem Koolhaas und Renzo Piano schon mehrere Stararchitekten gescheitert (Piano ist nun wenigstens noch mit dem Um- und Neubau des Academy-Museums gleich nebenan zum Zuge gekommen). In einer kleinen und derzeit sogar zugänglichen Präsentation des LACMA zur Geschichte seiner Zukunftspläne heißt es sehr schön, aber wenig informativ, es handele sich bei den missglückten Projekten um «a study of how financial restrictions, political compromises, and unrealized plans have impacted the museum's architecture and the public's art-viewing experience». Nun soll es mit dem Schweizer Architekten Peter Zumthor der nächste Architekten-Weltstar richten, aber gegen seinen auch schon seit acht Jahren in Arbeit befindlichen Plan gibt es massive Widerstände in der Stadt, die von der «Los Angeles Times» angeführt werden. Pünktlich zur guten Nachricht, dass die Eintrittsgebühren im konkurrierenden MOCA wegfallen, gab es in der Tageszeitung am vergangenen Wochenende eine große Philippika gegen Zumthors angeblich für museale Zwecke völlig ungeeignete Betonarchitektur. Spöttisch wurde darauf verwiesen, dass der Architekt bislang nur ein einziges Museum gebaut hätte: das Kunsthaus Bregenz, viel kleiner als das LACMA und fast ohne Bilder an der Wand. Dass Zumthor aber auch das x-fach preisgekrönte Kolumba-Museum des Erzbistums Köln gebaut hat, eines der faszinierendsten Gebäude seiner Art und mit sehr vielen an den Wänden hängenden Objekten, scheint der Kommentator der «Los Angeles Times» nicht zu wissen oder absichtlich zu verschweigen. Manchmal ist Los Angeles viel mehr Provinz als Pasadena.

Der geplante Neubau des LACMA soll 825 Millionen Dollar kosten und würde den Abriss von vier der bisherigen acht Museumsbauten erfordern. Zumthor will das neue Haus in der Form einer Amöbe über den Wilshire Boulevard hinweg bis auf den Parkplatz hinüberziehen – der wäre dann auch verloren, für Menschen in Los Angeles ist das ein größeres Sakrileg als der Wegfall der Altbauten. Und auch futsch wäre dann der unsagbar hässliche Platz zwischen den vier zum Abriss vorgesehenen Ausstellungsgebäuden, der welchen Namen trägt? «The Los Angeles Times Central Court». Man muss befürchten, dass der ganze publizistische Widerwille der Lokalzeitung nur von gekränktem Stolz herrührt.

21. Mai

Die Villa Aurora ist neben dem Thomas Mann House das zweite, aber schon viel ältere Residenzhaus der Bundesrepublik Deutschland in Los Angeles. Eröffnet wurde es 1995, nachdem ein eigens zu diesem Zweck gegründeter Verein es mit privaten und staatlichen Geldern von der University of Southern California erworben hatte, der es wiederum 1987 von Marta Feuchtwanger, Witwe des exilierten

Schriftstellers Lion Feuchtwanger, vererbt worden war. Lion Feuchtwanger kaufte das Anwesen 1943. Zwei Jahre zuvor hatte Thomas Mann, dem es auch angeboten worden war, abgelehnt – er wollte einmal im Leben ganz modern wohnen und ließ deshalb neu bauen, während die Villa Aurora 1927 im Stil des Spanish Revival errichtet worden war. Feuchtwanger griff zu, zumal der Kauf in Kriegszeiten ein Schnäppchen war: Haus und Grundstück kosteten seinerzeit nicht mehr als neuntausend Dollar (die wesentlich kleinere Liegenschaft im San Remo Drive wurde 1952 von Thomas Mann für fünfzigtausend Dollar angeboten, allerdings erst ein Jahr später für etwas weniger verkauft). Feuchtwanger bekam für die neuntausend Dollar mehr als siebenhundert Quadratmeter Wohnfläche in bester Lage hoch über dem Pazifik, mit unverbaubarem Blick auf den berühmten Santa Monica Pier in der Ferne. Die Villa war 1927 als Musterhaus errichtet worden, um den Bau weiterer Luxusanwesen am äußersten Rand von Pacific Palisades anzuregen. Aber das war den meisten Bewohnern von Los Angeles damals zu weit weg von der Stadt, und die Weltwirtschaftskrise von 1929 zerschlug erst einmal alle weiteren Entwicklungspläne. So stand die Villa bis 1943 leer und war in ihrer Prachtlage auch ziemlich allein geblieben. Sie hieß damals noch nicht «Aurora»; dieser Name setzte sich erst in den sechziger Jahren durch, Marta Feuchtwanger lehnte ihn ab und sprach am liebsten von «Miramar». Lion Feuchtwanger, 1958 gestorben, hat also nicht gewusst, dass er in der Villa Aurora lebte.

Für das Ehepaar Feuchtwanger war es eine Art Nestbau in der neuen Heimat, nachdem man mit Müh und Not aus Frankreich entkommen war, deshalb konnte das Haus nicht spektakulär genug sein, auch wenn die erste Zeit in dem heruntergekommenen Besitz hart gewesen sein muss. Der

Schriftsteller baute hier zum dritten Mal eine Bibliothek auf, denn die ursprüngliche hatten die Nazis 1933 in seiner Berliner Wohnung beschlagnahmt, und die zweite war im ersten Exilort Sanary-sur-Mer zurückgeblieben. Am Ende seines Lebens hatte Feuchtwanger wieder dreißigtausend Bände zusammen, von denen heute noch zweiundzwanzigtausend im Haus sind; nur die achttausend wertvollsten liegen in der Doheny Library auf dem Campus der USC. Die Universität ist froh, dass sie den Großteil des Bestands nicht selbst unterbringen muss, obwohl ihr auch diese Bücher gehören. Beim Verkauf der Villa 1989 vereinbarte man deren Verbleib im Haus. Damit konnte man auch den relativ niedrigen Preis von knapp unter zwei Millionen Dollar rechtfertigen, der damals erzielt wurde. Da das Haus unter Denkmalschutz steht, hätte ein anderer Käufer es nicht abreißen und auf dem mittlerweile höchst attraktiv gewordenen Grundstück neu bauen lassen können; so konnte der eigens für den Erwerb gegründete deutsche Verein zum Zuge kommen. Ein gutes Geschäft hat er damit nicht gemacht; selbst heute steht das Anwesen nur mit einem Buchwert von drei Millionen Dollar in den einschlägigen Immobilienverzeichnissen. Für den Erwerb des Hauses von Thomas Mann 2016 musste der deutsche Staat mehr als die vierfache Summe aufwenden – weil es nicht unter Denkmalschutz steht. Man bezahlt hier nicht alte Gemäuer teuer, sondern attraktives Bauland.

Die unter dem Dach des gemeinsamen Trägervereins organisatorisch vereinten Residenzen sind architektonisch gewissermaßen Gegenentwürfe: dunkel und detailverspielt die Villa Aurora, lichtdurchströmt und seit dem Umbau bewusst kühl eingerichtet das ehemalige Wohnhaus der Familie Mann. Bei Feuchtwangers fanden angesichts der riesigen Grundfläche auch Möbelstücke Aufnahme, die anderen

Emigranten gehört haben, zum Beispiel ein Sofa von Hanns Eisler oder der Schreibtisch von Franz Werfel, an dem dieser 1945 gestorben ist. Obwohl hier bis zu sechs Künstler als Stipendiaten wohnen, hat das Haus dadurch etwas Museales.

Aber die wahre Sensation am Tag meines Besuchs war draußen im Garten zu besichtigen: Hoch oben in einem der Bäume hat ein Rotschwanzbussard-Paar seinen Horst gebaut und drei Jungvögel ausgebrütet, die just heute Flugversuche unternahmen. Zwei von ihnen schafften es mit Zwischenstationen in anderen Bäumen bis auf die entgegengesetzte Seite des Gartens, wo sie sich in schönstem Einvernehmen nebeneinander auf einem Ast wiedertrafen, der eine noch bessere Sicht auf den Strand von Santa Monica bieten dürfte als die Terrasse der Villa. Der dritte Jungvogel dagegen traute sich nicht weg vom Rand des Horstes, sondern schlug nur ein paarmal mit den Flügeln, bekam dafür aber auch mehr Futter von den Eltern verabreicht. Mit der Kameraausrüstung eines aktuellen Stipendiaten aus dem Filmgeschäft gelang es vor ein paar Wochen sogar, die Fütterung der Jungvögel, die Schlangen von den Alten bekamen, festzuhalten. «Das hat ausgesehen, als äßen sie Makkaroni», beschrieb die Chefin der Villa Aurora, Margit Kleinman, diese Beobachtung.

Die beiden Feuchtwangers liebten Schildkröten und Katzen als Haustiere (Thomas Mann dagegen war eher der Hunde-Typ), aber der Nestbau der unter Schutz stehenden Bussarde hätte ihnen wohl auch gefallen. Die Villa Aurora war ihnen Zuflucht in Kalifornien geworden, und für andere Emigranten wie Brecht, die Manns, Werfel oder Eisler, die sich spätestens aus Südfrankreich kannten, wurde sie zum Mittelpunkt des intellektuellen Emigrantenlebens und damit zu einem trostreichen Ort des Widerstands. Heute wird diese Tradition auch durch die Vergabe eines jährlichen Feuchtwanger-Fellowships wachgehalten, mit dem verfolgte Publizisten aus aller Welt ihren Häschern zumindest für zehn Monate entzogen werden können.

22. Mai
Hatte das LACMA vorgestern den Großteil seiner Galerien geschlossen, so steckt das Hammer Museum gerade im Umbau seiner Wechselausstellungen. Was das Haus sonst noch zu bieten hat? Einen einzigen großen Raum für die Höhepunkte aus der Sammlung seines Namensgebers Armand Hammer – «Dr. Armand Hammer», um korrekt zu sein, denn das zur UCLA gehörende Museum lässt den akademischen Titel nirgends aus, als wollte es damit über die Tatsache hinwegtäuschen, dass der studierte Mediziner sein Geld im profanen Ölgeschäft gemacht hat. In diesem einen Raum finden sich insgesamt fünfunddreißig Gemälde und siebzehn Zeichnungen. Das ist nicht viel für ein ganzes Museum. Wie groß die gesamte Hammer-Sammlung ist, weiß ich nicht, von den bekannteren Bildern fehlt heute nur ein Van Gogh. Hammer hat seine Schätze aber ohnehin verteilt, denn im LACMA gibt es zum Beispiel noch das Frances and Armand Hammer Building (natürlich im Moment größtenteils unzugänglich). Man kann für das Nachleben des eigenen Namens nicht genug tun; wenn das LACMA tatsächlich dereinst seinen Neubau gestemmt bekommen sollte, dann wird der «Geffen Galleries» heißen, nach einer Stiftung des Unternehmers David Geffen, der auch schon in der Dependance des hiesigen Museums für Gegenwartskunst verewigt ist: The Geffen Contemporary at MOCA. Das hat ihn 1996 übrigens nur fünf Millionen Dollar Fördergeld gekostet; die künftig nach ihm benannten Galleries im LACMA (für die

das Hammer Building zu weichen hätte) waren Geffen dann schon mehr als hundert Millionen wert.

Zugegeben: Die Bilder von Dr. Hammer stellen in ihrer Gesamtheit ein weitaus größeres Vermögen dar, also hat er sein Museum verdient. Und der eine von zwei Rembrandts, ein Herrenporträt von 1637, ist großartig; man meint, den Brokat des Gewandes ebenso spüren zu können wie den Samt des Hutes, den der Dargestellte in der Hand hält. Dagegen ist der andere Rembrandt eine etwas vollsaftige Angelegenheit: eine dicke Juno aus der Spätphase, als der Maler auch selbst gerne dick auftrug. Aber immer noch besser als das Tizian-Porträt zwischen den beiden Rembrandt-Bildern, wo das Gesicht des gerüsteten Porträtierten offenbar von einem Dilettanten übermalt worden ist. Egal, allein diese drei Gemälde übertreffen Geffens Barzuwendungen an die Museen der Stadt an Wert.

Man meine übrigens nicht, dass Dr. Hammer eine besondere Leidenschaft für niederländische oder italienische Kunst gehabt hätte. Die drei Altmeisterbilder waren wohl Erwerbungen, die sich den berühmten Namen ihrer Urheber verdankten. Hammer selbst liebte vor allem die französische Malerei der zweiten Hälfte des 19. Jahrhunderts, die Impressionisten natürlich, aber auch Gustave Moreau, der mit zwei seiner schwülstigen Salongemälde vertreten ist, Corot, dessen drei im Format bescheidene, aber im Anspruch ambitionierte Bilder das programmatische Gegenstück zu diesem Kitsch bieten, und vor allem Honoré Daumier, dem sich gleich zwölf der fünfunddreißig Gemälde verdanken. Das ist immerhin mal eine originelle Wahl, die von den sonst bei amerikanischen Sammlern so populären Degas, Renoirs, Monets, Sisleys (natürlich alle auch hier vertreten) wohltuend absticht. Nur der Größe der Namen folgend hat Dr. Hammer also nicht gesammelt.

In seiner aktuellen Vierteljahresbroschüre lässt sich das Hammer Museum als «Los Angeles' hidden gem» preisen. Da ist etwas dran, denn die Ausstellungsräume sind über einem Parkhaus am Wilshire Boulevard errichtet worden und von außen nur schwer zu finden. Entsprechend ruhig geht es drinnen zu. Das Restaurant im unteren von zwei Museumsstockwerken ist dennoch riesig, und der Museumsshop ist genauso groß wie die einzige offene Galerie mit den Hammer-Bildern. Verblüffend, wie viele Devotionalien im Laden feministischer Kunst gewidmet sind, während Dr. Hammers Sammlung kein einziges Werk von einer Frau umfasst, denn die erstaunliche Zeichnung eines Rinderschädels von Georgia O'Keeffe (für mich die beste Arbeit im ganzen Raum) stammt wie alle anderen hier ausgestellten Zeichnungen aus einer anderen Stiftung an die UCLA. Die in drei Wochen eröffnenden Wechselausstellungen werden dafür umso weiblicher sein: die erste amerikanische Retrospektive der englischen Künstlerin Sarah Lucas und eine Auswahl aus den Gegenwartsbeständen des Hammer-Museums, die bewusst viele Frauen umfasst. Außerdem sind derzeit jeweils in Einzelräumen noch temporäre Installationen von Andrea Fraser, Yunhee Min und Tschabalala Self zu sehen. Da macht das Haus unter der nunmehr zwanzig Jahre währenden Leitung von Ann Philbin die Versäumnisse seines Großstifters wieder gut.

Ich habe die zweite Enttäuschung in einem der berühmten Museen von Los Angeles hinter mir und hoffe, dass ich auch mal mehr als einen Bruchteil der Säle zu sehen bekomme, wenn ich das MOCA und The Broad besuche.

23. Mai Dieser Eintrag entsteht gewissermaßen im Zuge des Geschehens, denn meine Freizeit werde ich heute und morgen darauf verwenden, den Inhalt einer Kiste zu untersuchen, die gestern aus Deutschland hier angekommen ist. Absender ist der Fernsehjournalist Wolf von Lojewski, der in den letzten vierzig Jahren eine schöne Kollektion von Thomas-Mann-Erst- und Sonderausgaben zusammengetragen hat, die er nun dem Thomas Mann House zum Geschenk macht. Beim Auspacken der einzelnen Bände hat man das Gefühl, einen Schatz zu heben, wenn auch nicht unbedingt einen materiellen, denn Thomas Mann gehört seiner Beliebtheit beim zeitgenössischen Publikum wegen nicht zu den Autoren, deren Erstausgaben heute extrem teuer sind. In manchen Büchern der Lojewski-Sammlung steht denn auch lapidar «Erste bis zehnte Auflage» (eine Auflage entsprach im Regelfall tausend Exemplaren), etwa in der zweibändigen Erstausgabe des «Zauberbergs» von 1924 oder dem 1933 erschienenen Auftaktbuch zur Joseph-Tetralogie, «Die Geschichten Jaakobs». Man druckte Thomas Manns Werke spätestens nach dem Nobelpreis von 1929 stets in hohen Stückzahlen, und selbst als seine Bücher dann in Exilverlagen erscheinen mussten, kamen zum Verkaufsstart neuer Titel jeweils gleich mehrere tausend Exemplare heraus, wie etwa im Fall der drei weiteren Joseph-Romane.

Schon 1898, als mit der Novellensammlung «Der kleine Herr Friedemann» die erste eigene Buchpublikation erschien (gleich beim Verlag S. Fischer, der jedoch auch erst auf dem Weg zum heutigen Ruhm war, zu dem Thomas Mann dann nicht wenig beigetragen hat), war das ähnlich gewesen: Die

Startauflage des Debüts des noch völlig unbekannten drei-
undzwanzigjährigen Schriftstellers betrug immerhin zweitausend Exemplare, von der bis zum Erscheinen der «Buddenbrooks», Thomas Manns erstem Roman, drei Jahre später
allerdings nicht einmal ein Viertel verkauft worden war. Darum ließ Fischer von dem Roman dann nur tausend Exemplare drucken, was die «Buddenbrooks» heute zur teuersten
Erstausgabe von Thomas Mann macht. Wolf von Lojewski
hat sie ebenso wenig wie die meisten anderen Sammler auf-
stöbern können, aber er fand noch ein Exemplar der ersten
Auflage des «Kleinen Herrn Friedemann», in rotem Leder
unbeschnitten eingebunden und nur leicht bestoßen. Es ist
naturgemäß das älteste Buch der Kollektion und auch das
erste, das ich mir näher anschaue, und plötzlich zieht ins
Arbeitszimmer von Thomas Mann die von mir so lange vermisste Aura ein. Zumal bis 1952 hier in den Regalen natürlich
die meisten der Ausgaben vertreten gewesen sein müssen, die
Lojewski nun gestiftet hat.

Die «Buddenbrooks» sind natürlich auch dabei: mit einem
zweibändigen Exemplar der 28. Auflage von 1905, das Thomas
Mann am 23. April 1938 handschriftlich dem in Hollywood
lebenden Filmagenten Paul Kohner widmete. Dieses teure
Buchgeschenk (Goldschnitt, schwarze Ledereinbände mit
japonisierender Goldprägung) gehörte zur Charmeoffensive
des Schriftstellers, der sich eine lukrative Zukunft als Liefe-
rant von Filmstoffen versprach und deshalb gleich für fast
vier Wochen nach Los Angeles gereist war. Kohner selbst hat
er aber wohl gar nicht getroffen, denn unter dem Datum der
Widmung steht in Thomas Manns Tagebuch als letzter Satz
lapidar: «Bücher für Fox signiert.» Es war sein erster Besuch
hier, die Widmung ist dementsprechend eine extrem frühe
kalifornische biographische Spur.

Lojewskis Sammlung hat einige solche Verbindungen zum Thomas Mann House zu bieten. Da ist etwa das 1953 erschienene Faksimile der Handschrift zur letzten Erzählung, «Die Betrogene», deren Niederschrift im Jahr zuvor noch hier im Arbeitszimmer begonnen, aber dann erst nach Verlassen der Vereinigten Staaten in der Schweiz abgeschlossen wurde. Diese Manuskript-Faksimileausgabe erschien noch vor der Buchpublikation in einer Auflage von vierhundert Exemplaren, die «zu Gunsten bedürftiger Kinder und Jugendlicher in Israel», wie Thomas Mann selbst mitteilte, verkauft wurden. Das Schicksal des jüdischen Volkes lag Mann seit der Arbeit an den Joseph-Büchern und dem Schock über die Schoa besonders am Herzen; 1948 hatte er von Pacific Palisades aus eine geharnischte Kritik an der amerikanischen Regierung losgelassen, als diese die Gründung eines Judenstaates nicht mehr unterstützen wollte. Die Wohltätigkeitsausgabe von 1953 ist ein Zeichen seiner dauerhaften Verbundenheit mit Israel. Und das Manuskript der «Betrogenen» verbindet die amerikanischen Jahre mit den letzten europäischen.

Wo man hineingreift, ist die Sammlung interessant. Da ist der Aufsatz «This Peace», 1938 bei Alfred A. Knopf als Buch erschienen, nur wenige Monate nach seinem Auslöser, dem Münchner Abkommen, das Thomas Mann in diesem Essay als Debakel für die freie Welt bezeichnet. Lojewskis Exemplar wurde vom Verfasser am 17. Februar 1939 signiert, damals noch in Princeton. An politischen Schriften finden sich die berüchtigten «Betrachtungen eines Unpolitischen» von 1918, vor allem aber aus der Zeit nach der demokratischen Läuterung des Autors seine «Deutsche Ansprache – Ein Appell an die Vernunft» (1930), «Das Problem der Freiheit», verlegt in Stockholm 1939 und 1947 auf der ersten Nachkriegsreise nach Europa einem Mr. Ernest Linde gewidmet, sowie jene fünf

Reden, die Thomas Mann zwischen 1942 und 1949 in der Library of Congress hielt. Dieser amerikanische Sammelband von 1963 ist die jüngste Ausgabe in der Lojewski-Kollektion, zugleich aber so eng wie nur denkbar mit Pacific Palisades verbunden, weil alle diese Ansprachen hier geschrieben wurden.

Kaum fünfzig Bücher umfasst das Konvolut, aber wie reich ist es! Für morgen Abend habe ich mir schon einmal zwei herausgelegt, die mich besonders interessieren: illustrierte Ausgaben, einmal mit Bildern eines deutschen Zeichners und das andere Mal mit denen eines amerikanischen. Beide Künstler haben es in sich; so viel sei jetzt schon verraten.

24. Mai

Beide Bücher, die ich mir gestern Abend aufgespart habe, bereiten mir besonderes Vergnügen, denn ich habe sie vorher noch nie gesehen, von einem gar noch nie etwas gehört. Das dürfte allerdings vielen so gehen. Denn was haben der Deutsche Thomas Theodor Heine und der Amerikaner Lynd Ward gemeinsam? Beide Zeichner sind heute weitgehend vergessen, obwohl sie in der Zwischenkriegszeit in ihren Ländern die jeweils prominentesten Illustratoren waren. Heine war schon seit dem Ende des 19. Jahrhunderts als Primus inter pares in der Redaktion des Münchner «Simplicissimus» tätig, der damals höchstangesehenen Satirezeitschrift der Welt. Ward wiederum, fast zwei Generationen jünger als der 1867 geborene Heine, machte in den dreißiger Jahren mit Holzschnittbüchern Furore, die sich zwar am Vorbild von Frans Masereel orientierten, aber eine Expressivität boten, die den Belgier stilistisch noch übertraf. In der Zeit von Franklin D. Roosevelts New-Deal-Politik traf die sozialkritische Botschaft in Wards gezeichneten Romanen (ja, das sind wirklich «graphic novels») in den Vereinigten Staaten genau den Nerv der Zeit. Nach dem Zweiten Weltkrieg sollte ihm das umso mehr schaden; in der McCarthy-Ära hatte ein dezidiert sozialistischer Künstler keine Aussichten in Amerika. Heine wiederum war als Jude sofort nach Hitlers Machtantritt erst nach Prag und schließlich nach Schweden geflohen. Er kehrte nie mehr nach Deutschland zurück, und seine Landsleute straften den Emigranten dafür mit arrogantem Nachkriegs-Desinteresse. Wer heute etwa in Heines Heimatstadt Leipzig dessen Namen erwähnt, darf kaum hoffen, dass sein Gegenüber ihn jemals gehört hätte.

Beide Zeichner haben aber eben noch etwas gemein: Sie haben Bücher von Thomas Mann illustriert. Beide zudem in jeweils hochinteressanten Lebensphasen des Schriftstellers. Ward kam 1934 zum Zuge, also in der frühen Exilzeit, als Mann noch in der Schweiz lebte und dringend Geld brauchte; der Zeichner fertigte zu drei ins Englische übersetzten Erzählungen jeweils eine ganzseitige Lithographie und eine Vignette an, außerdem noch eine Titelvignette; das Konvolut erschien dann unter dem Titel «Nocturnes» auf tausend Exemplare limitiert und von Thomas Mann signiert bei Equinox Cooperative Press in New York – der Name verrät schon die politische Ausrichtung des Verlags. Ward lieferte eher Kostümstudien als originelle Illustrationen, aber Thomas Mann interessierte sich eh nicht für diese amerikanische Ausgabe. Im Tagebuch gibt es jedenfalls keinen Hinweis dafür.

Das ist im Falle von Thomas Theodor Heine anders: Am 3. April 1920 notierte Thomas Mann, dass der Zeichner als Illustrator für die Erzählung «Wälsungenblut» gewonnen werden solle, elf Monate später war der gemeinsame Band fertig. Heine war damit sogar an der Erstausgabe des heute

berühmten, damals aber berüchtigten Textes beteiligt: «Wälsungenblut» war 1905 schon einmal zur Publikation vorgesehen gewesen, doch verhindert worden auf Intervention
von Thomas Manns Schwiegervater Alfred Pringsheim, der
das Thema Inzest degoutant fand. Unmittelbar nach dem
Ersten Weltkrieg stand es dann mit Thomas Manns Ruf
ohnehin nicht mehr zum Besten, weil er als Parteigänger des
alten Regimes galt. Da konnte «Wälsungenblut» kaum mehr
schaden; im Gegenteil, das heikle Thema versprach seinem
Verfasser in der Aufbruchsstimmung der jungen Republik
einen Imagewandel, hin zum mutigen Tabubrecher. Dennoch wollte Mann nur einen Privatdruck in kleiner Auflage
(und für einen hohen Preis; er bekam 10000 Mark Honorar)
veranstalten. Um dieses Projekt besonders attraktiv zu machen, versicherte sich der erst 1919 in München gegründete
bibliophile Phantasus Verlag der Mitarbeit von Heine. Mann
gehörte als in München lebender Schriftsteller nicht nur zu
den Abonnenten des «Simplicissimus», sondern hatte Ende
des 19. Jahrhunderts dort kurzzeitig auch als Redakteur gearbeitet und dabei Heine kennengelernt. Insgesamt steuerte
der Zeichner zweiunddreißig Lithographien für die nur
neunzig Seiten des Buches bei – daran hätte sich Ward ein
Jahrzehnt später mal ein Beispiel nehmen sollen. Heines Stil
nimmt bereits Walter Triers spätere Erfolgslinie vorweg, aber
dieser Zeichner beherrschte ohnehin alle Ausdrucksformen.
530 Exemplare wurden von «Wälsungenblut» gedruckt und
von beiden beteiligten Künstlern signiert; es blieb die einzige
deutschsprachige Ausgabe der Erzählung zu Manns Lebzeiten, denn so ganz geheuer war sie ihm selbst nicht.

Die Nummer 320 dieser Ausgabe befindet sich in Wolf
von Lojewskis Sammlung und nun also im Thomas Mann
House. Es ist ein beklemmendes Gefühl, den nachträglich

in rotes Maroquin eingebundenen Band fast hundert Jahre nach seinem Erscheinen in die Hand zu nehmen, denn die späteren Schicksale von Heine und Mann waren so unterschiedlich. Beide waren sie Erzfeinde der Nazis und überlebten das «Dritte Reich» im Exil, aber Thomas Mann blieb während dieser Zeit und danach ein Weltstar, wohingegen Thomas Theodor Heine sich mit Karikaturen durchschlagen musste, die nur noch in seinen Exilländern Beachtung fanden. Bis zum Literaturnobelpreis von 1929 hätten wohl wesentlich mehr Deutsche den Namen Heines gekannt als den von Mann, weil der Zeichner wegen seiner scharfen Bildkommentare im Kaiserreich diverse Male vor Gericht gezerrt und auch einmal monatelang inhaftiert worden war. Er galt als der große Liberale unter den deutschen Satirikern, und in der Weimarer Republik war er so etwas wie der karikaturistische Staatskünstler. Heute gilt seine Kunst nichts mehr, die Damnatio memoriae der Nazis hat ganze Arbeit geleistet. Der Name Thomas Mann strahlt dagegen weiterhin so hell, dass man dieses ganze Haus hier erworben hat und es in seinem Geiste betreiben wird. An Heine erinnert in Deutschland nicht einmal irgendeine kleine Gedenktafel, geschweige denn ein Haus. Aber in Pacific Palisades steht künftig wenigstens das gemeinsame Buch und wird den Besuchern des Thomas Mann House auch von unterschiedlichen Schicksalen in der Emigration erzählen. Es hätte dafür keinen besseren Platz finden können.

25. *Mai* England sitzt in der Tinte, und ich sitze am Strand. Über Theresa Mays angekündigten Rücktritt als Parteichefin der britischen Konservativen und dann auch als Premier-

ministerin haben sogar die hiesigen Nachrichten groß berichtet, und fast hätte die Neuigkeit den jüngsten Sturm- und Schneeprognosen für den Mittleren Westen den Rang abgelaufen, aber es ist Memorial Weekend, und da sind die schlechten Aussichten für den Familienausflug dann doch wichtiger als europäische Politik. Und die morgigen EU-Parlamentswahlen sind schon mal gar kein Thema. Dagegen das Wetter ...

Dass ich in den nun beinahe zwei Monaten meines Aufenthalts nur dreimal am Strand war – am Ankunftsabend in Pacific Palisades, am vorletzten Freitag bei geschätzter Windstärke zehn in Santa Monica und heute in Malibu –, sagt wohl alles über dieses kalifornische Frühjahr. Aber am Memorial Weekend beginnt in Amerika traditionell der Badesommer, der sich dann bis zum Labor Day Weekend Anfang September hinzieht. Also egal, wie wolkig und kühl dieser Samstag angefangen hat – nach der Live-Übertragung des deutschen Fußballpokalfinales im Netzradio geht es, Trost muss sein, am Mittag hinunter zum Pacific Coast Highway und dann in Richtung Malibu. Ohne Stau, die Einheimischen trauen der nun prächtig scheinenden Sonne wohl nicht mehr.

Der Übergang von Pacific Palisades nach Malibu ist fließend: links der Ozean, rechts an den Hängen die nicht abreißende Strandhaus- und Villenflut. Am Ortseingang zur Nachbargemeinde verkündet ein Schild «21 miles of scenic beauty». Um zu meinem Ziel zu gelangen, muss ich diese 35 Kilometer fast ganz abfahren, denn El Matador Beach liegt weit im Westen von Malibu. Als ich vom Parkplatz am Highway die Holztreppen zum etwa dreißig Meter tiefer am Fuß einer Steilküste liegenden Strand heruntergehe, kann ich schon sehen, dass es hier heute erfreulich leer ist. Und das bei strahlend weißem feinkörnigem Sand und Uferformationen, die sich wie eine etwas kleinere, aber mindestens so pittoreske Version von Étretat ausnehmen. Es gibt sogar vom Wasser ausgehöhlte Felsbögen, durch die man nacheinander in die drei Strandabschnitte von El Matador gelangen kann.

Im mittleren suche ich mir einen ebenen Stein nahe am Wasser als Beobachtungsplatz, denn zwanzig Meter vor mir ragt ein dem Ufer vorgelagerter einzelner Fels aus dem Meer, auf dem sich ein Pelikan und ein rundes Dutzend Kormorane niedergelassen haben. Durch die langjährige Beschäftigung mit einem alten Mann, der in seiner Jugend Hunderten dieser gelehrigen Vögel das Perlenfischen beigebracht hat, glaube ich einige Brocken Kormoranisch zu beherrschen, doch die mir speziell geläufige Aufforderung an die Vögel, im Flug umzukehren, ist sinnlos, denn sie und der Pelikan verharren auf ihrem prachtvollen Ausguck wie ausgestopft. Wobei die eigentliche Poleposition hier am Strand von einer reglos erstarrten Möwe auf einem von ihr allein besetzten Felsen eingenommen wird. Fast bin ich versucht, die Möwe mit einem Stein aufzuscheuchen, um herauszubekommen, ob sich hier nicht jemand einen Schabernack erlaubt hat.

Von der spektakulären Brandung, die mir ein Surflehrer für Malibu angekündigt hat, ist nichts zu sehen. Vielmehr verstehe ich, warum Magellan diesen Ozean «Pazifik» (der Friedvolle) nannte, worüber der erfahrene Südsee-Fahrensmann Herman Melville immer so gespottet hat. Die nur weit draußen brechenden Wellen sorgen für ein sanftes Meeresrauschen, und zusammen mit dem Salzwassergeruch und dem Kreischen von malerisch auf Steinplateaus gelagerten Badenixen, wenn sie dort denn doch einmal von einer Woge erhascht werden, entsteht eine Strandurlaubsstimmung, die ich seit «Die Ferien des Monsieur Hulot» für einen bloßen Kinomythos hielt. Aber wo sonst, wenn nicht gleich neben

Hollywood, sollte man ihn verwirklicht finden? England sitzt immer noch in der Tinte, und der Tag der EU-Parlamentswahl ist mittlerweile jenseits des Atlantiks schon angebrochen. Das, was mich sonst zuverlässig umtreiben würde, ist weit weg.

Da rührt sich plötzlich der Pelikan. Er gähnt, jedenfalls ergibt seine Schnabelbewegung anders keinen Sinn, und dann fliegt er tatsächlich los und lässt sich von den Lüften einen runden halben Kilometer über die Wasseroberfläche treiben, ohne auch nur eine Flügelspitze zu regen, bis ich ihn aus den Augen verliere. Und als hätte er damit den Ehrgeiz der Möwe geweckt, verlässt auch sie nach mehr als dreiviertelstündiger Erstarrung ihre Felsspitze. Da hält auch mich nichts mehr an meinem Platz, zumal die Sonne in der Bucht hinter dem Kliff verschwindet und die Wogen immer vorwitziger meinen Steinsitz umspülen, obwohl es hier doch kaum Gezeiten geben sollte – friedlicher Pazifik eben. Auf dem Weg hoch zur Straße kommen mir zwei feuerrote Rettungswagen mit Blaulicht und Sirene entgegen, «Life Rescue» verheißt die Aufschrift, auf den Dachgepäckträgern sind Surfbretter festgeschnallt. Da unten vor El Matador ist gerade niemand in Seenot, das wäre mir aufgefallen. Aber es gibt dort eine wunderschön entspannte Nachmittagsstimmung, die auch diesen wackeren Helfern zu gönnen ist, die offenbar gar nicht schnell genug an den Strand gelangen können.

26. Mai

In den tiefen Einschnitten der Klippen am Meeresufer, so stellten wir uns das als Kinder immer vor, verbergen sich Piratenschlupfwinkel. Nun liegt die Getty-Villa in Pacific Palisades zwar in einem Canyon, jedoch alles andere als versteckt; die Hinweisschilder sind üppig. In den letzten beiden Jahrzehnten musste man trotzdem bisweilen den Eindruck gewinnen, hier wäre ein Räubernest angesiedelt. Seit der Eröffnung des Getty Centers im Hinterland vor etwas mehr als zwanzig Jahren ist in der Villa nur noch die Antikensammlung des Multimilliardärs John Paul Getty übriggeblieben, obwohl er das Anwesen erst 1974 für alle seine Schätze hatte erbauen lassen. Und ausgerechnet die Antikenkollektion ist wegen dubioser Anschaffungen ganz schön ins Gerede gekommen. Im Jahr 2006 räumte das Getty Museum ein, dass bei insgesamt 350 Stücken die Provenienz nicht lückenlos nachzuvollziehen sei. Das ist bei antiken Kunstgegenständen allerdings keine Seltenheit. In Italien wurde damals gegen eine Kuratorin des Museums Anklage erhoben, aber schließlich wieder fallengelassen. Um andere Streitigkeiten beizulegen, gab das Museum dennoch insgesamt vierzig antike Objekte an Italien zurück. Der Ruf des Getty ist gründlich beschädigt. Und im vergangenen Jahr erfolgte in Italien dann in einem anderen Verfahren doch noch ein Urteil: Das Oberste Gericht in Rom stellte fest, dass ein 1964 von Fischern aus der Adria geborgener antiker Bronze-Jüngling, der wohl um die Zeitenwende beim Transport von Griechenland nach Italien zusammen mit dem Schiff gesunken war, illegal ausgeführt worden sei, bevor das Museum ihn 1977 von einem deutschen Händler für die damals spektakulär hohe Summe von fast vier Millionen Dollar kaufte. Der Aufforderung des italienischen Staates, die Plastik zurückzugeben, begegnete man im Getty mit dem Argument, es handele sich ja um eine griechische Statue, die zudem in internationalen Gewässern gefunden worden sei. Das hat die italienischen Richter nicht überzeugt, weil niemand weiß, wo genau im Meer das Kunstwerk geborgen wurde, und mit dem einheimischen Urteil in der Tasche will Rom die Rückgabe nun in Amerika juristisch erstreiten. Das Getty Museum wiederum hat den Europäischen Gerichtshof angerufen. Es geht nicht nur um die Statue, sondern auch ums Image, denn ausgerechnet dieser Jüngling ist weltweit unter der Bezeichnung «The Getty Bronze» bekannt, stellt also das Identifikationsobjekt der Sammlung schlechthin dar. Noch steht er in seiner ganzen Pracht im Erdgeschoss der Villa, und bei der Beschriftung wird vorsichtshalber kein Wort über die Sache verloren.

Die Streitigkeiten tun der Beliebtheit der Villa beim Publikum keinen Abbruch. Am Memorial Day Weekend habe ich mit Glück noch eine Buchung für Sonntagmittag bekommen, die man zwingend benötigt, obwohl der Eintritt nichts kostet. Doch das Museum will den Zustrom steuern, und da es traditionell keinen Eintritt verlangt, werden wenigstens die Parkgebühren hoch gehalten: Seit kurzem betragen sie wie beim Getty Center pauschal zwanzig Dollar pro Fahrzeug. Wenn man bedenkt, dass ich hier den halben Tag verbracht habe, ist das gar nicht so teuer. Denn es gibt endlos viel zu sehen, wenn man sich denn wie ich für altes Geraffel interessiert.

Es ist etwas anders, als wir es von Europa gewöhnt sind: Statt eines alten prachtvollen Gebäudes, das durch Kriege oder Konkurse um sein gesamtes Inventar gebracht wurde, steht in Malibu ein neues prachtvolles Gebäude, das möglichst originalgetreu antik aussehen soll, um all das wirklich alte Inventar aufzunehmen, das im Laufe von Kriegen oder Konkursen von seinen ursprünglichen Standorten nach Kalifornien gewandert ist. Die Getty-Villa ist ein Nachbau eines Gebäudes, das seit fast zweitausend Jahren niemand mehr gesehen hat: der Villa dei Papiri im italienischen Herculaneum, die im Jahr 79 beim Ausbruch des Vesuvs wie die ganze Römerstadt unter einer Schlammlawine begraben wurde. Metertief davon bedeckt und wie die Stadt – anders als Pompeji – jahrhundertelang vergessen, wurde die Villa 1750 bei Grabungen entdeckt und durch Schächte, die in die ausgehärtete Schlammschicht getrieben wurden, untersucht. Dabei wurden einige der schönsten Objekte der Antike geborgen: Dutzende von Bronze- und Marmorstatuen und Tausende von Papyrusrollen mit römischen Texten. Der Name der Villa dei Papiri rührt von diesem immensen Fund an antiker Literatur her. Bis heute ist der größte Teil des Gebäudes immer noch nicht freigelegt.

John Paul Getty hätte dafür Geld genug gehabt, und seine Faszination für die Villa in Herculaneum war groß, aber er hätte sie nicht kaufen können, also ließ er sie getreu den archäologischen Befunden am Pazifikufer nachbauen. Nach der Fertigstellung behauptete er, dass der frühere römische Besitzer der Villa dei Papiri wohl vor allem das Peristyl des neuen Gebäudes als seinem eigenen sehr ähnlich empfunden hätte. Getty nahm gern große Worte in den Mund; er sprach auch immer von Malibu als Standort seiner rekonstruierten Römer-Villa, obwohl sie in Pacific Palisades liegt. Dabei hat Getty den Neubau nie gesehen, denn er lebte damals längst in England und reiste 1974 nicht zur Eröffnung. Zwei Jahre später war er tot. Seine Asche gelangte immerhin noch nach Pacific Palisades; er selbst wird sich wohl in Malibu begraben wähnen. Der römische Eigentümer hätte übrigens beim kalifornischen Nachbau seine Keller vermisst. Von deren Existenz weiß man nämlich erst seit einigen Jahren. Schade, dass die Forschung hier saumselig war, denn für Gettys Sammelwut war selbst dieses Riesenanwesen von Beginn an zu klein, geschweige denn nach seinem Tod, als testamentarisch eine Stiftung begründet wurde, die seitdem munter weiter ankauft. Mit einem Stockwerk mehr in der Villa hätte man vielleicht das Getty Center gar nicht bauen müssen.

Umso mehr Antiken haben nun Platz. Von dem, was der Vesuvausbruch des Jahres 79 uns an antiken Schätzen bewahrt hat, ist auch mehr hierhergelangt als nur architektonische Blaupausen: Wandfresken, bronzene Haushaltsobjekte, Silberwaren. Aus der Villa dei Papiri allerdings nichts, denn das, was aus ihr 1750 geborgen wurde, behielt der König von Neapel für sich, und so ist es heute im dortigen Archäologischen Museum zu besichtigen. Die Statuen, die in den Gartenanlagen der Getty-Villa stehen – auch im vom Bauherrn so gerühmten Peristyl –, sind allesamt Kopien. So geht es doch auch!

Drinnen ist dann (fast) alles echt und zum Teil eben noch umstritten. Immerhin gelang vor dem italienischen Urteilsspruch im vergangenen Jahr noch der Ankauf einer zauberhaften römischen Porträtbüste aus der Mitte des zweiten Jahrhunderts, deren Provenienz makellos ist. John Paul Getty selbst pflegte vor allem aus namhaften alten Sammlungen zu kaufen; man hätte also nur seinem Beispiel folgen müssen. Wobei sein allererster Antikenerwerb im Jahr 1939 ein Fehlschlag war. Auf einer Londoner Auktion hatte er die kleine Terrakottaplastik einer lasziv ruhenden Dame erworben, die sich später als Fälschung aus dem 19. Jahrhundert erwies. Dieses Objekt wird dennoch hier im Museum ausgestellt – die Story seines Ankaufs sorgt für eine andere Art von musealer Authentizität. Im Falle der Getty-Bronze würde eine in der Villa verbleibende Replik statt des zurückgegebenen Originals eine mindestens ebenso schöne Geschichte erzählen, indem sie Zeugnis ablegte von einem großen Restitutionsakt. Schluss wäre mit dem Gefühl, im Piratenschlupfwinkel herumzuschlendern. Und nach stundenlangem Aufenthalt in der Getty-Villa würde ich sagen: Es bliebe noch mehr als genug übrig.

27. Mai

Für die schöneren unter diesen wechselhaften Mai-Spätnachmittagen habe ich einen neuen Lieblingsplatz gefunden, kaum zweihundert Meter vom Thomas Mann House den Monaco Drive hinunter und mit zwei Sensationen ausgestattet. Die erste ist verkehrstechnischer Art: Hier berührt der Monaco den Capri Drive, bevor sich beide wieder trennen, und von der linken Seite her kommt noch der Deste Drive hinzu; das Resultat ist ein veritabler Verkehrsknotenpunkt des Riviera-Viertels mit fünf Richtungsoptionen. Womöglich auch deshalb wurde etwas angelegt, das ich in ganz Los Angeles bislang nur noch einmal woanders gefunden habe: ein Kreisverkehr. Eigentlich ist dieser Kreisverkehr sogar eine Art Doppelkreisverkehr, denn nur zwanzig Meter oberhalb davon gibt es noch eine kleine Verbindungsstraße zwischen Monaco und Capri Drive, sodass man, wenn man wollte, eine Acht fahren könnte. Zwischen diesem Sträßchen, das nicht einmal einen Namen hat, und dem eigentlichen Kreisverkehr liegt eine trapezförmige Freifläche, die für hiesige Verhältnisse gärtnerisch äußerst aufwendig gestaltet ist. Es handelt sich dabei nicht um ein Privatgrundstück, sondern um einen öffentlichen Raum, man könnte fast sagen: einen vielleicht zweihundert Quadratmeter kleinen, rundum von Straßen umgebenen Park, dessen Blickfang eine große Zeder bildet. Darunter findet sich sorgfältig gestutzter Rasen, und auf einem geharkten Rondell in der Mitte des Ganzen steht die zweite Sensation dieses Platzes auf dem Riviera-Hügel, eine sogar noch größere Seltenheit als der Kreisverkehr.

Denn wo sonst hätte ich in Los Angeles eine Ruhebank erspäht? Nicht an den schönsten Aussichtspunkten oder Spazierwegen. Bisweilen gibt es Sitzgelegenheiten an Bushaltestellen, und in Los Feliz habe ich einmal einen fest im Bürgersteig einmontierten Schachtisch mit zwei Hockern gefunden, aber für Bänke gibt es offenbar keinen Bedarf. Alle Menschen sind hier ja mit dem Auto unterwegs, und Rasten gilt als verlorene Zeit. Als der derzeit am Getty Institute forschende deutsche Kunsthistoriker Hubertus Gaßner einmal mit seiner Frau neben einem Wanderweg auf dem Boden Platz nahm, um den Ausblick zu genießen, habe ihn der nächste vorbeikommende Amerikaner gefragt, ob sie Europäer seien. Das Konzept des Spaziergangs ist hier unbekannt. Ein *hike* ist schon eine sportliche Herausforderung, die keine Pause duldet. Halt, eine Ausnahme habe ich vergessen, und zwar die prominenteste: In der letzten Kehre des kurvenreichen Fußwegs hinauf zum Griffith-Observatorium in den Hollywood Hills steht doch eine Bank. Eine einzige mit Platz für vier Personen nach schweißtreibendem Aufstieg in praller Sonne und an einem der prächtigsten Aussichtspunkte über Los Angeles. Könnte da die Philanthropie in dieser Stadt nicht zumindest mal für eine zweite sorgen?

Aber hier am Kreisverkehr des Riviera-Viertels gibt es nicht nur – spektakulär genug – eine Ruhebank, sondern tatsächlich gleich deren zwei. Hier, wo niemand je zu Fuß geht, außer um den Hund auszuführen, stehen sie auf der kleinen parkartig angelegten Freifläche, direkt unter der Zeder. Niemand nehme an, dass sie als Aussichtspunkt auf die verkehrstechnische Besonderheit dienen sollen. Beide Bänke stehen einander gegenüber; wer hier also Platz nimmt, starrt auf die jeweils andere Bank. Das zumindest ist nur konsequent: Ein ungewöhnlicherer Ausblick als den auf eine andere Bank ist ja in Los Angeles gar nicht vorstellbar. Und man selbst wird auch zum Kuriosum, denn die im Laufe meines Aufenthalts die Bänke passierenden Autofahrer zeigen sich erkennbar neugierig, weil sie wohl außer mir noch nie jemand hier haben sitzen sehen. Dabei ist es wunderschön im Schatten des Baums, durch dessen Wipfel das warme Spätnachmittagslicht einfällt und die Rarität des Kreisverkehrs bescheint.

28. Mai

Was mich am meisten begeistert hat bei meinem heutigen ersten Besuch auf dem Campus der University of California Los Angeles, sind die beiden Dürer-Holzschnitte links und rechts der Balkontür des Saals, in dem wir das Mittagessen eingenommen haben. So sieht wohl universitärer Wohlstand aus: Der eine ist als Stiftung in Hochschulbesitz gekommen, der andere wurde angekauft, und so rahmen nun Erasmus von Rotterdam und Philipp Melanchthon den Blick hinüber zur Powell Library, zwei Büchermenschen, wie sie im Geschichtsbuch stehen, das passt natürlich. Was mich am meisten erfreut hat: die Prägnanz der Wortbeiträge auf der Konferenz, die ich hier besucht habe. Es war, um sich mit den hier üblichen Abkürzungen zu brüsten, eine UCLA-VATMH-Tagung, also gemeinsam veranstaltet von der Universität und dem Trägerverein der Villa Aurora und des Thomas Mann House. Ihr Thema: «Moral Code – Ethics in the Digital Age».

Einer der Teilnehmer ist mein vor zwei Tagen eingetroffener Fellowkollege Damian Borth von der Hochschule Sankt Gallen, und gestern Abend gab es im Thomas Mann House zum Auftakt der Veranstaltung schon mal ein Kamingespräch mit ihm und dem Eröffnungsredner der Konferenz, Luciano Floridi aus Oxford. Für die amerikanischen Gäste des Gesprächs war das Verblüffendste dabei offenkundig die im Kamin des ehemaligen Mannschen Wohnzimmers tatsächlich brennenden Holzscheite – hier in Kalifornien ist offenes Feuer selbst im Eigenheim eine Seltenheit; zu groß ist die Angst vor Waldbränden. Mich dagegen überraschte die konfrontative Haltung Floridis im Gespräch, die aber mit so viel Geist und Witz unterfüttert war, dass man den Philosophen rhetorisch nur bewundern konnte, wenn er auch konsequent gegen den amerikanisch-akademischen Komment verstieß, andere Meinungen ständig für hochinteressant und berechtigt zu erklären.

Borth hielt mutig dagegen und staunte danach, dass ausgerechnet er als Professor für Künstliche Intelligenz und Maschinenlernen im Vergleich mit dem Ethiker Floridi plötzlich eher als Skeptiker gegenüber dem eigenen Fach dagestanden habe. Tatsächlich rief der Gast aus Oxford auf dem Höhepunkt eines Plädoyers gegen die Angst vor Technikmissbrauch energisch aus: «Keep calm! Regulate!» Er wollte damit sagen, dass die Regierungen sich der Eindämmung kommerzieller Interessen schon annehmen würden. Man möge es mir als Historiker nicht übelnehmen, wenn ich mich an meine Lieblingsschlagzeile aus einer deutschen Zeitung vom 31. Juli 1914, dem Tag vor Beginn des Ersten Weltkriegs, erinnerte: «Nur Ruhe! Die Diplomaten arbeiten». Aber die hatte damals ja auch kein Philosoph verfasst, der Mitglied in diversen ethischen Ausschüssen ist.

Jedenfalls hat der Abend größte Lust auf die eigentliche Konferenz am heutigen Dienstag gemacht, und so sitze ich um neun Uhr morgens bei schönstem Wetter in einem von Vorhängen verdunkelten Festsaal der UCLA, wo Floridi in ähnlich elegant-provokativer Manier ein «Ethisches Rahmenwerk für eine gute Künstliche-Intelligenz-Gesellschaft» aufstellt.

Wobei ich dabei lerne, dass er mitnichten der Politik etwas zutraut («Wir brauchen exzellente Leute an den Schaltstellen, und die haben wir nirgendwo»), dafür aber umso mehr dem Common Sense. Den hätte es hier gebraucht. Eine Podiumsrunde widmet sich der Frage «Können Algorithmen ethisch sein?». Josh Kun von der University of California erweist sich dabei als politisch motivierter Moderator, der im Leiter des Programms für digitale Geisteswissenschaften der UCLA, Todd Presner, und vor allem in der Internetforscherin Safiya Noble und dem Informationstheoretiker Ramesh Srinivasan willige Mitpolitisierer findet, die ohne Scheu das revolutionäre Potential von Algorithmen und Kunst einklagen und damit nicht nur den Umsturz in der Wissenschaft, sondern gleich der ganzen amerikanischen Gesellschaft proklamieren. Nirgendwo jedoch ist die Revolution weiter entfernt als in den Vereinigten Staaten, wenn man unter Revolution dasselbe verstehen will wie die Redner, nämlich eine soziale Umwälzung im Dienste größerer Gerechtigkeit. Dazu muss man sich nur die Institution ansehen, an der die drei Diskutanten arbeiten, also den Campus rundherum. Er gleicht einem Park, einfallsreich terrassiert und wunderbar bepflanzt, viel luxuriöser kann man nicht studieren; irgendwo steht im Freien sogar ein Klavier zum beliebigen Gebrauch herum. Diese Hochschule ist eine *public university*, also weitgehend mit öffentlichen Mitteln finanziert (im Gegensatz zu den Ivy-League-Universitäten oder Stanford), aber das Studium kostet dennoch pro Jahr rund 34 000 Dollar (für kalifornische Staatsbürger) oder 62 000 Dollar (für andere Interessenten). Hier wird also für viel Geld der Revolution das Wort geredet, aber ob solch teuer eingekauftes Wissen auch revolutionäre Gelüste bei den Studenten weckt, wage ich zu bezweifeln. Deshalb hängen an den Wänden ja auch die Porträts von Reformatoren.

29. Mai Diese Staatsbürgerschaft kostet 129 Dollar, allerdings nur für einen Tag, und fürs Parken vor den Grenzen der Enklave kommen noch einmal 25 Dollar dazu. Aber schon der Satz: «Ich fahre heute nach Disneyland» löst Begeisterung unter meinen Mitfellows aus. Eine andere Möglichkeit zur Grenzüberschreitung habe ich derzeit auch gar nicht, denn mein J1-Visum sieht während der viermonatigen Laufzeit keine Ausreise vor. Aber beim magischen Königreich von Anaheim drückt man in Amerika ein Auge zu.

Um diesen Besuch habe ich mich zwanzig Jahre lang herumgedrückt, ja vielleicht sogar mein ganzes Leben lang. Dass ich nicht vorher schon einmal in Disneyland war, hat nichts mit europäischem Ressentiment gegen die künstliche Phantasiewelt dieses erfolgreichsten und einflussreichsten Themenparks aller Zeiten zu tun. Auch nichts damit, dass ich nie zuvor in Kalifornien gewesen bin. Im Gegenteil: Hätte ich nicht solche Scheu gehabt, Disneyland zu besuchen, wäre ich längst einmal hierhergekommen. Solange ich denken kann, habe ich mich mit Disney-Comics und -Filmen beschäftigt; als Kleinkind die Bilder betrachtend, als Jugendlicher lesend, als Erwachsener analysierend, und vor zwanzig Jahren habe ich dann eine Biographie über Walt Disney geschrieben. Aber damals entschied ich mich, Disneyland zu meiden, denn zum Konzept des Parks gehört seine dauernde Weiterentwicklung, und ich wollte ihn aus puristischer Überzeugung nicht anders sehen, als Disney selbst ihn 1955 eröffnen ließ, also mit nostalgischem Blick. Für Nostalgie jedoch schien mir Disneyland mittlerweile genau der falsche Ort.

Das ist paradox, denn kaum etwas anderes war so zentral

bei der Planung des Themenparks, wie das Gefühl von Nostalgie zu erwecken. Das Herz der Anlage, Main Street USA, ließ Disneys wohlige Erinnerungen an seine frühe Kindheit in einer kleinen Ortschaft in Missouri wiederaufleben, und der zentrale Blickfang von Disneyland, Snow White's Castle (1959, im Jahr des Starts des Dornröschen-Films aus Marketinggründen umgetauft in Sleeping Beauty's Castle), sollte den amerikanischen Besuchern ein märchenhaftes Europa vorgaukeln, ungetrübt von den katastrophalen Ereignissen der ersten Hälfte des 20. Jahrhunderts – gewissermaßen das gebaute Äquivalent zum eingeschläferten Schneewittchen oder Dornröschen. Das Schloss ist allerdings so klein geraten wie die Zwerge in «Schneewittchen», es erreicht gerade einmal eine Höhe von 23 Metern. Dass es größer wirkt, verdankt sich einer perspektivischen Verschiebung: Die unteren Bauelemente wurden im Verhältnis zu den oberen viel größer ausgeführt, so scheinen Letztere weiter entfernt, als sie es tatsächlich sind, und das Schloss höher. Dass diese Illusion nicht perfekt glückte, konnte man daran sehen, dass das Schloss Cinderella's Castle im zweiten Themenpark, den Walt Disney anderthalb Jahrzehnte später bauen ließ, Disney World in Florida, mehr als doppelt so hoch errichtet wurde. Längst hätte man auch in Kalifornien nachbessern können, aber das ist aus Rücksicht auf die ikonische Bedeutung des Schlosses nicht geschehen. Manches wird hier also doch genau so bewahrt, wie es war. Das Herz des Parks sei ungebrochen, heißt es, das klassische Disneyland ist nun selbst sein eigenes Ausstellungsstück geworden. Grund genug, meine Bedenken gegen einen Besuch endlich zu überwinden.

Schluss somit mit der Historie und der Theorie, hinein in die Gegenwart und auf zur Praxis. Den heutigen Tag habe ich deshalb für den Besuch von Disneyland ausgewählt, weil erstens vorgestern das besucherstarke Memorial Day Weekend zu Ende gegangen ist und zweitens übermorgen ein neuer Abschnitt des Parks eröffnet wird: «Galaxy's Edge», ein ganz dem Star-Wars-Universum (das ja mittlerweile auch in Disney-Besitz ist) gewidmeter Bereich. Nicht, dass ich mich für «Krieg der Sterne» nicht interessierte, aber in Disneyland brauche ich keine zusätzliche Science-Fiction; es gibt hier ja schon seit 1955 das sogenannte Tomorrowland, eine Zukunftsvision, die heute zwar ganz schön alt aussieht, mir darum aber besonders sympathisch ist. Allein die Konstruktion der Magnetschwebebahn von 1959: damals einmalig in Amerika, heute malerisch vergammelter Beton – Brasilia ist nichts dagegen. Die Bahn rauscht zwar manchmal noch ihre Hochstrecke entlang, aber ohne Passagiere, weil dafür mittlerweile die Betriebsgenehmigung fehlt. So sieht die Gegenwart dessen aus, was einmal Zukunft war.

Deshalb ist das, was heute Science-Fiction ist, viel beliebter: Für den Besuch von Galaxy's Edge sind in den ersten vier Wochen Reservierungen erforderlich, und die waren zwei Stunden nach Freigabe bereits alle ausgebucht. Von Freitag an wird es in Disneyland also noch voller als üblich.

Wobei es ein schwerer Fehler ist anzunehmen, dass es in Disneyland jemals leer sein könnte. Irgendwoher muss ja eine Durchschnittsbesucherzahl von rund fünfzigtausend pro Tag kommen, und auch wenn der Park heute unterdurchschnittlich frequentiert sein soll, reicht das immer noch für erklecklich lange Wartezeiten. Dafür bin ich schneller, als das Navigationssystem vorausgesagt hat, im Themenpark angekommen: Schlag mittags mit der Option, hier elf Stunden zu verbringen, ehe Disneyland wieder schließt. Die 129 Dollar Eintritt plus 25 Dollar Parkgebühr wollen abamüsiert werden.

Alles ist eine Frage des Maßstabs in Disneyland: der Preis

natürlich, vor allem aber die Proportionen. Nicht nur das Schloss ist kleiner als ein echtes, auch die Gebäude in Main Street USA haben bewusst keine Normalgröße, um ein anheimelndes Gefühl zu vermitteln. Die Geschäfte darin sind dafür riesig, was man von außen nicht glauben möchte; hinter den Kulissenfassaden verbergen sich Ladenflächen, die mehrere Gebäude umfassen. Wer eintritt, glaubt sich in einem Kommerz-Inferno. Da lobt man sich den Heckraddampfer «Mark Twain», der auf einem künstlich angelegten Flusssystem schippert: Er ist sogar im Verhältnis fünf zu acht gegenüber den historischen Mississippi-Passagierschiffen verkleinert, aber dafür ist das Innenleben authentisch, eine echte kleine Dampferwelt.

«It's a small world» nannte Walt Disney denn auch eine Fahrt, die er 1964 für die Weltausstellung in New York bauen und später hierher nach Disneyland transferieren ließ. Ein Traum aus Pappmaschee, Animatronics und Dioramen; man staunt buchstäblich Bauklötze, denn diese Reise durch die ganze Welt sieht aus wie aus einer Spielzeugkiste arrangiert. Und während der kompletten zehn Minuten der Tour ertönt in endlosen Variationen das eigens dafür komponierte Lied «It's a small world», das man danach nicht wieder aus dem Kopf bekommt. Dabei dächte man lieber darüber nach, dass vor fünfundfünfzig Jahren von einem derart stockkonservativen Geist wie Walt Disney das Hohelied der Kulturenvielfalt gesungen wurde. Amerika, du hast es mittlerweile schlechter. Dazu passt, dass die gleichfalls berühmte animatronische Attraktion «Great Moments with Mr. Lincoln» derzeit geschlossen ist – «currently unavailable», wie das ganze Lincolnsche Gedankengut für seinen heutigen Nachfolger im Präsidentenamt, der doch auch Republikaner ist, nicht verfügbar zu sein scheint.

Weitere Frustration bei «Autopia», einer Fahrt im Tomorrowland, die Disney in Kooperation mit Honda entwickelt hat. Wenn das 1955 die Zukunft des Automobilverkehrs darstellen sollte, dann hat sich die Prophezeiung präzise erfüllt, denn die kleinen Karren auf dem Rundkurs werden mit Benzinmotoren angetrieben, produzieren gerne Fehlzündungen und reichlich Gestank, und richtig voran geht es auch nicht. Alles also wie jeden Tag in Los Angeles. Da lobe ich mir die Fahrt in den elektroangetriebenen Wagen von Mr. Toad, die auf Kenneth Grahames Kinderbuchklassiker «Der Wind in den Weiden» zurückgeht. Es ist zwar nicht schön, was Disney daraus oder auch aus A. A. Milnes «Puh der Bär» gemacht hat, aber das Unternehmen nutzte immer schon große Erfolge anderer Autoren. Mit dem Kauf von «Star Wars» oder der Marvel-Superhelden wird diese Strategie heute fortgesetzt, ohne allerdings wie früher üblich die neu erworbenen Figuren konsequent zu disneyfizieren. Eigentlich schade; ich hätte gerne einen zoomorphen Spider-Man gesehen oder einen niedlichen Darth Vader. Wobei die Souvenirshops im Park den dunklen Lord oder seine Sturmtruppen tatsächlich auch als putzige Stofffiguren im Angebot haben.

Ich sehe Paraden, Flaggenzeremonien, fahre mit allen wasserbasierten Attraktionen in Frontierland (was mich zweimal durchnässt) und stehe kurz nach sechs in der Schlange vor der letzten davon, «Pirates of the Caribbean», als mich ein Anruf erreicht. Ein Bekannter lädt mich kurzfristig für heute Abend ein, ein Mann, dem ich vor fünfunddreißig Jahren viel in Sachen Comics zu verdanken hatte, ohne dass wir uns seitdem persönlich kennengelernt hätten. «Bekannt» sind wir uns heute nur, weil er selbst tatsächlich sehr bekannt ist und mich wiederum als Zeitungsredakteur kennt. In den Hollywood Hills soll er ein spektakuläres Haus bewohnen, also breche ich mein Eintagesasyl in Disneyland kurz entschlossen ab und verbringe einen kalifornischen Abend mit einem rheinischen Landsmann. «It's a small world after all», trällere ich auf der Fahrt zum Treffen ununterbrochen vor mich hin. Wahrlich: So ist es.

30. Mai

Fünfzig Straßenblocks sind nicht die Welt. Aber doch ein nennenswerter Teil von Downtown Los Angeles: jener Teil der Innenstadt, der als Skid Row verschrien ist, ein heruntergekommenes Viertel, in dem aber kommerziell noch einiges los ist und an das vor allem etliche jüngst revitalisierte Bezirke angrenzen. In Skid Row leben besonders viele Obdachlose, man schätzt ihre Zahl auf bis zu achttausend oder fast so viel wie die Hälfte der in Skid Row ansässigen Bewohner. Deren Zorn und auch der des Lieferverkehrs in Downtown richtet sich immer mehr gegen diejenigen, die auf der Straße leben und es sich dort zumindest ein bisschen komfortabel machen wollen. Mit Sofas etwa. Oder auch Kühlschränken. Seltener, aber durchaus auch vertreten sind Fernseher. Woher der Strom dafür kommt, ist rätselhaft, aber vor ein paar Tagen tönte mir aus einer mittels Decken, Schlafsäcken und Plastiktaschen zusammengebauten Unterkunft der unverkennbare Klang des amerikanischen Fernsehnachmittagsprogramms mit seinen Showserien und Werbeunterbrechungen entgegen. Und das nicht etwa kurzzeitig, sondern auch noch, als ich zwei Stunden später an derselben Obdachlosenfestung wieder vorbeikam.

Im sozialen Gefüge der Stadt gibt es große Spannungen. Mir wurde von einer Veranstaltung berichtet, bei der die Diskussion um den geplanten Bau eines Obdachlosenheims in einer Wohngegend kreiste. Man sollte meinen, dass die Ortsansässigen froh wären, die Leute von ihren Straßen zu bekommen, aber weit gefehlt. Am meisten Sorgen bereitete den Anwohnern der befürchtete Zuwachs an Verkehr durch das Heim. Wie das? Obdachlose haben doch auch hier bestenfalls Einkaufswagen, wobei man immer wieder hört, dass etliche Uber- oder Lyft-Fahrer mangels ausreichender Einkünfte in ihren Autos schlafen müssen, also gewissermaßen ebenfalls auf der Straße leben. Aber die *homeless people*, um die es hier ging, sind elende Existenzen, wie wir sie auch aus Deutschland kennen. In dem Moment, wo sie von der Stadt ein Obdach gestellt bekommen, müssten sie dort versorgt werden und könnten Gäste empfangen. Befürchtet wurde von den Nachbarn also Versorgungs- und Besuchsverkehr. Den wollen sie nicht dulden, und ihre Bedenken gingen so weit, dass nun über einen Parkplatz für die geplante Aufnahmestelle nachgedacht wird, der einen Meter unter dem Straßenniveau angelegt sein soll, damit die abgestellten Wagen nicht das Straßenbild stören. Solche Wohlstandssorgen möchte man den Obdachlosen wünschen.

Eine andere Regelung, die auch auf Beschwerden der Wohnbevölkerung zurückgeht, wurde gestern für die erwähnten fünfzig Blocks in Skid Row beschlossen: Die Stadt soll fortan sperriges Eigentum von Obdachlosen wie Sofas und Kühlschränke abtransportieren und entsorgen dürfen, während kleinere Gegenstände, die allein aus hygienischen Gründen entfernt werden müssen, etwa wegen Rattenbefall oder Schimmel, nach einer Reinigung fortan neunzig Tage lang aufzubewahren sind, falls ihr Besitzer sie zurückverlangen sollte.

Wie groß ist das Problem aber wirklich? Was bedeuten angeblich bis zu achttausend Obdachlose in fünfzig Straßenblocks? In Pacific Palisades lebe ich auf einem Hügel der Seligen, hier bekommt man vom Übel im weit entfernten Stadtzentrum nichts mit. Doch bisweilen locken die Museen und Konzerthäuser auch die Stadtrandbewohner nach Downtown, und da ich heute Abend zum ersten Mal die Walt Disney Concert Hall besuchen will, nutze ich die Chance, zuvor tagsüber in den fünfzig Blocks umherzustreifen. Sie beginnen nicht einmal zehn Fußminuten von dem Teil der Innenstadt entfernt, der ganz für den Reichtum reserviert ist.

Ich gehe erst einmal um Skid Row herum, beginnend auf der 2nd Street, die unter anderem durch das teilweise auf Altjapanisch getrimmte Viertel Little Tokyo verläuft, wo mehr asiatische Touristen zu finden sind als Einheimische und man die Obdachlosen noch an den Fingern zweier Hände abzählen kann. Aber wie es um deren Situation steht, kann man auf einer Toilette von Starbuck's erfahren, die viertelstundenlang blockiert ist. Eine hinter mir wartende Obdachlose verliert die Geduld und tritt mehrfach gegen die Tür, bis schließlich zwei junge Männer in kurzem Abstand heraushuschen, beide sauber gekleidet. In der Kloschüssel schwimmt eine Plastikspritze, hier hat ein Fixer seinen Dealer empfangen und sich gleich den Schuss gesetzt. Die obdachlose Frau bittet mich inständig, das der Bedienung mitzuteilen, denn sonst werde immer sie verdächtigt, die Toilette zu blockieren, dabei nutze sie sie jeweils nur kurz. Zumindest in meiner Gegenwart beteuert das Personal, nichts gegen die Frau zu haben.

Entlang der Alameda Street geht das belebte Geschäftsviertel in ein gewerbliches Niemandsland über, und das kaum zwei Kilometer Luftlinie vom Zentrum entfernt. Lagerhallen, Kühlhäuser, Busparkplätze und dann das riesige Areal eines Großmarkts, um das ich gar nicht herumkomme, also schlage ich mich mittendurch und stoße auf ein gigantisches neues

Parkhaus, das mit einer Aufschrift dafür wirbt, die «Row» zu besuchen: «Shop, Dine, Work, Explore», wird man aufgefordert; weite Teile der alten Großmarktfläche sind renoviert worden, um im berüchtigtsten Teil der Innenstadt die Gentrifizierung in Gang zu bringen. Aber das Parkhaus ist an diesem Donnerstag zur besten Mittagspausenzeit fast leer, und die ersten Läden geben auch schon wieder auf. Auf dem Weg zurück in Richtung Zentrum nehme ich die 7th Street, wo an den Hauswänden mehrfach gleichlautende Warnschilder angebracht sind: «No person shall sit, lie or sleep in or upon any street, sidewalk or other public way», gefolgt vom Aktenzeichen des derart lautenden Urteilsspruchs, den der Los Angeles Municipal Court gefällt hat. Wann das geschah, steht nicht dabei, aber es muss lange her sein, denn vor zehn Jahren ist diese Regelung außer Kraft gesetzt worden, weil die Stadt sich außerstande sah, genug Notquartiere anzubieten. Seitdem ist das Campieren auf den Straßen von Los Angeles gestattet, und nur hundert Meter weiter, einen Block vom schicken Einkaufen oder Essen entfernt, beginnt auf den Bürgersteigen entlang der 7th Street eine Zeltstadt, die sich bis in die Nebenstraßen erstreckt. Eine Nachbarschaftsinitiative verteilt dort aussortierte Kleidung, eine Frau wäscht sich am Hydranten die Haare, ein in elegantes Schwarz gekleidetes Filmteam filmt die Misere, und ein Straßenschild verkündet wie zum Hohn, dass man hier den Fashion District von Los Angeles betrete. Was aber nichts anderes meint als jenen Teil der Stadt, in dem vor allem Textilien hergestellt wurden und noch immer werden. Wobei man vermuten könnte, dass ein nicht unwesentlicher Teil dieser Produktion für die Notunterkünfte auf den Straßen mit ihren Planen, Decken und Tüchern verwendet worden sein muss.

Nur ein paar hundert Meter weiter, in einem kleinen Teil

der 3rd Street jenseits der Alameda, hat die Schweizer Kunstgalerie Hauser & Wirth sich eine todschicke Dependance eingerichtet, deren Innenhof ein Künstler kürzlich mit lauter Einmannzelten bestückt hat – eine kunterbunte Installation, die wohl auf die Lage der Armen aufmerksam machen soll, aber schön abgeschirmt im teuren Kunsthandelsghetto. Soll man so etwas gedankenlos nennen oder zynisch? Die bösartigste Pointe jedoch ergibt sich durch nichts anderes als Zufall: Die letzte und schlimmste Straße voller Obdachloser, bevor man wieder Downtown erreicht, heißt ausgerechnet Wall Street.

31. Mai

Die Karte für Mahlers achte Symphonie, die gestern in der Walt Disney Concert Hall gegeben wurde, habe ich gleich in der ersten Woche meines Aufenthalts gekauft. Um offen zu sein: Ich mag die Achte gar nicht, sie ist mir zu metaphysisch-predigend. Ich mag auch die Interpretationen von Gustavo Dudamel nicht, des Chefdirigenten des Los Angeles Philharmonic Orchestra. Und ich mag die von Frank Gehry gestaltete Walt Disney Concert Hall nicht, weil ich sie prätentiös finde und als bloßes Zitat von Gehrys Guggenheim-Bau in Bilbao verstehe. Nur dass die Konzerthalle hier kein ähnlich attraktives städtisches Umfeld hat, in dem sie glänzen könnte (und Gehry-Bauten leben ja vor allem von ihrer funkelnden Oberfläche); Sonne allein genügt nicht. Aber ich mag Mahler gerne, ich schätze das Orchester aus Los Angeles, und die Disney Hall soll eine gute Akustik haben, also warum nicht versuchen, drei Vorurteile auf einmal zu korrigieren?

Um es vorwegzunehmen: Zwei wurden tatsächlich korrigiert, aber mit der Achten, die ich jetzt dreimal in Konzerten gehört habe, werde ich wohl nicht mehr warm. Dudamel hat viele leise, lyrische Stellen herauspräpariert (und damit mein Vorurteil gegen ihn revidiert); die Chöre waren ebenso gut wie die acht Solisten, die noch dazu, obwohl alle Amerikaner, die deutschen Texte wunderbar verständlich sangen. Doch den schieren Anspruch einer mit dem Menschen versöhnten Welt, den die Symphonie programmatisch erhebt, konnte ich nach einem Tag in den Abgründen von Los Angeles nicht mehr ernst nehmen, und wenn es eines gibt, was Mahler will und auch erfordert, dann ist es, ernst genommen zu werden. Es mag bessere Momente für einen solchen Konzertbesuch geben; die nächste Chance bekommt die Achte in zwei Jahren beim Leipziger Mahler-Festival, für das ich mir Karten gekauft habe.

Die Disney Hall bietet von innen mehr als von außen, weil sie hier nicht so verzweifelt originell wirken will. Einzige Ausnahme ist die Orgel über dem Orchesterpodium, die Gehry derart hat verblenden lassen, dass man sie für ein liegengebliebenes Riesenmikadospiel halten könnte. Das sollte wohl disneyesk aussehen, aber wer weiß, wie in Disney-Filmen Orgeln präsentiert werden, von der animierten Silly Symphonie «Music Land» aus dem Jahr 1935 bis zu Käpt'n Nemos Orgel auf der «Nautilus» in der Realverfilmung von «20000 Meilen unter dem Meer» (1954), der weiß um deren opulente, aber dabei doch streng klassische Anmutung. Walt Disney wusste um das spezifische Pathos dieses Instruments und inszenierte es dementsprechend. Gehrys Ausführung wirkt dagegen nur lächerlich. Aber der Saal gewährleistet einen guten Klang, wenn auch etwas mittenbetont, zumindest hoch oben auf dem Balkon, wo ich in der zweitbilligsten Platzkategorie saß und einen wunderbaren Blick auf das riesige Musikerensemble aus Orchester und Sängern hatte, das mehr als dreihundert Mitwirkende umfasste. Beruhigend zudem, dass sich eine megalomane Stadt wie Los Angeles nicht daran versucht hat, die Marketingbezeichnung «Symphonie der Tausend», die Mahlers Komposition bei der Erstaufführung 1910 in München angeheftet wurde, Realität werden zu lassen. Wozu auch, wenn so präzise gespielt wird?

Und das ist Dudamels Verdienst, dem man seine Vertrautheit mit Mahler anmerkte, speziell mit der Achten, die er vor sieben Jahren schon einmal in Los Angeles dirigiert hat; so eine Chance bekommen Dirigenten angesichts des dafür nötigen Aufwands nicht oft. Das gestrige Konzert bildete den Abschluss des Jubiläumsjahres des Los Angeles Philharmonic Orchestra, das 1919 gegründet wurde und sich zum hundertsten Geburtstag eben auch die Wiederholung dieses exzentrischen Spektakels gegönnt hat. Wie exakt Dudamel den Abend vorbereitet hat, sah man an den Einsätzen, die er jeweils zum Ende der beiden Symphonieteile einer Blechbläsergruppe gab, die ganz oben, noch hinter meinem Sitzplatz, aufgestellt war, um von dort himmlische Klänge in die beiden Finale einzustreuen. Der Saal ist so groß, dass durch die räumliche Distanz zum Orchester eine winzige Klangverzögerung hörbar werden müsste, doch Dudamel hat sie einkalkuliert in sein Dirigat; wenn auch bei mir oben der Einsatz der Bläser einen Hauch asynchron zu sein schien, dürfte er unten im Parkett punktgenau erfolgt sein. Und die Steigerung der Chorgesänge vom Pianissimo beim Einsetzen von Goethes Schlusszeilen aus «Faust II» bis zum Forte der letzten Takte kann man wohl nicht schöner darbieten. Damit hat mich diese Musik doch noch für Minuten weg aus Downtown Los Angeles transportiert, in ein heiles Jenseits. Das beschädigte Diesseits wurde dann aber schon wieder auf dem kurzen Weg zur Metro Line sichtbar.

III.
Juni – Nenne keinen
Wahlkampfkandidaten
beim Namen!

1. Juni
Schon vor etwas mehr als einer Woche habe ich mich damit beschäftigt, Lokalitäten zu suchen, wo man um 12 Uhr Ortszeit das heutige Champions-League-Finale sehen kann. Fußball ist nicht der bevorzugte Sport der Amerikaner, also darf man nicht auf die normalen Sportbars setzen. Andererseits gibt es in Los Angeles genug Ausländer, darunter etliche Engländer. Und dass es hier auch lokale Fanvereinigungen für die Finalgegner Tottenham Hotspurs und Liverpool F. C. gibt, war im Netz schnell herauszubekommen.

Die jeweiligen Websites gaben aber erstaunlicherweise keine Empfehlungen für das aus, was nur die Deutschen «public viewing» nennen. Also suchte ich nach englischen Kneipen und Restaurants, und in Santa Monica wurden gleich zwei Pubs angezeigt: Ye Olde King's Head und Cock 'n Bull, beide auf ihren Homepages leicht als fußballaffin zu identifizieren. Das erste, näher gelegene Lokal war indes für den heutigen Samstag zur Mittagszeit, wenn das Spiel beginnt, schon ausgebucht, und das mag ein Glück gewesen sein, denn auf einer Kommentarseite fand ich später die Bemerkung eines Liverpool-Fans, dass man dort nicht mit allzu vielen Gesinnungsgenossen rechnen dürfe. Wie wohl 99 Prozent aller fußballinteressierten Deutschen drückte ich heute Liverpool die Daumen, nicht nur wegen des Trainers Jürgen Klopp, sondern auch aus alter Liebe zu einer Traditionsmannschaft, die über die letzten Jahrzehnte hinweg immer wieder tolle Spiele geboten hat. Wann war dagegen Tottenham das letzte Mal in einem Europapokal-Finale? Vor 35 Jahren. Nun gut, das kann man ja auch Tradition nennen.

Das Cock 'n Bull wurde in den achtziger Jahren von einem Liverpooler eingerichtet, der den Laden angeblich immer noch betreibt. Also der Ort der Wahl. Allerdings kann man dort nicht reservieren. Die Suche nach englischen Lokalitäten im Netz hatte aber auch ein Restaurant zutage gefördert: das Draycott, noch viel näher, nämlich im Palisades Village gelegen, der erst vor wenigen Jahren errichteten Einkaufszone mitten im Zentrum von Pacific Palisades. Die Anlage bemüht sich einigermaßen erfolgreich darum, auszusehen wie eine europäische Kleinstadt, aber alles ist teuer wie in einer europäischen Großstadt, und der Publikumsverkehr wiederum sieht unter der Woche eher aus wie auf einem europäischen Friedhof. Also hatte ich das Draycott sofort wieder von der Liste möglicher Kandidaten gestrichen. Aber die Beschreibung des Restaurants klang sympathisch, und deshalb wählten wir Thomas-Mann-Fellows gestern das Lokal fürs Abendessen aus.

Zu dessen Abschluss trat ein großer Mann an unseren Tisch, stellte sich als Scott vor, passenderweise Schotte, und irgendwie kamen wir aufs heutige Spiel zu sprechen. Scott fragte, wer denn unser Favorit sei, und als die Antwort Liverpool lautete, reichte er mir seine Hand, in die meine leicht dreimal passte, und sagte nur: «Klopp.» Als sein zweites deutsches Wort erwies sich wenig später «Kaiserschmarren». Eine größere Vertrauensbasis ist wohl kaum denkbar; wir verabredeten uns fürs Spiel, denn Scott würde es im Draycott sehen. «You've got to come!»

Yes, we came. Damian Borth, seine Frau Myriam und ich. An der Tür werden wir wiedererkannt und erfreut begrüßt, man habe auch schon den richtigen Kanal für uns herausgefunden, einen amerikanischen Sportsender mit dem vielversprechenden Namen TNT. Aber der Monitor an den Wand zeigt noch eine Art Bildschirmschoner, und beim Einschalten um 11.55 Uhr sehen wir uns mit Cheddar TV konfrontiert. Der Witz liegt nahe, aber für Fußballzuschauer ist dieser Sender Käse. Wir bestellen Getränke, es geht auf High Noon zu, von Fußball keine Spur. Von Scott übrigens auch nicht. Es ist 12.02 Uhr, im Lokal brummt es, aber nicht auf dem Bildschirm, die Fernbedienung wird uns nicht ausgehändigt, «das muss der Manager machen», dafür kommen die Getränke umso schneller, zur Wartezeitüberbrückung rufe ich eine Fußball-App auf: Liverpool führt bereits eins zu null, mit dem zweitschnellsten Champions-League-Finaltor der Geschichte. Damian Borth erkundigt sich bei seiner Frau, ob er sich kurz aufregen dürfe, Myriam Borth rät zur Zurückhaltung, falls wir noch Wert auf das Spiel legten. Wir verzichten jedoch fürs Erste auf eine Essensbestellung.

Der Manager kommt: Es gebe ein Problem, eine technische Panne habe kürzlich die restauranteigene Kabelbox lahmgelegt, man starte nun einen Reboot, der um die zehn Minuten dauern werde, dann bestünde Zugriff auf TNT – wir wollten doch TNT? Zur weiteren Wartezeitüberbrückung suchen wir nach Livestreams deutscher Radioübertragungen, aber die mir vertrauten Programme mit Sportreportagen wie MDR aktuell, BR 5, HR 1 oder WDR 2 haben offenbar kein Interesse am Finale. Immerhin stoße ich auf den Schweizer Sender srf 3, der tatsächlich live überträgt, aber mit schwyzerdütschem Kommentar. Und hat Damian Borth nicht erst gestern erzählt, dass er, seit er in Sankt Gallen lehrt, Schwyzerdütsch als vollkommen fremde Sprache erkannt habe?

Der Manager ist wieder da und schimpft auf Scott. Für den habe man einen Tisch reserviert, nun sei er nicht da. Auch nicht da ist TNT, die App spricht von einem hochinteressanten, aber torschussarmen Spiel, das tröstet ein bisschen, wir sind mittlerweile in der 25. Minute der ersten Halbzeit. Nein, zu essen wollen wir immer noch nichts, denn wir riechen den Braten. Und so ist es auch: In der 35. Spielminute bittet der Manager um Verständnis dafür, dass der Reboot gescheitert sei, es werde nichts mehr mit TNT oder überhaupt irgendeinem Sender außer dem geheimnisvollen Cheddar TV. Wir verlangen die Getränkerechnung, doch das Draycott übernimmt sie tiefzerknirscht.

Ich schlage vor, zum Thomas Mann House zurückzukehren und es dort in heimeliger Atmosphäre mit schweizerdeutscher Akustik zu probieren, doch Damian Borth packt der Ehrgeiz, weil ich irgendwann meine Recherchen der Vorwoche erwähnt hatte. Wo denn das nächstgelegene mir bekannte Lokal mit Fernsehübertragung wäre? Das Navigationssystem rechnet bis zum Cock 'n Bull in Santa Monica mit zwanzig Minuten, das wäre noch gerade in der Halbzeitpause. Als wir dort ankommen, am Lincoln Boulevard, ein ähnlich gesichtsloses Niemandsland wie in Downtown die Alameda Street, ist schon von weitem eine große rotgekleidete Menschenmenge vor dem Pub zu erkennen, eindeutig Liverpool-Fans, und am Eingang bescheidet uns der Türsteher: «Überfüllt.» Ein Engländer, der gerade die Halbzeitpause für eine Zigarette nutzt, empfiehlt uns Ye Olde King's Head, aber da könne es natürlich ähnlich voll sein, und außerdem nehme man dort sicher auch wie hier im Cock 'n Bull zwanzig Dollar Eintritt. Doch hundert Meter weiter die Straße herunter gebe es noch eine Bar, wo übertragen werde, und vielleicht hätten wir ja dort Glück.

Dieses Lokal hat nicht einmal einen richtigen Namen, auf dem Schild steht «B 'n B», was sich als Kürzel für «Burgers and Brews» herausstellen sollte, und auf dem Bürgersteig davor steht ebenfalls eine Menschenmenge, diesmal sowohl in Rot als auch in Weiß, der Farbe Tottenhams. Der Türsteher bescheidet uns: «Überfüllt.» Aber wir könnten uns drinnen ein Bier holen gehen, wieder herauskommen und dann vielleicht durch die Fenster etwas vom Spiel sehen. Woher wir denn kämen? Aus Deutschland? Der Mann taut nicht nur auf, er entflammt geradezu: «Ich liebe Deutschland», ruft er auf Deutsch mit mindestens so guter Aussprache wie Scott bei seinem «Kaiserschmarren». Wir werden hineingelassen und auf den Patio hinterm Haus geschickt, wo ein einzelner Bildschirm das Spiel für ein Dutzend gemütlich sitzender und speisender Gäste überträgt, während drinnen inmitten von insgesamt acht lärmenden Großbildschirmen an den Wänden ringsum ein brodelndes Inferno aus Hunderten von Fans herrscht. Pünktlich zum Anpfiff der zweiten Halbzeit sitzen wir, pünktlich zehn Minuten später sind Burritos und Getränke da, pünktlich zwei Minuten vor Ablauf der regulären Spielzeit schießt Liverpool das zwei zu null. Ein Happy End für unseren Ausflug. Wo auch immer Scott das Spiel gesehen haben mag, es wird dagegen ein Schmarren gewesen sein. Kaiserschmarren.

2. *Juni*   Saul Friedländer war da. Wenn ein solcher Historiker, mittlerweile sechsundachtzig, aber um zwanzig Jahre jünger aussehend, das Thomas Mann House als Zuhörer besucht, muss man sogar die eigentlichen Akteure der Nachmittagsveranstaltung, den Vortragenden Norbert Frei aus Jena und dessen Moderator David Kim von der UCLA, kurz hintanstellen. Dass Friedländer, in Amerika durch sein mit dem Pulitzer-Preis ausgezeichnetes zweibändiges Standard-

werk «Das Dritte Reich und die Juden» und spätestens seit seiner Gedenkrede an die Opfer der Schoa vom 31. Januar 2019 im Bundestag auch in Deutschland allgemein bekannt, eine deutsche Kultureinrichtung besucht, ist alles andere als selbstverständlich. Seine Eltern wurden in Auschwitz ermordet. Der gebürtige Prager ging 1948 nach Israel, erkämpfte dort die Unabhängigkeit des Landes mit und machte akademische Karriere, heute lebt er vor allem in Los Angeles. Aus den dramatischen Umständen seines Lebens hat er eine historiographische Erzählhaltung entwickelt, die sich von der bewusst gewählten emotionalen Distanz der meisten Holocaust-Forscher abhebt. Mit Norbert Frei verbindet ihn eine langjährige Freundschaft; gemeinsam gaben sie 2002 eine Studie zur Rolle des Bertelsmann-Konzerns im nationalsozialistischen Deutschland heraus. Und es war Friedländer, der Frei für diesen Vortrag empfahl.

Der sonst in Jena lehrende Historiker ist derzeit als Gastprofessor in Stanford, aber fürs Wochenende von Palo Alto hierhergefahren. Sein Vortragsthema hat er dem Genius loci angepasst: «Past Deeds, Political Horizons – Thomas Mann and Post-War Germany». Die deutsche Exilgeschichte erstreckt sich über das Ende des Nationalsozialismus hinaus, wobei Thomas Mann zu denen gehörte, die zwar aus den Vereinigten Staaten nach Europa zurückkehrten, aber nicht mehr nach Deutschland. Er bewahrte sich auch in der Nachkriegszeit die Rolle des nur zu gut übers Innere informierten Beobachters von außen, die er in seinen Reden an «Deutsche Hörer» während der Kriegszeit für die BBC eingenommen hatte. Die Nazis hatten ihn ausgebürgert, und bequem wollte es der mittlerweile amerikanische Staatsbürger seinen früheren Landsleuten weder damals noch später machen. Dadurch, dass er auf eine Rückkehr verzichtete, machte er nicht die desillusionierenden Erfahrungen von Kollegen wie etwa Alfred Döblin, der sich nach seiner Heimkehr ständig Vorwürfen ausgesetzt sah, als Exilant das Vaterland im Stich gelassen zu haben. Solche lächerlichen Bemerkungen blieben Thomas Mann zwar auch nicht erspart, aber in der Schweiz ließen sie sich leichter überhören.

Das erste Mal zurück nach Deutschland kam Mann im August 1949, damals lebte er noch hier in Pacific Palisades. Für die Feiern zu Goethes zweihundertstem Geburtstag in Frankfurt am Main und Weimar hatte er gleich nebenan, im Arbeitszimmer, eine Rede geschrieben, die er an beiden Orten gleichlautend vortrug, was in der Sowjetischen Besatzungszone – die DDR wurde erst im Oktober 1949 gegründet – als Affront empfunden wurde, wähnte man sich dort doch im besseren Teil Deutschlands, was der Gast bitte schön zum Ausdruck hätte bringen sollen. Wie Thomas Mann seine Reise erlebte, weiß man nur durch einen Bericht, den er später für die amerikanische Presse schrieb; während der Tage in Deutschland setzte er mit seinen Tagebucheinträgen aus. Rückblickend beschrieb er seine Empfindung auf der Reise so, als ob er in den Krieg zöge – vier Jahre nach dem Krieg.

In Westdeutschland wurde damals die Ausbildung eines neuen Gemeinschaftsgefühls dadurch begünstigt, dass man sich gegen eine angebliche Kollektivschuld verwahrte; Frei sprach diesbezüglich von einer «Schlussstrichmentalität». Für den Schriftsteller Thomas Mann muss das anmaßend gewirkt haben, zumal er die Versuche der Denazifizierung für gescheitert hielt. Als er wieder in Los Angeles war, erreichte ihn im Dezember 1949 ein Brief aus Deutschland von seinem früheren Exil-Kollegen Theodor W. Adorno, in dem dieser darüber spottete, dass die Deutschen mittlerweile alle überzeugt seien, keine Nazis gewesen zu sein. Norbert Frei las diesen Brief nun mit siebzig Jahren Abstand gegen den Strich, indem er aus Adornos Beobachtung ein Hoffnungszeichen für die junge deutsche Demokratie herleitete: Die Verdrängung signalisierte in Freis Augen die Akzeptanz der neuen politischen Verhältnisse. Schon 1963 sei Thomas Mann der deutsche Schriftsteller gewesen, der laut einer Allensbach-Umfrage in seiner Heimat als am lesenswertesten empfunden wurde. Wie der 1955 gestorbene Autor auf dieses Ergebnis wohl reagiert hätte? «Was ich bin, liest Deutschland»?

Das wäre nur wenige Jahre zuvor noch undenkbar gewesen. Im Publikum bei Freis Vortrag saß auch der 1928 in Hamburg geborene und mit seiner Familie 1933 nach Schanghai emigrierte Peter Loewenberg, Professor an der UCLA. Als er 1959 als Fulbright-Stipendiat nach West-Berlin kam, schenkte er einem deutschen Professor eine Schallplatte, auf der Mann selbst aus seinem Werk liest. Der Beschenkte war empört, dass man ihm, einem ehemaligen Frontsoldaten, die Stimme eines Schriftstellers ins Haus brachte, der für einen Feindsender geschrieben hatte. Mit solchen Einschätzungen, auch aus politischen Kreisen, war Thomas Mann oft selbst konfrontiert.

In der von David Kim (German Department der UCLA) moderierten Fragerunde wurde von Frei die politische Situation im Deutschland der Nachkriegszeit schärfer akzentuiert und vor allem Konrad Adenauers Rolle als integrative Figur gewürdigt, die vor ihrer Zeit als Bundeskanzler den jüngeren Teilen der deutschen Bevölkerung jede politische Kompetenz absprach, weil sie durch die Jahre der Diktatur geprägt seien. Da blieb dann nur noch der Rückgriff auf einen wie Adenauer selbst, der fast so alt wie Thomas Mann war – in diesem Punkt hätten sich beide Männer als Egozentriker, die sie waren, wohl gut verstanden. Aber auch nur in diesem Punkt.

Denn als Adenauer die Bundesrepublik auf die Westbindung verpflichtete, waren die Vereinigten Staaten für Thomas Mann gerade besonders unheimlich. Er sah dort eine Hexenjagd auf angebliche Kommunisten am Werk, und er selbst wurde von amerikanischen Presseagenturen mit manipulierten Fotos und erschwindelten Unterschriften als Sympathisant der Sowjetunion denunziert. Es waren solche «fake news», die ihn schließlich an der Demokratie in Amerika zweifeln ließen und außer Landes trieben. Der Bezug auf die Gegenwart, den Norbert Freis Ausführungen nahelegten, war überdeutlich.

3. Juni Vom Balkon der Royce Hall auf dem Campus der UCLA hatte ich am 28. Mai auf die Powell Library geblickt, sozusagen vom Herz der Universität aufs Hirn. Heute musste ich noch einmal dorthin, als Gast eines Literaturkurses, den Jacob Burda dort abhält, und ich hatte danach etwas Muße eingeplant für die Bibliothek, in der man bei guter Lektüre zuverlässig an die verfliegende Zeit erinnert wird, denn jede Stunde erklingt von einem der Türme der Royce Hall gegenüber der Big-Ben-Glockenschlag: eine Reminiszenz ans angelsächsische Selbstverständnis des amerikanischen Bildungswesens. Das aber wird durch die architektonische Gestalt des Campus konterkariert, denn dessen ältestes, 1929 eröffnetes Bauwerk, eben die Royce Hall, zeigt sich als Mischung aus einer romanischen Basilika und der Villa Medici – jedenfalls italienisch. Und auch die Powell Library, im selben Jahr fertiggestellt, aber etwas später begonnen und deshalb nur das zweite Gebäude, gibt sich mediterran, wenn es auch eine byzantinische Kuppel mit maurischen Elementen kombiniert. Mag sein, dass man das unter dem damals populären

Stilbegriff «Spanish Revival» subsumieren könnte; zumindest im Inneren wird man stark an die Alhambra in Granada erinnert. Aber es ist schon zum Staunen, was 1929 in Los Angeles so alles errichtet wurde. Das Kaufhaus «Bullock's Wilshire» stammt ja auch aus diesem Jahr und hat so gar nichts mit den UCLA-Gebäuden gemein. Außer dem Anspruch auf Überwältigung natürlich.

Die Decke der Kuppel im Lesesaal der Powell Library sieht aus wie holzgeschnitzt, und wäre sie in einem Privathaus untergebracht, würde man vermuten, ein exzentrischer Amerikaner hätte sie aus Andalusien nach Los Angeles überführt. Sie wurde aber illusionistisch gemalt, von Julian Ellsworth Garnsey, einem seinerzeit erfolgreichen Muralisten, der einem phantastischen Eklektizismus frönte. In das maurische Muster seiner Scheinarchitektur mit sich kreuzenden und verschlingenden Linien sind vierzig kleine Vignetten eingemalt, die in den knapp zwanzig Metern Kuppelhöhe kaum zu erkennen sind. Aber nah am zentralen achtstrahligen Stern der Komposition ist eine Lilie auszumachen, weiter vorn zum Rand hin wiederum etwas, das aussieht wie ein Skorpion. Man könnte in den Vignetten also Herrschaftssymbole oder Sternzeichen vermuten, aber dann gibt es auch wieder einzelne Buchstaben, die Namenskürzel sein könnten. Und rechts, auch sehr dicht am Zentralgestirn des Deckenbildes, entdecke ich ein mir vertrautes Wappen: die zwei gotischen Minuskeln i und t links und rechts von einem stilisierten Reichsapfel. Das ist das Druckerzeichen einer Leipziger Inkunabelwerkstatt, die in den sächsischen Ausstellungen zum Reformationsjubiläum vor zwei Jahren immer wieder aufgetaucht war, nämlich der Offizin von Jacob Thanner, einem der wichtigsten Buchdrucker der Renaissance.

Und plötzlich erweist sich der Vignettenreichtum an der

Decke des Lesesaals in Los Angeles als Sternenhimmel der europäischen Druckkunst. Da sind versammelt die großen Meister aus Deutschland, Italien, Frankreich, der Schweiz und England, von Johann Fust und Peter Schöffer, zwei der ersten bekannten Buchdrucker überhaupt, die in Mainz mit Gutenberg zusammengearbeitet hatten (der vermutlich deshalb an der Decke nicht zu finden ist, weil er kein Druckerzeichen führte; er war als Pionier ja noch konkurrenzlos), über Jean du Pré, William Facques und Aldus Manutius bis zu einem weiteren Leipziger, Melchior Lotter. Die Heimat ist ganz nahe an der kalifornischen Westküste, repräsentiert im schönsten und wohl auch kulturgeschichtlich wichtigsten europäischen Erbe: der Verbreitung des Wissens in Form von Massenmedien. Heute führt Kalifornien selbst diese Tradition fort, mittels der hier stetig vorangetriebenen Computertechnik. Das konnte Garnsey 1929 noch nicht ahnen, aber der Anspruch der Neuen Welt, das Erbe der Alten anzutreten, ist seiner Decke schon abzulesen.

4. Juni Im Thomas Mann House gibt es kein Fernsehgerät; Thomas Mann hatte ja auch keins. Aber in der Decke des Wohnzimmers sind ein Projektor und eine abrollbare große Leinwand untergebracht, die mittels Fernbedienung ausgefahren werden können. Geboten wird dann Apple TV, ein Medienangebot, das übers Internet läuft und Zugriff auf diverse Sender und Streamingdienste ermöglicht, natürlich gegen Bezahlung. Frei sind hier nur wenige Sender, unter anderem aber der Nachrichtenkanal CBS News. Und bei besonderen Ereignissen schalte ich ihn ein. Beim letzten Mal war das der Brand von Notre-Dame.

In der amerikanischen Politik brennt es dauernd, so viel kann man gar nicht schauen, doch gestern hat Präsident Trump seinen Staatsbesuch in Großbritannien begonnen, und schon die Vorstellung, wie der riesige Amerikaner neben der mittlerweile doch arg schmächtigen und gebeugten Queen Elizabeth einherschreiten würde, war zu verlockend, als dass ich meiner Fernsehaversion hätte treu bleiben können. Aber das Zusehen lohnte auch der unterschiedlichen Tischreden wegen, denn während der amerikanische Präsident die gewohnten Phrasen von Wohlstand, Freundschaft, historischer Verbundenheit drosch, erinnerte die englische Königin an den eigentlichen Anlass von Trumps Europabesuch, den 75. Jahrestag der alliierten Landung in der Normandie am 6. Juni 1944, D-Day (mag sein, dass Trump ihn als Donald-Day missversteht). Aus den Opfern des Zweiten Weltkriegs, so die Queen, habe man eine Lehre gezogen: Dass es so etwas nicht wieder geben dürfe, und deshalb seien Briten, Amerikaner und weitere Verbündete Partnerschaften eingegangen, die Frieden und Freundschaft garantierten. Die Zeiten seien heute andere, aber an dem Gedanken müsse man festhalten. Dieser zarten Monarchin konnte man nicht zutrauen, ihrem Besucher eine Ohrfeige zu versetzen, aber genau das hat sie verbal getan. Einem Präsidenten, der Konfrontation als beste Voraussetzung für die Aushandlung guter Deals ansieht, müssten solche Worte in den Ohren klingeln. Zumal man bei Ansprachen der mittlerweile dreiundneunzigjährigen Königin nie weiß, ob es nicht ihre letzten Worte gewesen sein könnten.

Die letzten geschriebenen Worte von Thomas Mann lauteten: «Billy Budd ist wirklich eine der schönsten Erzählungen der Welt!» Sein Werk endet also mit einem Ausrufezeichen. Gesetzt wurde es im Juli 1955, wenige Tage vor seinem Tod, hinter ein Vorwort zu einem Sammelband mit Erzählungen aus aller Welt und allen Zeiten. In der kleinen Hausbibliothek im Arbeitszimmer steht der posthum erschienene Nachtragsband zur Stockholmer Gesamtausgabe mit dem schönen Titel «Nachlese». Er versammelt bis dahin nur verstreut erschienene Gelegenheitsstücke, und die letzte Gelegenheit war ebenjenes Vorwort, in dem sich die Liebeserklärung an Melvilles ebenfalls nachgelassene Erzählung findet, neben anderem Lobpreis für Flaubert, Dante, Tolstoi oder Buber – ein Bonmot zu Manns Lebzeiten lautete angesichts von dessen nicht wenigen Gefälligkeitsempfehlungen (heute würde man im Verlagswesen von «Blurbs» sprechen) bei Büchern: «Noch nicht gelobt von Thomas Mann».

Aber das im Juli 1955 verfasste Vorwort ist ein zentraler Text des Werks, weil es anhebt mit einer Rechtfertigung für die grenz- und vor allem sprachüberschreitende Auswahl des Erzählungsbandes; auf eine Konfrontation des Universalisten Schiller mit dem Individualisten Carlyle folgt eine kurze Ausführung, mit der Thomas Mann die Summa seiner politischen Nachkriegsüberzeugungen zieht: «Nun, eine ganze Epoche ist ihm (Carlyle) gefolgt; es war die Epoche des Nationalismus, und sie ist abgelaufen, ist von gestern. Kein halbwegs gescheiter Mensch, in welchem Lande immer, glaubt heutzutage, dass vom bloß Nationalen her irgendein Problem, ein politisches, wirtschaftliches, allgemein Geistiges, noch zu lösen sei. Es geht ums Ganze heute, um die Menschheit, um ihre Gesittung, ja um ihr Bestehen.»

Dieses «heute» klingt in unseren Tagen, man muss es zugeben, nach gestern. Leider glauben auch halbwegs gescheite Menschen rund um die Welt wieder fest an die Problemlösungskraft des Nationalen, und Donald Trump mag nicht für sie alle ihr Präsident sein, aber er ist ihr Prophet. Er ist

Jahrgang 1946, ein Nachkriegskind, während Elizabeth II. und Thomas Mann den Krieg erlebt und damit auch erlitten haben. Sie haben daraus dieselben Schlüsse gezogen, und die Stimme der Queen trägt die Überzeugung von Thomas Mann weiter bis in unsere Zeit. Es wird generationenbedingt nicht mehr lange solche Echos geben. Wenn sie verhallt sind, bleibt nur noch Gebrüll. Trumps Amtsvorgänger Barack Obama pflegte im Sommer seine Lektüreliste zu veröffentlichen. Liest der jetzige amerikanische Präsident überhaupt Bücher? Ich stelle das von Thomas Mann zurück ins Regal, die Leinwand verschwindet wieder in der Decke. Hoffentlich muss ich sie so rasch nicht wieder ausrollen lassen.

5. Juni

Heute Morgen habe ich gleich nach dem Aufstehen nach dem Wahlergebnis gesehen. Dabei wusste ich gestern Nachmittag nicht einmal, dass in Los Angeles gewählt wurde. Aber dann ging ich am frühen Abend noch in den Rustic Canyon Park, eine kleine, einigermaßen nahe gelegene Grünanlage jenseits des Sunset Boulevard, die auf dem Stadtplan so nett aussah. Und eine interessante Geschichte versprach, denn früher war dieses Gelände Heimat des Uplifters-Clubs. Das waren wohlhabende Herren aus Los Angeles, die sich hier in den zwanziger Jahren ein damals noch außerhalb der Stadt gelegenes Refugium errichtet hatten, in dem man für hundert Dollar im Jahr (seinerzeit ein Vermögen) Mitglied werden und dann die Annehmlichkeiten der Anlage genießen konnte: schwimmen, Tennis oder Polo spielen, lockere Gespräche unter Männern führen und nicht zuletzt Alkohol trinken, weitab von den Polizeikontrollen in den

Lokalen von Hollywood während der Prohibitionszeit. Die Bezeichnung «Uplifters» war denn auch doppeldeutig: Es konnte Gesellschaft in gehobener Stimmung meinen oder Gläser, die munter erhoben werden. Mit dem Ende der Prohibitionszeit ging das alles den Bach herunter, den kleinen Rustic Creek. Und irgendwann nach dem Zweiten Weltkrieg kam das Areal in städtischen Besitz und wurde zur *recreation zone.*

Aber das wollte ich gar nicht erzählen. Oder doch, ursprünglich schon. Beim Durchwandern erwies sich der Park eher als Enttäuschung, obwohl hier auch das erste staatliche Versuchsgelände für Forstwirtschaft in Kalifornien geschaffen wurde, schon 1887, als man damit experimentierte, was für exotische Pflanzen man in der Region würde heimisch machen können. Davon ist noch ein Eukalyptus-Hain geblieben, in dem ein Gedenkstein für diese botanische Pionierarbeit steht. Leider war nicht in Erfahrung zu bringen, ob all die Palmen, Oliven, Bougainvilleen oder Platanen, die man in Los Angeles sieht, von hier ausgewildert wurden. Nach sechs Jahren wussten die Forstbehörden jedenfalls, dass sich die fremde Flora phantastisch vermehrt, und gaben ihr Versuchsgelände an die University of California ab, die damals noch gar keine Niederlassung in Los Angeles hatte – ihr hiesiger Zweig wurde erst 1919 gegründet. Die Hochschule verkaufte das Grundstück 1920 an die Uplifters, vermutlich um Geld für den Aufbau des neuen Campus in Los Angeles zu bekommen. Ja, der mit Royce Hall und Powell Library. Architektonischer Prunk will bezahlt sein.

Enttäuschend war der Park für mich, weil die Sportstätten aus den zwanziger Jahren ziemlich heruntergekommen sind, und vom einstigen Polofeld ist gleich gar nichts mehr zu sehen; das wurde später verkauft, parzelliert und bebaut, sodass der rundum von Einfamilienhäusern umgebene Rustic Canyon Park jetzt eher wie ein banales örtliches Freizeitzentrum aussieht. Auf dem *baseball diamond* lassen die Anwohner ihre Hunde laufen, und aus dem früheren Clubhaus der Uplifters, einem haziendaartigen Gebäude mit beschattetem Innenhof, ist eine Art Stadtteilzentrum geworden, mit einer zauberhaft schönen Basketballhalle im früheren Festsaal, einer Töpferwerkstatt mit gruseligen Ergebnissen (die im Flur zum Trocknen herumstehen) und einer Vorschule für die kleinen Pacific Palisader. Und hier – irgendwann muss ich ja aufs eigentliche Thema kommen – war gestern ein Wahllokal eingerichtet.

An der Tür zum *polling place* hingen unübersehbar zwei Plakate (mit gleichlautendem Text in dreizehn Sprachen – Englisch, Spanisch, Chinesisch, Japanisch, Koreanisch, Thailändisch, Urdu, Russisch, Armenisch, Arabisch und drei Idiome, die ich beim besten Willen nicht identifizieren konnte), die zum einen die Rechte der Wähler erklärten, zum anderen im Umkreis von hundert Fuß rund um das Wahllokal jede Beeinflussung von Stimmberechtigten untersagten. Verboten sind Poster, Sticker, T-Shirts, Stifte und Hüte mit aufgedruckten Porträtbildern oder Slogans der Kandidaten, aber auch die mündliche Nennung von deren Namen. Gute Güte, hier muss man sich beim Wählen aber zusammenreißen!

Zum Glück gab es gestern gar keine Personen zu wählen, die man hätte nennen und sich damit strafbar machen können. Die Abstimmung bezog sich auf eine kommunale Maßnahme, die vorsieht, dass über einen Zeitraum von zehn Jahren private Wohnimmobilien mit einem Betrag von jährlich sechzehn Cent pro Quadratfuß (also etwa 1,80 Dollar pro Quadratmeter) besteuert werden sollen, um mit dem dadurch eingenommenen Geld die öffentlichen Schulen von

Los Angeles Unified (dem hiesigen Schulbezirk) so auszustatten, dass die Klassen verkleinert, die Fächerangebote verbessert und mehr Lehrer eingestellt werden können. Da man bei Annahme der Maßnahme mit zusätzlichen Einnahmen von einer halben Milliarde Dollar pro Jahr rechnet, dürfte sich da tatsächlich einiges machen lassen. Aber dafür hätten gestern zwei Drittel der abgegebenen Stimmen auf «Ja» lauten müssen. Das taten sie nicht, wie ich heute Morgen erfahre. Vielmehr hat eine Mehrheit von 54,3 Prozent «Nein» gesagt, und das bei gerade einmal etwas mehr als dreihunderttausend abgegebenen Stimmen. Der Schulbezirk Los Angeles hat allein eine Dreiviertelmillion Schüler, die aber natürlich fast alle nicht wahlberechtigt waren. Die anderen drei Millionen Bürger hat die Sache offenbar nicht besonders interessiert.

Der Bürgermeister von Los Angeles hat sich, wie ich nun erfahre, massiv für die Maßnahme eingesetzt, die Handelskammer, der Steuerzahlerbund und die Hauseigentümervereinigung waren dagegen. So weit keine Überraschung. Für mich als Fremdling ebenso erstaunlich wie erfreulich: Jeder Wahlberechtigte hat eine Broschüre nach Hause geschickt bekommen, die nicht nur den Text der fraglichen Maßnahme enthält, sondern auch beiden Seiten Platz für ihre Pro- oder Contra-Argumente einräumt. So weiß ich jetzt, dass die eigens anberaumte Abstimmung 12,5 Millionen Dollar gekostet hat – nicht gerade viel bei insgesamt erwarteten Mehreinnahmen von fünf Milliarden bis 2030, aber «Los Angeles Unified School District wastes our money» hieß es bei der Gegenseite in Großbuchstaben und typischem Trump-Ton. Die Broschüre enthält auch eine genaue Beschreibung des Abstimmungsprozederes in der Wahlkabine wie bei der Briefwahl und erläutert schon einmal vorab die Reform, die nächstes Jahr im Großraum Los Angeles durchgeführt wird: *Vote centers*, die leichter zugänglich und sicherer sein sollen, ersetzen die vielen *polling places.*

Dann wird wohl nicht mehr im ehemaligen Freudenhaus der Uplifters abgestimmt. Aber ich konnte mich hier noch einmal erhoben fühlen durch die beobachtende Teilnahme an einer amerikanischen Wahl. Dass das Ergebnis mir nicht passt, daran habe ich mich nicht nur bei amerikanischen Wahlen längst gewöhnt.

6. Juni

Manchmal wird man in einer Bibliothek noch anders überrascht als durch erfreuliche Lektürefunde. So flüsterte mir heute Morgen im Lesesaal der Special Collections des Getty Research Institutes eine dort forschende Gartenhistorikerin zu, dass am Nachmittag ein interner Vortrag von Neil MacGregor stattfinden werde, der den Mitarbeitern des Getty Centers das Berliner Humboldt Forum vorstellen solle. Das darf man in mehrfacher Hinsicht interessant nennen. Einmal, weil es natürlich in der Breite des kulturellen Selbstverständnisses und der angestrebten Vermittlung von Weltwissen gewisse Parallelen zwischen der privaten kalifornischen Institution und dem öffentlichen deutschen Vorzeigeprojekt gibt. Dann, weil beide Einrichtungen schon durch ihre Lage den Anspruch kundtun, eine intellektuelle Führungsrolle in ihren jeweiligen Gemeinwesen zu spielen: das Getty mit seiner herausgehobenen Hügellage über Los Angeles, das Humboldt Forum als Wiedergänger des Hohenzollernschlosses mitten in Berlin. Und schließlich, weil MacGregor, der frühere Direktor des Britischen Museums in London, eine der weltweit profiliertesten Führungskräfte im musealen Metier ist und bis vor einem Jahr der dreiköpfigen Gründungsintendanz des Humboldt Forums angehörte, ehe Hartmut Dogerloh zum alleinigen Generalintendanten ernannt wurde. So gut wie MacGregor dürfte sich niemand sonst (außer seinen beiden früheren Mitintendanten Horst Bredekamp und Hermann Parzinger) mit dem ambitionierten, umstrittenen, teuren und – wie in Berlin üblich – leicht verspäteten Projekt auskennen. Mal hören, was der schottische Tausendsassa zu berichten hat.

Da die Veranstaltung im großen Vortragssaal des Getty Museums und während der Arbeitszeit stattfindet, bleiben einige Plätze unbesetzt, und ich werde großzügig eingelassen, um mich an MacGregors «Bouillabaisse of history and politics», wie die Rede zur Begrüßung angekündigt wird, zu laben. Wobei das Gebräu erst langsam auf Temperatur kommt, weil der Vortragende auf für ihn völlig untypische Weise ungelenk ist, zahlreiche «Ähs» den Redefluss unterbrechen, was aber meine Spannung noch erhöht, denn wenn MacGregor so unsicher wirkt, wird er wohl etwas Heikles zu erzählen haben. Das allerdings stellt sich als Täuschung heraus, denn der Ex-Intendant ist nicht hierhergekommen, um schmutzige Wäsche zu waschen, sondern das künftige Humboldt Forum ins schönste Licht zu setzen. Und je akribischer er die Diskussionen in Deutschland um das Konzept erläutert, desto weniger Zweifel lässt er daran, dass etwas Besseres als dieses Haus der Welt gar nicht passieren könne. Und je politischer der Vortrag wird, desto flüssiger MacGregors Rede.

Gesellschaftspolitischer, denn bis auf die Sottise, dass ihn das Leitungsgremium des Forums mit Vertretern aller Parteien aus Bund und Land sowie der drei unabhängigen Mitbetreiber des Hauses (Humboldt-Universität, Ethnographisches Museum, Museum für asiatische Kunst) an die Herrschaftsstruktur des Heiligen Römischen Reiches

deutscher Nation erinnere, spart sich MacGregor jegliche
Bemerkung zur aktiven Politik. Stattdessen werden die
heftigen Debatten um Kolonialismus, Provenienzforschung
und Restitution angesprochen, von deren prinzipieller Berechtigung MacGregor aber nicht das leuchtende Vorbild
der Namensgeber des Forums, Wilhelm und Alexander von
Humboldt, überschattet sehen möchte. Der Erste ein Politiker, der die Vielfalt der Sprachen und Kulturen nicht nur
geschätzt, sondern sich jeweils damit auch vertraut gemacht
habe; der Zweite ein Forscher, nach dem so viele Natur-
phänomene (Tiere, Pflanzen, Orte) benannt seien wie nach
keinem anderen Menschen. Und dazu noch der Erfinder der
Infographik. Ohne den Darwin gar nicht möglich gewesen
wäre. Wurde Humboldt zu Lebzeiten jemals so geehrt? Oder
die deutsche Kultur? Wenn wir Museen errichten – großartig.
Wenn wir darüber streiten – vorbildlich. Wenn wir ein pro-
grammatisches Chaos anrichten wie im Humboldt Forum –
inspirierend. In seinen pathetischsten Momenten mochte
man MacGregor für den letzten Leser des längst vergessenen
Lyrikers Emanuel Geibel halten, der Kaiser Wilhelm II. mit
einer Gedichtzeile das berühmt-berüchtigte Schlagwort «Am
deutschen Wesen mag die Welt genesen» geliefert hat.

Natürlich meint es MacGregor nicht so wie Geibel und der
Hohenzoller, aber selten fühlte man sich als Deutscher mehr
gelobt. Wie konnte man diesen Mann als Intendanten nur
jemals gehen lassen? Die Rolle seines Nachfolgers Dogerloh
beschreibt MacGregor im Rahmen seiner Reichsanalogie als
zwischen den divergierenden inneren Kräften vermittelnden
Kaiser. Der auch ganz buchstäblich viele Throne unter sich
hat, die der Redner im Bild prompt vorführt: sämtlich Ge-
schenke von Monarchenkollegen aus aller Welt an die Ho-
henzollern, also mit einwandfreier Provenienz und somit

bald im Humboldt Forum zu besichtigen. Wir aber sähen in Berlin lieber Neil I. statt Kaiser Hartmut. Zur Not hätte er den Laden auch weiter als Teil eines Triumvirats schmeißen können. Selbst ein Drittel MacGregor bringt mehr Schwung ins Museum als irgend sonst ein Intendant. Wie konnte ihn sich eigentlich das Getty Research Institute entgehen lassen, als die Nachfolge von Thomas Gaehtgens zu regeln war? Da war Kaiser Neil ⅓. doch gerade in Berlin frei geworden.

7. Juni

Gestern ist Dr. John gestorben, wie ich aus einem ganzseitigen Nachruf in der «New York Times» erfahre. Vor ein paar Jahren habe ich ihn auf der Bühne gesehen, in seiner musikalischen Heimatstadt New Orleans, und ein lebendigeres Konzert habe ich womöglich nie erlebt. Obwohl ich zugeben muss, dass es doch schon länger als ein paar Jahre her ist, mehr als ein Vierteljahrhundert, denn New Orleans besuchte ich, kurz nachdem Hurricane Andrew die Küstenregion von Louisiana verwüstet hatte, und das spielte sich im August 1992 ab. Die große böse Schwester Katrina hat später die Erinnerung an Andrew ausgelöscht, aber ich erinnere mich nur zu gut, dass meine Frau und ich damals kaum eine Unterkunft fanden, weil alle Motels mit Helfern besetzt waren. Und dann gab Dr. John ein Konzert, von dem wir nur zufällig erfuhren. Seine damals gerade erschienene Schallplatte hieß «Goin' Back to New Orleans».

Was hat das mit meinem Aufenthalt in Los Angeles zu tun? Einerseits nichts anderes als nostalgische Melancholie. Doch dank des Nachrufs weiß ich andererseits nun auch, dass Mac Rebennack, wie er bürgerlich hieß – Dr. John nannte er sich erst später –, als Studiomusiker 1965 nach Los Angeles gekommen ist und hier unter anderem mit Sonny & Cher oder Frank Zappa zusammengespielt hat. Und mit dem Produzenten Phil Spector arbeitete. Als er dafür in ein Aufnahmestudio kam, fand er dort dreißig Streicher und zehn Bläser plus weitere Instrumentalisten vor (Rebennack selbst war als Mann fürs Honkytonk-Klavier engagiert) und sagte sich, dass man zu Hause in New Orleans für die von Spector gewünschte Wall of Sound nur sechs Musiker gebraucht hätte. Das kam ihm vernünftiger vor. Also kehrte er zurück.

1992 hatte er dann doch deutlich mehr als sechs Musiker auf der Bühne, ein knappes Dutzend, aber dafür war die Wall of Sound so dicht, wie es die amerikanisch-mexikanische Grenze nie sein wird. Dazu trug maßgeblich eine aus vier Herren bestehende Bläsergruppe bei, die Dr. John so vorstellte: «Zusammen mehr als 250 Lebensjahre!» Das konnte man ihnen ansehen, aber nicht anhören, das Quartett war einfach unglaublich. Und Dr. John, selbst damals fünfzigjährig und erst kurz vorher drogenabstinent geworden, spielte und sang, als hätte er den Blues noch in dessen Anfängen kennengelernt – zeitlos.

In Erinnerung geblieben ist aber noch etwas anderes, und das scheint heute wie aus einer anderen Epoche (nun ja, es war ja auch immerhin ein anderes Jahrhundert). Als wir uns Karten kauften, in Vor-Internet-Zeiten noch in einem Konzertbüro, das der Touristeninformation von New Orleans angeschlossen war, erkundigten wir uns, wie man denn zum Veranstaltungsort käme. Worauf die freundliche Dame hinter dem Schalter uns eindringlich zu verstehen gab, dort gehe man am besten gar nicht hin, es sei eine schwarze Gegend, und wenn man die schon aufsuchen müsse, dann bitte nur mit dem Taxi, keinesfalls mit öffentlichen Verkehrsmitteln. Heute wäre die Dame ihren Job mutmaßlich sofort wegen rassistischer Äußerungen los, allein die Rede von «black community» in Verbindung mit einer Warnung dürfte dafür ausreichen. Wir hörten nicht auf sie und nahmen den Bus, und alles war denkbar harmlos. Wobei wir dann in dem Club, in dem das Konzert gegeben wurde, mitten in einer Nachbarschaft, die tatsächlich nur aus «people of color» bestand, wie man heute zu sagen angehalten ist, ausschließlich Weiße vorfanden: vor und auf der Bühne. Die Musik war dagegen kaum bunter denkbar. Nach dem Ende der Veranstaltung standen die Taxis dann um den ganzen Block herum, um das ängstliche weiße Publikum heil zurück in seine braven Viertel zu transportieren.

Dr. John erschien mir nach diesem Konzert unsterblich. Ein ähnlich bewegendes haben wir in Amerika erst 2005 wieder erlebt, als Willie Nelson in der Nähe von Austin, Texas, auftrat. Nelson, seinerzeit schon jenseits der siebzig, springt seitdem dem Tod zuverlässig von der Schippe, und nun hat es den jüngeren Mac Rebennack erwischt. Von seinen im Jahr 1992 zusammen bereits mehr als zweihundertfünfzigjährigen Begleitbläsern dürfte auch niemand mehr leben. Wo auch immer die fünf nun im Jenseits zu finden sind, musikalisch wird da einiges los sein. Grüße aus Los Angeles dorthin, auch wenn sie hier nicht wissen, wie man effizient Musik macht, wenn man Dr. John glauben möchte.

8. Juni   Vom nördlich des Getty Centers gelegenen Besucherparkhaus nimmt man für die letzten zwei Kilometer die Tram, eine Art Bergbahn, die auf der Museumsplaza endet. Warum das Umsteigen, wo doch neben der Trasse auch noch eine Autozufahrtstraße verläuft und es direkt unterhalb

des Centers einen Südeingang gibt, wo man auch ein Parkhaus hätte in den Hang buddeln können – schön stadtnah?
Die Erklärung ist einfach: Der so fern vom eigentlichen Ziel
gelegene Haupteingang soll möglichst weit weg von den
Wohngebieten sein, und er ist von seiner Kapazität her als be-
wusster Engpass errichtet worden, denn als das Getty Center
gebaut wurde, Mitte der neunziger Jahre, hatte die Stiftung
die Baugenehmigung dafür von den Nachbarn nur erhalten,
weil sie zugestand, dass eine bestimmte tägliche Besucherzahl auf dem Hügel nicht übertroffen werden würde. Auf sie
und auf die Zahl der im Center Beschäftigten wurde dann
das Parkhaus ausgelegt, und seitdem wird penibel darauf
geachtet, dass auch ja kein Parkplatz irgendwo in der Umgebung dazukommt – was einigermaßen lächerlich ist, denn
Platz wäre hier am Stadtrand mehr als genug. Das zeigt das
Schild vor der Einfahrt zum Leo Baeck Temple der jüdisch-
reformierten Gemeinde, der gleich gegenüber vom Parkhaus
des Getty Centers am Sepulveda Boulevard liegt (als weit
und breit einziges anderes Gebäude hier in der Einöde): «No
Getty Center Parking!» Aber auch sonst kaum Parking; mehr
als zwei, drei Autos habe ich auf dem Temple-Parkplatz bei
meinen mittlerweile Dutzenden An- und Abfahrten noch
nie gesehen. Immerhin lässt sich die Gemeinde aus Skepsis
gegenüber dem musealen Nachbarn eine sichere Einnahmequelle entgehen. Auch beim Baeck Temple kostet ein Parkplatz den Besucher nämlich zwanzig Dollar – wenn er denn
dort parken darf und nicht etwa ins Museum will.

Wie prägend vor einem Vierteljahrhundert der Widerstand
der Anwohner gegen die Errichtung der Getty-Akropolis gewesen ist, aber auch wie letztlich enttäuschend das Ergebnis,
kann man nachvollziehen, wenn man die gegenwärtigen
Auseinandersetzungen um den geplanten Bau des Campus

fürs Berggruen Institute verfolgt. Noch residiert der Think Tank mit seinen Büros mitten in der Stadt, im berühmten Bradbury Building, aber Nicolas Berggruen hat hinter dem Getty Center seine eigene Hügelspitze erworben und von dem Schweizer Architekturbüro Herzog & de Meuron einen Entwurf mit zwei markanten Kugelhäusern erarbeiten lassen, der in fünf Jahren umgesetzt sein sollte. Davon sind jetzt bereits zwei Jahre um, und getan hat sich bislang nichts auf der Höhe. Denn aus den Erfahrungen mit dem Getty-Bau klug geworden, verweigert die Nachbarschaft die nötige Zustimmung für den geplanten Campus an diesem weithin sichtbaren Ort. Neben Büros und Konferenzräumen soll es dort auch Wohnungen für fünfzehn Stipendiaten und für Nicolas Berggruen selbst geben, und wieder einmal fürchten die Bewohner der automobilsten Stadt der Welt vor allem eine Zunahme des Straßenverkehrs vor ihren Häusern. Angeblich soll Berggruen auf dieses Argument geantwortet haben, er käme sowieso immer mit dem Hubschrauber. Das dürfte die Sorgen der Nachbarschaft vor Beeinträchtigungen ihrer Lebensqualität nicht beseitigt haben.

9. Juni Was haben wir gelacht! Eben hörte ich auf der Rückfahrt mit dem Auto aus der Stadt wie in den letzten Tagen immer den lokalen Radiosender KPFK, das einzige mir bekannte und erst kürzlich entdeckte Programm in dieser Region, das tagsüber fast nur Wortbeiträge bietet und abends sogar eine Stunde lang auf Spanisch ausstrahlt (was mir leider nichts nützt, da schalte ich dann um). Hier gibt es extrem lange Interviews, Gesprächsrunden oder gar politische Kommentare im kämpferischsten Leitartikelton, die sich über fast eine Stunde erstrecken können. Es wird massiv Meinung gemacht, und zwar nicht, wie wir Alteuropäer uns das so in den Vereinigten Staaten vorstellen, zugunsten Donald Trumps, sondern gegen ihn und gegen soziale Ungerechtigkeit allgemein, gegen Rassismus und Misogynie; ein oft wiederholtes Schlagwort ist «white supremacy». Eine junge Aktivistin trommelt für eine samstägliche Demonstration, die viel mehr als eine Demonstration sein soll, nämlich wieder einmal der Beginn einer Revolution («not less!»), und bei einer morgendlichen Hörerstunde werden Anrufer zugeschaltet, die noch heftiger über die Regierung zu schimpfen versuchen als die Moderatoren, die aber dann wiederum auf diese groben Klötze noch gröbere Keile setzen. So schaukelt sich das Rundfunkprogramm zur schönsten Agitprop hoch. Wer KPFK hört, der sollte nicht denken, dass in diesem Land eine republikanische Agenda Erfolg haben könnte. Hier sind alle auf Widerstand gepolt. Ach ja, Marianne Williamson, die demokratische Präsidentschaftsbewerberin, die ich vor mehr als zwei Monaten in der First Unitarian Church kennengelernt habe, ist ebenfalls ein gefragter Gast. Wie auch nicht? Ihr jüngstes Buch «A Politics of Love» ist ja laut Untertitel ein «Handbook for a New American Revolution». Nach bald 250 Jahren wird es allmählich mal wieder Zeit dafür, und jetzt haben wir auch den Sender dazu.

Und worüber haben wir gelacht, wo doch alles in Amerika offenbar zum Weinen ist, wenn man KPFK glauben darf? Darüber, dass die Station beim regelmäßigen Eigenlob, das in Amerika jeder Sender zu bieten hat, im Brustton der Überzeugung erklärt, dass sie unabhängig sei (mag sein) und «not biased» wäre, also unvoreingenommen. Unglaublich: Ich habe noch nie etwas politisch oder gesellschaftlich Voreingenommeneres gehört als diesen Sender, und dass vieles von dem, was da gepredigt wird, richtig und überfällig ist, ändert nichts daran, dass es einseitig ist. Sozusagen Fox News verkehrt.

Erklären lässt sich das aus der Geschichte des Senders, der vor kurzem seinen sechzigsten Geburtstag begehen konnte. Im April 1959 nahm er den Betrieb auf, als zweites Programm einer zwölf Jahre zuvor etablierten Stiftung namens Pacifica, die Lewis Hill begründet hat, ein 1919 geborener Pazifist (noch ein Jubiläum). Im kalifornischen Berkeley rief er 1949 das erste rein durch Zuwendungen der Hörer finanzierte Radioprogramm ins Leben: KPFA. Die Aufnahme des Sendebetriebs durch die zehn Jahre später gegründete Station in Los Angeles erlebte Lewis nicht mehr; er hatte sich 1957 wegen einer schweren Krankheit das Leben genommen.

KPFK hat gerade eine Spendenkampagne laufen, und von dem selbstgesteckten Ziel, 650000 Dollar bei den Hörern einzusammeln, ist der Sender nur noch knapp mehr als 100000 Dollar entfernt. «Unity is based on principles and ethics», lautet eine programmatische Erklärung der Station, aber niemand, so fährt der Text fort, möge erwarten, dass Mitarbeiter und Zuhörer in politischen Fragen übereinstimmen. Aber genau das tun sie, zumindest wenn ich nach meinen Hörerfahrungen der letzten Tage gehen darf. Und wenn so häufig bemängelt wird, dass im Internetzeitalter die Meinungspluralität leide, weil jeder sich seine für die eigenen Überzeugungen maßgeschneiderte Echokammer konstruieren kann, dann hat man mit KPFK einen Beweis dafür im Ohr, dass es dieses Phänomen auch schon im vordigitalen Zeitalter gab. Es ist eine typische Erfahrung: Die gesellschaftliche Linke, die in der Tat Prinzipien und Ethik gern für sich exklusiv in Anspruch nimmt, erkennt nicht, dass viele Vorwürfe, die sie der gesellschaftlichen Rechten macht, genauso ihr selbst entgegengehalten werden können. Auf der rechten Seite wiederum wird bevorzugt eine angebliche «Mainstream»-Meinung in den Medien angeprangert, aber auf so vielen unterschiedlichen Kanälen und von so vielen gleichlautenden Stimmen, dass die Behauptung genauso lächerlich ist wie die Beschwörung der Unparteilichkeit durch die Linke. Beide Seiten demonstrieren lediglich die Blindheit der Selbstgerechtigkeit, aber Justitia tritt ja traditionell mit Augenbinde auf, wen soll es also wundern?

10. Juni Die Studenten der UCLA haben in dieser Woche die Abschlussprüfungen des laufenden Terms zu absolvieren, nächste Woche kommen dann Eltern, Verwandte und Freunde auf den Campus, um die Graduations zu feiern. Dabei werden die Gäste zugleich auch ein kritisches Auge auf die Infrastruktur der Universität werfen – und auf Äußerlichkeiten wie gepflegte Gartenanlagen, aber da spielt dieser Frühling ganz wunderbar mit; er hat mit Regen und kühlen Temperaturen für den blühendsten und grünsten Campus seit Menschengedenken gesorgt.

Die wichtigere Frage lautet ohnehin: Wie kann die Hochschule ihre Studenten unterbringen? Die UCLA liegt am Schnittpunkt dreier der attraktivsten Wohngebiete von Los Angeles – Brentwood, Beverly Hills und Westwood –, und abgesehen davon, dass es hier sowieso keine Freiflächen mehr gibt, könnte sich die Universität deren Kauf auch gar nicht leisten. Sie kann von Glück reden, dass sie hier schon seit den zwanziger Jahren ihren Campus hat. Und westlich davon eine hochschuleigene Wohnsiedlung mit Studentenheimen, in denen fünfzehntausend Undergraduates untergebracht sind.

Die Bereitstellung von Wohnheimplätzen sei neben dem universitätseigenen Fitnesscenter auf dem Campus die wichtigste Entscheidungsgrundlage für amerikanische Studenten bei der Wahl ihres Studienplatzes, bemerkt David Kim vom German Department. Wenn sie denn das nötige Geld haben, überhaupt auswählen zu können. Die Eltern wiederum, die finanziell bedingt meist auch ein entscheidendes Wort mitzureden haben, achteten eher auf das Essensangebot auf dem Campus. So ist im Studentenwohnviertel im Tiefgeschoss der mehrstöckigen Gebäude eine Mensa untergebracht, in der man für einen Festpreis von weniger als zwanzig Dollar ein All-you-can-eat-Angebot vorfindet: mehrere warme, an den Ausgabestellen frisch servierte Speisen, ein Salat- und ein Nachtischbüfett, ein «amerikanischer» Tresen für Hamburger und Pizza, dazu eine große Auswahl an nichtalkoholischen Getränken – in Deutschland wäre das der Traum einer Mensa, und auch in den Vereinigten Staaten schneide die UCLA, so sagt Kim, bei Essensvergleichen zwischen den Universitäten immer bestens ab.

Etliche Studenten aber seien obdachlos und lebten in ihren Autos, die genaue Zahl kenne man nicht, denn natürlich wolle keiner der Betroffenen darüber sprechen, aber das Phänomen begegne einem an allen amerikanischen Hochschulen in teuren Ballungsräumen und in Kalifornien mit seinem milden Wetter ganz besonders. Zum Waschen suchen diese wohnungslosen Hochschüler die Duschen im Fitnesscenter auf. Das Wohnen auf dem oder nahe am Campus wird an amerikanischen Universitäten als wichtig für die Eingewöhnung ins universitäre Leben betrachtet; die meisten Studenten haben zum ersten Mal ihr Elternhaus verlassen. Dartmouth College schreibt seinen Hochschülern sogar vor, im ersten Jahr einen Wohnheimplatz zu belegen, aber in der Provinz von New Hampshire gibt es auch kein Platzproblem. In den Wohnheimen der UCLA hat man vor ein paar Jahren die Belegung der meisten Zimmer von den üblichen zwei Bewohnern auf drei erhöht, um den vielen Bewerbern überhaupt noch ein Angebot machen zu können und einer kalifornischen Richtlinie entgegenzukommen, die als Gegenleistung für die Beibehaltung der staatlichen Finanzierung den Universitäten höhere Absolventenzahlen abverlangt. Dadurch ist ein Teufelskreis in Gang gekommen, denn natürlich bedeutet das im Schnitt weniger Geld pro Student und weniger Platz, und Kim, der neben seiner Lehrverpflichtung freiwillige Tutorien in der Wohnheimsiedlung anbietet, weiß einiges von den psychologischen Problemen unter deren Bewohnern zu erzählen, die in den letzten Jahren massiv zugenommen haben.

Da die Universität angesichts der teuren Grundstückspreise nicht mehr Wohnheime bauen könne, sagt Kim, bleibe nur die Aufstockung der bestehenden Gebäude, was aber wiederum durch die hohe seismische Gefahr und entsprechende Bauvorschriften nicht beliebig möglich sei. Erst in den neunziger Jahren hat es hier ein Erdbeben gegeben, das auf dem Campus schwere Schäden angerichtet hat. Unter anderem wurde damals die gemalte Kuppeldecke in der Powell Library mit den Druckerzeichen beschädigt; die Royce Hall, in der Kim sein Büro hat, war monatelang wegen Ausbesserungsarbeiten gesperrt. Wir blicken von der Plaza zwischen den beiden Gebäuden die Treppen hinab in den tieferen Teil des Campus, hinter dem sich die Wohnheimsiedlung erhebt. Unten liegen die Sportstätten der UCLA: Football- und Baseballfelder, die einen großen Teil des Campusareals ausmachen. Die hochklassigen Universitätsmannschaften tragen ihre Spiele längst in außerhalb gelegenen Stadien aus; warum bebaut man also nicht diese Freiflächen? Kim stellt knapp fest, das sei undenk-

bar. Für das Selbstverständnis der UCLA sei dieser Athleten-
bereich zu wichtig und die Sportfakultät besonders gut mit
finanziellen Zuwendungen ausgestattet. Nun, das weiß ich;
die Bestechungsskandale der jüngsten Zeit sind hier in aller
Munde. Man weiß jetzt, wie viel Geld Eltern auszugeben bereit sind, um ihren Kindern begehrte Studienplätze über die
in den Vereinigten Staaten übliche Zulassungsquote für exzellente Sportler zu sichern. Die Stiftung schöner Trainings-
und Wettkampfanlagen kann sicher auch nicht schaden, und
diese Strategie ist sogar legal. Zumal ich zugeben muss: Der
Blick über den Campus auf die prachtvoll grünen Rasen-
flächen des Footballspielfelds ist bezaubernd, das perfekte
Klischee eines amerikanischen Studentendaseins. Nur die
engbebaute Wohnheimsiedlung direkt dahinter erinnert an
die Wirklichkeit jenseits des Klischees.

11. Juni

Joost Schmidt kam nie nach Kalifornien. Aber ein
Teil seines Nachlasses liegt hier, die «Joost Schmidt Papers»
im Getty Research Institute. Es ist ein kleines Konvolut, und
doch hat es mir zu Beginn meines Aufenthalts einen großen
Schrecken eingejagt. Das kam so ...

Ich hatte an meinem ersten Tag im Getty Research Institute unter dem Suchbegriff «Bauhaus» diverse interessante
Bestände in den Special Collections aufgelistet bekommen
und dann mehr oder weniger zufällig einzelne daraus zur
Ansicht bestellt. Die erste Box mit Dokumenten, die ich aus-
wählte, war eine, die zu den «Joost Schmidt Papers» gehört.
Schmidt kannte ich kaum mehr als dem Namen nach und
von einem berühmten Bild her: Auf dem Gruppenfoto der
Bauhaus-Meister, das 1926 auf dem Dach des damals gerade

fertiggestellten Dessauer Institutsgebäudes aufgenommen wurde, ist er ziemlich zentral zu sehen, ganz nahe bei Direktor Gropius, allerdings weiter hinten platziert als alle anderen und somit als zweitrangig ausgewiesen. Schmidt war einer der prägenden Bauhaus-Dozenten der Dessauer Jahre, aber er bekleidete dort keinen höheren Posten als den eines «Jungmeisters». Die Hierarchie an dieser sich so fortschrittlich gebärdenden Hochschule war konservativ, und Schmidt ist nicht in die Sphäre von Kandinsky, Klee, Moholy-Nagy, Feininger, Muche oder Schlemmer vorgedrungen, die allein schon dadurch ausgezeichnet waren, dass sie in den von Walter Gropius entworfenen Meisterhäusern wohnen durften. Berühmt ist der Jungmeister Schmidt denn auch nie geworden, die Kollegen riefen den hochaufgeschossenen Mann «Schmidtchen», das war zärtlich und despektierlich zugleich gemeint. Seine Rolle in der zweiten Reihe hat ihm nicht das Berufsverbot in der NS-Zeit erspart, und den Krieg überlebte der 1893 geborene Joost Schmidt leider nur um drei Jahre.

In der Weimarer Bauhaus-Zeit hatte er bei Schlemmer und Johannes Itten studiert, in Dessau dann vor allem Typographie und Aktzeichnen gelehrt, sich im «Dritten Reich» irgendwie durchgeschlagen und nie an Exil gedacht, und er wäre wohl rasch vergessen worden, hätte seine Witwe, die Klee-Schülerin Helene Nonné, nicht ihren ganzen Ehrgeiz daran gesetzt, das Werk ihres verstorbenen Mannes zu pflegen. Zwar erschien Nonnés jahrzehntelang vorbereitetes Buch über Schmidt erst 1984, acht Jahre nach ihrem eigenen Tod, aber es brachte ihn wieder ins Bewusstsein der Forschung, zu spät allerdings, um die Aufteilung seiner Hinterlassenschaft zu verhindern, die nun über diverse Archive verstreut ist, unter anderem eben auch mit einem Teil im Getty Research Institute. Der hier vor zwei Monaten auf meinen Lesetisch landete. Ich versprach mir von Joost Schmidts Papieren Aufschlüsse über die Bauhaus-Elite.

Die Box, die mir ausgehändigt wurde, war riesig, und damit war schon einmal klar, dass diese «Papers» wohl nicht aus Korrespondenz bestehen würden. Beim Öffnen fand ich vielmehr etliche Mappen für Handzeichnungen, doch fast alle waren leer. Das war der Schreck: Meine erste Recherche führte gleich in eine Sackgasse und in die Vermutung, dass im Getty Research Institute offenbar munter geplündert wurde. Eine Frage bei der Aufsicht nach den vermissten Blättern erbrachte keine Klärung, sie wirkte nicht einmal alarmiert. War das Fehlen von Beständen hier womöglich Normalfall?

Nach ein paar Stunden, die ich mit der Sichtung von anderen Archivalien verbracht hatte, die sich erfreulicherweise als komplett erwiesen, erreichte mich jedoch die Auskunft, dass die fehlenden Schmidt-Blätter für eine kommende Bauhaus-Ausstellung entnommen worden seien. Dass die im Haus selbst vorbereitet wurde, erfuhr ich erst Wochen später. Heute beginnt nun diese Ausstellung, ihr Titel lautet «Bauhaus Beginnings», und für die daran Beteiligten muss es nach dreieinhalb Jahren Vorbereitung ein großer Tag sein. Ich kann mich dagegen in den Vitrinen der Schauräume endlich auf die Suche nach den Arbeiten machen, deren Fehlen mich damals so heftig erschreckt hatte.

Und Joost Schmidt wird durch die Ausstellung aufs schönste rehabilitiert. Von kaum einem anderen Bauhaus-Mitarbeiter sind mehr Werke in der Schau vertreten: Bewegungsstudien und Kompositionsskizzen, Figurenentwürfe für Bühnenstücke, Farbexperimente und Konstruktionszeichnungen – ein veritables Kompendium des gesamten graphischen Bauhaus-Kosmos. Dieses Schmidtchen erweist sich im Getty Center als der kompletteste aller Lehrer; er ist mehr als eine Entdeckung, sein Werk ist eine Vervollständigung der Designgeschichte des 20. Jahrhunderts.

Die Experten haben das natürlich längst gewusst, aber selbst für sie wird «Bauhaus Beginnings» noch einiges zu bieten haben, weil die Getty-Bestände sich anders zusammensetzen, als man es erwarten würde. Durch die Exilanten sind zahlreiche Dokumente und Arbeiten in den Vereinigten Staaten gelandet und schließlich hier im Getty. Exil bedeutete aber gerade in Kalifornien nicht nur die großen Namen, sondern auch die zweite Reihe der Weimarer und Dessauer Dozenten oder einfach Schüler, deren Namen man gar nicht mehr kennt. Ihre Mitschriften und Übungsarbeiten erzählen mehr übers Bauhaus als die Werke, die wir alle kennen, die jedoch nicht notwendig Ausdruck der Bauhaus-Ästhetik waren, weil Meister wie Klee, Kandinsky oder Feininger ihre künstlerische Produktion von der Arbeit im Bauhaus strikt trennten. Bei diesen Berühmtheiten haben die Schatzkammern des Getty Research Institute eher wenig zu bieten. Wobei selbst das wenige noch wunderbar ist, etwa die Lehrmaterialien von Kandinsky: farbig bemalte Pappen in Rechteck-, Kreis- oder Dreieckgestalt, mit denen seine Schüler Farb- und Formenkombinationen durchprobieren konnten. Ob einer von ihnen diese Materialien aufbewahrt und hier an die Pazifikküste gebracht hat, das verschweigt die Ausstellung leider ebenso wie eine Online-Ergänzung unter dem Titel «Bauhaus: Building the New Artist», die eine Fülle von Informationen zu den Lehrmethoden bereithält. Man kann dort sogar selbst Bauhaus-Schüler spielen, indem man virtuell Schlemmers «Triadisches Ballett» choreographiert oder Kandinskys synästhetischen Test absolviert, bei dem den drei Grundformen Dreieck, Kreis und Quadrat die drei Grundfarben zugeordnet werden sollen. Für Kandinsky waren Dreiecke gelb, Kreise blau und Quadrate rot. Für mich sind sie das nicht. Wäre ich durchgefallen? Das verrät die Getty-Website nicht. Aber sie weiß, dass die meisten Bauhaus-Studenten damals die Farben den Formen in Kandinskys Sinne zuordneten. Was indes, so der süffisante Kommentar, auch eine Folge seines Ruhms gewesen sein könnte. Selbständig gestalten lernen sollten seine Schüler gar nicht, also wollten sie es sicherheitshalber auch nicht. Abweichung hätte von Kandinsky als Subversion gedeutet werden können.

Der Ausstellungstitel «Bauhaus Beginnings» ist doppeldeutig: zum einen meint er die Anfänge des Bauhauses als Institution vor hundert Jahren, zum anderen aber auch die Anfänger, die Studenten und deren Studienaufgaben. Hier hat das Getty, wie gesagt, einen großartigen Bestand, und vereinzelte Leihgaben ergänzen ihn in der Ausstellung klug. Im Jubiläumsjahr, in dem wir uns in deutschen Museen gar nicht retten können vor Bauhaus-Meisterwerken, setzt man in diesem reichen amerikanischen Haus auf zunächst einmal ärmlich wirkende Objekte: die epigonalen Schülerarbeiten von heute kaum noch bekannten Künstlern. Aber siehe da, man lernt von ihnen immer noch Neues über den Geist des Bauhauses. Leute wie der von der Kunstgeschichte und den Kollegen eher etwas kleingemachte «Schmidtchen» waren ganz großartig. Dass ich für diese Erkenntnis hundert Jahre und einen Ozean Abstand brauche, ist dann wieder ein neuer Schreck.

12. Juni
Mit welchen in Los Angeles ansässigen Deutschen man auch immer spricht – dem Generalkonsul Stefan Schneider, dem Verleger Benedikt Taschen, der Villa-Au-

rora-Chefin Margit Kleinman –, sie alle preisen das Wende Museum von Justinian Jampol. Der 1978 in Los Angeles geborene Historiker brachte von seinem Geschichtsstudium in Oxford und Moskau und vier Jahren Berlin-Aufenthalt eine gehörige Begeisterung für Europa im Allgemeinen und das wiedervereinigte Deutschland im Besonderen mit, vor allem aber eine Sammlung von Objekten aus der DDR, mit denen er 2002 in seiner Heimatstadt ein eigenes Museum begründete: eben «The Wende Museum» (ja, mit diesem deutschen Namen), das vor drei Jahren neue Räumlichkeiten im zentral gelegenen Stadtteil Culver City beziehen konnte, direkt unterhalb des Sony/Columbia-Filmstudiogeländes. Mir schien ein amerikanischer Ausflug in die deutsch-deutsche Vergangenheit anfangs wenig verlockend, aber das Lob für Jampols Haus erklang dermaßen unisono, dass ich mich mit ihm verabredet habe. Und heute fuhren also meine Frau und ich zum Culver Boulevard.

Das Wende Museum nimmt keinen Eintritt, es besteht dank finanzieller Zuwendungen und auch Objektspenden. Jampol erzählt begeistert, dass ihn aus Europa immer wieder Gegenstände aus der Zeit des Kalten Kriegs erreichen, vor allem in der DDR hergestellte, und was ihn besonders freut, ist, dass den meisten ostdeutschen Stiftern der Standort des Museums in Los Angeles besonders sympathisch sei: «Nach Westeuropa sähen sie ihre Erinnerungsstücke nicht gern verbracht, aber Los Angeles scheint für sie in einer anderen Welt zu liegen, einer offenbar als unwirklich empfundenen.» Nicht nur deshalb ist die kalifornische Großstadt in Jampols Augen ideal für sein Museum; zwischen Berlin und Los Angeles erkennt der Chef des Hauses auch viele Gemeinsamkeiten: die soziale Zerrissenheit beider Städte, ihre Paria-Rolle im Wettstreit der Metropolen und die vielen negativen Klischees, die sowohl über Los Angeles als auch über Berlin im Umlauf sind.

Man könnte nun meinen, das Wende Museum sei nichts anderes als eine kleine Ausgabe des Hauses der deutschen Geschichte in Bonn. Das wäre weit gefehlt. Die Sammlung des Museums in Los Angeles ist reich, und sie umfasst Objekte aller Länder des ehemaligen Ostblocks. Manchmal greift sie sogar noch weiter aus. So wird vom übernächsten Wochenende an eine Fotoausstellung gezeigt, in der es um Besuche des früheren jugoslawischen Staatschefs Tito in Afrika geht; als Propagandistin eines «Dritten Wegs» zwischen Kapitalismus und Kommunismus und als Führungsmacht der blockfreien Staaten genoss die Sozialistische Föderative Republik Jugoslawien auf dem afrikanischen Kontinent hohes Ansehen, und Tito wusste das zum Nutzen der Wirtschaft seines Landes einzusetzen.

Seit Jampols Museum das neue Quartier bezogen hat, führt es – zum besseren Verständnis seiner Aufgabe – neben dem für amerikanische Ohren unverständlichen Namen «Wende» auch noch die weitaus anschaulichere Bezeichnung «Museum of the Cold War». Damit umfasst es thematisch eigentlich die ganze Welt in den Jahren von 1945 bis 1989. Das mag für eine relativ junge private Museumsgründung wie Hybris klingen, aber was Jampol und seine Mitstreiter kuratorisch geleistet haben, ist verblüffend. Allein schon die Idee, an beiden Längsseiten des Domizils endlose Regale voller Bücher aus Sowjetzeiten aufzureihen, die Jampol aus einer russischen Buchhandelsauflösung übernommen hat, ist eines Borges würdig: die Bibliothek einer untergegangenen Kultur. Die Bedeutung des Wende Museums ist mittlerweile weltweit anerkannt, und das Haus arbeitet nun auch mit großen Institutionen zusammen: Im Herbst wird zum dreißigsten Jahrestag des Mauerfalls das Ausstellungsprojekt «Medea muckt auf» von den Staatlichen Kunstsammlungen Dresden übernommen, und mit dem Britischen Museum gab es kürzlich erste Gespräche über künftige Kooperationen. Mittlerweile weiß man überall, dass niemand sonst derart konsequent Relikte der 1989 gescheiterten politischen Systeme sammelt.

Das bemerkenswerteste Objekt des Wende Museums aber ist sein Gebäude. Es wurde 1949 errichtet, «ein passendes Datum für unser Thema», wie Justinian Jampol lächelnd bemerkt, und es ist, geplant als Schutzeinrichtung der amerikanischen Westküste bei einem sowjetischen Angriff, selbst ein Produkt des Kalten Kriegs. Da man damals mit dem Schlimmsten rechnete, baute man gleich einen überirdischen Bunker mit ein, der einer Atombombe standhalten sollte. Der enge Raum, in den uns Jampol führt, spricht von erstaunlichem amerikanischen Optimismus, was die eigene Widerstandskraft angeht: Die Betonwände sind keine zehn Zentimeter dick, und vor Strahlung sollte eine Luftfilteranlage bewahren, die nicht viel aufwendiger aussieht als heutige Abluftanlagen in Einbauküchen.

Die Gefahr, dass klassische Invasionstruppen angreifen würden, hielt man 1949 jedoch für noch größer: Auf dem Gelände am Culver Boulevard wurden deshalb Waffen und Munition einschließlich eines Fuhrparks an Panzern bereitgehalten, mit denen man die Russen zurück ins Meer treiben wollte. Als das Wende Museum das Gebäude übernahm, standen dort noch einige dieser Panzer herum; bis zur Unterzeichnung des Nutzungsvertrags hatte Justinian Jampol nicht einmal gewusst, wie die Räumlichkeiten, die er beziehen würde, genau aussahen, denn die Anlage war als militärisches Sperrgebiet ausgewiesen und unterlag deshalb strenger

Geheimhaltung. Die wurde auch gegenüber dem künftigen Besitzer nicht eher gelockert, als bis die neue Nutzung fest vereinbart war.

Als militärisches Gelände war das Areal zuletzt Eigentum der Nationalgarde, und fast wäre von hier tatsächlich noch ein Waffeneinsatz erfolgt: Die Stadt Los Angeles forderte 1992 vom damaligen Stützpunktleiter Hilfe an, als der Freispruch für die Polizisten, die Rodney King misshandelt hatten, Rassenunruhen in der Stadt ausgelöst hatte. Die Nationalgarde verweigerte sich jedoch diesem Ersuchen, und Jampol sieht darin einen Grund, dass sie ihr Gelände später an ihn verloren hat – die Stadt habe ihr die unterlassene Hilfeleistung vermutlich heimgezahlt. Zuletzt, so erinnert sich der Museumsdirektor, schob nur noch ein einzelner Gardist hier Wache. Der Bau, mit dem man sich einst vor einem politischen System schützen wollte, ist nun Sitz eines Museums geworden, in dem dieses inzwischen untergegangene System dokumentiert wird. Die Weltgeschichte ist das Weltgericht, hat Hegel dekretiert, und am Culver Boulevard haben wir einen Beweis dafür. Wobei es dazu auch Weltgeschick brauchte, und über das verfügt Justinian Jampol reichlich.

13. *Juni*   Seit ich das Haus 820 Chautauqua Boulevard zum ersten Mal gesehen habe, ist es im Wert um etwa fünfzigtausend Dollar gestiegen. Zumindest behauptet das eine Immobilien-Website, die den Preis des Anwesens derzeit auf knapp mehr als 4,8 Millionen Dollar taxiert (aktueller Stand heute: 4817259 Dollar; so genau muss man schon sein), ohne es aber überhaupt verkaufen zu können. In den guten Wohnlagen von Los Angeles sind alle Häuser bei den verschiedensten

Maklern gelistet, denn die Eigentümer könnten sich ja ent-
schließen, sich von ihrer Immobilie zu trennen. Das dürfte
ihnen leichter fallen, wenn sie einen hohen Verkaufserlös erwarten können. Also schätzen die Makler den entsprechend
großzügig. Andererseits brauchen sie im Ernstfall dann auch
einen Interessenten. Aber wenn man erst mal ins Vermitt-
lungsgeschäft kommt, hat man in Los Angeles eher einen
Verkäufermarkt. Das macht das Wohnen hier ja so teuer. Das
Thomas Mann House wird auf derselben Immobilien-Seite
derzeit übrigens mit etwa 15,25 Millionen geführt. Und angeblich gibt es derzeit 489 potentielle Interessenten für solche Immobilien in dieser Gegend und Preisklasse. Das Un-
ter-Fünf-Millionen-Schnäppchen drei Kilometer weiter im
Chautauqua Boulevard könnte dagegen im Moment nur auf
107 Kauflustige hoffen.

Ich selbst bin weder kauflustig noch -fähig. Was mich an
dem Haus interessiert, ist sein Anblick. Seit dem ersten Tag
fahre ich auf dem Weg zum Einkaufen immer daran vorbei,
denn 820 Chautauqua Boulevard hat seine spektakuläre
Schauseite zum Sunset Boulevard hin, während es von der
Straße, die seine Adresse bestimmt, aussieht wie ein lang-
weiliger Bungalow. Wenn man auf dem Sunset Boulevard in
Richtung Pazifik aus der Tiefe des Rustic Canyons wieder
bergauf fährt, liegt das Gebäude hinter einer Kurve rechts
am Hang. Am Steilhang müsste man sagen, denn das Grundstück fällt gewiss zwanzig Meter tief zur Straße ab. Deshalb
ruht das holzverschalte Haus auf drei mächtigen ovalen
Pfeilern (zwei rechts, einer links) und scheint ansonsten
über dem Abgrund zu schweben. Dabei hat es aber nicht die
Leichtigkeit von Frank Lloyd Wrights berühmtem «Falling-
water»-Bau in Pennsylvania aus dem Jahr 1939 oder dem 1960
errichteten Chemosphere House von John Lautner im nahe-

gelegenen San Fernando Valley, an dem ich vor zwei Wochen vorbeigefahren bin. 820 Chautauqua Boulevard wurde viel später, 1988, gebaut, und damals liebte man offenbar Beton wie seit der Blüte des Brutalismus nicht mehr. Paul Virilio, der unlängst verstorbene Theoretiker des Bunkers, hätte seine Freude an diesem Gebäude gehabt.

Der Hang daneben sieht wegen der Steillage fast aus wie ein Weinberg an der Mosel, und man könnte meinen, er wäre auch mit Reben bepflanzt. Das stellt sich allerdings von der Chautauqua-Seite aus betrachtet als Illusion heraus, und bei der Anmutung des Hauses, das von der Optik her jedem James-Bond-Bösewicht als charakterlich adäquates Domizil dienen könnte, wäre eine Kulturbepflanzung auch wenig imagedienlich. Was mag Menschen reizen, sich dermaßen exponiert und doch zugleich so vulgär zu präsentieren? Natürlich einmal das vermutlich für diese Gegend billige Baugrundstück; es mag zwar viel Fläche geben, aber die hat eben satte 45 Grad Hangneigung. Bebaubar wäre hier ohne die Pfeiler gar nichts, und dass es dafür im südkalifornischen Erdbebengebiet eine Baugenehmigung gab, erstaunt. Andererseits hatte der Architekt Ray Kappe 1967 mit seinem Privathaus in der nahen Brooktree Road vorgeführt, wie man auf Betonstelzen attraktiv und sicher bauen kann. 820 Chautauqua hat davon wohl einiges lernen wollen, war aber leider kein sehr gelehriger Schüler. Für Besucher des Hauses, die vom Chautauqua Boulevard eingetreten sind, dürfte der Austritt auf die Rückseite und der Blick in Richtung Südosten allerdings zu den größten Überraschungen gehören. Schwindelfrei sollte man auf den Terrassen der beiden Geschosse schon sein. Fensterbänder ziehen sich über die gesamte Fassade hinweg, aber die Holzverkleidung dazwischen wirkt schon arg vom Pazifik-Wind angefressen. Und den ästhetischen Todesstoß versetzt dem Ganzen der schiefstehende Maschendrahtzaun unten knapp über dem Sunset Boulevard: So würde man normalerweise eine Müllkippe abgrenzen. Aber wie gesagt: fast fünf Millionen Dollar Immobilienwert. Und hier kann nicht wie sonst üblich das Grundstück den Löwenanteil der Summe ausmachen. Das könnte man ja gar nicht anders nutzen. Wobei ein Abriss des Gebäudes meiner Ansicht nach uneingeschränkt zu begrüßen wäre. Aber nur fürs Augenheil gibt selbst hier niemand so viel Geld aus.

14. Juni

Wie könnte man sich im Umkreis von Hollywood besser auf ein Phänomen vorbereiten als durch einen Filmbesuch? Also sind wir vor drei Tagen ins Kino gegangen, um für den gestrigen Abend gerüstet zu sein: für das erste Baseballmatch von vieren an diesem Wochenende zwischen den Los Angeles Dodgers und den Chicago Cubs, zwei legendären Mannschaften aus der National League. Die amerikanischen Kinoprogramme bieten derzeit nur einen einzigen Film mit Baseball-Bezug: «The Spy Behind Home Plate», einen Dokumentarfilm über Moe Berg, einen berühmten Spieler der zwanziger und dreißiger Jahre, der nach seiner aktiven Karriere vom OSS, dem Kriegsgeheimdienst der Vereinigten Staaten, als Spion im Zweiten Weltkrieg eingesetzt wurde; unter anderem besuchte er einen Vortrag des deutschen Physikers Werner Heisenberg in der neutralen Schweiz, um den Wissenschaftler noch auf dem Podium zu erschießen, falls dieser Andeutungen machen sollte, dass die Nazis an der Entwicklung einer Atombombe arbeiteten. Nun durfte man nicht wirklich erwarten, dass Geheimnisträger solche militärischen Projekte bei Auslandsauftritten ausplaudern, also kam Heisenberg mit dem Leben davon, und Moe Berg lud keine Schuld auf sich. Bemerkenswert genug allerdings, dass ein ehemaliger Baseballprofi für sachkundig genug gehalten wurde, den Vortrag eines Physiknobelpreisträgers zu beurteilen. Um Bergs vielfältige Begabungen dreht sich der Film von Aviva Kempner.

Also nur bedingt um Baseball. Pech gehabt! So saßen wir gestern um 19 Uhr leider doch reichlich unkundig im Dodgers-Stadion, dem mit 56000 Plätzen größten im Major-League-Baseball (es gibt zwei Ligen, und die Teams – jeweils fünfzehn – sind nach mir unerfindlichen, aber vermutlich historischen Gründen darauf verteilt worden; geographische Fragen spielten jedenfalls keine Rolle, aber um es noch etwas komplizierter zu machen, sind beide Ligen nochmals in drei Untergruppen aufgeteilt, und dabei spielt die Geographie durchaus eine Rolle). Tyler Smith musste somit all sein Wissen als Amerikaner aufbieten, um uns halbwegs als Zuschauer im Spiel zu halten. Er tat sein Bestes, um vier Deutschen das größte Geheimnis seines Landes zu enthüllen.

Vor fast vierzig Jahren bin ich bei einem Familienurlaub in Cornwall krank geworden und habe zwei Tage im Bett vor dem Fernseher verbracht. Ein Cricket-Länderspiel zwischen England und Pakistan wurde live übertragen, Cricket gilt mir seitdem als Inbegriff der sportlichen Ereignislosigkeit und Rätselhaftigkeit. Bei meinen Internetrecherchen vor dem gestrigen Spiel schien mir immerhin eines ganz klar: Baseball ist Cricket diesbezüglich zumindest gleichrangig.

Und wieder einmal habe ich mich geirrt. Die unmittelbare Anschauung macht den Unterschied. Ereignisarmut? Von wegen! Gleich mit dem ersten Schlag erzielte Chicago einen Home Run. Das ist der bestmögliche Auftakt, den ein Baseballspiel haben kann – sofern man nicht leidenschaftlicher

Fan der gegnerischen Mannschaft ist, aber die Leidenschaften kochen beim Baseball nicht annähernd so hoch wie etwa beim Fußball. Nur ein Beispiel: Als einzigen Schlachtruf während der rund drei Stunden Spielzeit haben die Anhänger des Teams aus Los Angeles, die naturgemäß im sehr gut gefüllten Stadion die Mehrheit bildeten, nur immer wieder die erstaunlich einfallslose Parole «Let's go, Dodgers!» angestimmt, und auch das jeweils nur auf Anregung der Anzeigetafel («Make some noise») und zu eingespielter Orgelmusik. Es geht ganz friedlich zu im Stadion, keine Spur von Häme gegenüber dem gegnerischen Team, keine Fahnen oder Plakate oder Druckluftfanfaren, keine Fan-Choreographien oder gar Rauchbomben. Und die innere Beteiligung entspricht der äußeren: Während eines Baseballmatchs herrscht auf den Rängen ein ständiges Kommen und Gehen, jedenfalls mehr Bewegung als auf dem Spielfeld. Wäre es vorstellbar, dass in den Katakomben eines deutschen Fußballstadions die Besucher während des Spiels auf Großbildleinwänden eine andere Sportart verfolgten? Gut, am gestrigen Abend fand parallel das entscheidende Spiel um den NBA-Meistertitel statt, aber der Anblick von Fans, die in einem Baseballstadion einem Basketballspiel zusehen, war dennoch seltsam. Rätselhaftigkeit darf man Baseball also allemal zusprechen. Allein schon die Einteilung eines Spiels in neun Abschnitte, die sogenannten Innings! Aber wir sind ja in einem Land, in dem sich auch das metrische System noch nicht wirklich durchgesetzt hat.

Rätselhaft zudem etliche andere Gepflogenheiten, die wir im Stadion kennenlernten. So etwa die gleich doppelte Vorstellung eines «Military Hero of the Game» – einmal vor dem Spiel ein gerade mit 96 Jahren verstorbener Weltkriegsveteran und dann während des Spiels eine persönlich anwesende

Soldatin. Dann natürlich der Vortrag der Nationalhymne vor diesem stinknormalen Match, hier in höchste Tonhöhen geblasen vom Saxophonisten Michael Lington. Das «Foodmaskottchen» der Dodgers nicht zu vergessen: eine langhaarige und denkbar unappetitlich verrunzelte Gestalt namens Toomgis (was für «Too much good stuff» stehen soll). Die kleine Wackelkopfpuppe, die jeder Zuschauer geschenkt bekam und den Dodgers-Spieler Joe Kelly darstellt, der kürzlich einen 27-Millionen-Dollar-Vertrag unterschrieben hat, aber gestern nicht mitspielte. Und schließlich die Spielpaarung selbst, denn die Dodgers und die Cubs spielen zwar in derselben Liga (National League), aber nicht in derselben Division (einmal West, einmal Central). Was macht das Team aus Chicago dann hier, und das gleich vier Abende hintereinander?

Nun, zunächst machte es alles richtig. Nach dem ersten der neun Innings führten die Cubs dank eines weiteren Run zwei zu null, nach dem dritten sogar drei zu null. Dann holte ich trotz des appetitverderbenden Anblicks von Toomgis etwas zu essen, und das entspannte Tempo am Hot-Dog-Stand sorgte dafür, dass ich den Umschwung des Spiels verpasste. Als ich zurückkam, war das vierte Inning vorbei, die Dodgers führten vier zu drei. Am Schluss gewannen sie sieben zu drei, und das neunte Inning musste gar nicht mehr zu Ende gespielt werden. Wir haben sogar kapiert, warum. Und fuhren im Bewusstsein nach Hause, in ein großes amerikanisches Mysterium eingedrungen zu sein.

In «The Spy Behind Home Plate» gibt es eine Reminiszenz an Albert Einstein, der nach dem Zweiten Weltkrieg mit Moe Berg zusammentraf und dabei gescherzt haben soll, wenn Berg ihm Baseball beibringe, erkläre er dem Sportler im Gegenzug die Relativitätstheorie. Ob Einstein von Bergs intellektueller Brillanz und dessen heiklem Auftrag in der

Sache Heisenberg wusste, lässt der Film leider offen, aber der Physiker soll sein Angebot ohnehin wieder zurückgenommen haben – mit der Begründung, Berg würde gewiss alle notwendigen physikalischen Berechnungen schneller verstehen als er, Einstein, das Baseball-Reglement. Wäre er doch einfach mal ins Stadion gegangen. Von Princeton aus hätte Einstein sogar leicht ein Spiel der Dodgers besuchen können, denn die spielten bis 1958 in Brooklyn, ehe sie auf Geheiß des Clubeigentümers nach Los Angeles umzogen. Die schönste Baseballszene der Literatur, eindrucksvoller als Philip Roths «Great American Novel» von 1973 oder Charlie Browns vergebliche Versuche, über fünfzig Jahre hinweg als Pitcher zu reüssieren, hat ein verlorenes Spiel der Brooklyn Dodgers zum Gegenstand: Im ersten Kapitel von Don DeLillos Roman «Underworld» (1997) ziehen sie gegen die New York Giants den Kürzeren. Warum, habe ich damals beim Lesen nicht verstanden. Nun fühle ich mich nicht nur dem Roman gewachsen, sondern allen anderen Geheimnissen Amerikas. Dank sei den Dodgers!

15. Juni

Amerikanischer als beim Baseball geht es nicht mehr, also wollten wir es zum Ausgleich kurz danach bitte so europäisch-vertraut haben wie nur möglich. Der Weg führte uns deshalb nach Pasadena zu einer Gutenbergbibel: der einzigen in Kalifornien, eines von neun Exemplaren in den Vereinigten Staaten und achtundvierzig weltweit, also ohnehin eine Rarität, aber hier auch noch als auf Pergament gedruckte Ausgabe, von denen es insgesamt nur noch zwölf gibt. Als Henry E. Huntington die seine 1911 für fünfzigtausend Dollar ersteigerte, kam er damit auf die Titelseite der «New York

Times». Es war damals der höchste Preis, der je für ein Buch gezahlt worden war.

Für Huntington war diese Summe indes ein Klacks, was sich schon daran zeigt, dass er für weitere Bücher aus der auktionierten Sammlung, der auch die Pergament-Gutenbergbibel entstammte, insgesamt eine runde Million ausgab. Sein Vermögen rührte von Eisenbahn- und Immobiliengeschäften her – Huntington war einer der Erbauer von Los Angeles, die aus der Stadt erst eine Metropole machten; unter anderem sorgte er für die erste flächendeckende Stromversorgung. Ob er selbst ihr misstraute, weiß ich nicht, aber Huntington siedelte sich jedenfalls lieber in der Nachbarstadt Pasadena an, wo er ein Grundstück erwarb, das groß genug für die Leidenschaften seiner Frau und die eigenen war: für teure Bücher, teure Malerei, teure Möbel und teure Pflanzen. All das kann man in «The Huntington» besichtigen, dem früheren Anwesen des Multimilliardärs, das heute eine Gartenlandschaft ist, in die mehrere Museen für die Sammelgebiete der früheren Eigentümer integriert sind.

Draußen gibt es jedoch zunächst mehr als genug Kunst zu sehen, Gartenkunst. Und die kann auch noch mit Muße betrachtet werden, denn was Los Angeles an Bänken zu wenig hat, gibt es hier in Pasadenas Gartenreich geradezu im Übermaß: mehr Sitzplätze als Besucher, möchte man meinen. Höhepunkt ist eine Phalanx von vierzehn Holzbänken mit Blick auf ein liebevoll in japanischem Landschaftsstil angelegtes Tal. Unglücklicherweise haben wir jedoch auf der anderen Seite der Anlagen und dadurch gleich mit dem Höhepunkt angefangen: dem Desert Garden, der ein Kakteenwunderland bietet, das alles andere verblassen lässt, sogar diese berühmten Japanischen und Chinesischen Gärten, in denen schon mehrere Hollywoodfilme gedreht wurden, um dem

Kinopublikum authentische asiatische Landschaften vorzu-
gaukeln. Aber der Teich im chinesischen Gelände wird gerade gesäubert und ist darum leer, und der japanische Teil des
Gartenreichs ist zu amerikanisch-großzügig angelegt; ihm
fehlt die Intimität der Vorbilder, denen er nacheifert.

Der Wunder sind viele in «The Huntington», allerdings
auch der Wunderlichkeiten. Arabella Huntington hatte eine
Vorliebe für englische Porträtmalerei, aber leider keinen guten Geschmack oder nicht das Glück ihres Mannes, das seiner Bibliothek durch die Auflösung anderer Sammlungen so
wunderbare Erwerbungen bescherte. Im ehemaligen Wohnhaus der Huntingtons kann man dutzendfach bestaunen, wie
mittelmäßig Reynolds, Gainsborough, Van Dyck, Lawrence
oder Hogarth malen konnten, und es ist kein Wunder, dass
die qualitativen Ausreißer nach oben in der Kollektion von
Turner und Constable stammen, die sich selten als Porträ-
tisten betätigten – weshalb Constables frühes Bildnis seiner
beiden Schwestern eine besonders schöne Überraschung ist.
Das berühmteste Werk des Huntington-Bestands, Gains-
boroughs «Blue Boy», befindet sich gerade in Restaurierung.
Aber da ist noch Rogier van der Weydens Madonna mit Kind,
von der man gerne wüsste, wie sich Arabella Huntington mit
ihrer Vorliebe fürs überreich verzierte 18. Jahrhundert – oh
Gott, all dieser Louis-seize-Schwulst beim Interieur! – dafür begeistern konnte. Egal, die kleine Tafel ist eine Offenbarung, gemalt wohl um 1460, also genau zu der Zeit, als die
Gutenbergbibel in Umlauf kam, und so wie mit diesem Ereignis eine neue Epoche begann, schloss Rogier mit seinem
Werk eine andere, die der Gotik, ab. Als hätte der Maler das
gewusst, greift sein Jesuskind auf dem Gemälde nach den
Schließen eines vor ihm liegenden Buches: Von nun an wird
gelesen statt geschaut, wenn es um Wissensvermittlung geht.

Die American Gallery in einem Nachbargebäude haben wir uns nach dieser Erfahrung geschenkt.

Aber natürlich nicht die Bibliothek. Diesem Herzstück von «The Huntington» gilt der Abschluss unseres vielstündigen Besuchs. Die Gutenbergbibel (oder zumindest einer ihrer zwei Bände) liegt gleich zu Beginn des Schausaals für bibliophile Kostbarkeiten aller Art in einer Vitrine, aufgeschlagen auf der ersten Seite des Matthäus-Evangeliums. Um sie herum sind Inkunabeln versammelt, und weitere handschriftliche und drucktechnische Objekte dokumentieren die Geschichte der Vereinigten Staaten von der Entdeckung Amerikas, die kurz nach Gutenbergs Pioniertat erfolgte, bis ins 20. Jahrhundert hinein, mit Themen wie Unabhängigkeitserklärung, Bürgerkrieg, kalifornisches Erdbeben von 1906 oder Frauenwahlrecht. Alles sehr schön, aber auch alles wie erwartet. Ganz unerwartet dagegen sind die hinteren Säle, die sich der Wissensvermittlung durch Bücher und Briefe widmen, mit Schwerpunkt auf den Naturwissenschaften. Und im letzten Saal wartet die erstaunlichste Sammlung des «Huntington»: rund zweihundert Glühbirnen aus der Zeit von 1890 bis 1960, alle noch funktionsfähig – einige glimmen sogar in einem weitgehend sauerstofffrei gehaltenen Glaskasten (um zu verhindern, dass sie durchbrennen) schwach vor sich hin. Es passt, dass der Mann, der Los Angeles elektrifizierte, sich für solche Objekte interessierte, aber niemals hätte ich die Schönheit dieser Gebilde erahnt, die Vielfalt zum Beispiel ihrer Glühfäden, die in den kühnsten Schwüngen durch die Glaskörper verlegt sind: kleine Kunstwerke, die in ihrer ständigen Variation desselben Grundprinzips wie ein Abbild des in den Gärten bewunderten Einfallsreichtums der Natur erscheinen. Man möchte sich gar nicht mehr lösen von dieser Glühbirnenparade, doch um fünf Uhr nachmittags schließt «The Huntington». Das Sonnenlicht draußen scheint fast banal gegen die Beleuchtungskunstwerke, die wir gerade gesehen haben.

16. Juni

Mein Held heißt Marshall Friedman. Wir haben ihn heute Mittag im Schindler House getroffen, einem Wohnhaus, das der aus Wien stammende Architekt Rudolph Michael Schindler 1921/22 für sich, seine Frau Pauline und das befreundete Ehepaar Chace, die eigentlichen Bauherren des Gebäudes, errichtet hat. Es gilt als eines der ersten radikal modernen Wohnhäuser: Flachdach, Betonwände, Einbauküche – eine Ikone der Architekturgeschichte und ein Unikum selbst in Los Angeles, wo es so ziemlich alles gibt, was man sich bautechnisch vorstellen kann. Als wir um 12.30 Uhr dort eintrafen, hatte gerade eine Führung begonnen, zu der wir uns kurz entschlossen gesellten. Geleitet wurde sie von Marshall Friedman.

Nicht allein seine stupenden Kenntnisse und die ansteckende Begeisterung dieses schätzungsweise mittsechzigjährigen freiwilligen «Dozenten», wie man hier die Führer nennt, haben ihn zu meinem Helden gemacht, sondern sein geistreicher Witz. In der Architekturgeschichte nicht nur von Los Angeles bewegt er sich wie ein Fisch im Wasser, obwohl sein Humor knochentrocken ist. Marshall Friedman gestaltet seine Tour durchs Schindler House wie ein Quiz. Meine Frau und ich waren als Ehepaar sofort die Ansprechpartner bei allen Fragen zu Rudolph und Pauline Schindler, nur dass die beiden sich schon wenige Jahre nach dem Einzug nichts mehr zu sagen hatten, und das wörtlich: Laut Friedman entfremdete sich Pauline dermaßen von ihrem Mann, dass sie jeden Austausch, ja sogar jeden Blickkontakt mit ihm ablehnte. Keine leichte Übung in einem Haus, das so aufgebaut war, dass zwar jeder der vier Bewohner einen eigenen Bereich hatte, es aber nur eine Gemeinschaftsküche und jeweils ein Badezimmer pro Paar gab. Also zog Pauline 1927 aus, und als sie zehn Jahre später wieder zurückkam, sorgte sie dafür, dass sie wirklich nichts mehr von Rudolph bemerkte. Unumgängliche Absprachen erledigten beide schriftlich per Post, denn schon das Risiko, dass man sich beim Austausch von Zetteln im Haus begegnete, war Pauline zu groß. Neben den Gartenzugang zu Rudolphs Teil des Hauses pflanzte sie eine blickdichte Hecke, die noch heute dort steht. Dabei kam ihr zugute, dass sie bei ihrer Rückkehr den früheren Trakt der Chaces beziehen konnte, die das Haus 1924 verlassen hatten. Danach war bald der Architekt Richard Neutra mit seiner Frau eingezogen, mit dem Schindler damals zusammenarbeitete. Neutra jedoch hasste das Schindler House, ließ sich zum Entsetzen des Mitbewohners eine eigene Küche in seine Hälfte einbauen und überwarf sich dermaßen mit ihm, dass beider Feindschaft schließlich sogar die Extreme des Ehekonflikts zwischen Rudolph und Pauline übertreffen sollte: Neutra zog 1930 wieder aus, und er und Schindler sprachen danach 23 Jahre lang kein Wort miteinander, obwohl ein grausames Geschick sie 1952 noch einmal zusammenführte: ins selbe Krankenhauszimmer, als Neutra unter Herzproblemen litt und Schindler das Endstadium einer Krebserkrankung erreicht hatte, die ihn im Jahr darauf töten sollte. Es war ein jüdisches Krankenhaus, und laut Friedman interessierte man sich dort gar nicht erst für die Intimfeindschaft der beiden Patienten – «ich als Jude darf so etwas sagen».

Dieser Satz gehört zum Standardrepertoire von Marshall Friedman. Denn vieles, was er an Anekdoten über das Ehe-

paar Schindler zu erzählen weiß, ist wie aus einem Musterbuch von Klischees über jüdische Familien entnommen, nur
pointierter. Nach dem Tod von Rudolph war Pauline allein im
Haus verblieben, und plötzlich bewahrte sie fanatisch alles,
was ihr Mann hinterlassen hatte. Zunächst lag das Gebäude
in der Kings Road noch allein, dann wurden in der Nachbarschaft weitere einstöckige Wohnhäuser erbaut, doch in den
sechziger Jahren wurde die Bausatzung so geändert, dass die
Errichtung von bis zu vierstöckigen Bauten möglich wurde.
Die entschiedenste Gegnerin dieser Änderung war Pauline
Schindler, und ausgerechnet gegenüber ihrem Haus errichtete man dann den ersten Vierstöcker der Straße – «man zeigte
ihr damit den Stinkefinger», kommentiert Marshall Friedman diesen Affront. Auch er hasst das Gebäude gegenüber.

Dagegen ist er voll des Lobes für die Architektur des ebenfalls vierstöckigen Apartmenthauses links neben dem Schind-
lerschen Anwesen. Allerdings war die Masse dieses Neubaus
so groß, dass der Sandboden unter dem Schindler House
sich senkte und der Trakt, in dem früher Rudolph Schindler
wohnte, nun eine Neigung aufweist, die man eher in Pisa als
in Los Angeles vermuten würde. Der Beton hat aber außer
ein paar Rissen keinen Schaden davongetragen. Für das bald
hundert Jahre alte Haus eines Architekten, der angeblich damit kokettierte, dass er seine Gebäude für eine Lebensdauer
von lediglich dreißig Jahren plante, weil die Bewohner dann
ja ohnehin ausgezogen oder gestorben sein würden, eine reife
Leistung. Marshall Friedman habe ich nach der Führung ins
Thomas Mann House eingeladen. Sollte er tatsächlich vor-
beikommen, werde ich mutmaßlich noch einiges über meine
eigene Unterkunft erfahren, von dem ich nicht zu träumen
gewagt hätte.

17. Juni Weil wir den täglichen Sonnenaufgang um 14 Uhr satthatten, sind wir kurzerhand in die Wüste gefahren. Dort verhieß die Wettervorhersage Sonne den ganzen Tag lang und nicht bloß am Nachmittag. Seit einer Woche ist es am Vormittag derart diesig in Pacific Palisades, dass man sich im deutschen Spätherbst wähnt. Die Kalifornier haben sogar einen Begriff für dieses Küstenphänomen: June Gloom. Ein niederländischer Architekturhistoriker, der zwanzig Jahre lang in Los Angeles gelebt hat, versuchte mich am gestrigen Sonntag über meinen Wetterfrust mit der Bemerkung hinwegzutrösten, dass ich mich im Juli noch nach diesen kühlen Junitagen sehnen würde.

Aber das Gute liegt so nah: Um ins Licht und in die Wärme zu kommen, muss man von Los Angeles gerade einmal zwei Stunden nach Osten fahren, über Riverside und Hemet hinaus durch die Großen San Bernardino Mountains ins obere Coachella-Tal. Hier ist die Temperatur derzeit rund zwanzig Grad höher als an der Küste, und hinter der nächsten Bergkette, den Kleinen San Bernardino Mountains, liegt schon die Mojave-Wüste, eine Musterlandschaft ihrer Art, verziert mit pittoresken Bäumen, die einem ganzen Nationalpark den Namen gegeben haben, dem Joshua Tree National Park, in Europa aber vor allem bekannt sind durch das auch nach dieser Spezies benannte, mehr als dreißig Jahre alte Album der irischen Rockgruppe U2. Nun ja, der Baum kann nichts dafür.

Im Joshua Tree Park soll sich im Januar Unerfreuliches ereignet haben. Vom Haushaltsstreit zwischen Präsident und Kongress, der zum längsten «Shutdown» der amerikanischen Geschichte führte, zum fünfunddreißigtägigen Einfrieren aller bundesstaatlichen Zahlungen und damit zur Zwangsbeurlaubung der Bundesangestellten, war auch das Personal der Nationalparks betroffen. In den fünf Wochen, die der Joshua Tree Park unbeaufsichtigt war, sollen dort rücksichtslose Besucher schwere Schäden angerichtet haben: durch wildes Campen, Umhertrampeln in sonst geschützten Gebieten und verbotenes offenes Feuer. Für die Regeneration betroffener Teile des Parks müsse man, so war zu lesen, mit Jahrhunderten rechnen. Dabei ist die Mojave-Wüste selbst kaum mehr als zehntausend Jahre alt. Ihre Nachbarin, die Colorado-Wüste, kann auf ein höheres Alter zurückblicken, aber sie bietet keinen so spektakulären Anblick. Die östliche Hälfte des Joshua Tree Parks gehört zu ihr, wird von den Besuchern aber meist vernachlässigt, was ihr diesmal zugutegekommen sein könnte.

Meine Frau und ich fuhren also durchaus optimistisch ins Warme, aber einigermaßen skeptisch in den Joshua Tree Park. Schäden, geschweige denn Zerstörungen haben wir dann jedoch nicht entdeckt und auch nicht davon gehört. Selbst im wohl auch für Vandalen attraktivsten Teil des Nationalparks, dem Hidden Valley, gab es nicht mehr als ein paar verkohlte Baumgerippe zu sehen, deren Zustand keinen Anlass bot, menschlichen Einfluss bei ihrem Absterben zu vermuten. Ich gebrauche den Begriff ungern, aber vermutlich sind die Tartarennachrichten von den Verheerungen im Nationalpark *fake news*.

Die Wirkung des Parks ist großartig. Allerdings hat die Natur auch für eine geeignete Dramaturgie gesorgt, um aus Los Angeles anfahrende Besucher zu bezirzen. Die ersten Joshua Trees finden sich schon kurz vor dem Park, im Yucca Valley, aber unmittelbar vor der Einfahrt ist plötzlich kein Baum mehr zu sehen, als sollte der spätere Eindruck im Park nicht beeinträchtigt werden durch eine Vorwegnahme von dessen charakteristischer Vegetation. Die verwinkelten, struppigen Gewächse stehen dann zu Tausenden in den Tälern der westlichen Mojave-Parkhälfte, während im Colorado-Desert-Teil später wieder kein einziger Joshua Tree zu finden ist. Dort gibt es dafür die Cottonwood-Oase, in der eine Gesteinsspalte für zutage tretendes Grundwasser und damit für einen Bestand an Kalifornischen Washingtonpalmen gesorgt hat, die mit ihren abgestorben herabhängenden Blättern unter der frischen Krone aussehen wie archaische Priesterfiguren. Und zwischen diesen beiden etwa siebzig Kilometer voneinander entfernten Naturwundern befindet sich noch der Aussichtspunkt Keys View, der von mehr als 1500 Metern Höhe einen Blick über das untere Coachella-Tal bietet, dessen tiefster Punkt zwanzig Meter unter Meeresniveau liegt, während die höchsten Gipfel der Großen San Bernhardino Mountains direkt dahinter bis zu 3500 Meter messen, also weit mehr als die Zugspitze. Der Anblick erwärmt das Herz, obwohl es schon reichlich Hitze ringsum hat. Aber man muss davon auch zehren, wenn es abends zurück nach Los Angeles geht. Hatten wir im Städtchen Indio um 17 Uhr noch vierzig Grad Celsius, so waren es zweieinhalb Stunden später in Pacific Palisades noch neunzehn. Und keine Aussicht, dass sich im Lauf der neuen Woche daran etwas ändern wird.

18. Juni   Dienstags kommt auf dem Riviera-Hügel die Müllabfuhr. Das wäre nicht weiter erwähnenswert, hätte sie nicht ein so erbarmenswertes Warnsignal beim Rückwärtsfahren und würde sie nicht so gerne rückwärtsfahren. Man kann jedenfalls den Wecker am Montagabend deaktivieren und dennoch zuverlässig am nächsten Morgen zwischen sechs und halb sieben wach werden. Das Gepiepe auf der Straße sorgt dafür.

Die *early birds* unter den Müllmännern sind die Biotonnen-Leerer. Das könnte darin begründet sein, dass bei einigermaßen normalen kalifornischen Temperaturen die Ausdünstungen der Küchenabfälle in der Tageshitze unerfreulich werden. Nun haben wir in Pacific Palisades bislang noch keine für Kalifornien normalen, also sommerlich hohen Temperaturen, aber einen Vorgeruch auf deren etwaige Effekte kann man bekommen, wenn man dienstags mal etwas früher als üblich auf die Laufstrecke geht und die selbst in der Morgenfrische erstaunlichen Ausdünstungen der grünen Tonnen erlebt. Vor allem wird man dann Zeuge des Müllfahrzeugballetts. Ballett deshalb, weil die Bewegungen des petrolgrünen Wagens auf den hiesigen Straßen etwas überaus Anmutiges haben: Er beschreibt Kreise, die überhaupt nicht nachvollziehbar sind, wendet an Stellen, die keinerlei Anlass dafür zu bieten scheinen (daher das dauernde Gepiepe), und lässt nach einem rätselhaften Muster einzelne Tonnen aus. Die aber einige Stunden später trotzdem leer sein werden, denn die Choreographie der Fahrt hat den Wagen offenbar noch einmal vorbeigeführt, als ich längst wieder nach Hause zurückgekehrt war.

Und das Faszinierendste: Wie man auch läuft, man entkommt dem Müllfahrzeug nicht. Hört man es links von 1550 San Remo Drive piepen und einladen und beginnt die Route deshalb rechts, wird es alsbald vor einem aus einer Seitenstraße biegen und die Luft verpesten, und solche überraschenden Volten wiederholen sich; der Müllwagen ist wie die Igel im Märchen der Brüder Grimm, nur dass es ihm sogar als Solist gelingt, überall zu sein.

19. Juni

The Broad ist ein 2015 eröffnetes Museum, das
direkt neben der Walt Disney Concert Hall steht, also mitten
in Downtown Los Angeles auf dem Bunker Hill, am denkbar
prominentesten Platz. Seine Außenhülle erinnert vage an die
Münchner Fußballarena von Herzog & De Meuron, stammt
aber vom Architekturbüro Diller Scofidio + Renfro und soll
mit seiner perforierten Gestalt eine Art Kontrapunkt zur
glatten spiegelnden Fassade von Gehrys Konzerthaus setzen.
Die Angelinos verspotten den Bau passend als «the cheese
grinder» – die Käsereibe. Drinnen sind die zweitausend Ge-
genwartskunstwerke einer Privatkollektion untergebracht,
doch ausgestellt wird nur ungefähr ein Zehntel davon. Zwei
Innenfenster im Treppenhaus erlauben aber Einblicke ins
Depot (das hier als «The Vault» bezeichnet wird, der Tresor).
Benannt ist das Haus nach dem sich in den Mittachtzigern befindlichen Ehepaar Eli und Edythe Broad, das sein Vermögen
mit einem Bau- und einem Versicherungsunternehmen gemacht hat. Und seit vierzig Jahren Kunst sammelt. Der Fokus
auf Zeitgenossen ist etwas jünger und nahm mit dem Tausch
der Van-Gogh-Zeichnung «Hütten in Saintes Maries» gegen
ein Schlüsselwerk von Robert Rauschenberg seinen Anfang.
Für die Van-Gogh-Zeichnung hatten die Broads 1972 bei einer
Sotheby's-Auktion die stolze Summe von 95000 Dollar bezahlt; der elf Jahre später vollzogene Tausch dürfte dennoch
ein gutes Geschäft gewesen sein, denn Rauschenbergs unbe-
titeltes *combine painting* aus übermalten Zeitungen, Textilien
und Hölzern war 1954 entstanden und damit eines der ersten
der Collage-Serie, die den Künstler berühmt machen sollte.

Was in Amerika an Nachkriegskunst sonst noch einen

guten Namen hat, ist ziemlich zuverlässig hier vertreten: von Jasper Johns über Andy Warhol, Cy Twombly oder Ellsworth Kelly bis zu Jean-Michel Basquiat, Barbara Kruger und Mark Bradford. Von den mehr als hundert Fotos von Cindy Sherman ist derzeit keines zu sehen, und erstaunlicherweise fehlen in der Sammlung Werke von Mark Rothko oder Dan Flavin, als wollte sich das Broad bewusst nicht mit den Schwerpunkten der ebenfalls privaten Menil Collection in Houston messen. Ach ja, ein Balloon Dog von Jeff Koons ist auch im Haus, hier in Blau. Nachdem ein silberner kürzlich etwas mehr als neunzig Millionen Dollar gekostet hat, ist die hiesige Plastik in der Publikumsgunst deutlich gestiegen. Weniger berühmt ist Mark Tansay, aber beim Betreten des seinen Bildern gewidmeten Raums glaubte ich, in einer Neo-Rauch-Schau gelandet zu sein. Nur dass Tansay seine Traumstimmungen monochromer malt – und schon einige Jahrzehnte länger als der deutsche Weltstar, dessen Originalität angesichts dieses Vorläufers leidet. Sic transit gloria mundi.

Neben Amerikanern gibt es einige ausgesuchte Ausländer in der Sammlung, im Moment ist ein Quartett davon auch ausgestellt. Takashi Murakami und Anselm Kiefer überraschen dabei nicht besonders; ihre Werke sind großformatig und plakativ. Schon ungewöhnlicher ist ein Video von William Kentridge, eine Wohltat in seiner graphischen Strenge und eine interessante Kombination mit der gezeigten Silhouettenkunst von Kara Walker. Und dann gibt es Beuys, und zwar nicht zu knapp. Im gemeinsamen Raum mit den Kiefer-Bildern profitieren beide voneinander, zumal Beuys in Kiefers hier präsentiertem Monumentalgemälde «Deutschlands Geisteshelden» namentlich auftaucht. Als ich vor kurzem in einer Archivpause zur Erholung wieder mal durchs Getty Museum streifte, empfahl ein dortiger Mitarbeiter einem Besucher das Broad, wenn er Gegenwartskunst sehen wolle, und konkret als dort sehenswerte Künstler genannt wurden nur Beuys und Kiefer. Sic aedificat gloria mundi.

Die eigentliche Sensation dieses Sommers ist indes die Sonderausstellung «Soul of a Nation – Art in the Age of Black Power», eine Übersicht zu aktivistischer Kunst von 1963 bis 1983, sämtlich ausgeführt von schwarzen Künstlern. Bezeichnend, dass kein einziges Werk aus dem Bestand des Broad stammt, und auch die meisten Leihgeber sind keine berühmten Häuser. Diese Werke müssen ihren Weg in den Kanon meist noch finden, auch wenn Namen wie Charles White (gerade eine Retrospektive im LACMA, dort sogar zugänglich), David Hammons (derzeit eine große Galerieausstellung bei Hauser & Wirth), Barkley Hendricks oder Betye Saar etabliert sind. Die große Geste der Ausstellung, deren Musikprogramm von keinem Geringeren als Quincy Jones kuratiert wird, ist auch eine Selbstbeschwörung der amerikanischen Kunstszene als divers und integrativ. Da bleibt aber selbst im Broad noch viel zu tun.

20. Juni   Nach dem enttäuschenden Besuch von Wilshire/Vermont vor einem Monat hat eine andere Kreuzung heute die Erwartungen erfüllt. Ich muss allerdings zugeben, dass sie auch nicht viel mehr zu bieten hat als ihren Namen: Gregory/Peck. Das darf man in der Kinometropole Los Angeles schon für mehr als Zufall halten, und in der Tat sind auch andere Straßen in dieser Gegend von Beverly Hills nach Filmgrößen benannt, aber keine einzige hat wie der Peck Drive auch noch den passenden Vornamen als Nebenstraße, in diesem Fall eben den Gregory Way. Zum Vidor Drive also keine King Street, zur Newman Street kein Paul Boulevard, zum Lasky Drive kein Jesse Way.

Die Namenskombination Gregory/Peck ist nicht meine eigene Entdeckung. Ich verdanke sie einer Nebenbemerkung in einem sechzehn Jahre alten hektographierten Filmmagazin, das ich vor fünf Wochen im Egyptian Theatre mitgenommen habe: «Leonard Maltin's Movie Crazy». Beim MaltinFest lagen einige Exemplare dieses 2002 begründeten und danach mindestens bis 2008 vierteljährlich erschienenen Newsletters mit allerlei Kino-Ephemera aus. Maltin hat aus den besten Einträgen ein gleichnamiges Buch kompiliert, und noch heute heißt seine Website «Movie Crazy», aber der Charme der alten sechzehnseitigen Broschüren bleibt unerreicht. In der zweiten Ausgabe stellte Maltin amerikanische Ortschaften vor, die ihre Straßen nach Filmstars benannt haben, und dabei erwähnte er auch die Kreuzung Gregory/Peck. Sie auf der Straßenkarte herauszusuchen und anzusteuern, war keine große Leistung.

Warum Straßen in Los Angeles mal Boulevard, mal Drive, mal Street oder mal Way heißen, muss ich noch herausbekommen. Ein festes Schema ist jedenfalls nicht zu erkennen. Was aber festgelegt zu sein scheint, ist die Anordnung von Straßenschildern übereinander: Oben stehen die von Nord nach Süd verlaufenden Straßen, unten die von West nach Ost verlaufenden. Leider gehört der Gregory Way zu den Letztgenannten, das Schild hängt deshalb unten, sodass man «Peck/Gregory» statt «Gregory/Peck» liest. Aber schön ist diese Hommage an einen der größten Filmschauspieler doch, egal, ob sie nun geplant war oder zufällig zustande kam.

Auch die Kreuzung selbst ist schön. Hier steht zum Beispiel ein silberner Hydrant. Noch so ein Rätsel amerikanischer Stadtbilder: Mal sind die Hydranten einfarbig, mal zweifarbig, bisweilen gar noch bunter, und das in den wildesten Kombinationen. Aber silbern schimmernd, das habe ich bisher nur hier an der Kreuzung Gregory/Peck gesehen. Obwohl sie nicht mehr als zwei Querstraßen vom Wilshire Boulevard entfernt ist, glaubt man sich in einen Vorort versetzt, denn in diesem Teil von Beverly Hills, der übrigens vollkommen flach ist, stehen nur kleine Einfamilienhäuser, die sich aus welchen Gründen auch immer sämtlich hinter Hecken verbergen. Fast könnte man in einer Gartenstadt sein. Oder in jenen Teilen von Rom, die Nanni Moretti in der zweitschönsten Vespa-Szene der Kinogeschichte durchrollt. Die schönste aber stammt aus welchem Film? Aus «Roman Holiday» natürlich, zu Deutsch «Ein Herz und eine Krone», in den Hauptrollen das Traumpaar Audrey Hepburn und Gregory Peck. Da werden zwar mit der Vespa vor allem bekannte römische Sehenswürdigkeiten abgefahren, aber die Kreuzung Gregory/Peck beweist, dass auch unspektakuläre Orte in einer Stadt sehenswert sein können.

21. Juni   Vor drei Monaten ist die kleine Bar «Black Rabbit Rose» in einer Nebenstraße des Hollywood Boulevard über Nacht berühmt geworden. Nicht durch einfallsreiche Getränke oder die Tatsache, dass hier regelmäßig Zaubervorführungen geboten werden, sondern durch einen prominenten Gast, der bei einem der donnerstags im Separee stattfindenden Konzerte der «Tyler Hammond Jazz Experience» die Bühne geentert hat. Der Ruhm der Musiker des Quartetts ist noch nicht so groß, dass ich seit gestern ihre Namen hätte herausfinden können (außer dem des Bandleaders am Schlagzeug), aber umso berühmter war jener Überraschungsgast:

Lady Gaga. Bei ihrem ersten öffentlichen Auftritt nach der jetzt schon legendären Oscar-Gala, auf der sie zusammen mit Bradley Cooper ihren dann auch prompt preisgekrönten Song «Shallow» vortrug, sang sie im kaum hundert Menschen fassenden Hinterzimmer des «Black Rabbit Rose» zwei Sinatra-Klassiker: «Call Me Irresponsible» und «Fly Me to the Moon». Im Internet kann man sich das ansehen; so ganz unerwartet dürfte Lady Gagas Einlage also nicht gewesen sein, wenn eine Kamera mitlief. Und im Publikum soll damals im März der Filmschauspieler Jeremy Renner gesessen haben. Auch das klingt nicht nach spontaner Aktion.

Den Jazznächten im «Black Rabbit Rose» hat das Ganze jedenfalls nicht geschadet, denn wo solche Stars hingehen, folgt das Publikum zuverlässig nach. Und ich war nicht weniger neugierig, zumal die donnerstägliche Konzertreihe von Fred Durst betreut wird, dem Leadsänger der Rockband Limp Bizkit, die nach allem Möglichen klingt, aber ganz sicher nicht nach Jazz. Der kuratorische Aufwand sollte sich für Herrn Durst allerdings in überschaubarem Rahmen halten, wo doch jede Woche dasselbe Quartett auftritt. Wobei man ihm zugestehen muss, dass er exzellente Musiker ausgewählt hat, denn was die «Tyler Hammond Jazz Experience» da spielt, ist beeindruckend gut. Von so einer Band begleitet zu werden, ist auch für Lady Gaga keine Schande. Und die drei Gastmusiker, die am gestrigen Donnerstagabend bei einzelnen Stücken das Quartett verstärkten, konnten sich ebenfalls hören lassen.

Aber der Reihe nach. Um sich auf dem Hollywood Boulevard herumzutreiben, sollte man gute Gründe haben, denn eine unangenehmere Straße gibt es in ganz Los Angeles nicht. Hier laufen tagsüber Hundertschaften von Touristen zum Selfie-Schießen über die im Bürgersteig eingelassenen Sterne des Walk of Fame, und vor lauter Andenkenverkäufern und Startour-Anbietern kann man sich kaum retten. Abends ist es zwar nicht mehr ganz so voll, aber die Reputation der Straße sorgt für ein spezifisches gastronomisches Angebot, das einen Gutteil der Passanten stark alkoholisiert und dementsprechend enthemmt zurücklässt. Voller Mitleid liest man auf den Sternen in der Nähe des «Black Rabbit Rose» Namen von Filmgrößen wie Peter Lorre, Leonard Nimoy, Anjelica Huston oder Jane Wyman – sie alle hätten eine würdigere Umgebung verdient.

Das «Black Rabbit Rose» ist immerhin um so etwas wie Würde bemüht, wenn es Besuchern in Sportkleidung, kurzen Hosen, Flipflops und Baseballkappen den Zutritt verweigert. Über die Einhaltung dieses Dresscodes wacht ein gewichtig dreinblickender und noch gewichtiger aussehender Herr im dunklen Anzug vor der Tür zur Bar. Drinnen gibt es gerade einmal acht verschiedene Cocktails, alle jedoch ungewöhnlich und bevorzugt mit Feuer- und Raucheffekten angerichtet; der Honey Bunny meiner Frau dampfte volle zehn Minuten lang, der Bullet Catch von Josh Widera wurde unter reichlich Funkenflug flambiert. Das Konzert begann um 23 Uhr, und die «Tyler Hammond Jazz Experience» bewies von Anfang an ihre Kompetenz als klassisches Quartett, obwohl sich zu den Instrumenten Saxophon, Kontrabass und Schlagzeug nicht das übliche Klavier gesellte, sondern eine E-Gitarre. Womöglich eine Reverenz an den Westcoast-Jazz eines Wes Montgomery. Die Gitarre ging jedenfalls im ersten Set der Nacht mit dem Saxophon eine verblüffend harmonische Partnerschaft ein, die Vorbilder wie Weather Report oder Pat Metheny heraufbeschwor. In den Soli wurde hingegen die individuelle Könnerschaft vorgeführt, als säße man in einem Jazzclub aus der Blüte des Bebops.

Das Repertoire deckte aber auch Popmusik ab: «Stayin'
Alive» von den Bee Gees, «Old Man» von Neil Young und
«Just the Two of Us» von Bill Withers, das zum Finale des ersten Sets von einem leider anonymen Gastsänger vorgetragen
wurde, der ihm alle Ehre machte. Im zweiten Teil des Kon-
zerts, nun schon nach Mitternacht, wurden dann zwei Bläser
aus der Tourneeband von Kanye West auf die Bühne gebeten,
die Gitarre wurde vom Melodie- zum Rhythmusinstrument,
der Kontra- gegen einen E-Bass vertauscht und die Musik immer mehr zum Jazzrock. Die Stücke gingen immer ununter-
scheidbarer ineinander über, und ich fühlte mich plötzlich an
Frank Zappa erinnert.

Pausen im Vortrag wären aber auch ein Fehler gewesen,
denn mit fortschreitendem Abend wurde das Publikum im
kleinen Saal immer unruhiger. Nicht, weil Lady Gaga oder
sonstige Prominenz erschienen wäre, sondern weil der Alkohol offenbar seine Wirkung tat – was der Saxophonist der
«Tyler Hammond Jazz Experience», der das Wort auf der
Bühne führte, noch dadurch befeuerte, dass er die Parole ausgab: «The more you drink the better we sound!» Sie klangen
auch dementsprechend gut, doch die Zuhörer klangen leider
dementsprechend schlecht, besonders als eine Gruppe von
sieben bestens gelaunten Frauen mitten im Konzert in den
Saal stürmte, die Plätze am hinteren Rand einnahm, sich mit
munterem Geschwätz aber akustisch in den Vordergrund
spielte. Statt Lady Gaga siebenmal Lady Blabla. Da sie jedoch
das Ende des zweiten Sets nicht abwarten wollten, wurde alles wieder gut: Der Trupp ging, die Musik blieb. Der längste
Tag des Jahres hat äußerst kurzweilig begonnen.

22. Juni

Selten dürften auf dem Campus der UCLA mehr Fotos geknipst worden sein als in der vergangenen Woche. Väter, Mütter, sonstige Verwandte, Freunde und Kommilitonen gierten nach Bildern der schärpen- und kappenverzierten Absolventen, die ihre Abschlüsse feierten. Und der begehrteste Fotospot war natürlich Joe Bruin, der lebensgroße bronzene Braunbär, der zwischen Gym und Souvenirshop aufgestellt ist. Er ist deshalb als Kulisse so beliebt, weil er Universitätssymbol (kalifornisches Wappentier) und Maskottchen der Hochschulsportteams in einem ist. Und zudem das einzige prominente universitätsbezogene Denkmal auf dem Campus. Das ist gerade im Vergleich mit dem mit fotogenen Statuen überreich gesegneten Gelände der anderen großen Hochschule der Stadt, der University of Southern California, erstaunlich. Und auch wenn der Braunbär grimmig einherschreitet, ist das gar nichts gegen die martialische Inszenierung von Bildung auf dem USC-Campus: Auf dessen zentralem Platz, gleich vor dem Hauptgebäude, steht da, als hätte man ihn direkt aus Gérômes Salonbildern des neunzehnten Jahrhunderts ins zwanzigste überführt und in Bronze gegossen, auf hohem grauem Sockel ein antiker Kämpfer, gekleidet in nicht mehr als Röckchen, Helm und Schienbeinplatten, aber mit Schwert und Schild äußerst wehrhaft ausgestattet. Ein Trojaner. Das zumindest verkündet die Inschrift des Sockels, die aus Vergil zitiert (Aeneis, 1. Buch, Vers 206f., sehr gebildet): «sedes ubi fata quiestas/ostendunt; illic fas regna resurgere Troiae» – wo das Schicksal ruhige Sitze verheißt, dort darf von neuem sich Troja erheben. Und nach seiner Wiederauferstehung hat es offenbar vor, sofort wieder einen neuen Trojanischen Krieg vom Zaun zu brechen. So tragen denn auch die universitätseigenen Sportteams den Namen «Trojans», bei Football, Baseball, Basketball und einigem mehr.

Die Footballer der USC wollten jedoch etwas Eigenes und haben deshalb für ein weiteres Maskottchendenkmal gesorgt. Man findet es am südlichen Anfang des Trousdale Parkway, der zentralen Achse des Campus. Es ist auch aus Bronze und sogar mit Sitzen versehen, während Vergils Ruheanspruch bei der Trojanerstatue ohne konkrete Folgen geblieben ist. Hier sitzt dagegen sogar der dargestellte Held selbst. Sein Name lautet George Tirebiter, und es handelt sich dabei um einen streunenden Hund, der in den vierziger Jahren den hiesigen Campus unsicher gemacht hat («Tirebiter», weil er Autos jagte) und dann vom Trojan-Footballteam als Maskottchen adoptiert und vor jedem Heimspiel an der Spitze der Marching Band ins Stadion geführt wurde. Der Aufschrift des Tirebiter-Denkmals kann man entnehmen, dass George sich jedoch vor allem damit Ruhm erworben hat, dass er bei einem Spiel gegen die Mannschaft der befeindeten UCLA deren Maskottchen, ebenjenen Bären Joe Bruin, in die Nase gebissen habe. Wobei es sich bei Joe um einen Menschen im Kostüm gehandelt hat, während George offenbar ein waschechter Kampfhund war. Vor zwei Jahren wurde übrigens noch die Plastik einer weiblichen Trojanerin auf dem USC-Campus aufgestellt. Auf den Hund gekommen war die Universität dagegen schon 2006. Gender-Gerechtigkeit braucht ihre Zeit. Auf eine bronzene Mrs. Bruin warten die Studentinnen der UCLA bislang vergeblich.

23. Juni Die Diözese von Los Angeles ist mit fast viereinhalb Millionen Katholiken mittlerweile die größte in den
Vereinigten Staaten. Auch wenn es Präsident Trump nicht
passen mag: Die Zahl der hiesigen Gläubigen wächst durch
die Einwanderung ständig, während die amerikanische katholische Kirche anderswo nach diversen Missbrauchsskan-
dalen eine Austrittswelle erlebt. In Los Angeles hat Kardinal
Roger Mahony bereits 1988 eine «Null-Toleranz-Politik» gegenüber Kirchenangehörigen angekündigt, die sich sexueller
Übergriffe schuldig gemacht haben. Wie sich nach dem Ende
seines Episkopats (2011) erwies, hatte er allerdings eher das finanzielle Heil der Kirche als das Wohlergehen der Gläubigen
im Auge, denn wie die 2013 publik gewordene Korrespondenz
des Kardinals mit einem Vikar belegt, wollte Mahony vor
allem Schadenersatzklagen vermeiden und deshalb Ver-
gehen unter der Decke halten und übergriffige Priester aus
dem Blickfeld der Öffentlichkeit schaffen. Erzbischof José
Horacio Gómez hat sich von seinem Vorgänger distanziert,
was die Wogen in Los Angeles glättete, zumal sich Mahony
im Gegensatz zu manchem amerikanischen Bischofskolle-
gen nicht selbst schuldig gemacht zu haben scheint. In den
hiesigen Kirchen liegt überall ein Faltblatt aus, in dem die
heilige Maria um Beistand bei der notwendigen moralischen
Reinigung der Gemeinde gebeten wird, aber Notfallrufnum-
mern werden immerhin auch genannt.

Eine andere Erschütterung, die die Gemeinde von Los An-
geles heimgesucht hat, war eine geologische: das Northridge-
Erdbeben von 1994. Die Kathedrale Saint Vibiana an der
Main Street in Downtown wurde damals in einem solchen

Ausmaß beschädigt, dass das Erzbistum deren Abriss und einen Neubau ankündigte. Das empörte die Denkmalpfleger, die die 120 Jahre alte neobarocke Kirche nicht geopfert sehen wollten. 1996 wurde ein Kompromiss geschlossen: Eine neue Kathedrale durfte auf einem anderen Grundstück errichtet werden, und der angeblich baufällige Altbau ging in den Besitz der Stadt über, die ihn dann an private Immobilienentwickler verkaufte. Die Renovierung erwies sich entgegen den Behauptungen der Kirche als relativ einfach, und heute ist das profanierte Gotteshaus eine populäre *event location* namens «Vibiana».

Die 2002 geweihte neue Kathedrale residiert passenderweise an der Temple Street. Dass direkt an der Nordseite des Kirchengrundstücks der achtspurige Freeway 101 liegt, stört in dieser Stadt niemanden; es erleichtert nur die Verkehrsanbindung zum Parkhaus der Kathedrale, das zu Messzeiten für die Autos von Gläubigen reserviert und gratis ist, während sonst damit Geld verdient werden kann: Parkplätze in Eins-a-Lagen der Innenstadt haben ihren Preis. Weil das Erzbistum so groß und reich (selbst ohne Parkhaus) geworden war, leistete man sich mit Rafael Moneo nicht nur einen höchst prominenten Architekten, sondern auch gleich einen neuen, ambitionierteren Namen für den Kirchenbau: Our Lady of the Angels. Der passt zum Namen der Stadt genauso gut wie zu ihrem Anspruchsdenken: Die Madonna selbst ist natürlich eine ganz andere Schutzheilige als die weitgehend unbekannte römische Märtyrerin Vibiana, deren für mehr als anderthalb Jahrtausende vergessene Gebeine 1853 ausgegraben worden und deshalb praktischerweise verfügbar waren, als die alte Kathedrale 1876 geweiht wurde.

Moneos Bau hat architektonisch vor allem im Inneren viel zu bieten. Doch eine Kirche hat sich nicht vor Touristen zu bewähren, sondern im Gottesdienst. Deshalb war ich heute, am Sonntag nach Fronleichnam, morgens um zehn Uhr zur zweiten von insgesamt drei Messfeiern an diesem Tag dort. Als Neuling wird man speziell willkommen geheißen: Alle erstmaligen Messbesucher in der Kathedrale werden am Schluss gebeten aufzustehen, und dann klatscht die Gemeinde zur Begrüßung Beifall.

Nach dem Gottesdienst führt mich der Weg in den Untergrund, wo im Tiefgeschoss der Kathedrale eine wichtige Einnahmequelle der Gemeinde zu bewundern ist: das Mausoleum. Hier ist Platz nicht nur für Bischöfe und Kleriker, sondern auch für gut sechstausend Gläubige, die sich einen der 1270 Körperbestattungsplätze oder eine von 4746 Urnennischen sichern wollen. Das sollten sie wohl auch, denn ein Informationsblatt teilt mit: «Interment rights in the Cathedral Mausoleum provide a sacred witness to God's promise of Resurrection» – man legt also mit dem Erwerb des Bestattungsrechts in der Kathedrale heiliges Zeugnis vom Glauben an das göttliche Versprechen der Auferstehung ab. Wer würde sich das nicht etwas kosten lassen, zumal ein nennenswerter Teil des Kaufpreises als karitative Zuwendung steuerbegünstigt ist, wie das Informationsblatt weiter ausführt. Die Einnahmen kommen nämlich dem Unterhalt der Kirche zugute. 2002 betrug der Startpreis zweitausend Dollar pro Quadratfuß Grabfläche, wobei eine normale Ruhestätte vierundzwanzig Quadratfuß umfasst. Aber man kann auch ganze Familienkapellen kaufen, und wenn man in der Nähe eines der von hinten beleuchteten Bleiglasfenster, die aus der Altkathedrale Saint Vibiana hierher überführt wurden, bestattet sein will, wird es noch teurer.

Der bislang bekannteste Verstorbene, der hier liegt, ist Gregory Peck. Seinem Andenken dürfte die kürzlich von mir

besuchte Straßenkreuzung besser dienen als die letzte Ruhestätte im tiefen Keller. Aber für den tiefgläubigen Schauspieler war die Sache wichtig. Wie auch für seinen Kollegen
Bob Hope, der zwar nicht hier bestattet wurde, der aber die
Kosten für die neben dem Mausoleum untergebrachte Kapelle mit dem Sarkophag der heiligen Vibiana übernommen hat.
Vibiana wiederum ist die einzige in der Kathedrale bestattete
Person, die einen eigenen Lichtschacht zur Erdoberfläche
hat.

24. Juni Normalerweise laufe ich frühmorgens durch den
Deste Drive direkt ins schönste Sonnenlicht. Doch das ist,
wie gesagt, seit geraumer Zeit anders, es ist am Vormittag
ständig bewölkt in Pacific Palisades. Also habe ich Augen für
anderes, etwa für den großen weißen Lebensmittelwagen, der
jeden Werktagmorgen schon dasteht, kurz vor dem Kreisverkehr; zwei Frauen verkaufen aus dem Fenster heraus warme
mexikanische Gerichte, natürlich nicht an die Bewohner
dieses Teils von Pacific Palisades, sondern an die viel größere
Gruppe von hispanischen Bauarbeitern und Gärtnern, die
hier den ganzen Tag lang tätig sind und ein kräftiges Frühstück brauchen. Muss am Wochenende gearbeitet werden,
weil ein Fertigstellungstermin drängt – als Bewohner des
Thomas Mann House kann ich ein Lied davon singen –,
fährt der Wagen besonders kundenfreundlich bis vor das
jeweilige Grundstück. Über die Arbeitszeiten der beiden
Frauen möchte ich lieber gar nicht erst nachdenken, denn
wenn das Vormittagsgeschäft auf dem Riviera-Hügel vorbei
ist, geht es weiter zu attraktiven Mittagsstandorten, etwa entlang des nahen San Vicente Boulevard kurz vor Brentwood

Village. Und abends sind solche «Taco Trucks» gerne dort im Einsatz, wo das Nachtleben stattfindet: auf dem Hollywood Boulevard, in Santa Monica oder bei den jetzt zahlreichen Open-Air-Filmvorführungen und -Konzerten. Die Namen der berühmtesten Food Trucks tauchen bisweilen sogar auf den Werbezetteln für diese Veranstaltungen auf.

Der Wagen im Deste Drive zählt nicht zu den berühmten. Heute sehe ich zum ersten Mal, wie er heißt: «Kikiz Food Delivery». Wie lange mag es diesen Straßenverkauf schon geben? Ist es möglich, dass die Namensgebung inspiriert wurde von «Kiki's Delivery Service», dem hinreißenden japanischen Zeichentrickfilm von Hayao Miyazaki aus dem Jahr 1989, einem der ersten Anime-Erfolge im Westen? Dann wäre die Schreibweise «Kikiz» als witzige Hispanisierung zu verstehen. Über dem Namenszug starrt allerdings ein aufgemalter martialischer Adler vor Sternenbanner-Hintergrund auf die Kundschaft hinab, amerikanisch will man also schon sein. Im Kino ist Kiki kein Adler, sondern eine kleine Hexe, die mit ihrem fliegenden Besen ein einträgliches Geschäft betreibt. So leicht ist es für «Kikiz» in Los Angeles zweifellos nicht. Aber die Kundschaft ist treu. Und sprachlich homogen. Mit meinem Englisch komme ich am Verkaufsfenster nicht durch, ich brauche die spanischen Sprachkenntnisse einer freundlichen Hausangestellten aus der Nachbarschaft, die gerade ihren Morgenkaffee am Wagen trinkt. Die Burritos und Tacos sind köstlich. Und für das nächste Frühstück memoriere ich neben den mir noch einigermaßen geläufigen «huevos» (Eier) und «jamón» (Schinken) auch schon mal «tocino» für Speck.

25. Juni Der Santa Monica Boulevard beginnt am Pazifik
und endet nach etwa dreißig Kilometern am Sunset Boulevard.
Die Route 66 begann auch am Pazifik, sie war nämlich anfangs
identisch mit dem Santa Monica Boulevard, endete aber keineswegs am Sunset Boulevard, sondern erst knapp viertausend Kilometer weiter in Chicago. Als durchgehende Straße
existiert sie heute nicht mehr, obwohl sie immer noch eine der
berühmtesten Verkehrsverbindungen der Welt ist – vor allem
wegen Bobby Troups Lied «Get Your Kicks on Route 66», das
Nat King Cole 1946 aufnahm. Es ist zur Hymne des Unter-
wegsseins nicht nur durch, sondern generell nach Amerika
geworden, wie ich heute Abend wieder feststellen konnte, als
der Song im Dokumentarfilm «The Quiet One» über den Rol-
ling-Stones-Bassisten Bill Wyman Bilder von der ersten US-
Tournee der Rockband untermalte. Und diesen Film sah ich
im Nuart Theater am – natürlich – Santa Monica Boulevard,
der in regelmäßigen Abständen mit braunen Schildern verziert ist, die an die «Historical Route 66» erinnern.

Der Boulevard ist überdies eine der wichtigsten innerstädtischen Ost-West-Verbindungen in Los Angeles und hat vom
Santa Monica Pier über den großen Mormonentempel bis zur
City Hall von Beverly Hills einige der markantesten Bauwerke der Stadt zu bieten. Und zwei legendäre Erinnerungsorte:
den halbrunden Beverly-Hills-Schriftzug und das Formosa
Cafe. Ersterer wurde 1912 an der Kreuzung mit dem Beverly Drive aufgestellt; im Huntington-Museum von Pasadena
gibt es ein wandfüllend vergrößertes Foto aus jener Zeit, auf
dem die Kreuzung mit dem frisch errichteten Schriftzug zu
sehen ist. Henry E. Huntington war nämlich entscheidend an

der Erschließung dieses Geländes und damit der Gründung von Beverly Hills beteiligt. Er machte aus einer Wüstenei eine blühende Stadt, wie man dem Foto ablesen kann, denn die Aufnahme zeigt noch weitgehend Brachland: Neben dem wie ein Ufo im Nirgendwo gelandeten Schriftzug ist lediglich ein einziges Gebäude zu sehen, eine Art englisches Landhausimitat, das heute unter der Adresse 1305 Park Way zu finden ist und durch Umbauten ziemlich grässlich verunstaltet wurde. Der mittlerweile so prächtige Großblättrige Ficus links neben dem Schriftzug ist auf dem Foto kaum zu erkennen, so klein war er da noch.

Jahrzehntelang war er alles, was von der ikonischen Szenerie an dieser Stelle übriggeblieben war, denn der Beverly-Hills-Schriftzug ist erst 2006 wieder rekonstruiert worden. Und noch viel jugendfrischer ist das altehrwürdige Formosa Cafe, das gewissermaßen gerade im Wiedergeburtskanal steckt: Das markante feuerrote Gebäude wird am kommenden Freitag nach umfangreicher Restaurierung feierlich neu eröffnet, befindet sich aber in dieser Woche schon einmal im Status eines «soft opening». Was das heißt? Nun, wie ich heute gemerkt habe, heißt es, dass die Angestellten noch nicht recht wissen, wann ihr Lokal überhaupt öffnet. Einer sagt, um 16 Uhr, zwei andere beharren auf 17 Uhr. Da sich zum früheren Termin immer mehr Menschen vor dem Formosa versammeln, wird schließlich um 16.20 Uhr aufgesperrt. Aber nur die Seitentür, denn im eigentlichen Eingangsbereich sitzt ein mürrischer Greis und zieht die Linien der alten, auf das Portalfenster gemalten Chinoiserien mit frischer Farbe nach.

Das Formosa Cafe verdankt seinen Namen der Formosa Avenue, es liegt dort, wo sie den Santa Monica Boulevard kreuzt. Und ist fast so alt wie der etwa fünf Kilometer entfernte Beverly-Hills-Schriftzug; seit 1915 stand an dieser Stelle das Red Post Cafe, aus dem dann 1939 das Formosa wurde. Noch älter jedoch ist jener Seitenflügel zur Formosa Avenue, der das Lokal erst richtig berühmt gemacht hat: ein zum Speisesaal umgebauter Straßenbahnwaggon der Nahverkehrsgesellschaft Pacific Electric – selbstverständlich auch eine Gründung von Henry E. Huntington – aus dem Jahr 1904. Es ist der einzige erhaltene Waggon seiner Art, seit ein zweiter vor ein paar Jahren in einem Museum bei einem Brand zerstört wurde; beim Umbau zum Formosa wurde er vor achtzig Jahren ins Lokal integriert. An ihn grenzt die gleichfalls historische Yee Mee Loo Bar des Formosa, ein chinesisches Phantasie-Interieur, das anlässlich der Renovierung wiederhergestellt und mit Bildern chinesischer Filmstars in Hollywood geschmückt wurde. So viele bildgewordene Klischees hat man selten auf einmal gesehen, aber seltsamerweise haben Asiaten damit offenbar wenig Probleme. Man stelle sich vor, es hätte im Formosa einen Bereich gegeben, der gemäß alten amerikanischen Vorstellungen von afrikanischen Kulturen gestaltet worden wäre. Man hätte ihn heute wohl kaum rekonstruiert.

Als der Name Formosa gewählt wurde, stand China im Krieg mit Japan, und die Insel Formosa (das heutige Taiwan) war seit Jahrzehnten japanisch besetzt. Die chinesische Ausstattung der Bar war somit ein politisches Statement, und Hollywood honorierte diesen symbolischen Beistand für die damals schwächere Seite: Stars wie Ava Gardner, Humphrey Bogart oder John Wayne waren hier Stammgäste, und später gesellten sich noch Frank Sinatra, James Dean und Elvis Presley dazu. Das Lokal ist übersät mit Fotos von Filmschauspielern, und im Gegensatz zu der neu inszenierten Hommage ans chinesische Erbe von Hollywood waren alle diese Bilder auch schon im alten Formosa aufgehängt. Als neue Betreiber das altehrwürdige Lokal 2012 komplett ummodelten, hat die vorherige Besitzerfamilie das ausgemusterte Interieur eingelagert und damit vor der Vernichtung bewahrt. Das modifizierte Formosa-Konzept scheiterte nach nur wenigen Jahren, und die Erwerber der Konkursmasse konnten bei der Wiederherstellung des historischen Ambientes auf die authentischen Bestände zugreifen. Nun sieht alles wieder so aus wie ehedem, als hätte es die Turbulenzen der letzten Jahre nie gegeben. Und wenn man die Zahl der Gäste an diesem Dienstagnachmittag als Maßstab für den Erfolg des neuen alten Formosa nehmen darf, stehen dem roten Haus goldene Zeiten bevor. «Won't you get hip to this timely tip / When you make that California trip? / Get your kicks on Route 66.»

26. Juni   Kaum habe ich gestern in Hollywood eine altehrwürdige Institution wieder in neuem Glanz erstrahlen sehen, darf ich heute dabei zuhören, wie man einer anderen, einem L.A.-Mythos, das Totenglöckchen läutet. Wobei diese zarte Metaphorik verfehlt erscheinen könnte, da es bei meinem Spätnachmittagsausflug um The Raconteurs ging, die vierköpfige Rockband um die beiden Gitarristen Jack White und Brendan Benson, und die sind nicht gerade für leise Töne bekannt, eher für *hell's bells.* White ist seit seiner Zeit beim Duo The White Stripes so etwas wie der Gitarrengott auf Erden, ein legitimer Nachfolger von B. B. King, Berry, Clapton, Harrison oder Townshend, und entsprechend darf man es als Sensation werten, wenn er mit seiner Band ein Gratiskonzert in einem Plattenladen gibt. Okay, ganz gratis ist es nicht, denn garantierten Zutritt bekam man nur, wenn man vorher in diesem Laden das gerade erschienene neue Racon-

teurs-Album «Help Us Stranger» gekauft hat (was ich aber eh getan hätte). Und es ist auch nicht irgendein Geschäft, sondern Amoeba Music an der Ecke Sunset/Cahuenga Boulevard mitten in Hollywood, nach eigenen Angaben der größte Plattenladen der Welt. Wer wie ich in der Nähe von Saturn in Köln, dem Vorgänger in dieser Rolle, aufgewachsen ist, weiß, was das bedeutet: endlose Reihen mit Tonträgern aller Stilrichtungen, ein Dorado für Musikfreunde, eben so, wie es auch in Köln einmal war, bevor Saturn zu einer Art Elektroartikelsupermarkt degenerierte. Hier in Los Angeles steht das Plattengeschäft immer noch klar im Mittelpunkt, wenn auch im Zeitalter des Streamings die Zahl verkaufter CDs in den Vereinigten Staaten seit der Eröffnung des hiesigen Amoeba (eigentlich stammt das Unternehmen – man traut sich kaum, es zu schreiben – aus San Francisco) im Jahr 2001 auf weniger als ein Zehntel des damaligen Absatzes zurückgegangen ist. Die Renaissance der Vinylplatte kann diesen Verlust im Massengeschäft nicht ausgleichen.

Umso erstaunlicher, dass ein Laden wie Amoeba noch existiert: auf den ersten Blick eine Rumpelkammer, auf den zweiten, dritten, vierten und noch viele weitere Blicke eine Schatzkammer. Das wissen Musiker wie White und seine Kollegen zu schätzen; das erste Mal haben sie hier 2006 ein Gratiskonzert für die Kundschaft gegeben. Das Gebäude ist aber auch an sich einen Besuch wert: Innen eher eine riesige Werkhalle mit Musikpostern an den Wänden bis unter die Decke, hat es außen eine blitzsaubere weißrote Fassade mit Neonschriftzügen, an der Ecke Sunset/Ivar Avenue erhebt sich ein runder Turm wie ein Bergfried, und große Tafeln verkünden die kommenden Attraktionen von Amoeba – architektonisch und reklametechnisch wird ein Selbstbewusstsein demonstriert, das man mit dem Schallplatteneinzelhandel überhaupt nicht mehr verbindet. Aber wenn der Laden so wie heute Nachmittag beim Raconteurs-Konzert aus allen Nähten platzt, scheint dieser Stolz auch gerechtfertigt. Für die Dauer von einer Stunde wird jede reguläre Verkaufstätigkeit eingestellt, der ganze Raum gehört allein der Musik.

Nur ist ausgerechnet am heutigen Mittwoch die Zustimmung der örtlichen Baubehörde für ein Bebauungskonzept des ganzen Blocks bekanntgeworden, das den Abriss des Amoeba-Gebäudes zugunsten eines sechsundzwanzigstöckigen neuen Einkaufs- und Wohnkomplexes vorsieht. Voraussichtlich vor Ablauf eines Jahres wird es Amoeba hier also nicht mehr geben, und man kann sagen: selbst schuld, denn das Unternehmen hat vor vier Jahren Kasse gemacht, als es seine Immobilie für vierunddreißig Millionen Dollar verkaufte und nur noch als Mieter darin verblieb. Andererseits dürfte überhaupt nur diese kräftige Finanzspritze das Überleben ermöglicht haben, und immerhin will man nach einem neuen Quartier in der Nähe suchen: «Amoeba won't leave L. A.», wird vor dem Konzert unter dem Jubel der Anwesenden verkündet. Ein Tipp gefällig, wo man unterkommen könnte? Vor einer Woche fuhr ich auf dem Sunset Boulevard an der ehemaligen Los-Angeles-Filiale der Plattenkette Tower Records vorbei, die den Einbruch des Tonträgermarkts nicht überlebt hat. Seit 2006 steht dieses riesige Ladenlokal leer, und nach hiesigen Maßstäben ist es nicht sehr weit vom jetzigen Amoeba-Standort entfernt. Allerdings wird es wohl seine Gründe haben, wenn eine solche Immobilie seit dreizehn Jahren ungenutzt geblieben ist.

Auf dem Sunset Boulevard zieht sich die Reihe der Besucher einmal rund um den zum Abriss vorgesehenen Block. Da alle auf den Einlass Wartenden – bei vierhundert habe ich aufgehört zu zählen und mich lieber selbst noch angestellt –

die neue Platte erworben haben, kann man leicht glauben, was Jack White später von der Bühne herab verkünden wird: dass die Band mit «Help Us Stranger» gute Aussichten auf Platz eins der Billboard Charts habe. Und das in einer Woche, in der auch neue Alben von Madonna und Bruce Springsteen im Handel sind.

Eine halbe Stunde muss ich warten, dann bin ich drin. Alle Konzertbesucher werden in der Reihenfolge ihres Eintretens in die Gänge zwischen den Plattenständern dirigiert: Ich lande im sechsten und am weitesten von der Bühne entfernten Gang direkt vor den Fächern für die Beatles, aber beim Soundcheck preise ich mein Schicksal, nicht ganz vorn im Gedröhn gelandet zu sein. Obwohl die Raconteurs dann gar nicht so viel Lärm machen, was der Stimmung in der Verkaufshalle jedoch keinen Abbruch tut. Mit «Bored and Razed» geht es los, und fünfundzwanzig Minuten später ist mit «Sunday Driver» auch schon wieder Schluss. Eine finale Rückkopplung klingt noch aus den Lautsprechern, als die Band längst schon von der Bühne verschwunden ist. Sechs Stücke der neuen Platte hat sie gespielt, und diejenigen, die richtig früh beim Kauf dieses Albums waren, dürfen sich nun noch in eine weitere Schlange einreihen, um es sich signieren zu lassen – aber bitte keine Fotos und keine Fragen an die Künstler! Zum bevorstehenden Auszug des Amoeba haben die Raconteurs nichts gesagt, aber das zweite Stück ihres Sets trug den vielsagenden Titel «Now That You're Gone».

27. Juni

Jetzt haben wir einen Vorgeschmack auf den kommenden Präsidentschaftswahlkampf bekommen, und was bleiben wird, ist ein bitterer Nachgeschmack. Zwanzig der insgesamt dreiundzwanzig Bewerber der Demokratischen Partei waren nach Miami zu einer Diskussion eingeladen, die der riesigen Zahl halber auf zwei Abende mit jeweils zehn Kandidaten verteilt wurde. Da das Ganze live im Fernsehen übertragen wurde, durfte es nicht zu lang ausfallen: zwei Stunden für jede Diskussionsrunde. Macht pro Teilnehmer unter Berücksichtigung der Dauer für Anmoderation und Fragen etwa zehn Minuten – theoretisch. Tatsächlich bekam die Bewerberin Elizabeth Warren am gestrigen ersten Abend fast doppelt so viel Redezeit zugestanden wie ihre Kontrahenten. Weil sie in den Wählerumfragen die am stärksten eingeschätzte Kandidatin der ersten Diskussion war (die Zusammensetzung war ausgelost worden) und sich die Fernsehmacher von ihr deshalb die publikumswirksamsten Statements versprachen, ging die Auftakt- wie auch die Schlussfrage an sie: Quote ist alles, im Fernsehen wie in der Politik.

Mrs. Warren, seit sechs Jahren Senatorin ihres Heimatstaates Massachusetts, steht für eine linksgerichtete Politik. Als einer der fünf am ersten Abend eingesetzten Moderatoren die Kandidaten wie eine Schulklasse dazu aufforderte, sich zu melden, wenn sie die private Gesundheitsvorsorge in den Vereinigten Staaten durch eine staatliche ersetzt sehen wollten, schoss die Hand der sicher nicht zufällig in der Mitte der Bühne platzierten Elizabeth Warren sofort in die Höhe, und nur eine weitere folgte ihr: die des laut Umfragen aussichtslosen New Yorker Bürgermeisters Bill de Blasio. Die von vielen Demokraten ersehnte innerparteiliche Revolution braucht ihre Zeit, weil allgemein gefürchtet wird, dass sie nicht ihre Kinder, sondern zunächst ihre Eltern fräße.

Vor vier Jahren war die Debatte unter den republikanischen Präsidentschaftsbewerbern ein Quotenhit (vierundzwanzig Millionen Zuschauer gegenüber fünfzehn Millionen am gestrigen Abend), weil man sich von Donald Trump einen hohen Unterhaltungswert versprach. Diesmal interessierten sich wohl mehr Amerikaner dafür, wie ihr Präsident die Diskussion seiner Herausforderer kommentieren würde, als für die Debatte selbst. Aus dem Flugzeug, das ihn während des ersten Abends zum Staatsbesuch nach Japan brachte, twitterte Trump nur ein Wort: «BORING!» Die Überraschung darüber hielt sich in Grenzen, denn dass er sich langweilen werde, hatte er schon vor dem Ereignis angekündigt. Und Trump ist nicht der Mann, der von seiner Meinung abrückt.

Dabei war die Debatte nicht langweilig, weder am ersten noch am zweiten Abend, bei dem gleich vier der fünf aussichtsreichsten demokratischen Kandidaten aufeinandertrafen. Keinem von ihnen gelang indes eine rhetorische Finte wie Beto O'Rourke, dem texanischen Kongressabgeordneten aus der Grenzstadt El Paso, der in der ersten Diskussion bei der ersten Frage an ihn nach einem kurzen englischen Satz kurzerhand ins Spanische wechselte, um sich bei den Latino-Wählern einzuschmeicheln. Die offenen Münder der anderen Diskutanten schlossen sich erst wieder, als O'Rourke ins Englische zurückfiel. Es war später schön zu beobachten, dass Senator Cory Booker es ihm nachmachte und wie sehr sich der ehemalige Minister Julián Castro nach O'Rourkes Coup bemühte, spanische Ländernamen wie Guatemala oder Venezuela besonders authentisch auszusprechen. Das fehlte ja noch, dass ihm der irischstämmige Texaner oder der Afroamerikaner aus New Jersey die sicher geglaubte Wählerbasis der Hispanics abspenstig machen würden!

Auf die Frage, welcher Kandidat am ersten Abend den Sieg davongetragen habe, antwortete ein Kommentator des Senders ABC gestern: «Joe Biden», obwohl der noch gar nicht aufgetreten war. Alle waren überzeugt gewesen, dass die anderen Bewerber scharf mit Barack Obamas Vizepräsident ins Gericht gehen würden, weil der in der Wählergunst derzeit deutlich vorne liegt. Die zehn Konkurrenten vom Mittwochabend hatten aber offenbar ein Schweigegelübde betreffs Biden abgelegt, und ich wiederum glaube, dass ihm das eher geschadet als geholfen hat. Man sieht ja an Trump, dass nichts so nützlich fürs Image ist wie ständige Erregung, die eigene wie auch die der anderen über einen selbst. Man durfte heute also gespannt sein, wie aggressiv Biden auftreten würde, um sich zum Mittelpunkt zumindest der zweiten Debatte zu machen.

Die erste Frage ging an Bernie Sanders, und der nutzte seine Chance – ohne darauf zu antworten, ob er die Steuern erhöhen wolle –, sein Credo vom «echten Wechsel» zu etablieren, der nur mit ihm möglich sei, weil alle anderen demokratischen Kandidaten hinnehmen würden, was in Amerika falsch läuft: die Ungleichverteilung. Wobei die von sämtlichen Teilnehmern der zweiten Debattenrunde kritisiert wurde, und alle anderen Teilnehmer eiferten Sanders auch darin nach, dass sie die Fragen der Moderatoren und die vorgegebenen Antwortzeiten ignorierten. Es war verglichen mit der gestrigen Veranstaltung die weitaus wildere, aber argumentativ auch weitaus schlichtere Ausgabe. Die kalifornische Senatorin Kamala Harris holte im Alleingang das nach, was schon am Vortag erwartet worden war: heftige Angriffe auf Joe Biden. «Ich glaube nicht, dass Sie ein Rassist sind» – wer einen Konkurrenten so anspricht, will genau diesen Eindruck bei anderen erwecken, und mit ihren eigenen Erlebnissen als eine der ersten schwarzen Schülerinnen an einer integrativen Schule trumpfte Harris gegenüber Biden, dem Musterbeispiel eines etablierten alten weißen Politikers, kräftig auf. Der blieb seiner bisherigen Linie treu und ordnete sein ganzes Programm einem einzigen Aspekt unter: Wie schlägt man

Donald Trump? Das ging so weit, dass Biden am Ende selbst auf die Frage, was er als Präsident vor allem erreichen wolle, antwortete: Donald Trump schlagen.

Das wollen aber alle demokratischen Kandidaten. Am populistischsten brachte es der Unternehmer Andrew Yang auf den Punkt: «Mit mir geht es nicht nach rechts oder nach links, sondern vorwärts.» Dieser Satz hätte auch von Trump stammen können. Konkret wurde es selten: Die Autorin Marianne Williamson prägte den Begriff «Krankheitssystem» für das amerikanische Gesundheitssystem, und Bernie Sanders verlangte, die jährlich 1,5 Billionen Dollar verschlingenden amerikanischen Militärausgaben lieber für Klimaschutzmaßnahmen zu verwenden. Das war denn auch eine der wenigen Äußerungen mit einem, wenn auch vagen, außenpolitischen Bezug. Das Schlusswort bekam Joe Biden zugesprochen, und er beendete die Debatte so konventionell amerikanisch wie nur denkbar: «God bless you all and may God bless our troops.» Gott steh uns bei!

28. Juni
Um den Hals von Raymond hängen mehrere Kruzifixe. Raymond ist ein gläubiger Mann, das hätte ich mir gleich denken können, obwohl ich die Kettchen erst gar nicht bemerkt habe, hat er mir doch sofort erläutert, dass der kalifornische Staat es auf das Grundeigentum der katholischen Kirche abgesehen habe und deshalb ein Gesetz vorbereite, das nicht nur die Verhaftung von Klerikern auf Kirchengelände gestatten soll – ist das denn bisher in Amerika verboten? –, sondern auch den Einzug von Kircheneigentum. Raymond hat mich beim Studium einer Innenstadtkarte auf der Straße gesehen und gefragt, wo ich hinwolle. Auf meine

Antwort, dass mich die Proportionen der öffentlichen Gebäude interessierten, fängt er unvermittelt an, auf den Repräsentationsdrang der staatlichen Institutionen zu schimpfen. Das einzige anständige Gebäude im Zentrum von Los Angeles sei die Kathedrale, und die, so fürchtet er, werde wohl bald enteignet. Seit ich das Gebäude von innen kenne, kann ich mir nicht recht vorstellen, was jemand anderer als das Bistum damit anfangen soll, aber ich sage Raymond lieber nicht, dass ich dort gewesen bin, denn mittlerweile sind mir die Kruzifixe aufgefallen und der Rosenkranz, den er ums Handgelenk geschlungen hat, und einem religiösen Eiferer will ich nicht gleich Gesprächsstoff bieten.

Missglückt! Denn auf die Frage, woher ich komme, pflege ich ehrlich Antwort zu geben. «Deutscher?» Das treffe sich gut, er sei selbst zu einem Viertel deutscher Abstammung, mütterlicherseits von den Homers her (was mich eher an Griechenland oder das Springfield der «Simpsons» denken lässt). Und der liebste Deutsche sei ihm Papst Benedikt. Den habe er fast einmal getroffen, als er vor Jahren ein paar Wochen in Rom gewesen sei und bei den Obdachlosen vor dem Petersdom übernachtet habe. Nicht, dass er selbst obdachlos gewesen wäre, das sei ein Akt der Solidarität gewesen – Raymond deutet mit einer Kopfbewegung zu einem zerlumpten Mann hin, der ein paar Meter weiter reglos auf dem Bürgersteig liegt –, und dort habe er eine Frau kennengelernt, die von Benedikt persönlich getraut worden sei. Die habe ihm geraten, dem Papst einen Brief zu schreiben, und das habe er getan, so von Deutschem zu Deutschem, aber sein Vorschlag, sich zu treffen, sei unbeantwortet geblieben. So recht ist mir nicht klar, wohin Papst Benedikt seine Antwort denn hätte adressieren sollen, aber gut.

Ja, Benedikt XVI., das sei noch ein Papst gewesen. Der jetzige, das wisse ich ja sicher, dieser Francis, suche ständig Rat bei seinem Vorgänger. In gewissem Sinne sei Benedikt also immer noch Herr im Vatikan und Francis nur ausführendes Organ. Zu schade, dass er, Raymond, den deutschen Papst nicht kennengelernt habe. Die Begegnung mit Deutschen sei immer sehr bereichernd für ihn gewesen, obwohl er leider ihre Sprache nicht spreche, weil seine Großmutter sie ihm nicht beigebracht habe, damals in den Fünfzigern. Das sei noch zu kurz nach dem Krieg gewesen, da habe man in Amerika mit Deutschen und Deutsch lieber nichts zu tun haben wollen. Das sei auch bei Hans so gewesen, dem Arbeitskollegen im Shrine Auditorium, wo Raymond als Kulissenbauer gearbeitet hat. Hans sei sein Bürge bei der Aufnahme in die Gewerkschaft gewesen und ein Deutscher, der nie über die eigene Vergangenheit gesprochen habe. Ein anderer Kollege habe Raymond irgendwann erzählt, dass Hans der Chefpilot von Hitler gewesen sei, aber das habe Hans geärgert, als er es hörte. Wobei er, Raymond, später durch Zufall ein Buch über den Luftkrieg in die Hand bekommen habe, und wer starrte ihn darin auf einem Foto an, jünger zwar, aber doch unverkennbar, mit einem anderen Nachnamen, aber demselben Vornamen? Hans. Als Hitlers Chefpilot sei er im Buch zwar nicht bezeichnet worden, dafür jedoch als erfolgreichster deutscher Kampfflieger im Zweiten Weltkrieg, der 1945 für mehrere Jahre in russische Kriegsgefangenschaft geraten sei. Da verstehe er schon, warum Hans später lieber nicht über seine Vergangenheit habe sprechen wollen, zumal Raymond, wie er sagt, auch zu einem Viertel Engländer sei, also müsste er Hans eigentlich nachträglich böse für seine Abschüsse im Krieg sein. Aber Hans habe sich ihm gegenüber immer korrekt verhalten, und auch Papst Benedikt sei ja bei der Hitlerjugend gewesen. Man habe dem System in dieser Zeit als Deutscher einfach nicht entgehen können. Ob Hitler übrigens tatsächlich solch ein Monster gewesen sei, könne er nicht beurteilen. Dessen Schergen, gewiss, die seien böse gewesen. Raymond vermutet, dass Hitler gar nicht Selbstmord begangen habe, sondern von den Amerikanern gefangen genommen und irgendwo im Westen der Vereinigten Staaten in einem Stollen inhaftiert worden sei, sozusagen von einem Bunker in den nächsten. Ein Freund habe diese Anlagen gesehen, die man eigentlich für den Raketenbau errichtet habe, der natürlich auch nur durch einen Deutschen ermöglicht worden sei, diesen Wernher von Braun. Der sei allerdings ein strammer Nazi gewesen – strammer jedenfalls als Hitler, wenn man Raymond richtig versteht.

(Eine Internetrecherche zu Hause ergibt am Abend Folgendes: Der erfolgreichste deutsche Kampfpilot im Zweiten Weltkrieg war tatsächlich in sowjetischer Kriegsgefangenschaft, ging aber nie in die Vereinigten Staaten, weil er nach seiner Freilassung in der Bundeswehr abermals Karriere machte; außerdem hieß er mit Vornamen Erich. In der Wikipedia-Liste erfolgreicher Luftwaffenpiloten gibt es immerhin vier namens Hans, aber keiner von ihnen lebte jemals in Amerika. Dann gibt es noch einen Eintrag zu Hitlers persönlichem Piloten, und siehe da: Der hieß Hans, und er geriet in russische Gefangenschaft. Allerdings ebenfalls keine Spur von einem Amerikaaufenthalt. Raymonds Hans mag zu Recht geschwiegen haben, denn es gab vielleicht gar nichts zu erzählen.)

Raymond selbst wuchs in einer Lutheraner-Familie auf, spürte aber schon mit siebzehn seine Neigung zum Katholizismus und konvertierte mit vierzig, was er seiner Mutter aber niemals gesagt habe. Außer in Rom sei er seinerzeit noch in der Schweiz und in Deutschland unterwegs gewesen – wunderschön die Schweiz, überhaupt das schönste Land auf der ganzen Welt, und aus Deutschland habe er noch Erinnerungen an München, wo er auf den Stufen der Frauenkirche übernachtet habe, in der auch Benedikt, bevor er Papst wurde, so oft zum Beten gewesen sei. Ein riesiges Gotteshaus, aber als er zur Messe gegangen sei, habe er niemanden angetroffen; die paar erschienenen Gläubigen hätten sich in einer winzigen Kapelle versammelt. Das sei im Petersdom anders gewesen, wenn man dort auch dauernd beim Beten durch muslimische Reisegruppen gestört werde, die sich respektlos verhielten. Italien hole ja aus wirtschaftlichen Interessen lauter nordafrikanische Muslime ins Land. Aber wenn der Vatikan einst falle, dann würden durch diesen Schock die verschiedenen christlichen Konfessionen ihre Kräfte vereinen. Raymond hofft trotzdem, dass es gar nicht erst so weit kommt.

Auf die Vereinigten Staaten dürfe man jedenfalls nicht zählen bei diesem Kampf. Ein Trump-Sympathisant ist Raymond nicht. Dieser Präsident sei ja verrückt, wenn auch seine Entscheidung vor etwas mehr als einer Woche, den Abschuss einer amerikanischen Drohne durch den Iran nicht mit einem massiven militärischen Gegenschlag zu beantworten, richtig gewesen sei. Generell seien die heutigen Vereinigten Staaten aber schlimmer als Hitler-Deutschland. Weshalb? Na, wegen der erlaubten Abtreibungen. Das habe es im «Dritten Reich» nicht gegeben. Und für Euthanasie werde hier gerade auch der Weg geebnet.

Da faucht uns der Obdachlose an, der während des ganzen Raymondschen Monologs scheinbar teilnahmslos auf dem Bürgersteig gelegen hat: Allmählich müsse doch mal Ruhe sein. Sagt's, steht auf, packt seine Habseligkeiten zusammen und geht weg. Ich bewundere den Mann. Diesen Mut zur Unhöflichkeit hätte ich auch haben sollen. Papst Benedikt hat sich damals in Rom ja ebenfalls als sehr weise erwiesen.

29. Juni Erstaunlich, was für eine olfaktorische Belästigung frischverlegter Rasen bedeuten kann. Selten hat man meiner Nase einen derartigen Tort angetan. Ich fliehe aus dem Thomas Mann House, dessen letzte Gartenbrache gerade begrünt wird. Wird der Boden gedüngt, bevor darauf die stapelweise bereitliegenden Grasplatten ausgelegt werden, oder sind es tatsächlich diese Segmente selbst, die derart stinken? Egal, das Wetter ist prachtvoll, und die beeinträchtigten Umstände in Pacific Palisades lassen mich Mut schöpfen, heute Nachmittag eine eher verrufene Gegend anzusteuern. Etwas Besseres als den Tort findest du überall.

Die Anregung dazu stammt von Marshall Friedman, der uns vor zwei Wochen durchs Schindler House geführt hat. «Wo würden Sie keinesfalls nach schönen Häusern suchen?», fragte er damals in die Runde. Die Antwort von den amerikanischen Gästen kam prompt: «Im Valley.» Friedman blickte triumphierend zu uns Ausländern und erläuterte: «Das werden Sie immer von den Angelinos hören. Alle blicken sie auf das Valley herab. Aber genau da ist eines der interessantesten Bauwerke von Schindler zu finden. Es glaubt nur fast niemand, weil man es dem Komplex kaum noch ansieht. Aber wenn Sie mal etwas Zeit haben, dann vergessen Sie alle Behauptungen, wie hässlich und langweilig es im Valley sei, und fahren zu den Coldwater Curve Shops am Ventura Boulevard. Die stammen von Schindler. Dann gehen Sie dort ins Belle Bakery Caf´e» – ja, das schreibt sich wirklich so, aber vielleicht konnten die Leute einfach keinen Accent aigu setzen – «und trinken einen Kaffee. Der schmeckt dort gar nicht mal übel, und Sie können später behaupten, Sie haben in einem

Schindler-Bau gespeist.» Das ist mir seitdem nicht mehr aus dem Kopf gegangen, und heute ist der Tag dafür. Im Valley kann es nicht übler sein als hier.

«Valley» ist die gängige Bezeichnung für das San-Fernando-Tal jenseits der Hollywood Hills. Bis vor einem knappen Jahrhundert gab es da nicht viel außer Landwirtschaft, nachdem der weite Kessel zwischen den Santa Monica, Verdugo und San Gabriel Mountains künstlich bewässert worden war. Aber ab den dreißiger Jahren dehnte sich Los Angeles nach Norden aus, angeführt von den Filmstudios, die sich auf dem unbebauten Gelände ansiedelten, und binnen kurzer Zeit war das Valley so dicht besiedelt wie Downtown. Heute leben hier 1,8 Millionen Menschen.

Wer hier wohnt, will nicht ständig über die steilen Hänge der Hollywood Hills in die eigentliche Stadt fahren, also wurden schon während der Erschließung Einkaufsstraßen angelegt. Die wichtigste ist der Ventura Boulevard, der vor allem in den Stadtteilen Sherman Oaks und Studio City eine sonst in Los Angeles kaum mehr zu findende Vielfalt an kleinen Geschäften aufweist – und das in meist niedrigen Ladenbauten aus allen Bauepochen seit 1930, also Art déco, Modernismus, Brutalismus, Postmoderne und Stile, die gar keinen eigenen Namen tragen, weil sie so nichtssagend sind. Hier, mit den Hausnummern 12 634 bis 12 674 (und nicht nur bis 12660, wie die Fachliteratur zu Schindler behauptet), sind auch die Coldwater Curve Shops zu finden.

Man kann sich in der Tat kaum etwas Eindrucksloseres vorstellen als diese meist nur ein-, manchmal zweistöckige Ladenzeile, die heute in einer Farbe gestrichen ist, die man mit Beige-Rosa-Braun umschreiben könnte. Natürlich war das Ganze zu der Zeit, als Schindler die Ladenzeile von 1936 bis 1946 bauen ließ, weiß; zumindest suggerieren das die Fotos aus dieser Zeit, die hellen Sichtbeton und viel Glas zeigen. Es ist kein großer, unmittelbar zusammenhängender Komplex, sondern ein aus vier separaten Pavillons bestehendes Ensemble, dessen Straßenfassade immer wieder verwinkelte Fensterflächen aufweist und am hinteren Ende die gekrümmte Straßenführung des Ventura Boulevard elegant aufnimmt. Derzeit kann man allerdings vor lauter Reklameschildern der aktuellen Gewerbetreibenden – eine Bäckerei, zwei Klamottenläden, ein Tinnefgeschäft (man kann es jeweils nicht freundlicher ausdrücken), ein Juwelier, ein Restaurant, das erstaunlich gutsortierte Wollgeschäft «La Knitterie Parisienne», ein Nagelpflegestudio und das «Indian Art Center» – Schindlers Strukturen kaum noch erkennen; das Indian Art Center hat sich gar eine Blockhütten-Fassade zugelegt, die eher nach Weiße-Siedler-Architektur aussieht als nach amerikanischen Ureinwohnern. Aber wenn man in die Verkaufsräume der Geschäfte geht, sieht man typische Schindler-Elemente wie schmale Glasbänder knapp unter den Zimmerdecken oder überraschende Fenster in den Flachdächern, sodass die Ladenlokale erstaunlich hell wirken. Schindler verstand es wie kaum ein zweiter Architekt, das kalifornische Licht zu lenken.

Der Monotonie der üblichen Strip-Architektur begegnete er nicht nur durch seine bewegte Fassadenfront, sondern auch durch hohe einzelne Außenwände, die sich rechtwinklig zur Straße über die normale Traufhöhe hinaus erheben – scheinbar sinnlose Zierelemente, die aber dem Ensemble optische Leichtigkeit verleihen und dank ihrer früheren hellen Farbgebung Sonnenlicht reflektierten, das dann wiederum durch die Dachfenster ins Innere fiel. Irgendwann hat ein Barbar die gesamte Vorderseite der Gebäude einheitlich bis auf halbe Höhe grob verklinkert, sodass die ursprünglich strenge

Beton-Glas-Optik nunmehr wie eine Spielzeugarchitektur der sechziger Jahre wirkt. Aber wenigstens ist die Ladenzeile überhaupt noch da, denn alle anderen Gewerbebauten, die Schindler in der Stadt ausgeführt hat, sind mittlerweile abgerissen. Gut, dass es nicht allzu viele wohlhabende Angelinos ins Valley zieht. Der wunderbare Ventura Boulevard wäre im Nullkommanichts auch so langweilig neu bebaut, wie es seine Parallelstraßen jenseits der Hollywood Hills schon sind.

30. Juni

In der Mitte der Stadt passiert am heutigen Sonntag etwas ganz Erstaunliches: Der Autoverkehr wird eingestellt. Zumindest auf Teilen des Washington und des Venice Boulevard plus einem zwei Blocks langen Verbindungsstück zwischen beiden Straßen auf der 7 th Avenue. Das summiert sich auf satte vier Meilen, also fast sechseinhalb Kilometer autofreie Stadt. In Los Angeles kaum zu glauben.

Organisiert wird die von 9 Uhr morgens bis 4 Uhr nachmittags während Sperrung von der Organisation CicLAvia, die seit 2008 immer wieder kurzzeitige Verkehrsruhezonen in Los Angeles schafft, in enger Zusammenarbeit mit der Stadtverwaltung, dem Nahverkehrssystem Metro und anderen Unterstützern. Vorbild dafür war die bolivianische Organisation Ciclovía, die schon in den späten siebziger Jahren propagierte, in den Städten Fahrräder statt Autos zu nutzen. Autofreie Straßen heißt für CicLAvia wirklich vollkommen leere Straßen, sodass selbst die Anwohner ihre sonst hier abgestellten Fahrzeuge heute woanders parken mussten. Und so haben nun Fahrradfahrer und Fußgänger die ganze Straßenbreite zur Verfügung.

Wobei es Letztere nur selten gibt. Gleich mehrfach werde

ich von vor ihren Häusern sitzenden und das ungewohnte Geschehen bestaunenden Anwohnern angerufen, wo ich denn mein Rad gelassen hätte. Ich wolle die ganze Strecke zu Fuß abschreiten? «Good for you!» Dass ich am Ende die ganze Strecke auch wieder zurückgehen werde, weil ich mein Auto am westlichen Ende der gesperrten Straßenzüge abgestellt habe, sage ich lieber nicht. So viel Fußgängerei würde wohl nicht mehr gutgeheißen.

Zunächst sieht man aber doch vor allem Autos: Polizei- und Abschleppwagen. Und Lieferfahrzeuge, denn an den beiden Enden der Viermeilenstrecke und in deren Mitte gibt es «Mandatory Dismount Zones», freiwillige Absteigezonen, wo auch die Radfahrer zu Fuß gehen und ihr Gefährt schieben sollen. In diesen Abschnitten sind Essensstände und Informationszelte konzentriert, es gibt die Möglichkeit, defekte Fahrräder gratis reparieren zu lassen, und Erste Hilfe steht auch parat. Es herrscht reges Treiben, Hunderte von Radfahrern sind versammelt, und einige haben sich für das Ereignis besonders herausgeputzt. Auf einem silbern lackierten Chopper-Fahrrad sitzt ein sehr cooler schwarzer Herr, der konstant nur auf dem Hinterrad fährt. Und der Pastor der True Light Baptist Church hat seine Chance erkannt, den Morgengottesdienst verlängert und an die frische Luft verlegt. Von einer Rockband begleitet, wird hier auf die vorbeirollenden Radfahrer eingepredigt, was das Zeug hält. Daran hätten sich die benachbarten Kollegen von den Adventisten, Presbyterianern, Zeugen Jehovas, der christlichen koreanischen Kiefernkapelle und der Iglesia El Tabernaculo Del Testimonio ein Beispiel nehmen können, aber den Sonntag hat der Herr wohl auch ihnen zur Ruhe bestimmt. Die katholische Sankt-Paul-Kirche hat immerhin ihr Pfarrfest auf dieses Wochenende gelegt und ließ sich dafür Karussells,

Riesenräder und Schießbuden von einem kommerziellen Kirmesbetreiber anliefern. Wie man Straßenfeste aufzieht, könnte man in Los Angeles noch von Europa lernen.

Auf der Homepage von CicLAvia war zu lesen, was es alles am Wegrand zu sehen geben werde, aber zwischen den Absteigezonen sind die gesperrten Straßen auch kommerziell stillgestellt: Kaum einer der Läden am Washington Boulevard hat geöffnet, und das hochgelobte, wie aus einem Betonbaukasten zusammengesetzte Gebäude des Nate Holden Performing Arts Center verpasst die Möglichkeit, ein neues Publikum zu erreichen. Schön, dass direkt gegenüber ein anderes «Kunstzentrum», das Mixed Martial Arts vermittelt, zur Mittagsstunde «Open Mat» anbietet, wohl eine Art Schnupperkurs in Selbstverteidigung. Die Teilnehmerinnen des gerade beendeten Trainings für Brazilian Jiu-Jitsu for Women verlassen das Gebäude. Da weicht man lieber aus.

Je näher ich Downtown komme, desto mehr Geschäftsleben herrscht am Venice Boulevard. Die Skyline liegt wie eine Verheißung am Horizont der endlos langen Straßen, aber auch nach sechseinhalb Kilometern werden wir sie nicht erreichen. Dass Autofreiheit ins Herz der Stadt einzieht, ist noch nicht vorstellbar, da mögen die Aktivisten der Gruppe «Fight for the Soul of the Cities» noch so viele Schilder schwenken, auf denen «No cars in L.A.» steht, und diese Parole auch noch rhythmisch skandieren. Sie haben es eh schwer, sich gegen die von vielen Radfahrern mitgeführten Lautsprecherboxen durchzusetzen, die einen ständig neu verwebten Rockmusikteppich über die Straße breiten. Dem athletischen Mann mit Donna Summers «Hot Stuff» in Endlosschleife bin ich immer wieder begegnet. Das Lied passt aber auch besonders gut zum bisher wärmsten Tag meiner drei Monate in Los Angeles.

Ein einzelnes Zelt verliert sich auf dem Washington Square

und beschattet zwei Abgesandte der World Dodgeball Society, die sich damit die Zeit vertreiben, Kindern Gummibälle zuzuwerfen. Wenn das Dodgeball ist, wird der Sport es in meinem Teil der Welt schwer haben. Andere Wurfgeschosse sind erfrischender: In der 7th Avenue steht ein muskulöser bärtiger Mann und schmeißt unter dem Gejauchze seines kleinen Sohns Wasserbomben auf die Vorbeiradelnden, versteht aber gar keinen Spaß, als ein Elektrorollerfahrer das Geschoss auffängt und zurückfeuert. Einen Motorradfahrer des Los Angeles Police Department lässt das kalt, er steht mit seiner Maschine im Schatten und hütet sich, sie unnötig in Gang zu setzen. Es sind auch genug putzig aussehende Fahrradpatrouillen des LAPD im Einsatz. Alle ein bis zwei Kilometer dürfen Autos die heute für sie gesperrte Strecke kreuzen, aber das läuft ohne jede Hektik oder gar Verärgerung ab. Ich habe keine Erinnerungen mehr an die autofreien Sonntage in Deutschland während der Ölkrise der frühen siebziger Jahre, aber wenn ein ganzes Land so ausgesehen hat wie der autofreie Sonntag auf Washington/Venice, dann muss es herrlich gewesen sein.

In der Hitze am späteren Mittag und frühen Nachmittag nimmt der Radverkehr auf den beiden Straßen ab, es wird immer stiller, man hat Hunderte Meter Boulevard für sich allein. Zurück am Anfang des Sperrgebiets, hat auch der Baptistenprediger sein gottgefälliges Werk beendet, und ich steige in meinen Mietwagen und fahre durch den üblichen Verkehr zurück aus dem Niemandsland von Mid-City, das sieben Stunden lang zum Versuchslabor eines alternativen Stadterlebnisses wurde, nach Pacific Palisades. Mit schlechtem Gewissen natürlich.

In den Kinos der Stadt läuft übrigens seit mehreren Wochen ein Werbespot, der in rascher Schnittfolge erst Bilder von hektischem und lautem Straßenverkehr zeigt und dann von einem Drohnenflug über die verstopfte Stadt zur Vogel-flugperspektive auf eine grüne Parklandschaft voller ent-spannter Fußgänger und Radfahrer überleitet. «What are cities made for? People, not cars», lautet der Slogan dazu. Und wer hat diese Reklame produziert? Lyft, der 2012 in Ka-lifornien gegründete Taxidienst, der wie Uber funktioniert, nur angeblich mit besseren sozialen Absicherungen für die Fahrer. Die Botschaft des Spots ist klar: Wer nicht mit dem eigenen Auto, sondern mit Lyft fährt, verbessert die Lebens-bedingungen in der Stadt. Pech nur, dass kürzlich veröffent-lichte Untersuchungen zeigen, dass seit dem Siegeszug von Lyft und Uber der Pkw-Verkehr in San Francisco und Los Angeles kräftig zugenommen hat – weil es jetzt so billig ist, sich vom Auto transportieren zu lassen, haben die Menschen weniger Skrupel, es auch zu tun. Auf dem Washington und Venice Boulevard waren heute aber auch keine Taxis, Lyfts oder Ubers erlaubt. Es war eine Wohltat.

IV.
Juli – Mit den Engeln schweben

1. Juli

Beim zweiten Mal ging ein lautes Ächzen durch die Reihen. Hatte denn Jennifer Townsend nicht schon beim ersten Mal die Seufzer aus dem Publikum gehört? Die achtzigjährige Dame mag ja noch eine Anfängerin in Hollywood sein, aber dass man das Ende eines Films nicht vor der Aufführung verrät, sollte auch sie wissen. Selbst wenn es sich um einen modernen Klassiker wie «Thelma & Louise» handelt, der gestern auf der Freilichtbühne im John Anson Ford Theater gezeigt wurde. Zu Beginn der Veranstaltung hatte die Moderatorin des Abends gefragt, wer den Film noch nicht gesehen habe, und immerhin rund ein Viertel der Anwesenden meldete sich. Diesen Novizen ist die große Überraschung am Schluss gründlich verdorben worden, und die anderen drei Viertel wussten das. Deshalb das kollektive Aufstöhnen.

Es war ein lustiger akustischer Kontrast zu dem Gejauchze, das von der anderen Seite der Fahrstraße zum Cahuenga-Pass herüberklang, wo gleichzeitig in der Hollywood Bowl ein Abend mit Abba-Liedern stattfand. Das Ford Theater ist so etwas wie die kleine Schwester der riesigen Freiluftarena gegenüber, 1200 statt 18000 Sitzplätze, aber es ist auch deren Vorläuferin, denn die Bühne wurde schon 1920 errichtet: als in den Steilhang eingebettetes Amphitheater, in dem im Sommer ein christliches Passionsspiel aufgeführt wurde – deshalb der ursprüngliche Name «Pilgrimage Theater». Der Ort erwies sich rasch als so beliebt, dass zwei Jahre später auf der anderen Seite des Canyons die große Bowl errichtet wurde, aber das

Pilgrimage spielte munter weiter und überstand sogar die Zerstörung seiner Holzbühnenkonstruktion durch einen Brand im Herbst 1929, dem Jahr, in dem die Hollywood Bowl ihre bis heute bestehende Gestalt bekam. 1931 war das Pilgrimage schon wiederaufgebaut, diesmal aus Beton und mit zwei markanten Türmen zu beiden Seiten der Bühne, die als ständige Kulissen für die Stadt Jerusalem im Passionsspiel gedacht waren, dessen Aufführungen hier bis 1964 liefen. Dann wurde die Stadt Los Angeles als Eigentümerin des Grundstücks verklagt, weil sie ein religiöses Spektakel auf ihrem Eigentum duldete – die Trennung von Religion und Staat genießt in den Vereinigten Staaten Verfassungsrang –, und das Theaterstück wurde abgesetzt. Seit den siebziger Jahren nutzt man das Theater als Spielstätte von Konzerten, benannt ist es nach dem lokalen Kulturförderer John Anson Ford, und heute bildet es neben Hollywood Bowl und Greek Theater das berühmte Trio der sommerlichen Freiluftbühnen in den Hollywood Hills.

«Thelma & Louise» ist Bestandteil eines viertägigen Minifestivals einer Gewerkschaft mit dem unaussprechlichen Namen SAG-AFTRA (Screen Actors Guild – American Federation of Television and Radio Artists), das unter dem Motto «Game Changers» jeden Abend einen neueren Film präsentiert, der Epoche gemacht hat, eingeleitet von einem Gespräch mit *special guests.* Jennifer Townsend war allerdings sehr speziell. Nachdem sie «Thelma & Louise» im Kino gesehen hatte (am nächsten Tag sah sie ihn sich gleich noch drei Mal an), begann die damalige Geschäftsfrau 1991 vor lauter Begeisterung, Material zu dessen Rezeption zu sammeln, und machte dann mehr als zwanzig Jahre später, als sie im Ruhestand war, einen Dokumentarfilm daraus: «Getting Catch of Thelma & Louise». Liebe zum Gegenstand ist nicht immer die beste Basis für dessen Analyse. Und Jennifer Townsend hatte denn auch außer ihrer persönlichen Geschichte nichts über den Film zu sagen, was überraschend gewesen wäre. Man darf es wohl als Bankrotterklärung der Screen Actors Guild betrachten, dass sie in ganz Hollywood keine Person auftreiben konnte, die unmittelbar an «Thelma & Louise» beteiligt war und an diesem Abend davon erzählen wollte. Es hätten ja nicht einmal die ganz großen Namen wie Susan Sarandon, Geena Davis, Brad Pitt oder Ridley Scott sein müssen.

So wurde der Einbruch der Dunkelheit von mir herbeigesehnt, damit das Gerede endlich enden und die Projektion beginnen möge, und die Open-Air-Atmosphäre im Ford Theater enttäuschte dann auch nicht. Als besonders eindrucksvoll erwies sich der Überflug eines Hubschraubers nur Sekunden vor jener Szene, in der auch im Film überraschend ein Helikopter auftaucht. Gut, dass Jennifer Townsend wenigstens von dem nichts verraten hatte.

2. Juli

Das Wort, dessen Gebrauch der demokratischen Kongressabgeordneten Alexandria Ocasio-Cortez vor zwei Wochen großen Ärger eingebracht hat, ist im Japanese American National Museum so ziemlich das Erste, was einem in der Dauerausstellung begegnet: Konzentrationslager. Dabei wäre dessen explizite Nennung gar nicht nötig. Wenn man die Treppe aus der Kassenhalle hochgeht, steht man vor einer dunklen, teilweise mit Teerpappe abgedichteten Holzwand, bei deren Anblick man gar nicht anders kann, als an die Transportzüge nach Auschwitz zu denken. Es handelt sich um die Außenwand einer Baracke aus dem Lager Heart Mountain in Wyoming, das Anfang 1942 im dortigen Niemandsland aus dem Boden gestampft wurde, um Amerikaner japanischer

Abstammung aufzunehmen, die aus den Bundesstaaten an der Westküste deportiert wurden. Nachdem diese Menschen im Herbst 1945 wieder freigelassen worden waren, wurden die Baracken demontiert und an Farmer der Umgebung verkauft. Eine davon konnte in den späten achtziger Jahren ausfindig gemacht und später nach Los Angeles gebracht werden. Nun mahnt sie an jenen Erlass des von Thomas Mann als Heros der Demokratie vergötterten Franklin D. Roosevelt, der am 19. Februar 1942 den amerikanischen Behörden das Recht einräumte, Militärzonen einzurichten, aus denen sämtliche japanischstämmige Bürger ausgewiesen werden mussten. Sofort erklärte man die ganze westliche Küstenregion der Vereinigten Staaten zu solchen Zonen. Die Zahl der in Amerika lebenden Japaner und deren Nachkommen belief sich bei Kriegsbeginn am 7. Dezember 1941 auf 128 000, und die größte Einzelgruppe davon, rund 35 000, lebte in Los Angeles, im Stadtteil Little Tokyo gleich neben Downtown.

Deshalb ist das 1992 eingeweihte Museum hier angesiedelt worden, an der Ecke 1st Street und Central Avenue. Es entstand in der Folge des 1988 erlassenen Civil Liberties Act, der endlich das Unrecht anerkannte, das Amerikanern japanischer Abstammung in den Kriegsjahren vom Staat angetan worden war, und sollte mit seiner Ausstellung die Leistungen dieser Gruppe beim Aufbau der Vereinigten Staaten würdigen. Schon durch die Wahl des Standortes bekam das Konzept des Hauses aber einen anderen Akzent: Zunächst bezog das Museum den 1925 erbauten buddhistischen Hompa Hongwanji Tempel, nachdem dessen Gemeinde das Gebäude Ende der sechziger Jahre für einen wenige Blocks entfernten Neubau aufgegeben hatte. In dem Tempel wurden 1942 Menschen untergebracht, die ins Landesinnere deportiert werden sollten, und als dies dann geschehen war, diente der für die

Kriegsdauer geschlossene Kultbau als Lagerraum für deren konfisziertes Eigentum. An so einem belasteten Ort konnte man nicht einfach nur eine Erfolgsgeschichte erzählen.

Mittlerweile hat das Japanisch-Amerikanische National-museum einen viel größeren Museumsbau gleich gegenüber bezogen, in dem sich der überwiegende Teil der Dauerausstellung weiterhin mit dem Schicksal der Japano-Amerikaner während der Kriegsjahre beschäftigt. Und die im damaligen offiziellen Sprachgebrauch schönfärberisch als «Relocation Centers» bezeichneten Internierungscamps werden dabei konsequent «Concentration Camps» genannt. Natürlich ist man sich der historischen Konnotationen des Begriffs bewusst. Gleich zweimal wird in den Begleittexten zur Ausstellung festgestellt: «Das Japanisch-Amerikanische Nationalmuseum verwendet ‹Konzentrationslager› nicht in der Absicht, Ähnlichkeiten mit den Schrecken des Holocausts nahezulegen, sondern um das wahre Ausmaß dessen auszudrücken, was den japanischen Amerikanern angetan wurde.» Man kann diese Rechtfertigung widersinnig nennen, denn sie besagt ja nichts anderes, als dass die Wortwahl eben doch möglichst extremen Schrecken heraufbeschwören soll. Angesichts von 1862 Toten in knapp vier Jahren, in denen die amerikanischen Camps bestanden (wovon nachgewiesenermaßen nicht mehr als vier Internierte von den Lagerbesatzungen ermordet wurden), also einer geradezu unnatürlich niedrigen Sterbequote bei 110000 Internierten, Assoziationen an den Holocaust zu wecken, ist gelinde gesagt dreist. Womit nichts am schreienden Unrecht, das den japanischstämmigen Amerikanern zugefügt worden ist, beschönigt werden soll. Aber wer historische Einsicht fordert, sollte auch selbst welche besitzen.

Alexandria Ocasio-Cortez hat neben wüsten Beschimp-

fungen auch Morddrohungen erhalten, als sie die Internierungscamps für lateinamerikanische Flüchtlinge, die beim
illegalen Grenzübertritt festgenommen werden, als Konzentrationslager bezeichnete. Mehrere jüdische Organisa-
tionen schalteten eine ganzseitige Anzeige in der «New York
Times», um auf die Verwerflichkeit des Wortgebrauchs der
Abgeordneten hinzuweisen. Eine vergleichbare Aufregung
um die Wortwahl des Japanisch-Amerikanischen National-
museums hat es nie gegeben. Was wiederum zeigt, dass in
den Vereinigten Staaten mittlerweile durchaus ein Bewusstsein dafür herrscht, dass man 1942 keine Feinde deportierte
und internierte, sondern Mitbürger. Das schlechte Gewissen
angesichts dieses Unrechts hemmt offenbar die Kritik an der
offensiven Wortwahl. Im Gegensatz zu den Japano-Amerika-
nern können die aktuell internierten lateinamerikanischen
Flüchtlinge keinen Anspruch auf Staatsbürgerrechte geltend
machen; sie verdienen in den Augen eines Teils der amerikanischen Öffentlichkeit kein Mitleid und schon gar keine
terminologische Parteinahme durch die Abgeordnete einer
ohnehin von Trumps Wählerschaft als viel zu liberal empfundenen Oppositionspartei.

Das Museum habe ich heute deshalb besucht, weil das
eindrucksvollste Buch, das ich in jüngerer Zeit gelesen habe,
von einem Japano-Amerikaner stammt und die damaligen
Ereignisse zum Thema hat: John Okadas 1956 auf Englisch
erschienener Roman «No-no Boy». Okada, im Februar 1942
achtzehn Jahre alt, war selbst deportiert worden, hatte sich
aber dann zum Militärdienst in der amerikanischen Armee
gemeldet, genau wie sein aus dem Krieg heimkehrender Ro-
manheld. Gedankt hat man solchen für die Vereinigten Staaten kämpfenden Japanern ihren Einsatz zunächst nicht; auch
sie wurden wie «No-no Boys» behandelt. So nannte man jene

Internierten, die auf zwei Fragen eines berüchtigten Fragebogens aus dem Jahr 1943 jeweils mit Nein geantwortet hatten: ob sie bereit wären, amerikanischen Militärdienst zu leisten, und ob sie aus Treue zu den Vereinigten Staaten dem Land ihrer Ahnen und seinem Kaiser abschwören würden. Heute ist anerkannt, dass diejenigen, die das verneinten, damit weniger ihre Sympathie für Japan als vielmehr die Enttäuschung über das Misstrauen ihres neuen Heimatlandes zum Ausdruck bringen wollten. Die seinerzeit vielbeschworene «japanische Gefahr» in den Vereinigten Staaten hat nie bestanden.

Gelernt hatte man daraus in Amerika nichts, wie die Heraufbeschwörung einer «fünften Kolonne Moskaus» nur wenige Jahre später zeigte. Es war die Hexenjagd der McCarthy-Ära, die Thomas Mann schließlich aus dem Land trieb. Über die zehn Jahre zuvor erfolgte Deportation der japanischstämmigen Bürger von Los Angeles, wo der Schriftsteller damals schon wohnte, hat er indes kein Wort verloren. Im Tagebuch findet sich nur eine späte Spur dieses Ereignisses, als die Familie Mann im Oktober 1945 ein japanisches Paar als Bedienstete einstellt: «Diese liebenswürdigen Leutchen, Vattaru und Koto mit Namen, waren durch den grausamen Krieg ihres Eigentums verlustig gegangen, sie hatten die Misshelligkeiten der Lager-Entwürdigung kennengelernt und suchten sich wirtschaftlich wiederherzustellen, indem sie dienten.» Sonst kein Wort dazu – es ist peinlich. Als dann die Kommunistenhatz in Amerika begann, zog übrigens auch Thomas Mann Parallelen zur Nazi-Vergangenheit. Das ist noch peinlicher. Es zeigt, wie nachlässig einen gerade die moralisch gesicherte Position bei der Wortwahl macht.

3. Juli Vom am dichtesten besiedelten Teil der Stadt Los Angeles bis zum am wenigsten bevölkerten, ja komplett menschenleeren braucht man zu Fuß nur knappe zwanzig Minuten. Dann ist man aus Downtown Richtung Osten gehend am Los Angeles River angelangt, und der bietet sich als endlose Einöde dar – seit den vierziger Jahren fließt das Gewässer auf mehr als drei Vierteln seiner Gesamtlänge von 82 Kilometern in einem Betonbett. Oder besser gesagt: Es schleicht darin voran, denn hinter der großspurigen Bezeichnung «River» verbirgt sich hier an seinem Mittellauf ein gerade mal vier Meter breites Flüsslein, das noch langsamer unterwegs ist als die unmittelbar daneben sich unter Dauergequietsche dahinschleppenden Güterzüge, von denen man sich fragt, wie sie jemals irgendwo ankommen sollen. Sonst bewegt sich im und ums Flussbett in der stechenden Nachmittagssonne gar nichts.

Die breite Betonrinne ist nicht zugänglich, obwohl eine Unzahl von Hollywood-Filmen sich gerade diese triste Umgebung als Schauplatz für höchst lebendige Verfolgungsjagden ausgesucht hat. Unvergesslich ist «Terminator 2», in dem die wildeste Actionszene sich genau in jenem Teil der Rinne abspielt, der jetzt vor mir liegt. Ich stehe auf dem 1928 errichteten 1st-Street-Viaduct, einer trotz ihrer Erweiterung im Jahr 2008 immer noch hocheleganten Brücke, auf der allerdings fast genauso wenig los ist wie darunter im Beton-Flussbett. Bisweilen rollt ein Zug der Metro-Linie nach Ost-Los-Angeles über die Mitte des Viadukts, ansonsten habe ich in einer halben Stunde Aufenthalt auf der Brücke drei andere Fußgänger, fünf Radfahrer und kaum mehr als fünfzig Autos gezählt. Ob in den improvisierten Obdachlosenunterkünften, errichtet gleich neben den Bürgersteigen in den Nischen der prachtvoll ausgeschmückten Stützpfeiler, auch tagsüber Menschen leben, ist nicht auszumachen.

Angeblich führt der Los Angeles River seit seiner Einbettung in Beton ganzjährig Wasser, was man kaum glauben mag, wenn man das Rinnsal in der Tiefe betrachtet und weiß, dass die trockensten Monate noch bevorstehen. Der Fluss wurde so rabiat reguliert, weil die Stadt in den dreißiger Jahren verheerende Überschwemmungen erlebte. Wie wenig akut diese Bedrohung heute ist, zeigt die Konstruktion eines zur Brücke gehörigen und spitz in die Rinne hineinragenden Wellenbrechers, der in Fließrichtung angebracht und somit sinnlos ist. Er wurde 2008 ergänzt, und offenbar hat sich damals niemand mehr dafür interessiert, in welche Richtung das bisschen Wasser denn überhaupt unterwegs ist.

Wenn man sich eine steingewordene Vision von Unwirtlichkeit hätte ausdenken müssen, dann wäre man wohl auf so etwas wie den Los Angeles River gekommen. Aber was derzeit in anderen Städten rund um den Globus passiert, hat auch hier die Stadtplaner nachdenklich gemacht. Sie haben mittlerweile erkannt, dass ein Fluss dem städtischen Leben nutzen kann. Gut, Los Angeles hat keinen Hudson oder East River, keine Themse, keinen Rhein, nicht einmal eine Seine oder einen Tiber. Das ist schlecht für eine Metropole. Aber Moskau hatte ja bis zu Stalins Gigantomanie-Programm für seine Hauptstadt auch nur ein Flüsschen namens Moskwa, das dann plötzlich durch Zuleitung ein repräsentatives Gewässer wurde. So einfach ist das allerdings im wasserarmen Kalifornien nicht zu erreichen, also muss man das nutzen, was rund um den Los Angeles River am reichlichsten geflossen ist: Beton. Wenn man auch noch nichts davon sieht, hat der Architekt Frank Gehry, der in Santa Monica wohnt und seit seiner Walt Disney Concert Hall Narrenfreiheit in Los Angeles genießt, bereits einen Belebungsplan für die östliche Innenstadt entwickelt; die öffentliche Nutzung der berühmt-berüchtigten Betoneinfassung des Flusses stellt darin ein zentrales Element dar. Mehr Freiraum als auf dieser meilenlangen Uferzone gibt es nirgendwo mehr in der Stadt, die Rinne könnte sich als veritable Goldgrube erweisen, wenn man sie erschließt. Erfreulicherweise ist der Fluss samt umgebender Betonlandschaft kommunales Eigentum, weil er früher einmal die Wasserversorgung des ganzen Stadtgebietes sicherstellte. Weil allein mit diesem Gerinnsel aber aus Los Angeles niemals eine ordentliche Großstadt geworden wäre, nahmen Anfang des 20. Jahrhunderts private Unternehmer den Bau von Stauseen und Wasserleitungen in der Umgebung in Angriff. Für den danach weitgehend nutzlosen Fluss interessierte sich niemand mehr. In Zukunft könnte er sich für die Stadt Los Angeles als größter Aktivposten erweisen.

4. *Juli* Angesichts dessen, dass Südkalifornien heute das schwerste Erdbeben seit zwanzig Jahren erlebt hat (6,4 auf der Richterskala), könnte ich mich jetzt für unerschütterlich ausgeben. Aber ich habe gar nichts davon gemerkt, obwohl die Erdstöße, deren Epizentrum knapp zweihundert Kilometer nordöstlich von Los Angeles lag, angeblich bis hinab nach San Diego zu spüren waren. Dabei weiß ich durch einen Zufall sogar genau, wo ich um 10.33 Uhr morgens war, als es passierte: Ich stieg ins Auto, schaltete das Radio und damit auch die Uhr des Fahrzeugs ein; für eine Fahrt in die inneren Bezirke von Los Angeles kalkuliere ich mittlerweile vorsichts-

halber anderthalb Stunden ein, war also knapp dran, da ich mittags zu einem speziellen Independence-Day-Double-Feature im New Beverly Cinema sein wollte. Das schaffte ich locker, denn am Feiertag war auf den Straßen nichts los. Ich habe auch keinerlei Irritation bei anderen Autofahrern wegen des Erdbebens bemerkt, von dem ich schließlich gegen 10.50 Uhr durch eine Meldung im Radio erfuhr. Wenig später erhielt ich SMS- und Mail-Nachfragen aus Deutschland, ob es mir gut gehe. Wenigstens wusste ich da, worauf sich die Frage bezog.

Es hätte ja auch ganz andere Gründe geben können, erschüttert zu sein. In Washington, D.C., hat Präsident Trump während des von ihm vor dem Lincoln Memorial veranstalteten «Salute for America» nebenbei eine alte Lieblingsidee aufgewärmt, als er ankündigte, dass es neben den etablierten Bestandteilen der amerikanischen Streitkräfte – Army, Coast Guard, Air Force, Navy und Marines – bald auch eine Space Force geben werde. Die würde dann künftig wohl mit Raumgleitern die in diesem Jahr erstmals abgehaltene Truppenparade bestreiten (gewiss zur Freude der Stadt Washington, die schwere Straßenschäden durch die diesmal paradierenden Panzer befürchtet). Und in der Hollywood Bowl zog die Marching Band DrumLine Live vor dem heutigen Feiertagskonzert durch die eintreffenden Massen und spielte dabei das Darth-Vader-Thema aus «Star Wars». Da glaubt man sich endgültig zurück in die achtziger Jahre mit ihrer verlässlichen Gut-Böse-Dichotomie versetzt.

Passenderweise wurde die Doppelvorstellung im New Beverly mit zwei Invasionsfilmen aus ebenjener Zeit bestritten: «Red Dawn» von 1984 und «Rocky IV» von 1985. Im Ersteren marschiert eine überwiegend lateinamerikanisch bestückte Kommunistenarmee unter sowjetischem Kommando in die

Vereinigten Staaten ein und benimmt sich unmöglich, im Letzteren schickt das Moskauer Politbüro einen mit allen Mitteln hochtrainierten Boxer zur Demütigung der amerikanischen Champions nach Las Vegas, wobei sich hier zunächst einmal eher die Gastgeber unmöglich benehmen. Aber beim Rückkampf in Moskau sind die Rollen wieder wie üblich verteilt, und wer aus den Auseinandersetzungen siegreich hervorgeht, ist in beiden Filmen keine Überraschung. So muss es sein am 4. Juli, dem amerikanischen Unabhängigkeitstag.

Es sage aber niemand, die beiden alten Kinofilme seien reine Propaganda. Sie waren auch prophetisch. Im Prolog von «Red Dawn» gehört zu einem ganzen Strauß weltweiter Machtverschiebungen, die erst die Möglichkeiten für die kommunistische Invasion schaffen, auch eine Parlamentsmehrheit für die Grünen im deutschen Bundestag; in «Rocky IV» wiederum zeigt sich ein Gorbatschow-Lookalike als Chef der KPdSU empfänglich für die Parole «Wir können uns alle ändern». Was sich nicht ändert, ist das patriotische Gepräge des 4. Juli. Es ist mein zweiter Independence Day in den Vereinigten Staaten. Der erste liegt fast vierzig Jahre zurück, und ich gebe zu, dass ich wenig Erinnerung daran habe. Ich weiß bloß noch, dass ich damals mit meiner amerikanischen Gastfamilie in Virginia auf ein ehemaliges Schlachtfeld des Bürgerkriegs gefahren bin, wo in historischen Kostümen zum x-ten Mal ein früheres Gemetzel ausgefochten wurde. Das bereitete mich früh auf mein späteres Leben in Leipzig mit den dortigen Völkerschlacht-Spektakeln vor.

Ans Feuerwerk erinnere ich mich nicht mehr. Es wird eines gegeben haben, denn «4. Juli» und «Feuerwerk» sind hier so synonym wie in Deutschland «Silvester» und «Feuerwerk». Allerdings ist der Verkauf von Feuerwerk an Privatleute in Kalifornien verboten; umso mehr bemühen sich alle möglichen Festveranstalter, die pyromanischen Bedürfnisse des Publikums zu befriedigen. Und zu den populärsten Schauplätzen gehört die Hollywood Bowl, die steile Freiluftarena, die schon zwei Abende vor dem 4. Juli mit ihrem dreitägigen «Fireworks Spectacular» begonnen hat, jeweils musikalisch umrahmt vom Los Angeles Philharmonic Orchestra, das in der Bowl traditionell seine Sommerspielstätte hat. Dem Anlass entsprechend spielt es nationalistischen *pomp and circumstance* zum Auftritt einer Legende aus – wie könnte es heute anders sein? – den achtziger Jahren: der Funk-Gruppe Chic, angeführt vom einzigen verbliebenen Gründungsmitglied Nile Rodgers, der seinerzeit nicht nur für diese Combo Hit um Hit schrieb, sondern als Produzent auch die Karrieren von Diana Ross, David Bowie und Madonna auf Touren brachte.

Ich sitze auf Platz 6 in Reihe 9 des Blocks J1 der Hollywood Bowl unter 18000 weiteren Besuchern, habe die berühmte Konzertmuschel der Anlage frontal vor mir und kann rechts davon, am gegenüberliegenden Hang des Taleinschnitts, sogar noch das Ford Theater ausmachen.

Der Abend beginnt um halb acht bereits mit erstem Feuerwerk, als könnte man gar nicht abwarten, dass es dunkel wird. Zur Nationalhymne werden ein paar Böllerchen über die Muschel katapultiert, aber diesen bescheidenen Effekt hätte man mit einer marktüblichen Raketenmischung aus einem deutschen Supermarkt auch hinbekommen. Das klägliche Ploppen der Detonationen wäre sogar mit einem einzigen schwungvoll gezogenen Korken aus einer Weinflasche zu übertönen gewesen, aber das schwule Paar neben mir hat Pech mit seinem sehr ordentlich aussehenden mitgebrachten Pouilly Fumé: Der Korken bricht, und die folgenden Bemühungen, doch noch etwas vom Inhalt der Flasche zu retten, sind weitaus spannender zu beobachten als das Feuerwerk.

Das patriotische Auftaktprogramm inklusive erbaulicher Worte des Dirigenten Thomas Wilkins über die Unentbehrlichkeit der amerikanischen Streitkräfte – ohne die man einen solch unbeschwerten Abend überhaupt nicht feiern könne – dauert zwanzig Minuten, dann ist schon wieder Pause, während der man, so Wilkins, lieber sitzen bleiben solle, denn danach werde es schweißtreibend. Das gilt allerdings zunächst nur für die Musiker von DrumLine Live, die nun den Weg auf die Bühne gefunden haben und zehn Minuten lang herumhüpfen und -tuten dürfen – legitimiert durch die fünfzehn Minuten Ruhm, die sie 2018 beim Coachella Festival genießen durften, als «the marching band behind Beyoncé», wie sie sich selbst ankündigen. Um 20.22 Uhr ist dieser Gastauftritt auch schon vorbei, und die Philharmoniker nehmen ihre Plätze wieder ein, um als «the symphony orchestra behind Chic» fungieren zu können, denn etwas Besonderes in der Hollywood Bowl sind die eigens für hiesige Popkonzerte erarbeiteten symphonischen Arrangements. Wobei man vorwegnehmen darf, dass heute nur bei zwei Liedern, «I Want Your Love» und «Le Freak», etwas Interessantes herauskommt. Ansonsten sind die insgesamt neun Musiker von Chic den etwa sechzig Philharmonikern akustisch drückend überlegen.

Neben einem erstaunlichen Stilmix hat die Band Ende der siebziger Jahre in einem Song mit dem wenig subtilen Titel «Dance, Dance, Dance» auch eine hinreißende Textzeile in die Popmusikgeschichte wiedereingeführt: «Yowsah, yowsah, yowsah!», ein Anfeuerungsruf, den der Jazzbandleader Ben Bernie in den frühen Tagen des Radios geprägt hat, um die Stimmung zum Überkochen zu bringen. Vielleicht macht Nile Rodgers einen Fehler, wenn er ihn heute Abend nur einmal anstimmt, denn obwohl er mit Chic nicht nur eigene

Erfolge darbietet, sondern auch noch die von ihm für andere Musiker produzierten («Upside Down» von Diana Ross, «Let's Dance» von David Bowie, «Like a Virgin» von Madonna, «Get Lucky» von Daft Punk und Pharrell Williams sowie den gesamten Hitkatalog von Sister Sledge), hält sich der Enthusiasmus des Publikums eher in Grenzen. Natürlich wartet alles auf das große Feuerwerk-Finale, das um 21.30 Uhr zu dann wieder ausschließlich orchestraler Musik gezündet wird. Nach zehn Minuten ist alles bereits verpulvert, und dann macht Nile Rodgers zum Abmarsch doch noch einmal mächtig Stimmung mit «Good Times», das er mittendrin nahtlos in «Rapper's Delight» übergehen lässt – ein hübscher Wiedergutmachungsdiebstahl, denn vor vierzig Jahren hat sich die Sugar Hill Gang für den markanten Basslauf ihres Songs ohne Erlaubnis bei «Good Times» bedient. Aber wie Rodgers erklärt: «Am Independence Day ist alles erlaubt!» Er war übrigens der Einzige, der überhaupt ein Wort über das vormittägliche Erdbeben verlor: So wie heute schon der Boden gewackelt habe, wolle er es in der Hollywood Bowl beim Konzert wieder erleben. Das war nun wirklich keine große Herausforderung.

5. Juli

Ja, zugegeben, es war wohl Hybris, gestern so herablassend über das schlimmste Erdbeben seit zwanzig Jahren in Kalifornien zu schreiben. Es hat diesen Titel nicht lange behalten, denn heute hat die Erde hier mal vorgeführt, was sie so draufhat, wenn sie bebt und halbwegs Ernst macht. 20.19 Uhr Ortszeit, der beste Moment, den man sich als Erdbeben überhaupt aussuchen kann – genau in dieser Minute wird im Thomas Mann House das Schlusswort zur Diskussion «Aufsteigende Angst – Rising Fear» gesprochen. Erst denke ich, dass ein Großteil der Anwesenden irgendwie versucht, lautlos zum Ausgang zu kommen, und dabei die schiere Masse an Personen das Parkett in Schwingung versetzt. Dann merke ich jedoch, dass die Schwingung nicht aufhört, dass der Boden weiterwackelt, ohne dass sich hier im Raum jemand bewegt. Und dann haben es auch alle anderen Anwesenden gemerkt, und eine gewisse Unruhe breitet sich aus. Jeder in Kalifornien weiß, dass man sich im Falle eines Erdbebens am besten unter einen Türsturz stellt, aber für die rund siebzig abendlichen Gäste sind nicht genügend Türstürze vorhanden. Also bleiben wir alle sitzen, und nach einer halben Minute hört das rollende Gefühl unter den Sohlen auf. Die Veranstaltung auch, die amerikanischen Besucher verlagern ihre Gespräche danach auffällig in die Nähe der Türstürze. Und zwei Minuten später kommt per Smartphone die Bestätigung, dass wir gerade Zeugen eines noch stärkeren Bebens als dem von gestern geworden sind: 7,1 auf der Richterskala, deutlich stärker also auch als das verheerende Northridge-Erdbeben von 1994, das rund um Los Angeles 57 Tote forderte und Milliardenschäden verursachte. Das Epizentrum lag wie gestern in der Nähe von Ridgecrest, also rund zweihundert Kilometer weit weg. Passend zum Thema «Aufsteigende Angst». Die Natur setzt immer noch die bösesten Pointen.

Bessere sogar als Werner Herzog in den anderthalb Stunden zuvor, und das will etwas heißen, denn wenn man den Filmregisseur in seinem markant deutsch gefärbten Englisch Begriffe wie «master race», «anxiety», «heartland», «Nero», «trodden paths» oder die Parole «Turn the hog out» (Herzogs Übersetzung von «Lass die Sau raus») deklamieren hört, mag man kaum an sich halten vor Begeisterung. Diese Stimme ist tiefvertraut, und zu Recht wird Herzog begrüßt als größter Weltstar, den das deutsche Kino aktuell zu bieten hat; in Amerika, Herzogs Wahlheimat seit vielen Jahren, ist seine Reputation noch besser als in Deutschland. Er ist eine lebende Legende. Das zeigt sich auch daran, dass der schönste Kinoauftritt von Werner Herzog nicht in einem seiner eigenen Filme stattfindet, sondern in «Die Pinguine aus Madagascar», einem 2014 produzierten Spin-off zur Trickfilmserie «Madagascar». In einer kurzen Szene leiht Herzog seine Stimme einem Dokumentarfilmregisseur, der die vier Pinguin-Protagonisten mit der Kamera beobachtet. Da ihm deren Verhalten zu wenig Dramatik verspricht, lässt er sie kurzerhand in einen Abgrund stoßen. Ich habe selten etwas Witzigeres gesehen, denn hier wird das Image des gegenüber seinen Gegenständen denkbar radikalen Filmemachers wunderbar auf die Schippe genommen, und dass Herzog bereit war, dazu sein unverwechselbares Idiom herzugeben (obwohl man es von einem einigermaßen begabten Stimmenimitator leicht hätte nachahmen lassen können), verleiht dem Ganzen besonderen Reiz. Radikal ist dieser Filmemacher eben auch sich selbst gegenüber.

Heute Abend also hörte ich die Stimme wieder, im Wohnzimmer des Thomas Mann House, wohin Werner Herzog als Gast geladen wurde. Anlass war der Besuch der deutschen Kulturstaatsministerin Monika Grütters in Los Angeles, die heute erst in der Villa Aurora und danach im Thomas Mann House vorbeischaute. Hier leitete sie die Gesprächsrunde mit Herzog ein, an der außerdem noch Ulrich Raulff, der ehemaliger Direktor des Deutschen Literaturarchivs in Marbach und nunmehrige Chef des Instituts für Auslandsbeziehungen, sowie Steven D. Lavine, früherer Präsident der Kunsthochschule CalArts und jetziger Beirat des Thomas Mann House, teilnahmen.

Um es gleich zu sagen: Es war weniger ein Gespräch als ein Nebeneinander von Meinungen, wobei Herzog nicht nur qua seiner Prominenz die stärkste Rolle zukam. Was Wahrheit ist, so verkündete er, wisse außer dem Papst niemand. Fakten könne man nicht verleugnen, weil sie normative Kraft besäßen, aber Fakten und Wahrheit seien nicht dasselbe. Man nehme nur Michelangelos Pietà: Ein im Alter von dreiunddreißig Jahren dargestellter toter Christus liege in den Armen einer bestenfalls siebzehnjährigen Jungfrau Maria – das sei unwahr, aber faktisch überzeugend. In seinem Essayfilm «Lessons of Darkness» von 1992 über die im zweiten Golfkrieg angesteckten irakischen Ölquellen habe er zu Beginn ein Zitat von Blaise Pascal eingeblendet: «The collapse of the stellar universe will occur – like creation – in grandiose splendor.» Der Satz sei seine eigene Erfindung gewesen, könnte aber auch von Pascal stammen, der es jedenfalls nicht besser hätte sagen können. Ein Raunen ging durch den Raum ob Herzogs Wagemut im Umgang mit der Wahrheit.

Angst vor Provokation ist seine Sache jedenfalls nicht. Dass bei seiner Einschätzung, Donald Trump sei ein überzeugter Pazifist und habe deshalb noch keinen Krieg mit Russland, Iran oder Nordkorea vom Zaun gebrochen, ein kollektives Ächzen im Thomas Mann House zu hören ist («Oh, come on!», rief eine hörbar empörte Dame), focht ihn nicht an. Und seine Bitte um Verständnis für die nationalistischen Ansichten der Abgehängten in der Provinz wie etwa den Staaten des Mittleren Westens in Amerika oder in den ostdeutschen Bundesländern war bei dem liberalen kalifornischen Publikum auch nicht gerade populär – und ganz sicher nicht bei Monika Grütters. Was aber der Faszination für den mit sich sichtlich im Reinen befindlichen Herzog nicht abträglich war. Raulff und Lavine bemühten sich redlich um Anschluss an dessen wildes Denken, aber ihnen wurde metaphorisch genauso der Boden unter den Füßen weggezogen wie später uns allen real um 20.19 Uhr. Und irgendwie möchte ich glauben, dass es doch Werner Herzog selbst war, der für die seismische Sensation gesorgt hat. Weil ihm zu wenig Dramatik geboten war. Wer vier Pinguine über die Klippe werfen lässt, um einem solchen Manko am Südpol abzuhelfen, der lässt auch mal kurzerhand in Kalifornien die Erde wackeln, wenn er unsere Gewissheiten erschüttern will. Zumal Herzog ja erst 2016 seine Dokumentation «In den Tiefen des Infernos» über Vulkanismus fertiggestellt hat. Dieser Regisseur weiß, wie man am eindrücklichsten über Angst zu sprechen vermag: indem man selbst Angst macht.

6. Juli

Ich fliege über den Riviera-Hügel, vor mir das mittlerweile vertraute Straßenraster, die eleganten Schwünge und Verschlingungen von San Remo, Monaco, Capri und Amalfi Drive mit den schnurgeraden Querverbindungen Pavia Place, Romany, Lucca, Deste und Sorrento Drive sowie ganz oben der Casale Road, von der wiederum die Sackgassen Alta Mura Road und San Onofre Drive abgehen. Auf diesem Areal stehen – ich kann sie von oben in aller Ruhe zählen – gerade einmal sechzehn Häuser, und gegenüber der Einmündung vom Monaco in den San Remo Drive ist vom Thomas Mann House nichts zu sehen. Stattdessen ist das Grundstück noch mit Zitronenbäumen in engen Reihen bepflanzt. Was ich sehe, ist eine Luftaufnahme, wohl aus den dreißiger Jahren, jedenfalls aus einer Zeit, bevor der Bau des Hauses der Familie Mann begonnen hat. Leider geht der Bildausschnitt nicht weit genug nach links in den Rustic Canyon hinein, als dass man das Gelände der Murphy Ranch sehen könnte; deren Bebauung hätte eine recht genaue Datierung gestattet.

Frido Mann erwähnt diese Aufnahme in seinem Buch «Das weiße Haus des Exils» und datiert sie auf 1932. Er sollte es wissen, denn das vor mir liegende Foto ist eine Vergrößerung nach dem Original im Zürcher Thomas Mann Archiv, und einiges spricht dafür, dass es zu jenen Materialien gehörte, die dem prospektiven Bauherrn des San Remo Drive 1550 vor dem Kauf seiner Parzelle im September 1940 ausgehändigt wurden. Heike Mertens, die Geschäftsführerin des in Berlin residierenden Vereins Villa Aurora & Thomas Mann House, hat die Aufnahme zusammen mit weiteren zwei Dutzend Abzügen von Familienfotos der Manns nach Pacific Palisades mitgebracht, wo sie künftig die Innenräume schmücken und das frühere Aussehen des Hauses anschaulich machen sollen. Noch liegen sie aber alle ausgebreitet auf dem langen Konferenztisch im ehemaligen Esszimmer, und man kann sie wie ein Suchbild betrachten, in dem immer wieder vertraute Gesichter aufscheinen: Thomas Mann natürlich am häufigsten, aber auch Katia und die Tochter Erika. Dann die Söhne Golo und Michael, dessen Frau Gret und die gemeinsamen Kinder Frido und Toni. Vom älteren, Frido, ist aus einem im Münchner Literaturarchiv aufbewahrten Familienalbum ein Schnappschuss dabei, der das blondgelockte Kleinkind über einer Titelseite der «Los Angeles Times» sitzend zeigt. Das Datum der Zeitungsausgabe ist nicht zu lesen, aber da als Aufmacherbild eine Karte des pazifischen Kriegsschauplatzes rund um die Salomonen abgedruckt wurde, kann man den Zeitraum auf August 1942 bis Herbst 1943 eingrenzen, als um diese Inseln gekämpft wurde. Frido Mann wird also damals zwei oder drei Jahre alt gewesen sein, und die Stimmung der Aufnahme spricht dafür, dass sie während eines der regelmäßigen Sommeraufenthalte bei den Großeltern hier in Pacific Palisades gemacht wurde.

Ich wandere mit den Fotos durch das frühere Haus, wobei mit einer Ausnahme nur im Erdgeschoss fotografiert wurde, also in den Gemeinschaftsräumen Wohnzimmer, Esszimmer und Küche. Die Ausnahme ist ein eindrucksvolles Porträt von Erika Mann, die im weißen Hosenanzug an der Brüstung des durchgehenden Balkons vor den Schlafzimmern im ersten Stock steht. Und es gibt eine Szene – die am wenigsten gestellte unter all diesen Familienbildern –, von der ich erst nicht hätte sagen können, ob sie hier im San Remo Drive aufgenommen wurde oder vielleicht noch im Amalfi Drive oder gar in Princeton. Sie zeigt Thomas Mann vorgebeugt zur geöffneten Tür eines hüfthohen Wandschranks, über dem zwei gerahmte illustrierte Buchseiten aus der Frühen Neuzeit hängen. Weiter rechts schließen sich weitere Schranktüren an. Der Hausherr ist gewohnt tadellos gekleidet, dunkler Anzug mit weißem Hemd und Krawatte, die Füße allerdings in recht saloppen, erkennbar ausgetretenen weißbraunen Slippern und in der linken Hand eine angerauchte Zigarre. Unter den Arm hat er eine Mappe geklemmt, die er offenbar gerade verstauen will.

Mithilfe der Gartenansichten geht es hinaus auf die Terrasse vor dem Wohnzimmer, nach links an den östlichen Abhang, wo man heute zum Getty Center blickt, und hinab auf die Schulsportplätze im Bogen des Sunset Boulevard unten im Santa Monica Canyon. Die hohen Eukalyptusbäume in einer Ecke des Grundstücks waren damals noch nicht gepflanzt, dort befand sich stattdessen eine kleine steingepflasterte Terrasse, von der aus man den Blick über das Tal genießen konnte. Die Terrasse müssen die späteren Besitzer des Hauses dann irgendwann beseitigt haben.

Dort, wo sie in den sechziger Jahren den Swimmingpool angelegt haben, wuchsen zur Zeit der Familie Mann kleine Obstbäume und, um den Anblick der danebenliegenden Garage zu kaschieren, mitten auf dem Grundstück eine meterhohe Hecke. Von der heutigen grünen Pflanzenwand rund ums Grundstück ist noch nichts zu sehen; sie war auch nicht nötig, denn das Gebäude war hier oben eines der ersten, die Nachbarhäuser kamen erst später dazu. Bevor das ursprünglich mehr als doppelt so große Grundstück in drei Parzellen aufgeteilt wurde, um die beiden Randstücke verkaufen zu können, muss es ein wunderbar freies Gelände von fast sechstausend Quadratmetern gewesen sein. So dicht, wie heute ringsum die Häuser stehen, war die Bebauung des Riviera-Hügels nie geplant.

Die Luftaufnahme des Wohngebiets in seinem Anfangsstadium ist so faszinierend, dass ich immer wieder zu ihr zurückkehre. Dass vor der Errichtung der Häuser hier Zitrusfrüchte angebaut wurden, wusste ich, aber dass der Plantagencharakter noch während der Erschließung erhalten blieb, als alle Straßen schon im heutigen Verlauf angelegt, jedoch erst vereinzelt bebaut waren, hätte ich nie gedacht. Der Mann, der sich das ganze Projekt auf dem Riviera-Hügel inklusive dessen Namen und der entsprechend mediterranen Straßenbenennungen ausgedacht hat, hieß Frank Meline, er erwarb das Areal samt der Bebauungsrechte 1927. In der Folge teilte er es in fast vierhundert Parzellen auf, aber auf dem Foto sind, wie gesagt, erst sechzehn Häuser zu sehen. Meline hatte eine genaue Vorstellung davon, wie es hier später einmal aussehen sollte. Dem luxuriösen Klang des Namens sollte die aufwendige Gestaltung des Riviera-Viertels entsprechen, und diese Ambition ist auf dem Bild schon ins Werk gesetzt: Den Kreisverkehr am Treffpunkt von Monaco, Capri und Deste Drive kann man identifizieren, ja sogar die seltsame trapezförmige Grünfläche oberhalb davon, auf der heute die beiden Bänke stehen, über die ich vor ein paar Wochen geschrieben habe. Und die zwei sich über die ganze Länge des Deste Drive erstreckenden Palmenbankette, die diese Straße so hochherrschaftlich wirken lassen, sind auch schon da und sogar bereits bepflanzt, wenn auch noch mit sehr kleinen Palmen.

Ich fliege auf dem Bild hügelabwärts zum Sunset Boulevard, an dem noch kein einziges Haus steht, aber auf dem auch damals schon eine Menge Autos unterwegs sind, und nun sehe ich zum ersten Mal die abgeschottetste Liegenschaft der Nachbarschaft: den Riviera Country Club am Ende des Capri Drive, jenseits von Sunset. Der ist heute immer noch eine der exklusivsten Sportanlagen von Los Angeles, und das war er bereits, als das Vereinsheim hier 1926 errichtet wurde – damals noch als Los Angeles Athletic Club; die Bezeichnung «Riviera» für das neue Viertel dachte sich Meline ja erst etwas später aus. Da die Luftaufnahme von Süden her aufgenommen wurde, wirkt das heute noch existierende, aber als Privatclub unzugängliche Bauensemble im Vordergrund des Bildes noch mächtiger, als es ohnehin ist. Der Parkplatz vor der Anlage ist ziemlich voll, und auf einem Football-Feld rechts im Bild ist offenbar gerade ein Spiel im Gange; der Schattenwurf lässt erkennen, dass am frühen Nachmittag fotografiert wurde. Heute ist dieses Areal mit Tennisplätzen bebaut; die attraktive Wohngegend hat den proletarischen Football verdrängt. Gleich nebenan betätigte man sich aber auch in den dreißiger Jahren schon auf die vornehme Art sportlich: Unten auf der Luftaufnahme ist gerade noch der Rand des Golfplatzes zu sehen, der den Riviera Country Club berühmt gemacht hat. 1948 wurden hier sogar die U. S. Open ausgetragen, und bei den Olympischen Spielen von 1932 fanden auf der Anlage die Reitwettbewerbe des Modernen Fünfkampfs statt. Thomas Mann wird das, wenn er es überhaupt gewusst hat, nicht beeindruckt haben. Sport zählte nicht zu seinen Interessen. Aber auch wenn sich im Tagebuch keine Bemerkung dazu findet, könnte er doch mitbekommen haben, was am 3. April 1943 auf dem keinen Kilometer von seinem Haus entfernten Golfplatz geschah. Damals starb dort beim Spiel ein anderer prominenter deutscher Exilant an einem Herzinfarkt: Conrad Veidt, Hauptdarsteller in einem der berühmtesten deutschen Filme aller Zeiten, «Das Cabinett des Dr. Caligari», und Nebendarsteller in einem der berühmtesten amerikanischen Filme aller Zeiten, «Casablanca». Er war mit einer Jüdin verheiratet und hatte Deutschland deshalb schon 1933 verlassen; als er starb, war er gerade fünfzig Jahre alt. Er wohnte nicht in Pacific Palisades, sondern filmstargemäß in Beverly Hills, 613 Camden Drive, aber seine Berufskollegen hatten im Riviera Country Club ihren Lieblingsgolfplatz gefunden. Mit Erika und Klaus Mann war er noch aus Berliner Zeiten bekannt. Aus den insgesamt zehn Jahren im Exil haben sich viele Aufnahmen aus Filmen, in denen Veidt mitspielte, erhalten, aber kaum private Fotos. Und wer würde ihn heute überhaupt noch erkennen? Man muss auch an solche Schicksale ehedem großer Stars denken, wenn man die Bilder der Familie Mann mit ihren uns so vertrauten Gesichtern betrachtet. Der Ausflug ist beendet.

7. Juli

Nur weil Megan Rapinoes Haare derzeit in hellem Lila gefärbt sind, wird jetzt nicht gleich das ganze Land Lavendel tragen. Aber die Fußballspielerin hat gleich mehrfach

Farbe ins Spiel gebracht: Heute bekam sie nach dem Finale der Frauen-Weltmeisterschaft in Lyon den Goldenen Schuh als beste Torschützin des Turniers, und dann hat sie vor kurzem Donald Trump die Zornesröte ins Gesicht getrieben, als sie ankündigte, dass sie einer etwaigen Einladung des Präsidenten ins Weiße Haus nicht Folge leisten werde. Hätte sie bei der Nennung des präsidialen Amtssitzes nicht noch einen drastischen Kraftausdruck davorgesetzt, wäre die öffentliche Aufregung um die Bemerkung wohl geringer ausgefallen.

Aber das hat ihr auch große Sympathien eingebracht – bei allen, denen Trump ein Dorn im Auge ist. Als Rapinoe heute während des Einmarschs der beiden Finalistenteams ins Stadion zum ersten Mal groß auf dem Bildschirm zu sehen war, jubelte die ganze Kneipe, in der ich saß, und «Megan!-Megan!»-Sprechchöre setzten ein, als könnte die Spielerin sie quer über einen ganzen Kontinent und den Atlantik hinweg hören. Rapinoe genießt unter liberalen Amerikanern größten Respekt, denn sie setzt sich vehement für die Rechte der LGBTQ-Gemeinde ein, ist selbst mit Sue Bird, einer amerikanischen Basketballlegende, liiert und führt den Kampf für gleiche Bezahlung von Fußballern und Fußballerinnen an. Wobei sie nicht so weltfremd ist, für Frauen Gehälter wie die von Neymar oder Messi zu verlangen, sondern nur etwas ganz Selbstverständliches: dass beim Gewinn des Weltmeistertitels jede Spielerin vom amerikanischen Fußballverband dieselbe Prämie bekommt, die auch fürs Männerteam ausgelobt wurde. Dem ist aber nicht so, und Rapinoes Kritiker (sie hat viele im Land) sagen, dass die amerikanischen Nationalspielerinnen doch selbst der derzeit gültigen Prämienregelung zugestimmt hätten. Das stimmt, ob ihnen dabei jedoch Unrecht zugefügt wurde, können sie wie jeder andere Bürger gerichtlich überprüfen lassen. Nichts anderes haben die Fußballspielerinnen getan, als sie unter der Führung von Rapinoe Klage gegen den Verband einreichten eben wegen geschlechtsbedingter Benachteiligung. Das Verfahren ist derzeit noch anhängig.

Gut möglich, dass der Verband nach dessen Abschluss tief in die Tasche greifen muss: Das amerikanische Team hat heute mit einem zwei zu null gegen die Niederlande den Titel gewonnen. Und Megan Rapinoe hat das erste Tor geschossen, einen Elfmeter, den sie denkbar cool verwandelte. Das allein schon darf man eine starke Leistung nennen, denn sie spielte noch leicht angeschlagen, nachdem sie im Halbfinale verletzt hatte aussetzen müssen, und sie spielte unter den Augen der ganzen Welt, weil sie neuerdings als Gegenfigur zu Donald Trump gilt. Megan Rapinoe hat nicht nur dank ihres Erfolgs das Zeug zur Kultfigur, sondern vor allem, weil sie ihren eigenen Kopf hat (egal, ob lavendelfarben oder nicht). Schade, dass sie schon im Zenit ihrer Karriere steht. Mit ihr könnte der Frauenfußball ein Äquivalent zu Neymar und Messi bekommen, vielleicht nicht, was das Finanzielle, aber was die öffentliche Aufmerksamkeit anlangt. Und sie wäre ein viel klügeres Aushängeschild des Sports als die beiden Herren.

Natürlich habe ich heute besonders ihr die Daumen gedrückt, und ich wurde nicht enttäuscht, wenn auch die Teamkameradinnen nach dem Elfmetertor so rasch bei Megan Rapinoe ankamen, dass sie ihren ritualisierten und im Laufe des Turniers ikonisch gewordenen Jubel nur unvollständig zu Ende bringen konnte: Kaum stand sie mit ausgebreiteten Armen vor der ganzen Welt, ging sie schon in einer Traube von begeisterten Mitspielerinnen unter. Es ist bemerkenswert, dass die öffentliche Debatte um Rapinoes politisches Engagement keine Unruhe ins amerikanische Team gebracht hat; im Gegenteil fand sie bei ihren Kolleginnen bislang ausschließlich Unterstützung. Während des Finales gab es viele kleine Gesten des Zusammenhalts und eine große: als die amerikanische Trainerin Jill Ellis zehn Minuten vor Schluss siegesgewiss Rapinoe auswechselte und ihr damit einen rauschenden Beifall im Stadion verschaffte. Und in der Kneipe, in der ich saß, auch.

Das «Cock 'n Bull» ist vor langer Zeit, im Jahr 2002, zur besten Fußballkneipe der Vereinigten Staaten gewählt worden. Damals hätte man sich hier wohl nicht träumen lassen, dass an einem Tag mit gleich drei Fußballfinalen – mittags wurde noch das Endspiel der Südamerikameisterschaft um die Copa América ausgetragen, am Spätnachmittag das um deren nord- und mittelamerikanisches Pendant, den Gold Cup – das Match der Frauen in der Kneipe das größte Publikumsinteresse finden würde. Dabei stand auch die Männernationalmannschaft der Vereinigten Staaten im Gold-Cup-Finale. Aber sie verlor gegen Mexiko null zu eins. Und überhaupt – was wäre selbst ein Sieg gegen den Weltmeistertitel der Frauen gewesen? Ein schlagendes Argument von Megan Rapinoe und ihren Mitstreiterinnen bei der Klage gegen den eigenen Verband lautet, dass die amerikanischen Frauen im Fußball immer viel erfolgreicher waren als die Männer und trotzdem weniger Geld bekommen. Mit dem heutigen Sieg sind sie den Männern geradezu uneinholbar voraus. Und ganz nebenbei haben sie noch einen Triumph über einen anderen Mann errungen. Donald Trump twitterte nach dem Finale: «Congratulations to the US Women's Soccer Team on winning the World Cup! Great and exciting play. America is proud of you all!» Der größte Sieg des Tages liegt in Trumps Formulierung «you all», die Megan Rapinoe mit einbezieht. Nicht einmal er versagte ihr seinen Respekt.

8. Juli
Als ich heute Morgen die Zeitung aufschlug, begrüßte mich im Lokalteil der «L.A. Times» ein bekanntes Interieur. Eine lange, lichte Galerie mit Blick auf einen begrünten Innenhof, in warmes Licht getauchte rotbraune Holzvertäfelung rund um die Fenster und beige-grün gestrichene Wände über dunkelbraunem Parkett, an der Stirnseite ein lebensgroßes Buddha-Standbild aus Kalkstein. Unverkennbar das Hollyhock House von Frank Lloyd Wright. Gestern ist es, wie ich dem Bericht entnehme, am letzten Sitzungstag des Unesco-Welterbe-Komitees in der aserbaidschanischen Stadt Baku zusammen mit sieben weiteren amerikanischen Häusern von Wright zum Weltkulturerbe ernannt worden. Es ist das erste Mal, dass eine solche Auszeichnung nach Los Angeles geht.

Beim Hollyhock House war ich zum ersten Mal schon wenige Tage nach meiner Ankunft, und wie man sich erinnern wird, beklagte ich mich darüber, dass es nicht zu besichtigen war. Wie sich später herausstellte, war ich an einem Tag vorbeigekommen, der nicht für Besuche vorgesehen ist. Die Öffnungszeiten des Hollyhock House sind ziemlich eingeschränkt: Donnerstag bis Sonntag zwischen elf und vier Uhr nachmittags und nur mit Anmeldung. Das tempelartige Haus wird seit seiner Fertigstellung im Jahr 1921 ständig renoviert. Bei Regen läuft bis heute Wasser durch die Flachdächer, was angesichts der vielen verwendeten Hölzer im Inneren ein massives Problem darstellt und die Bauherrin, die Millionenerbin Aline Barnsdall, so unzufrieden machte, dass sie Wright feuerte und das Haus von Rudolph Schindler fertigbauen ließ, inklusive einiger Änderungen bei der Innenausstattung. Wright selbst war auf der Baustelle ohnehin kaum präsent gewesen, weil er gleichzeitig das Imperial Hotel in Tokio errichtete und sich deshalb überwiegend in Japan aufhielt. Das hatte die egozentrische Auftraggeberin zusätzlich verärgert. 1927 schenkte sie das unbewohnt gebliebene Haus der Stadt Los Angeles, die angesichts des Unterhaltsaufwands diese kostspielige Gabe schon einmal abgelehnt hatte. Fast ein Jahrhundert später ist das seinerzeit als Danaergeschenk verdächtigte Hollyhock House nun über Nacht der prominenteste Bau der ganzen Stadt geworden.

Nach meinem ersten missglückten Besuch war ich noch zweimal da und beide Male auch drin. Zuerst mit einer Gruppe von Getty Scholars, der ich mich bei einer Führung durch den Direktor des Hollyhock-Hauses anschließen durfte, und dann noch einmal privat mit meiner Frau im Rahmen einer Tour, die von einer jener Freiwilligen geführt wurde, die in den meisten amerikanischen Sehenswürdigkeiten aus persönlichem Enthusiasmus für die Sache aktiv werden. Viel unterschiedlicher hätten die beiden Besichtigungen kaum sein können.

Das hatte seinen Grund zunächst einmal in der Einstellung der jeweiligen Führer zum Haus. Natürlich haben wir vom Direktor Erstaunliches darüber erfahren, wie schwierig der Erhalt einer solchen Anlage ist. Aber gleichzeitig hatten seine Erläuterungen etwas Technisches, während die freiwillige Führerin aus ihrer Begeisterung für Wrights Werk keinen Hehl machte. Sie zeigte aber auch Verständnis für die Enttäuschung von Aline Barnsdall. Wo wir etwa vom Direktor eine faszinierende Erläuterung zu der aus Beton gegossenen zweiflügligen Eingangstür ins Hollyhock House bekamen, machte unsere spätere Tourleiterin die Verärgerung von Mrs. Barnsdall über die schweren Portale anschaulich. Und sie war es auch, die uns das subtile Detail des in den Ornamenten der Tür verborgenen Schlüssellochs vorführte.

Im Hollyhock House ist alles bis ins kleinste Detail durchdacht, was nicht heißt, dass alles wunschgemäß funktioniert – siehe die undichten Dächer. Doch man kann sich dem Zauber dieses Gesamtkunstwerks, für das Wright natürlich auch das Mobiliar entwarf, nicht entziehen, selbst wenn man nicht in einem solch perfektionistischen Arrangement wohnen möchte. Dürfte ich etwa andere Blumen für die Vasen wählen als die namensgebenden Hollyhocks (Stockmalven)? Gut, zumindest damit wird Aline Barnsdall kein Problem gehabt haben, denn das waren ihre Lieblingsblumen, aber wie sieht es mit der Position der Möbel aus? Oder mit dem seltsamen Lampenschirm aus Stoff über dem Esstisch? Von dem wird allerdings vermutet, dass Mrs. Barnsdall ihn gegen Wrights Willen durchsetzte, um überhaupt eine persönliche Note in das wie aus einem Musterbuch eingerichtete Esszimmer zu bringen.

Der größte Unterschied zwischen den beiden Touren durchs Haus bestand darin, dass für die Getty Scholars alle Einschränkungen, die normale Besucher zu beachten haben, aufgehoben waren. Sogar die Wrightschen Toiletten im Kellergeschoss konnten wir aufsuchen – seltsame Konstruktionen, von zwei Seiten zu betreten, sodass man doppelt verriegeln muss. Effizienz war die Sache dieses Architekten nicht. Vor allem aber gab es nicht die üblichen Absperrungen durch Kordeln im großzügigen Wohnzimmer, dem Herzstück des Hauses, wo die sonst extrem niedrigen Räume sich zu einer spektakulär hohen Dachkonstruktion mit Oberlichtern öffnen. Die Geborgenheit des Wohngefühls wird dennoch bewahrt, indem die Zimmerdecke zu den Rändern hin aufs normale niedrige Niveau heruntergezogen wird und dort schmale, farbig bleiverglaste Fenster eine diffuse Lichtstimmung erzeugen, die zur japanisch anmutenden Wirkung der Proportionen und des Dekors entscheidend beiträgt. Was von außen eher nach schwerer Maya-Tempelarchitektur aussieht, erweckt von innen den Eindruck eines federleichten Holzhauses.

Mit einer markanten Ausnahme: der Kamin im Wohnzimmer. Er war Wrights ganzer Stolz. Kamine baute er in alle seine Häuser ein, aber hier hat er aus Beton ein riesiges Exemplar gießen lassen, dessen Mantel mit einem aufwendigen halbabstrakten Relief geschmückt ist, das natürlich der Architekt selbst entworfen hat. Vor der Feuerstelle ist ein großes Wasserbecken in den Boden eingelassen, das von den Brunnen in den Gartenanlagen mitgespeist wird. Diese Zuleitung hat aber offensichtlich nicht zufriedenstellend funktioniert, sodass das Becken nur sehr selten gefüllt war. Ein hübsches Paradox: Wenn Wright Wasser im Haus wollte, bekam er es nicht zuverlässig hinein, während er nicht verhindern konnte, dass es bei Regen unerwünscht eindrang. Das Becken hat keinerlei praktische Funktion, aber eine spirituelle. Gemeinsam mit den Flammen im Kamin, der Öffnung des Raums durch die Oberlichter zum Himmel und der Schwere des Betons sollen die vier Elemente Wasser, Feuer, Luft und Erde im Wohnzimmer vereint werden. Und Wrights Relief auf dem Kaminmantel erlaubt mit seinen geometrischen Formen, die die Sonne, Berge und Flüsse repräsentieren könnten, eine weitere Deutung im kosmologischen Sinne.

Dieser Kamin hat Furore gemacht, er ist zweifellos das schönste Detail in einem von Wrights Häusern. Der Architekt Nicholas Stevens hat in einem luxuriösen Ferienhaus auf einer Halbinsel im neuseeländischen Lake Wanaka, das ich vor ein paar Jahren besucht habe, eine ähnlich aufwendige Kaminarchitektur aus Beton installiert, die vor Ort in der

Einsamkeit gegossen werden musste, weil man das schwere Objekt gar nicht hätte transportieren können. Die Inspiration ist offensichtlich, und allein schon der metaphysisch aufgeladene Wohnzimmerbereich im Hollyhock House hätte den Welterbestatus verdient. Alles in Haus und Garten ist programmatisch durchdacht, wobei das heutige Wohnzimmermermobiliar überwiegend nach historischen Fotos rekonstruiert wurde, nachdem die Inneneinrichtung leider nicht zum Geschenk an die Stadt gehört hatte und dementsprechend verstreut worden war. Eines der authentischen Möbelstücke, die man in den letzten Jahrzehnten wieder auftreiben konnte, ein Tisch, ist insofern besonders bemerkenswert, als Wright bei seiner Herstellung Holzteile aus dem ornamentalen Schmuck des Hollyhock-Hauses verwendet hat. Er riss also Teile davon schon wieder ab, bevor es fertig geworden war. Dieses Gesamtkunstwerk ist denn auch von ihm und Schindler nie für fertig gehalten worden; es war immer im Umbau.

Der besagte Tisch steht im Obergeschoss, einem Bereich, der bei Besichtigungen deshalb nicht zugänglich ist, weil die Anlage des Hauses körperlich beeinträchtigten Besuchern dort derzeit keinen Zutritt ermöglicht. Die kommunale Eigentümerin hat beschlossen, lieber alle Personen auszuschließen, als einzelne zu benachteiligen; mit der Ernennung zum Weltkulturerbe wird es jetzt noch schwieriger werden, etwas an dieser Situation zu ändern, denn das Objekt unterliegt fortan einem besonders strikten Bestandsschutz, der bauliche Modifikationen nahezu unmöglich macht.

Auf meiner ersten Tour wurden wir aber hinaufgelassen, und allein schon das ehemalige Schlafzimmer, das vor allem Schindler zu Ende baute, und die großen Dachterrassen vermitteln noch einen ganz anderen Eindruck des Hauses – einen offeneren, weltzugewandteren als das intime, in sich verschlossene Erdgeschoss. Das Hollyhock House ist eine Welt für sich, die aber gedacht war als Bestandteil eines kulturellen Planetensystems auf dem Hügel mitten in der Stadt, auf dem es gebaut wurde. Aline Barnsdall ließ von Wright auch noch ein Theater planen, das am Hang zur Vermont Avenue errichtet werden sollte, aber daraus wurde nie etwas, und die heutigen Museums- und Bühnenbauten dort haben mit Wrights Entwürfen nur noch den Ort gemeinsam. Trotzdem hätte man gut auch das Ensemble auf dem Hügel zum Weltkulturerbe ernennen können statt, wie jetzt geschehen, insgesamt acht Wright-Gebäude, die über die gesamten Vereinigten Staaten verteilt sind. Die Überlegung, individuelle Künstlerschaft zum Maßstab von Erhaltenswürdigkeit zu machen, ist auf den ersten Blick verständlich, aber die kontinuierliche Arbeit an einem Objekt über Jahrzehnte oder auch Jahrhunderte hinweg ist mindestens ebenso interessant und hätte den Vorteil, dass man nicht alles aufs Bestehende festlegt, sondern auch noch Weiterarbeit in der Ausgestaltung des jeweiligen Objekts ermöglicht. Das Hollyhock House mit seiner bewegten und immer noch unabgeschlossenen Baugeschichte wäre gerade im Zusammenhang mit der heutigen kulturellen Nutzung des Hügels ringsum ein geradezu idealtypisches Beispiel für einen solchen Begriff von Weltkulturerbe. Nun ist es Bestandteil eines zerstückelten Frank-Lloyd-Wright-Gedächtniskomplexes geworden. Aber Hauptsache, dieses Wunderwerk findet in Los Angeles endlich die Beachtung, die es verdient.

9. Juli   Als Europäer neigen wir dazu, Los Angeles für besonders ahistorisch zu halten, ja als Heimat der Traumfabrik Hollywood und Disneylands sogar für kontrafaktisch. Dabei ist die Stadt bereits 1781 gegründet worden, unter der Herrschaft des spanischen Königs Karl III., und auch wenn aus der Anfangszeit des Pueblo de Nuestra Señora la Reina de Los Ángeles (mit diesem langen Namen wäre auf Dauer wohl wirklich nichts aus der Gemeinde geworden) wenig erhalten ist – das älteste Gebäude der Stadt datiert auf 1818 –, ist der Reichtum an historischen Zeugnissen doch immens, wenn man denn bereit ist, auch das uns noch so nahe 20. Jahrhundert als Geschichte gelten zu lassen. 1900 lebten hier zwar schon hunderttausend Menschen, aber erst danach entwickelten sich mit Öl- und Filmindustrie die spezifische Dynamik und der Mythos von Los Angeles, und am Ende des 20. Jahrhunderts war daraus eine Stadt mit 3,7 Millionen Einwohnern im Kern und mehr als dreizehn Millionen in der Metropolregion geworden, der Größe nach in den Vereinigten Staaten nur noch von New York übertroffen.

Wer sich auf die Stadt einlässt, wird sie nicht mehr los. Was das Leben hier ausmacht, ist die Verdichtung von Mentalitäten, Ethnien, Kulturen: das Nebeneinander von nord- und lateinamerikanischen Einflüssen, die starke Präsenz pazifischer und ostasiatischer Bevölkerungsgruppen, das weiße europäische Erbe und die wachsende Präsenz der schwarzen Kultur. Aber auch die Diskrepanz zwischen dem geradezu obszönen Reichtum, den die Unterhaltungsindustrie hervorgebracht hat, und dem bitteren Elend der insgesamt mehr als sechzigtausend Obdachlosen, die in der Stadt leben. Los Angeles ist wie ein Labor, in dem sich im Guten wie im Schlechten heute schon beobachten lässt, was morgen in der westlichen Welt geschehen wird. Denn unsere Vorstellung von der westlichen (und mehr und mehr auch von der übrigen) Welt wird hier gemacht: in den Bildern der Film- und Fernseh- und Videospielproduktion. Und es besteht leider kein

Zweifel daran, dass diese Vorstellung überall nachgespielt werden wird.

Eigene Vorstellungen drohen dabei unterzugehen, und so ist Los Angeles auch eine ständige Provokation, um selbständige Weltdeutungen zu kämpfen.

In meinem kleinen, individuellen Kosmos helfen mir die täglich niedergeschriebenen Beobachtungen, den eigenen Eindruck nicht gleich wieder von einer Fülle neuer Bilder überlagern zu lassen. Manches mag dabei vorschnell fixiert worden sein. So ließ mir eine Bewohnerin des Riviera-Hügels mitteilen, dass meine Behauptung, auf den beiden Bänken am Kreisverkehr sitze nie jemand, nicht zuträfe. Zum Beispiel sei das der Lieblingsplatz des Schauspielers Tobey Maguire gewesen, als der noch hier wohnte. Nun scheint das schon länger her zu sein, denn ich habe ihn nie dort sitzen sehen. Aber tatsächlich hat es sich in den letzten Woche eingebürgert, dass auf diesen Bänken morgens Bau- und Gartenarbeiter frühstücken oder nachmittags Hundebesitzer eine Pause beim Ausführen ihrer Tiere einlegen – als hätte sich Pacific Palisades kollektiv bemüßigt gefühlt, meine Anfangsbeobachtung zu widerlegen. Mittlerweile finde ich auch immer wieder Sitzbänke im Stadtbild, das LACMA hat wieder alle seine Abteilungen geöffnet, und sogar die Temperaturen sollen am kommenden Wochenende die Dreißig-Grad-Grenze überschreiten. Das allerdings wurde vom Wetterdienst in meiner Zeit hier schon mehrfach vorausgesagt, in Los Angeles selbst habe ich es in den mehr als drei Monaten nie erlebt; dafür musste ich zweimal in die Wüste, nach Calexico und in den Joshua Tree National Park. Aber warum sollte ausgerechnet mein Vorurteil, was die kalifornische Wärme anbelangt, Bestand haben, wo doch in hundert Tagen so ziemlich alle anderen Vorurteile, die ich mit Blick auf Los Angeles hatte, revidiert wurden?

10. Juli Als Ende der siebziger Jahre am Mulholland Drive
auf dem Kamm der Santa Monica Mountains eine neue
gated community, also ein für Außenstehende abgesperrtes
Wohngebiet, errichtet wurde, beantragte der Bauträger bei
der amerikanischen Post die Integration der neuen Siedlung
in den Postleitzahlbezirk 90077. Das war die weltbekannte
Postleitzahl von Bel Air, der ersten *gated community* in Los
Angeles überhaupt, errichtet von Alphonzo Bell, einem im
Ölgeschäft zum Millionär gewordenen Unternehmer, dessen
Nachname für die Benennung seines Luxuswohngebiets
wohl nicht unerheblich war. Eröffnet wurde Bel Air 1922
(wobei «eröffnet» bei einem abgeriegelten Viertel paradox
klingt), und etliche Straßen darin wurden auf Wunsch von
Bells Gattin nach ihren italienischen und französischen Lieb-
lingsorten benannt: Perugia, Nîmes, Bellagio, Saint-Cloud,
Portofino, Vicenza und so weiter – uns hier auf dem Riviera-
Hügel kommt dieses Prinzip bekannt vor. Die prachtvollsten
Anwesen von Bel Air liegen allerdings nicht oben auf den
Hängen, sondern am tieferen Südrand des Gebiets, direkt
am Sunset Boulevard, und dort sind auch die berühmten
Tore nach Bel Air zu finden, die heute für den Autoverkehr
immer offenstehen, früher aber verschlossen und bewacht
waren, um den reichen Bewohnern Schutz vor zudring-
lichen Besuchern zu gewähren. Die Gegend war so exklusiv,
dass der Erwerb von Häusern ursprünglich einer besonderen
Berufsgruppe untersagt war: Angehörige des Filmgeschäfts
galten Bell und seiner Klientel als zu vulgär. Das änderte
sich später, als sich hier Johnny Weissmuller, Judy Garland,
Alfred Hitchcock, Zsa Zsa Gabor, Sir Peter Ustinov, Carole

Lombard, Dean Martin oder Nicholas Cage einkauften. So kam Bel Air immer mehr ins Gerede und ist heute legendär als Wohngebiet der Stars. Und von diesem Mythos sollten qua Postleitzahl also auch die Stoneridge Estates profitieren, ebenjenes neuerschlossene Areal oben am Mulholland Drive, wo Bel Air bislang geendet hatte. Und siehe da: Der Bauherr bekam seinen Willen.

Allerdings nur für kurze Zeit, denn ein Führungswechsel bei der amerikanischen Post brachte wenige Jahre danach auch eine Neueinteilung der Postleitzahlen in Los Angeles mit sich, und plötzlich trugen die Stoneridge Estates nicht mehr die prestigeträchtige Ziffernfolge von Bel Air, sondern – Gipfel der Demütigung – die von Sherman Oaks, einem Stadtteil im verachteten Valley jenseits der Santa Monica Mountains. Für die Post war nunmehr wieder die alte Grenzziehung durch den Mulholland Drive auf der Kammlinie entscheidend: Südlich davon liegt das Los Angeles Basin, nördlich davon das Valley. Und die Stoneridge Estates wurden auf der nördlichen Seite der Straße errichtet. Seltsam, dass das niemand vorher bemerkt hatte. Könnte es sein, dass der neue Chef der Postbehörde nicht mehr in den Genuss von Schmiergeldzahlungen gekommen ist?

Warum ich das erzähle? Weil ich gestern von einem deutschen Freund auf eine abendliche Spritztour über den Mulholland Drive mitgenommen wurde. Zuerst ging es aber in ein japanisches Lokal auf dem Ventura Boulevard, das auch gerade eine Demütigung hinter sich hat, denn das «Asanebo» verlor im jüngst erschienenen Michelin-Restaurantführer für Kalifornien seinen Stern, den es seit 2008 trug.

Der Kundschaft des «Asanebo» ist das egal; der Laden ist trotz Sterne-Preisen regelmäßig ausgebucht. Als ich vor Wochen zum ersten Mal auf Einladung eines ortskundigen Feinschmeckers dort speiste, saß am Nachbartisch eine russische Gesellschaft, die mit Banknoten derart um sich warf, dass ich mir Gedanken über Geldwäsche machte, und gegenüber dem Neuling derart vehement beteuerte, nirgendwo könne man in Los Angeles so gut japanisch essen wie hier, dass ich mir Gedanken über Gehirnwäsche machte. Doch nach dem Abend war ich geneigt, der euphorischen Beurteilung des Lokals durch seine Stammgäste zuzustimmen, und deshalb empfahl ich meinem Gast aus Deutschland gestern just dieses Restaurant, zumal seine mitreisende Tochter ein Faible für japanische Küche hat. Auch wenn nur an der Sushibar noch Platz für uns war, kehrten wir zu dritt glücklich ein und noch glücklicher zurück.

Über den Mulholland Drive in der Abenddämmerung. Auf dem letzten Stück vor der Zuleitung zum Freeway 405 glänzte uns ein goldenes Liniengespinst entgegen wie ein riesiges Spinnennetz. Das Phänomen erwies sich als Lichterschmuck einer Baumreihe am Rand der Stoneridge Estates, eine Weihnachtsbeleuchtung mitten im Sommer. Nicht, dass es nicht auch auf dem Riviera-Hügel in manchen Gärten illuminierte Botanik gäbe, aber der entfaltete Prunk am Mulholland Drive wirkte im Vergleich dazu wie ein Zentralgestirn gegen eine Sternschnuppe. Als sollte in der einfallenden Nachtschwärze auf dem Kamm der Santa Monica Mountains – der Mulholland Drive hat trotz scharfer Kurven und steiler Abgründe keine Straßenbeleuchtung – klargestellt werden, dass hier in den Stoneridge Estates alles Gold ist, was glänzt. Überstrahlt wird damit jedenfalls die dunkle südliche Straßenseite, wo Bel Air beginnt. So kann man sich also auch dafür rächen, dass man nicht dazugehören darf. Und beim funkelnden Lichterschein fiel mir jener Moment kurz zuvor im «Asanebo» ein, als an uns ein paar Teller zu anderen Gäs-

ten vorbeigereicht worden waren – das Speisenarrangement
verziert mit Blattgold.

11. Juli
Dass ich heute in Los Angeles auf Wuppertal gestoßen bin, hat mich überrascht. Am 14. September 1963 ist in
Wuppertal nämlich etwas passiert, was in Los Angeles fünfunddreißig Jahre später wiederholt wurde: Eine Lokomotive
rammte ein Auto. Normalerweise würde man sich bemühen,
ein solches Unglück zu verhindern, doch 1963 und 1998 wurde
es jeweils provoziert. Und fotografiert, denn der Aufprall war
eine Kunstaktion. Bei dem Wagen handelte es sich um einen
Mercedes aus dunklen Tagen, sprich der Nazizeit, und er war
angefüllt mit Symbolen des deutschen Nationalismus. Dann
rauschte der Zug hinein, und aus war's mit der deutschen
Selbstherrlichkeit.

Verantwortlich für diese Idee zeichnete Wolf Vostell. Die
Aktion, die der Künstler nach dem erwünschten Tempo der
Lokomotive «130 à l'heure» nannte, hat er 1963 selbst installiert, die Wiederholung von 1998 war dann eines der letzten
Werke, die er zumindest noch konzipieren konnte. Darum
gebeten hatte ihn das in Los Angeles ansässige Museum of
Contemporary Art, kurz MOCA, das die Wiederholung des
Wuppertaler Happenings als Teil einer Ausstellung zur Ac-
tion-Kunst durchführen ließ. Das dabei erwartungsgemäß
übel zugerichtete Auto – wieder ein Mercedes aus der Nazizeit, allerdings in Kalifornien zugelassen und vollgestopft
mit nationalistisch kontaminiertem Zeug, von dem unklar
ist, ob es diesmal amerikanischer oder doch wieder deutscher
Provenienz war – schenkten Vostells Erben nach dessen Tod
dem Museum, und nun steht es als Blickfang der Jubiläums-

ausstellung «The Foundations of the Museum» im Foyer des Hauses. Oder genauer gesagt: im Geffen Contemporary at the MOCA.

Was derart umständlich heißt, ist die Keimzelle des Museums. Denn dessen eigentlicher Sitz, an der Grand Avenue auf Bunker Hill, war 1984 noch nicht fertiggebaut. Das war ein Drama, weil das 1979 begründete Museum die Eröffnung seines Hauses unbedingt vor den Olympischen Spielen in Los Angeles hinbekommen wollte, um durch die erwarteten Besuchermassen aus aller Welt maximale Aufmerksamkeit zu bekommen. Aber das Gebäude des japanischen Architekten Arata Isozaki war nur deshalb an seinen prominenten Standort gekommen, weil es dort als kulturelles Feigenblatt für eine Hochhausbürobebauung dienen sollte, und wie man bei einem Feigenblatt annehmen darf, sollte es nicht allzu viel bedecken: Die Investoren wollten, dass vor allem ihre Hochhäuser bewundert würden. Ein architektonisch ambitioniertes Museum hätte da unerwünscht abgelenkt. Deshalb war die Bedingung der Planungsbehörde von Los Angeles, dass Isozaki vor allem unterirdisch bauen würde. Die Auseinandersetzung darüber, wie viel denn überhaupt vom Museum zu sehen sein dürfe, verzögerte die planmäßige Fertigstellung, und der Gründungsdirektor Pontus Hultén – prominenter ging es seinerzeit gar nicht – warf schon vor der Eröffnung das Handtuch, doch vorher fand er in der Nähe des Bauplatzes noch eine große Lagerhalle, in der damals Einsatzfahrzeuge des Los Angeles Police Department standen. Diese Halle schlug Hultén als Übergangsquartier fürs MOCA vor, und tatsächlich konnte dort 1983 das originell benannte «Temporary Contemporary» eröffnet werden. So hatte das Museum im Jahr danach tatsächlich den erhofften großen Auftritt während der Olympischen Spiele.

Und ein Problem: Als der eigentliche Museumsbau 1986 endlich fertig war, stellte man fest, dass man in dem viel größeren und bereits gut etablierten Temporary Contemporary viel besser ausstellen konnte, also wurde es kurzerhand weiter betrieben und nach dem Großspender David Geffen benannt. Dass nun die Jubiläumsschau – die den vierzigsten Jahrestag des musealen Gründungsakts von 1979 feiert und nicht die Eröffnung des Haupthauses – hier stattfindet, ist also gleich doppelt konsequent: Zum einen ist die Halle der älteste aktive Teil des MOCA, zum anderen hätte man Vostells Autoruine kaum in die Tiefgeschossgalerien des eigentlichen Museumsgebäudes hineinbekommen. Was für eine hübsche Pointe, dass es die ehemalige Übergangshalle ist, die ehemalige Gegenwartskunst auf Wiedervorlage bringt.

12. Juli Die kürzeste Bahnverbindung der Stadt und angeblich des Erdkreises hört auf den schönen Namen «Angels Flight». Das dürfte den Bewohnern der Stadt der Engel gefallen, wenn die Strecke auch nicht gerade eine Himmelfahrt verheißt: Kaum hundert Meter ist sie lang, und die Reisezeit beträgt von der Verriegelung der Türen bis zur Ankunft genau achtzig Sekunden, weshalb man den Fahrpreis von einem Dollar pro Person als höllisch teuer empfinden mag. Aber jetzt, da tatsächlich gute Aussichten bestehen, dass zumindest in Downtown bald jene 90-Grad-Fahrenheit-Grenze erreicht oder gar überschritten wird, die man hier als ernsthafte Sommertemperatur betrachtet, könnte sich der Engelflug, der auf der kurzen Distanz eine schweißtreibende Steigung von 33 Prozent mitten in der Stadt überwindet, doch noch als himmlische Option erweisen.

Als der Angels Flight am Silvestertag des Jahres 1901 an der Ecke Hill/3rd Street gleich neben dem ersten Tunnel durch den Bunker Hill eröffnet wurde, war die Standseilbahn für jene wohlhabenden Angelinos gedacht, die oben auf dem Hügel ihre Wohnhäuser und unten an dessen Fuß in der Innenstadt ihre Büros hatten. Das waren die *happy few*, und deshalb fuhren auch nur zwei Einzelwagen die kurze Strecke hinauf und hinunter; in der Mitte begegneten sich Berg- und Talfahrt an einer Ausweichstelle. Rund zwei Dutzend Passagiere fanden in den damals noch offenen Waggons Platz, und diese Zahl hat sich bis heute nicht vermehrt, obwohl die Wagen schon 1905 größer und mit Fenstern versehen wurden. Derzeit fährt der Angels Flight etwa alle zehn Minuten, von kurz vor sieben Uhr morgens bis abends um zehn. Wer hier einsteigt, kann in schönster Hoffnung fahren, denn theologisch verheißungsvoll ist nicht nur die Bezeichnung «Engelflug», sondern auch die Namensgebung der beiden Wagen: «Ölberg» und «Sinai».

Ursprünglich waren die beiden Gefährte filigrane weiße Gebilde, später wurden sie in schreiendes Orange gekleidet, und das Zutrittstor unten in der Hill Street weist mittlerweile die gleiche Farbe auf. Das ist eine Aggressivität, die nicht recht zum ätherischen Namen passen will, aber als man die Bahnstrecke 1996 nach siebenundzwanzig Jahren wiederbelebte, musste man sie ohnehin ein paar Meter straßenabwärts verlegen, also gestaltete man sie auch gleich so protzig, wie die ganze Umgebung mittlerweile geworden war. Der Grund für die Schließung des Angels Flight im Mai 1969 war die bevorstehende Neubebauung von Bunker Hill mit den Bürohochhäusern der California Plaza gewesen, und niemand hatte damit gerechnet, dass für die antiquierte Bahn später noch einmal Bedarf bestünde, denn am und auf dem Hügel waren mehrere Parkhäuser geplant, sodass die Angestellten mit dem Auto zur Arbeit kommen konnten. Hatten in den ersten fünfzig Jahren ihres Bestehens insgesamt hundert Millionen Passagiere die Verbindung genutzt, schien sie nun überflüssig geworden. Gewohnt wurde auf Bunker Hill ohnehin längst nicht mehr; die letzten beiden Privathäuser aus der ersten Bebauungsphase um 1900 waren Ende 1968 im Ganzen abtransportiert worden, um am eigens errichteten Heritage Square nordöstlich von Downtown ihren neuen Platz zu finden, wo sie aber schon im Oktober 1969 durch Brandstiftung zerstört wurden.

Der Angels Flight hatte mehr Glück, denn seine Bestandteile waren eingelagert worden, und Mitte der neunziger Jahre besann sich eine Bürgerinitiative aus nostalgischen Gründen auf die alte Bahntrasse, ließ sie neu installieren und gründete dann eine Stiftung, die den Unterhalt übernahm. Anstelle der Stadtbewohner waren nun vor allem Touristen auf der Strecke unterwegs. Viel Erfolg war diesem Projekt indes erst einmal nicht beschieden, denn 2001 verunglückte ein greiser Passagier beim Zusammenstoß beider Wagen tödlich, was eine abermalige Schließung zur Folge hatte. Und auch nach der zweiten Wiedereröffnung, 2010, zeigte sich die Anlage störungsanfällig, sodass der Fahrbetrieb 2013 erneut eingestellt werden musste. Erst 2016 wurde die Strecke für einen Tag in Betrieb genommen, als Damien Chazelle auf dem Angels Flight eine Szene seines Los-Angeles-Films «La La Land» drehte. Dessen Erfolg machte die steile Trasse dann so bekannt und begehrt, dass sie seit 2017 wieder ständig befahren wird. Mal sehen, wie lange es diesmal gutgeht mit dem Engelflug.

13. Juli Die Fassade des gewaltigen Gebäudes versammelt
eine Gesellschaft alter überwiegend weißer Männer: Chrono-
logisch zurückgehend hat der Bildhauer Albert Stewart dort
Albert Pike, George Washington, Christopher Wren, den anonymen gotischen Baumeister der Kathedrale von Reims, die
beiden heiligen Johannesse (den Täufer und den Lieblings-
jünger), Hiram Abif und Imhotep in Reliefs verewigt. Das
sind alles Persönlichkeiten, die von der Freimaurerbewegung
verehrt werden, und tatsächlich ist der graue Riesenkasten am
Wilshire Boulevard auch ein ehemaliger Freimaurertempel:
1961 für eine Loge des Schottischen Ritus errichtet und reich
mit Kunst am Bau verziert. Neben den überlebensgroßen
Figuren bietet die Fassade auch noch ein mosaiziertes Wandbild, das mit Jerusalem, Babylon, Akra, Rom, Reims, London,
Boston und Sacramento einige prominente Wirkungsstätten
der nebenan in Stein gehauenen Heroen zeigt. Und es gibt
an der Süd- und der Westseite außerdem mehrere große Re-
liefmedaillons mit Adlerdarstellungen und dem Motto «Spes
mea in deo est» – auf Gott setze ich meine Hoffnung. Also auf
noch einen alten Herrn.

Drinnen wird dagegen gerade heftig gegen das Patriarchat
angekämpft; seit zwei Wochen ist hier das Installations-
kunstwerk «Obsidian Ladder» zu sehen, mit dem laut Aus-
stellungstext dieser Ort, «that was built by and for men», aufgebrochen werden soll. Natürlich ist das nicht im Sinne der
Freimaurer, die ja den größten Teil ihrer Geschichte tatsächlich reine Männersache waren. Aber es ist ja auch nicht mehr
ihr Tempel, sondern seit sechs Jahren ist das Gebäude der
Kunst geweiht. Damals kauften die aus Europa eingewander-

ten Brüder Paul und Maurice Marciano, die mit einem Jeans-Unternehmen reich geworden sind, den für die Freimaurer mittlerweile viel zu groß gewordenen Tempel als Galerie für ihre Sammlung von Gegenwartskunst. Außen blieb das bunkerartige Gebilde ziemlich unverändert, innen aber wurde es entkernt, um eine Riesenhalle über zwei Stockwerke hinweg zu schaffen, die für Sonderausstellungen genutzt wird, während sich oben unter dem Dach die eigentliche Kollektion der Marcianos befindet: Bilder von Ruscha, Demand, Kruger, um ein paar bekannte Namen zu nennen. Wobei die allerbekanntesten Künstler gleich im Foyer mit Einzelwerken zu finden sind: Ai Weiwei und Amish Kapoor. Na ja.

Aber die derzeitige Präsentation in der Sonderausstellungshalle: oha! Verantwortlich dafür ist die als Tochter bolivianischer Eltern 1980 in Chicago geborene, an der Frankfurter Städelschule ausgebildete und nun in Berlin lebende Künstlerin Donna Huanca, die im Freimaurertempel von Los Angeles einen Auftritt hat, wie man ihn sich großartiger und großspuriger kaum denken kann. In die zentrale Halle wurden nach oben sich weitende Seitenwände eingezogen, während an der Stirnseite ein riesiger weißer Textilraumteiler aufgehängt wurde, vor dem Huancas achtteiliges Monumentalgemälde (64 Quadratmeter) «Obsidian Ladder» angebracht ist, das auch der ganzen Aktion den Namen gibt. Es bildet aber nur die Kulisse für den eigentlichen Clou: eine den halben Saal füllende weiße Sandfläche, die aussieht wie eine Eisscholle, aus der sich neun bemalte Metallplastiken erheben. Und zwischen diesen mannshohen (sorry, aber so ist es) ausgestanzten Gebilden bewegen sich am ganzen Körper bemalte nackte Menschen mit einer Gemessenheit, die an religiöse Rituale erinnert. Dazu gibt es einen eigens erarbeiteten Soundtrack aus elektronisch verzerrten Stimmen, Donner- und Regengeräuschen. Und sogar an die Nase als Sinnesorgan hat Donna Huanca gedacht und einen Duft geschaffen, der die Raumluft schwängert und wie eine Mischung aus Schweiß und Lack riecht. Der Tastsinn hat allerdings nichts zu melden, denn man ist als Besucher aus guten Gründen angehalten, die unbekleideten Akteure nicht zu berühren, und muss deshalb zum Gesamtwerk einen Mindestabstand von anderthalb Metern wahren. Fotografieren darf man nur aus würdewahrender Distanz.

Vorbildlich ist noch etwas anderes: Donna Huanca hat dafür gesorgt, dass neben der Mehrung ihres eigenen Ruhms durch diese spektakuläre Installation auch noch etwas für sozial engagierte Gruppen abfällt. Zugunsten einer auf Kunst als Heilmittel setzenden Aktionsgemeinschaft von sich als ausgegrenzt betrachtenden Menschen, einem hiesigen Frauenhaus und dem ersten amerikanischen Wellnesscenter für transsexuelle Menschen und Angehörige des dritten Geschlechts hat die Künstlerin drei Souvenirartikel geschaffen, die hier exklusiv verkauft werden: ganz klassisch einen limitierten übermalten Druck, dann schon weniger klassisch einen Unisex-Badeanzug, der im Stil der Körperbemalungen bedruckt ist, und schließlich ganz unklassisch den für «Obsidian Ladder» komponierten Duft als Parfüm. Selbst wenn ich ihn angenehmer gefunden hätte, wäre es zu spät gewesen: Die Flakons für den bescheidenen Preis von fünfzig Dollar waren ausverkauft, während es von den ungleich teureren Graphiken und den halbtransparenten Badeanzügen (mit fünfundsechzig Dollar auch preiswert, jedoch modisch gewagt) noch einige gab. Aber vielleicht haben manche Besucher das an der Tempelfassade so prominent verkündete Freimaurermotto «Spes mea in deo est» missverstanden und als Aufforderung zum Erwerb eines Kosmetikartikels gedeutet.

14. Juli

Als Lion Feuchtwanger 1943 die Villa Aurora kaufte, erwarb er damit auch eine Kinoorgel, deren Manual noch heute in einem kleinen Kabuff direkt neben dem Wohnzimmer untergebracht ist, während ihre Pfeifen am anderen Ende des Raumes hinter der Stirnwand eingebaut sind. Bei Führungen durch das Haus ist eine kurze Demonstration der Effekte dieses Instruments immer wieder Anlass für ein großes Hallo, doch die mittlerweile mehr als neunzigjährige Orgel wird bisweilen auch für ihren eigentlichen Zweck eingesetzt: zur musikalischen Begleitung von Stummfilmen. Dafür wurde sie 2013 restauriert. Und seit jenem Jahr veranstaltet die Villa Aurora in größeren Abständen ihre Kinoreihe «Silent Salon».

Deren jüngste Ausgabe fand an diesem Wochenende statt, aber unter einem besonderen Titel: «Silent Salon Laboratory». Der Grund dafür war der weitgehende Verzicht auf die Kinoorgel zugunsten einer «experimentellen improvisierten elektroakustischen Musikbegleitung», wie die Direktorin der Villa, Margit Kleinman, dem Publikum im rappelvollen Raum erläutert. «Experimentell» glaubt man sofort, denn gleich beim Eintreten kann man einen ganzen Tisch voller umständlich verkabelter Steuerungselemente und einiger verdrahteter Musikinstrumente sehen, deren Zusammenspiel für jeden Laien ein Rätsel bleiben musste. «Improvisiert» muss es schon deshalb sein, weil der entscheidende Akteur des Abends, der deutsche Komponist Udo Moll, Aurora-Stipendiat des Jahres 2015, sich anlässlich eines mehrwöchigen Aufenthalts in Los Angeles relativ spontan zur Durchführung dieses Abends am vertrauten Ort entschlossen und dafür nicht mehr als zwei Tage Vorbereitungszeit hatte. Und «elektroakustisch» schließlich ist das Kompositionsprinzip von Moll, der als Hauptinstrument Trompete spielt, aber seit Jahren auch mit Computern arbeitet und seit einem Aufenthalt in Japan Videospiele der achtziger und neunziger Jahre zur Basis für seine Klangvorführungen gemacht hat. Wie er mir erzählt, war dabei die größte Herausforderung seine mangelnde Spielerfahrung, weshalb er in seinem Hotelzimmer in Kyoto Wochen damit verbrachte, sich auf die höheren Level der Spiele vorzuarbeiten, um daraus Bildmaterial für seine Arbeit auswählen zu können. Das Resultat war die Präsentation «Shakespeare Zombienation», die man in einer knapp sechsminütigen Version im Internet sehen kann, die aber mittlerweile zu einem vierzigminütigen Programm erweitert wurde, das Ende Juli von Udo Moll auch hier in Los Angeles aufgeführt werden soll, im Club «Betalevel» in Chinatown. Ich werde auf jeden Fall dabei sein.

Denn wenn diese Präsentation auch nur halb so faszinierend wird wie seine heutige Vertonung, lohnt sich der Besuch. Der japanbegeisterte Moll hat sich für die Villa Aurora Yasujirō Ozus Stummfilm «Hijōsen no onna» aus dem Jahr 1933 ausgesucht, im Westen eher bekannt unter dem englischen Titel «Dragnet Girl». Ozu, neben Akira Kurosawa die große Legende des japanischen Kinos, blieb dem Stummfilm länger treu als seine Kollegen. Das verband ihn mit Charlie Chaplin, der hier in der Villa Aurora häufig zu Gast war, um Filme zu sehen. Doch Ozus Werk war damals im Westen noch unbekannt.

«Dragnet Girl» ist ein bemerkenswerter Film, weil ihm eine faszinierende Momentaufnahme der japanischen Gesellschaft der Zwischenkriegszeit mit deren starken westlichen Einflüssen gelingt. Ob Büros, ein Boxclub oder eine Billardkneipe – alle diese nach Japan importierten Institutionen weisen englische Beschriftungen auf, damals offenbar gedacht als modisch-moderne Elemente. Und auch bei Ozu selbst standen 1933 noch nicht die kritischen Aspekte des fremden Einflusses fürs japanische Selbstverständnis im Mittelpunkt. Oder nur insofern, als dass das japanische Gangstermilieu im Kino eben westlich geprägt zu sein hatte. Das Publikum erwartete es so. Und gerade weil «Dragnet Girl» von seiner Ausstattung her auch in einer amerikanischen Stadt angesiedelt sein könnte, passt die an der elektronischen Avantgarde und dem Jazz unserer Tage orientierte Musik von Udo Moll durchaus dazu.

Hundert Minuten dauert «Dragnet Girl», und schon nach einer Viertelstunde ist die Bewunderung für den Einfalls- und Abwechslungsreichtum der musikalischen Kommentierung groß. Sie fügt dem inhaltlich absehbar konzipierten Melodrama mit seinen Liebes- und Moralverwicklungen durch ihre Unvorhersehbarkeit eine inspirierende Irritation bei, die selbst die klischeebeladenen Okzidentalismen des frühen Ozu vergessen lässt.

15. Juli   Siebenhundertzwanzig Kilometer vom Thomas Mann House entfernt ist es still. Nicht nur ruhig wie nachts in Pacific Palisades, wo allein vom Sunset Boulevard gelegentlich ein Motorengeräusch heraufdringt, ehe am frühen Morgen gegen vier Uhr die ersten Bewässerungsanlagen in den Gärten anspringen, sondern absolut still. Ich stehe auf einem Aussichtspunkt in der Austin Creek State Recreation Area, und wenn der Wind aussetzt, hören auch die Zikaden auf zu zirpen, dann hört man hier oben tatsächlich gar nichts.

Dabei ist unten im Tal des Russian River ein beliebtes Feriengebiet, eine amerikanische Waldlandschaft wie aus dem

Bilderbuch. Bevor man in die hochgelegene Austin Creek State Recreation Area gelangt, muss man durch einen weiteren staatlichen Park fahren, der am Talrand liegt: Armstrong Redwoods. Dieses erhaltene Urwaldgebiet mit seinen prachtvollen Bäumen verdankt sich Colonel James Armstrong, der 1876 hier im Sonoma County große Ländereien kaufte, um sie abholzen zu lassen. Aber ein kleiner Teil gefiel ihm so gut, dass er ihn verschonte und für seine Familie als Erholungsgebiet einrichtete. 1934 kaufte Kalifornien den Erben das Terrain ab; seit 1936 ist es ein öffentlich zugänglicher State Park am Rande des Städtchens Guerneville.

Ein besonders gewaltiger Redwood darin ist nach Colonel Armstrong benannt: Fast hundert Meter hoch, weist sein Stamm am Boden einen Durchmesser von nicht einmal viereinhalb Metern auf; der Baum steht praktisch auf Zehenspitzen. Er ist geschätzte 1400 Jahre alt, und Exemplare dieses Alters und Ausmaßes gibt es einige im Park. Man durchwandert ihn wie einen rotbraunen Stelensaal, und obwohl am Russian River heute eine Hitze von fast 35 Grad herrscht, ist es im Wald angenehm kühl.

Weiter oben, in der ganz anderen Vegetation der Austin Creek Area mit ihren großen Freiflächen voll vertrockneten Gräsern, kann man es dagegen in der Sonne kaum aushalten. Dadurch aber wird die eindrucksvolle Stille ermöglicht, die hier am frühen Nachmittag herrscht. Es finden ohnehin kaum Besucher über die enge gewundene Straße hinauf, und der Teil des Naturschutzgebietes, der Interessenten von weit her anziehen könnte, liegt wie im Dornröschenschlaf hinter einem Zaun, dessen Tore zugekettet sind. Dabei hat an diesem Ort einmal eine der offensten Formen der Kunstvermittlung stattgefunden. Fernab der großen Städte und des Kulturbetriebs hat hier eine Frau ihr Ideal von Abgeschiedenheit und künstlerischer Konzentration gefunden, deren Bedeutung gar nicht überschätzt werden kann: Marguerite Wildenhain.

Oder für deutsche Kenner der Bauhaus- und Keramikgeschichte: Marguerite Friedlaender. Die 1896 geborene Französin hat am Bauhaus in Weimar gemeinsam mit Gerhard Marcks die Töpferwerkstatt aufgebaut, sich wie er mit der Bauhausleitung über die zunehmend industrielle Ausrichtung der Hochschule entzweit, ist dann mit Marcks an die Kunsthochschule Burg Giebichenstein in Halle gewechselt, wo sie ihr handwerkliches Lehrverständnis weiterführten, und verlor ihre Stelle dort 1933 wieder, denn Friedlaender war Jüdin. Verheiratet war sie mit Frans Wildenhain, den sie am Bauhaus kennengelernt hatte. Er begleitete seine Frau ins Exil in die Niederlande, wo beide gemeinsam eine Töpferei aufmachten. Kurz vor dem Einmarsch der Deutschen folgte Marguerite Friedlaender einer Einladung in die Vereinigten Staaten, während ihr Mann in den Niederlanden zurückbleiben musste, da er als Deutscher in Konkurrenz mit zu vielen weiteren Auswanderungswilligen aus seinem Land stand. Erst in Amerika nahm Marguerite Friedlaender Wildenhains Name an, um glaubwürdiger seine Einreise betreiben zu können, allerdings wurde er 1943 zum Kriegsdienst in der Wehrmacht verpflichtet, und das erschwerte sein Ersuchen um ein Visum für die Vereinigten Staaten nach dem Ende des Krieges. Erst 1947 sahen sich die beiden wieder, die Ehe zerbrach kurze Zeit später, doch ihren mittlerweile in der Kunstszene etablierten Namen Wildenhain behielt Marguerite Friedlaender in Amerika bei. Deshalb kennt man sie heute in den Vereinigten Staaten als Wildenhain und in Europa als Friedlaender. Keine guten Voraussetzungen für einen prominenten Platz in der Kunstgeschichte, obwohl sie ihn verdient hätte.

Ihr Wirkungsort war seit 1942 die Pond Farm, und um diesen legendären Ort zu sehen, bin ich hergekommen. Hier wurde Keramikgeschichte geschrieben, denn von 1949 bis 1980 hielt Marguerite Wildenhain jeweils neunwöchige Sommerkurse in ihrer Werkstatt ab und gab dort die Arbeitsweise und Lehrmethoden des Bauhauses an ihre amerikanischen Schüler weiter. Sie prägte damit die gesamte Disziplin, aber in Europa kennt kaum jemand diesen Aspekt ihres Wirkens. Dabei war sie in ihrem Fach in der neuen Heimat erfolgreicher als die viel berühmteren Bauhäusler Gropius, Moholy-Nagy oder Feininger in deren jeweiligen Metiers. Nur Josef und Anni Albers waren als Lehrer im Black Mountain College ähnlich einflussreich, und dort, in North Carolina, hatte auch Wildenhain ihren spektakulärsten Auftritt, als sie 1952 ein Keramik-Symposion mit dem Briten Bernhard Leach leitete. Eine schriftlich ausgetragene Kontroverse zwischen beiden ist noch heute bebannt, zumindest in der englischsprachigen Welt, wo Leach der prominenteste Keramiker ist. Marguerite Wildenhain aber hatte keine Angst vor großen Namen. Sie kannte ja vom Bauhaus her die Allergrößten und auch deren Schwächen.

Nach Amerika war sie von dem kunstsinnigen Ehepaar Jane und Gordon Herr eingeladen worden, um in deren Künstlerkolonie Pond Farm einzutreten. Die pazifistischen Herrs hatten dieses Refugium gegründet, um wenigstens ein paar Menschen ein Leben abseits der in ihren Augen verrückt gewordenen Welt zu ermöglichen. Für Marguerite Wildenhain bauten sie auf dem Gelände 1942 eine alte Scheune als Werkstatt aus und errichteten unterhalb davon ein kleines Wohnhaus aus Holz. Beide Gebäude stehen heute noch, verfielen allerdings nach dem Tod Wildenhains stark. Erst durch das Engagement der Stewards of the Coast and Redwoods, einer Bürgerinitiative, die sich seit 1985 für die staatlichen Naturschutzgebiete im Tal des Russian River einsetzt und 2012 sogar deren Schließung verhindern konnte, ist die Scheune in den letzten Jahren wieder hergerichtet worden; die Restaurierung des asbestbelasteten und von Ungeziefer befallenen früheren Wohnhauses soll bald folgen. Seit Februar dieses Jahres können Künstler im Rahmen eines Residenzprogrammes für einen Monat in einem kleinen Gästehaus in Pond Farm wohnen und arbeiten. Wer wie Wildenhain das ungestörte Naturerlebnis schätzt, dürfte fast nirgends sonst ähnlich verlockende Bedingungen finden.

Ich werde von Michele Luna auf dem Grundstück empfangen. Sie gehört zu den Stewards und ist eine treibende Kraft hinter der Wiederbelebung von Pond Farm. An jedem dritten Samstag im Monat bietet sie für Interessenten eine Führung durch das sonst unzugängliche Gelände an, aber da ich davon nichts wusste und meine Reise für den dritten Montag im Monat geplant habe, hat Michele heute ihre Mittagspause geopfert, um mich einzeln herumzuführen. Und so stehen wir nun im flimmernden Zwielicht der trotz extremer Hitze erstaunlich kühlen Scheune, vor uns die Töpferdrehscheiben, die Marguerite Wildenhain hier für ihre Kurse installiert hat: alle fußbetrieben, was in den technisch versierten Vereinigten Staaten in den fünfziger Jahren eigentlich undenkbar war. Aber solch traditionelle Arbeitsmethoden machten den Mythos der Sommerkurse von Pond Farm aus. Die amerikanischen Töpfer sahen sich eingebunden in jahrhundertealte europäische Techniken, denen Marguerite Wildenhain nicht abgeschworen hatte, obwohl sie nie wieder nach Europa zurückkehren wollte.

Sie hatte sich verliebt in ihre neue Wirkungsstätte, in deren inspirierende Isolation, die den Kursteilnehmern eine tägliche Pilgerstrecke von mehreren Meilen bergauf abverlangte. Sie machte Pond Farm zu ihrem Lebensraum, kaufte den Herrs das Grundstück mit der Scheune und ihrem Wohnhaus ab und arbeitete hier bis zu ihrem Tod 1985. Noch heute kann man ihre Lebensspuren finden, zum Beispiel zwischen den Gebäuden die schmalen Wegpflasterungen, in die sie Keramikscherben eingefügt hat, teilweise mit ihrer eigenen Töpfermarke. Der aufwendig gestaltete Garten um die Gebäude soll wiederhergestellt werden, wenn der Staat Kalifornien dem gerade eingereichten Antrag, Pond Farm in die Denkmalliste aufzunehmen, zustimmt. Wobei das Engagement Kaliforniens für Marguerite Wildenhain eine heikle Vorgeschichte hat: 1963 wurde sie von dem Bundesstaat enteignet, ihr Grundstück sollte dem neu geschaffenen Naturpark Austin Creek, in dem es lag, zugeschlagen werden. Durch eine Initiative ihrer Schüler wurden die Gebäude erhalten und ihr ein lebenslanges Nutzungsrecht zugestanden. Als die Künstlerin dann 1967 dem Staat ihre Keramiksammlung anbot, um im Gegenzug eine kleine Rente auszuhandeln und damit ihre Altersversorgung zu sichern, wurde diese Offerte ausgeschlagen. So ist nun Wildenhains künstlerisches Vermächtnis im fernen Luther College in Iowa zu finden, wo einer ihrer Schüler lehrte. Was Kalifornien aber bleibt, ist der verzauberte Ort im Sonoma County, die wahre Herzkammer ihres Schaffens. So still, wie es heute hier ist, muss es ja nicht für alle Ewigkeit bleiben.

16. Juli Heute sitze ich gleich auf der nächsten Hügelspitze, aber der Kontrast zur Austin Creek Recreation Area könnte nicht größer sein. Um mich herum stehen keine Redwoods, sondern ein Spalier ionischer Säulen, und statt himmlischer Ruhe tuten aus der Tiefe Nebelhörner. Das signalisiert akustisch den gravierendsten Unterschied zu gestern: Ich sitze, obwohl nicht einmal annähernd so hoch wie gestern im Sonoma County, in den Wolken. Unter mir ist viel zu hören, aber nichts zu sehen.

Die Säulen gehören zum Ehrenhof des Legion of Honor Museums in San Francisco, das in der Mitte und zugleich am höchsten Punkt des Lincoln Parks liegt. Der Anlass für den Museumsbau war kein deutschfreundlicher; mit der Eröffnung am 11. November 1924 wurde der sechste Jahrestag des Waffenstillstands begangen, der den Sieg der Alliierten im Ersten Weltkrieg sicherte. Allerdings war der Plan, dieses Gebäude zu errichten, schon älter: Die frankophile Gattin eines in San Francisco lebenden Zucker-Millionärs hatte auf der Panama-Pacific-Ausstellung von 1915 einen verkleinerten Nachbau des in Paris stehenden Palastes der Ehrenlegion gesehen, Gefallen daran gefunden und den Gedanken gefasst, diesen Nachbau noch einmal nachbauen zu lassen. Mit dem gemeinsamen Kampf gegen Deutschland gab es dann von 1917 an eine besonders starke Motivation für ein französisch-amerikanisches Freundschaftswerk, und 1919 wurde das Projekt tatsächlich in Angriff genommen, im Gedenken an die 3500 Kriegsopfer aus der Bay-Region. «Honneur et Patrie», das Motto der französischen Ehrenlegion, steht auch hier auf dem Architrav über dem Eingang, der Blickfang im Ehrenhof jedoch ist ein eher nachdenklich gestimmtes und stimmendes Objekt: Rodins «Denker», ein Vorgeschmack auf die Sammlung der Millionärin, die ausschließlich französische Kunst umfasst, darunter eine beeindruckende Zahl von Rodin-Werken. Das Gebäude heißt offiziell «California Palace of the League of Honor», aber rasch setzte sich die abgekürzte Bezeichnung «Ehrenlegion» durch. Der Bezug zu Frankreich wird durch eine im Boden des Ehrenhofs als Oberlicht fürs Tiefgeschoss eingelassene kleine Glaspyramide verstärkt, die als weiteres Zitat eines Pariser Renommierbaus in den neunziger Jahren ergänzt wurde, diesmal als Hommage an I. M. Peis Pyramide im Innenhof des Louvre. Es sage keiner, dass San Francisco große Gesten scheute!

Ich hatte mir eine spektakuläre Aussicht auf die große Stadt erhofft, als ich am Morgen in Guerneville aufgebrochen war. Die Fahrt dauerte keine anderthalb Stunden, aber auf den letzten zehn Kilometern führte sie in eine andere Welt, ein Nebeluniversum. Vom Highway 101 aus konnte man die über die Hügelkette der Bay of San Francisco hinwegschwappenden Wolken bestaunen – als kochte ein Suppentopf über. Und als ich über die Golden Gate Bridge fuhr, betrug die Sichtweite vielleicht zehn Meter, sodass ich die berühmten Pylonen der Brücke im Vorbeifahren gerade einmal als rote Stahlblöcke wahrnehmen konnte. Vom Ausmaß des Bauwerks war nichts zu ahnen, das Ende erkannte ich nur an einem Schild, das mir mitteilte, dass mich diese Überfahrt 8,25 Dollar gekostet hatte. Von einem Blick auf die Bucht wollen wir gar nicht reden.

Den gibt es vom Lincoln Park aus erst einmal auch nicht, dafür aber eine exzellente Ausstellung zum jungen Rubens im erwähnten Tiefgeschoss des Legion of Honor Museums. Die Schau ist das jüngste Kapitel einer reichen Ausstellungstradition, die der eigentliche Anlass für meinen Besuch in San Francisco ist, denn gemäß seiner Entstehungsgeschichte verstand sich das Museum als Speerspitze im intellektuellen Kampf gegen Hitler, und die deutschen Exilanten fanden hier ein offenes Haus für ihre Kunst. Der Erfolg der Bauhaus-Ästhetik in Amerika verdankt sich zu einem guten Teil dem Legion of Honor.

Am «Denker» bin ich mit Peter Stein verabredet, nicht dem Theaterregisseur, sondern einem Filmschaffenden aus San Francisco, der mir von einem gemeinsamen Freund als idealer Cicerone für die Stadt empfohlen wurde. Völlig zu Recht, denn nicht nur weiß Peter alles über die Geschichte des Museums, er gibt auch eine optimistische Wetterprognose für den Nachmittag ab, die sich als zutreffend erweisen wird. Gemeinsam erkunden wir aber zuvor die zahlreichen Denkmäler auf dem Hügel, weil man wenigstens die im Nebel erkennen kann: das 1984 errichtete Holocaust Memorial von George Segal, das wegen seines plastischen Realismus heftige Diskussionen ausgelöst hat, eine Erinnerungsstele für das erste japanischen Auswandererschiff, das hier 1860 anlegte, und einen Reliefstein mit einem auf Japanisch verfassten Plädoyer für den Weltfrieden. Es sage wirklich niemand, dass San Francisco große Gesten scheute.

Die größte hat es sich aber für den Moment unserer Rückkehr aus der Rubens-Tiefe ans Tageslicht aufgespart. Plötzlich strahlt im Ehrenhof die Sonne, nach Osten hin entfaltet sich das Panorama der Innenstadt mit ihren Hügeln und Hochhäusern so metallisch funkelnd, als wäre es ein Kunstwerk von Bodys Isek Kingelez, und im Norden erheben sich die beiden roten Pylonen der Golden Gate Bridge genau zwischen den Spitzen der Kiefern am Rand des Parks. Das wirkt, als hätte Hiroshige hier Blickregie geführt, um einen seiner die Proportionen von Objekten subtil variierenden Holzschnitte vorzubereiten. Der Anblick ist schlicht zu schön, um wahr zu sein. Ich verlasse San Francisco auf der Stelle, bevor er durch irgendeine Nachmittagsschwade wieder getrübt werden kann. Auf geht's nach Monterey, in die alte Hauptstadt der spanischen und später mexikanischen Provinz Oberkalifornien. Nirgendwo im Bundesstaat gibt es so viel voramerikanische Geschichte zu sehen. Aber Peter Stein hat mir versichert, dass dort pünktlich zu meiner Ankunft am Abend Nebel aufziehen werde. Also keine Gefahr, dass heute noch irgendetwas meinen Eindruck von San Francisco überlagert.

17. Juli Das dritte Gipfeltreffen in drei Tagen, diesmal auf einer Hügelspitze bei San Simeon, einem kleinen kalifornischen Küstenort mit einem großen Haus. Dieses Haus hört auf mehrere Namen. Sein Erbauer nannte es privat nur die «Ranch», denn tatsächlich war das Grundstück, auf dem es steht, ein Farmbetrieb in Familienbesitz, der allerdings ein bisschen größer ausfiel als üblich: 330 Quadratkilometer, davon dreizehn Meilen Küstenstreifen. Da das Gebäude auf einer besonders prominent gelegenen Anhöhe errichtet wurde, hieß es offiziell «La Cuesta Encantada», der verwunschene Hügel. Doch seit dem Tod des Bauherrn 1951 und der Übertragung des Anwesens an den Bundesstaat Kalifornien sieben Jahre später spricht man allgemein nur noch von «Hearst Castle». Es war nämlich das Westküsten-Wohnhaus des Pressezaren und Konzernchefs William Randolph Hearst, dessen finanzielle Eskapaden mindestens so legendär sind wie seine Rolle als Publizist und den ein Spielfilm noch viel berühmter gemacht hat: «Citizen Kane» von Orson Welles. Als diese Geschichte 1941 in die Kinos kam, erkannte ganz Amerika in der Hauptfigur Charles Foster Kane das kaum verhüllte Porträt von Hearst und in dem Phantasieschloss Xanadu, das sie sich bauen ließ, den höchst realen Palast bei San Simeon.

Der war 1941 noch genauso wenig fertig wie heute. Als Hearst 1919 der Architektin Julia Morgan den Auftrag erteilte, seine gigantische Privatresidenz zu entwerfen, trat er mit diesem Vorhaben in bewusstem Wettstreit mit dem alten Geldadel und dessen Sommerschlössern an der Ostküste. Das größte Bauwerk dieser Art ist der Landsitz Biltmore bei Asheville, den ich im Mai besucht habe. Hearst Castle ist im Vergleich zwar etwas kleiner geraten, aber für achtunddreißig Schlafzimmer hat es trotzdem gereicht. Die beiden Swimmingpools (einer unter freiem Himmel und wie ein griechisches Brunnenheiligtum angelegt, einer überdacht und als Reminiszenz an spätrömische Zisternen gestaltet) sind jeweils ungleich größer als das Kellerbad von Biltmore, und die Bibliothek ist besser sortiert – etwa mit der vielbändigen Ausgabe von «Beautiful Women by Famous Authors». Anders als die am französischen Landschlossstil orientierte Herrschaftsarchitektur von Biltmore hat Hearst Castle die Kathedrale der andalusischen Stadt Ronda zum Vorbild – nachvollziehbar, weil auch diese Kirche auf einer Hügelspitze steht und mit ihren beiden Türmen die ganze Umgebung beherrscht.

Hearst hat maßlos gesammelt: bevorzugt religiöse Kunstwerke aus Gotik und Renaissance, aber auch griechische Vasen und antike Skulpturen, barocke Wandteppiche und sogar französische Salonkunst. So hängen im Boudoir von Hearst, das im linken Pseudo-Kirchturm seinen Platz gefunden hat, zwei Gemälde von Jean-Léon Gérôme, die Napoleon in Ägypten zeigen. Und welche Schauplätze hat Gérôme gewählt? Einmal natürlich die Sphinx und dann die Zitadelle von Kairo. Dort sehen wir Napoleon vom Hügel auf die kleine Welt unten herabblicken. Hearst wird sich darin wiedererkannt haben.

Er sammelte nicht mit dem Sachverstand eines J. Paul Getty, aber mit ähnlich viel Geld, und entsprechend umfangreich ist die Sammlung. Dafür musste wie auch bei Getty ein großes Haus her; trotzdem steht bis heute in San Simeon eine ganze Lagerhalle mit ungenutzten Objekten der Hearst-Kollektion. Wenn Hearst Geld hatte, brachte er es unter die Leute. Man kann verstehen, dass sein Vater, der Selfmademillionär George Hearst, dem einzigen Sohn das Familienvermögen nicht anvertrauen wollte und es deshalb 1891 dessen Mutter hinterließ. Als die 1919 auch starb, war der Weg für den Junior frei, und noch im selben Jahr wurde der langersehnte Bau auf der Hügelspitze in Angriff genommen, den Hearsts Mutter immer abgelehnt hatte; sie befürchtete, ihr Sohn werde sich dabei verzetteln. Sie kannte ihn gut. Während der Ausführung ließ Hearst die Pläne tatsächlich immer wieder revidieren, und so stehen heute diverse Flügel des Haupthauses noch wie im Rohbau da: als Sichtbetonwände wider Willen, denn eigentlich hätte alles mit Kalksteinplatten verkleidet werden sollen. Aber erst ging dem Bauherrn 1937 depressionsbedingt das Geld aus, und als der Krieg die Kassen seiner Zeitungen wieder klingeln ließ, gestattete Hearsts Gesundheitszustand den Aufenthalt im Neubau nicht mehr – zum nächsten Krankenhaus hätte es im Ernstfall rund dreieinhalb Stunden gedauert. Hearst Castle besaß zwar eine eigene Landebahn für das Privatflugzeug des Multimillionärs, aber das war zu groß, um damit beim Spital landen zu können. Die letzten vier Lebensjahre verbrachte Hearst in Los Angeles, sein Haus in San Simeon blieb Fragment. Dennoch bildet es mit den beiden anderen Phantasiepalästen Biltmore und Getty Villa das Triumvirat der amerikanischen Plutokraten-Exzentrik. Mein Abstecher hierher auf dem Heimweg nach Los Angeles war also unvermeidlich.

Fast wäre ich gar nicht mehr nach Pacific Palisades gelangt. Dabei bin ich früh aufgebrochen, weil Monterey entgegen Peter Steins Prognose gestern einen herrlichen Spätnachmittag, heute dafür einen umso tristeren Vormittag zu bieten hatte. Also fuhr ich so bald wie möglich los, zunächst nach Big Sur, dessen kurvige Küstenstraße in schwindelnder Höhe den Vergleich mit dem schönsten europäischen Beispiel ihrer Art, der Amalfitana in Italien, leicht aushält. Als die Sonne hinter den Küstenbergen hervortrat, tauchte sie die noch leicht dunstige Szenerie in ein milchiges Flirren, als wäre die morgendliche Landschaft noch ganz schlaftrunken. Ganz ähnlich wie in Italien ist übrigens auch der Eifer der hiesigen Straßenbauämter groß, Baustellen an möglichst pittoresken Stellen einzurichten, damit man während der Staus wenigstens den Ausblick genießen kann. Aber amerikanische Effizienz sorgte für dermaßen viele Straßensperrungen, dass ich das kaum hundertfünfzig Kilometer von Monterey entfernte Hearst Castle nicht vor Mittag erreichte. Und warum sollte der Ehrgeiz, möglichst aktiv Straßenerneuerung zu betreiben, südlich von Big Sur plötzlich aufhören? Immer wieder tauchten die bedrohlichen Schilder mit der Aufschrift «Your tax money at work» am Straßenrand auf, und wenn man das Ausmaß der auf diese Weise avisierten Arbeiten tatsächlich als Maßstab fürs Steueraufkommen der Kalifornier nehmen darf, dann müssen auch jetzt noch etliche vom finanziellen Kaliber Hearsts hier ansässig sein.

Erstaunlich, dass neben dem allgegenwärtigen und höchst personalintensiv betriebenen Straßenbau noch Mittel für so aufwendige öffentliche Einrichtungen wie Hearst Castle übrigbleiben. Ein Satz der Reiseführerstimme während der abschließenden Busfahrt vom Hügel hinab zum Besucherzentrum geht mir nicht mehr aus dem Kopf: «Mit der Übereignung der dreizehn Meilen Küste an Kalifornien haben die Hearst-Erben Sorge dafür getragen, dass es hier auf ewig so aussehen wird wie zu den Zeiten von William Randolph Hearst und Julia Morgan.» Dieses großzügige Landgeschenk erfolgte 2005; lediglich drei Jahre später kündigte der damalige Gouverneur Arnold Schwarzenegger die Schließung mehrerer State Parks an, um das kalifornische Budgetdefizit in den Griff zu bekommen. Vor zwei Tagen erst war ich in einem dieser Parks, der nur deshalb noch existiert, weil sich die Privatinitiative der Stewards of the Coast and Redwoods seinem Erhalt verschrieben hat. So viel zur Ewigkeitsgarantie von Staatsbesitz. Nur für seine Straßen sorgt Kalifornien geradezu hearstlich herzlich. So liebevoll werden sie gepflegt und dadurch stillgelegt, dass ich erst nach Einbruch der Dunkelheit im Thomas Mann House eintreffe, glücklich, überhaupt den Weg gefunden zu haben, denn für die Ausschilderung von Städten wie Los Angeles hat das Budget der Straßenbehörde nicht mehr gereicht. Und nach der Sonne steuern kann man nur, wenn sie noch scheint.

Das Navigationssystem? Mal ganz abgesehen davon, dass es die diversen Baustellen nicht anzeigte (aber zuverlässig die Staus – sobald ich drinstand) und in den einsameren Küsten- oder Bergabschnitten keinen Empfang hatte, hatte ich die naive Erwartung gehegt, man führe einfach immer geradeaus am Ufer entlang, käme irgendwann bei der Einmündung des Sunset Boulevard in den Pacific Coast Highway an, böge dann zweimal nach links ab und wäre daheim. Der Konjunktiv II sagt wohl alles.

18. Juli Während ich unterwegs war, hat Bayern München in Los Angeles gespielt. Fußball natürlich, denn die in Deutschland erfolgreiche Basketballmannschaft des Vereins hätte in der Stadt der Lakers und Clippers niemand ernst genommen. So wie es umgekehrt offenbar auch keinen ernstzunehmenden Gegner im amerikanischen Profifußball für die Bayern gibt, denn sie spielten hier gestern Abend gegen Arsenal London – und verloren eins zu zwei. Das hat die deutschen Gäste nicht verunsichert, denn man sei ja noch vor der Saison und das Ganze nur ein Freundschaftsspiel. Es gilt, den amerikanischen Markt zu bedienen, und der ist bei Männerfußball auch mit bedeutungslosen Spielchen zufrieden.

In der Politik sollte das anders sein, und während ich unterwegs war, hat das amerikanische Repräsentantenhaus Donald Trump als Rassisten verurteilt, seinen Justizminister unter Arrest gestellt, um dessen Aussage vor einem Untersuchungsausschuss zu erzwingen, und über die Eröffnung eines Amtsenthebungsverfahrens gegen den Präsidenten abgestimmt. Man könnte meinen, die Welt hätte sich binnen drei Tagen verändert, aber alles läuft weiter wie zuvor. Bei den ersten beiden Abstimmungen war klar, dass die demokratische Abgeordnetenmehrheit sie durchbringen würde, aber unklar war, ob sie bei der ersten nicht sogar die Unterstützung einzelner republikanischer Kollegen erhalten würde, die Trump wegen seiner Tweets vom Wochenbeginn kritisiert hatten. Der Präsident hat vier demokratische Parlamentarierinnen, die aus nichtamerikanischen Familien stammen (wie so ziemlich alle Amerikaner), mit der höhnischen Bemerkung bedacht, sie möchten doch gefälligst dahin zurückgehen, wo sie hergekommen seien. Also nach Detroit (wo Rashida Tlaib geboren wurde), Cincinnati (Ayanna Pressley), New York City (Alexandria Ocasio-Cortez) oder – immerhin! – Mogadischu, das die damals achtjährige Ilhan Omar mit ihrer somalischen Familie 1990 wegen des Bürgerkriegs verlassen hatte, ehe sie mit siebzehn amerikanische Staatsbürgerin wurde. Mehr als die Attacke selbst, die nun durch Parlamentsbeschluss offiziell als rassistisch gilt, ärgert mich der Erfolg der niederen Instinkte, die in diesen Tweets zum Ausdruck kommen. Auf der langen gestrigen Heimfahrt hörte ich im Autoradio Berichte von einem Wahlkampfauftritt Trumps in North Carolina, wo er den Vorwurf des Rassismus zurückwies und seine Kritik an den vier Abgeordneten als angebliche Gegnerinnen der amerikanischen Lebensweise erneuerte. Alles erwartbar. Nicht dagegen die Chöre der Zuhörer, die, als Trump auf Omar zu sprechen kam, frenetisch «Send her back!» skandierten. Also jenen Satz, der den ganzen Skandal ausgelöst, eine Parlamentsverurteilung provoziert und jeden einigermaßen zurechnungsfähigen Kommentator am Geisteszustand des Präsidenten hatte zweifeln lassen. Freudig machte ihn sich gegen jede Vernunft sein Wahlvolk zu eigen. Diese Gräben im Land werden nicht mehr zu schließen sein, da kann das Repräsentantenhaus abstimmen, sooft und wie es will.

Gerade einmal vier republikanische Abgeordnete und ein Unabhängiger (ein früherer Republikaner) im Repräsentantenhaus hatten sich am Dienstag der Verurteilung der Trump-Tweets angeschlossen. Das waren weniger als von den Demokraten erhofft, denen es damit nicht gelungen ist, die Gegenseite zumindest ein wenig zu spalten. Alle drei der so wichtig klingenden Abstimmungen dieser Woche werden folgenlos bleiben, wobei eine zumindest etwas hätte bewirken können: die über die Amtsenthebung. Wäre hier eine Mehrheit zustande gekommen, hätte ein formelles Verfahren eröffnet und der Senat als zweite zustimmungsbedürftige Kammer befragt werden müssen. Wegen der republikanischen Mehrheit dort wäre die Amtsenthebung abgelehnt worden und die Sache erledigt gewesen. Auch alles erwartbar. Der demokratische Abgeordnete Al Green hat schon zum dritten Mal eine Abstimmung über die Eröffnung eines solchen Verfahrens beantragt, auch diesmal wieder mit dem Argument,

Trump sei nicht würdig, das Amt des Präsidenten auszuüben, und immerhin bekam Greens Vorstoß gestern 95 Stimmen, so viele wie noch nie zuvor. Dennoch stimmte weit mehr als die Hälfte der demokratischen Abgeordneten mit den Republikanern gegen den eigenen Mann, sodass Trump das Ergebnis von 332 zu 95 als großen Sieg für seine Sache feiern konnte. Nicht zu Unrecht, denn man kann es auch Feigheit nennen, wenn die Demokraten aus taktischen Gründen gegen die eigene Überzeugung stimmen. Man wolle nicht von den wirklich wichtigen Themen ablenken, hat Nancy Pelosi diese Haltung der von ihr geführten demokratischen Fraktion begründet. Doch genau das tat man mit dem Abstimmungsergebnis, denn was gäbe es Wichtigeres als den moralischen Bankrott der gegenwärtigen amerikanischen Politik? Dass die Demokraten nun ihren Teil dazu beigesteuert haben, fiel Pelosi gar nicht auf. Sie dachte wohl schon an den bevorstehenden Auftritt von Sonderermittler Robert Mueller am kommenden Mittwoch vor zwei Ausschüssen des Parlaments, den nächsten Höhepunkt in einer Flut von Vorladungen, die die Demokraten seit ihrer Mehrheit im Repräsentantenhaus als politisches Mittel entdeckt haben.

Besonders hoffen sie jedoch auf eine abermalige Vernehmung von Justizminister William Barr, der bei seinen Aussagen vor dem Parlament und im Senatsuntersuchungsausschuss im April und Mai jeweils keine gute Figur gemacht hat. Deshalb gab es gestern eine klare Mehrheit im Repräsentantenhaus für die Beantragung von Arrest bei weiterem Nichterscheinen Barrs trotz Vorladung. Wieder alles erwartbar. Dieses von sämtlichen demokratischen Abgeordneten getragene Votum erfolgte in der Mittwochssitzung bezeichnenderweise kurz nach dem Niederstimmen von Greens Impeachment-Vorstoß, da war man sich plötzlich wieder einig. Wenn es tatsächlich um Erfolgsaussichten gehen sollte, muss es aber als genauso sinnlos angesehen werden wie ein etwaiges Amtsenthebungsverfahren gegen Trump. Denn den Arrest von Barr müsste der Generalstaatsanwalt in Washington, D.C., exekutieren, und dessen unmittelbarer Vorgesetzter ist der Justizminister Barr. Nancy Pelosi rechtfertigte das geschlossene Vorgehen ihrer Fraktion bei dieser Abstimmung mit der symbolischen Bedeutung des Ergebnisses. Wenn aber plötzlich Symbolik zählt, wäre dann nicht ein entschiedenes gemeinsames Eintreten für die Amtsenthebung Trumps sinnvoll gewesen? Es ist wie bei Bayern München: Die Saison ist noch nicht eröffnet. Aber vermeidbare Niederlagen schmerzen die Anhänger. Und in der Politik ist zudem jede Abstimmung ein Feindschaftsspiel. Jede zählt.

19. Juli

Irgendwann sagt Thelma Ritter zu Grace Kelly: «Sie kennen sich wohl nicht auf Friedhöfen aus.» Jedenfalls nicht auf dem, wo ich heute Abend sitze und ihr zuschaue. Grace Kelly liegt nicht hier, Alfred Hitchcock nicht und James Stewart auch nicht. Trotz seines Namens ist der Hollywood-Forever-Friedhof nicht der beliebteste seiner Art beim filmenden Volk. Viel mehr Kino-Berühmtheiten etwa haben sich den Forest Lawn Memorial Park in den Hollywood Hills als letzte Ruhestätte ausgesucht; die Aussicht ist dort ja auch viel besser als unten im Los-Angeles-Becken am Santa Monica Boulevard, gleich neben dem Paramount-Studio. Heute Abend sind Hitchcock, Kelly und Stewart aber zumindest hier zu Gast. Auf dem Hollywood-Forever-Friedhof läuft nämlich «Das Fenster zum Hof», der Hitchcock-Klassiker von 1954 mit Kelly und Stewart in den Hauptrollen, in dem es – unter anderem – darum geht, eine Leiche nicht auf gewöhnliche Weise unter die Erde zu bringen. In der Sommerreihe der Organisation Cinespia wiederum geht es darum, Filme nicht auf gewöhnliche Weise auf die Leinwand zu bringen. Man projiziert sie an prominenten Schauplätzen; den Anfang machte 2002 ein anderer Hitchcock-Film, «Der Fremde im Zug», genau an der Stelle, wo heute auch «Das Fenster zum Hof» gezeigt wird: auf der weißen Wand des Mausoleums an der Fairbanks-Wiese des Hollywood-Forever-Friedhofs, benannt nach dem benachbarten Marmorgrab, in dem die beiden Douglas Fairbanks ruhen, Vater und Sohn, jeweils Ikonen des klassischen Abenteuerkinos. Nicht, dass der Vater hierhingewollt hätte, aber seine letzte Ehefrau Sylvia Ashley hielt die ursprüngliche Grabstelle in Glendale auf einem weiteren Forest Lawn Memorial Park (es gibt deren sechs im Großraum von Los Angeles) für zu wenig repräsentativ und ließ die Überreste ihres Mannes 1941, zwei Jahre nach seinem Tod, auf den Friedhof umbetten, der seit der dortigen Beerdigung Rudolph Valentinos in der Filmbranche als Ruhestätte für die crowd pleaser unter den Schauspielern galt. Dazu gehörte Fairbanks sr. nun zweifellos, und immerhin brachte ihm die Zweitbestattung noch eine verspätete schmalzige Grabrede seines Freundes und Geschäftspartners Charlie Chaplin ein: «Now he pillows his head upon his arms, sighs deeply – and sleeps.» Douglas Fairbanks jr. ließ sich dann im Jahr 2000 neben seinem Vater bestatten, während die Witwe es dreiundzwanzig Jahre früher vorgezogen hatte, sich in zweihundert Meter Entfernung etwas Eigenes zu besorgen. Dieser Abstand war geboten; sie hatte nach dem Tod von Fairbanks sr. noch dreimal geheiratet, darunter Clark Gable, der wiederum 1960 in Glendale bestattet wurde, ausgerechnet auf dem Friedhof, den Sylvia Ashley für Fairbanks verschmäht hatte, und dann auch noch an der Seite von Carole Lombard, seiner dritten, 1942 tödlich verunglückten Frau. Aber als Gable starb, war Ashley längst von ihm geschieden und konnte also nicht auch noch diesen Ex-Mann exhumieren und an den Santa Monica Boulevard überführen lassen.

Wir wollten einen Gemeinschaftsausflug des Thomas Mann House und der Villa Aurora zur Vorführung von «Fenster zum Hof» organisieren, aber außer mir hatte niemand rechtzeitig eine Karte gekauft, und obwohl bis zu dreitausend Menschen auf der Fairbanks-Wiese Platz finden, war der heutige Abend schon länger ausverkauft. Tyler Smith aber bot heroisch an, sich um etwaige Restkarten anzustellen, und ich bin mit einer größeren Textilkollektion in der Tasche schon zur Öffnung der Tore um 19.15 Uhr auf dem Friedhof eingetroffen, um nach guter deutscher Art mit Handtüchern Plätze für uns zu reservieren. Die knapp zwei Stunden bis zum Filmbeginn bekommt man in guter Gesellschaft leicht herum. Ich sage nur: Mel Blanc, Joe Dassin, Cecil B. DeMille, Victor Fleming, Judy Garland, John Huston, Erich Wolfgang Korngold, Peter Lorre, Art Pepper, Mickey Rooney, Tony Scott, Jerry Siegel, Yma Sumac, Gregg Toland, Edgar Ulmer, Fay Wray – es sind nicht nur Filmgrößen, die hier bestattet sind. Wenn am Wegrand plötzlich ein Grabstein mit dem Namen Flynn auftaucht, muss darunter nicht Errol liegen. Doch selbst der Ruhm der echten Stars hat nur selten die Vielfalt an plastischer Sepulkralkultur hervorgebracht, wie ich sie vom Hamburger Friedhof Ohlsdorf, vom Melaten-Friedhof in Köln, dem Hauptfriedhof in Frankfurt oder dem Südfriedhof in Leipzig kenne.

Dafür habe ich vor diesem Abend noch nie ein so sachkundiges Kinopublikum erlebt. Nicht nur, dass es beim ersten Auftritt von Thelma Ritter einzelne Jauchzer im Publikum

für eine der großartigsten Nebendarstellerinnen der Filmgeschichte gibt, die Zuschauer gehen generell begeistert mit.
Hitchcock hätte seine Freude an den Entsetzenslauten und
Erleichterungsseufzern gehabt, die in die immer feuchter
und kühler werdende Nachtluft entwichen; man weiß ja, wie
begeistert er auf die Angstschreie der Besucher von «Psycho»
reagiert hat. An das Hitchcocksche Schockpotential erinnert
vor dem Film ein Überraschungsgast: der achtzig Jahre alte
Regisseur Peter Bogdanovich. Sind die greisen Hollywood-
legenden so sturzanfällig, wie es schon Bruce Derns Auftritt
zu Beginn meiner Zeit in Los Angeles vermuten ließ, oder
inszeniert Bogdanovich sein Humpeln an einer Krücke als
Hommage an James Stewart, der den durch ein Gipsbein an
den Rollstuhl gefesselten Fotografen spielte? Wie dem auch
sei, der Veteran und späte Hitchcock-Intimus ist bestens ge-
launt, kann im gleißenden Scheinwerferlicht zwar seine vor-
bereiteten Notizen nicht lesen, improvisiert dafür aber eine
Anekdote über Hitchcock nach der anderen und beweist mit
britischem Akzent sein Talent als Stimmenimitator. Man
mochte glauben, Hitchcock sei doch hier begraben und kurz
aus dem Sarg gestiegen, um uns etwas zu erzählen.

Über dem Mausoleum geht am Ende der Vorführung
langsam der gerade wieder abnehmende Mond auf; das passt
blendend zum großen Finale des Films, das ja in der Nacht
spielt. Doch die Wirklichkeit liefert die noch größere Kunst:
Zwischen den Silhouetten der Palmen und der wie von Böck-
lin über den Friedhof verstreuten Zypressen konkurriert die
goldene Mondscheibe mit den brillanten Technicolor-Farben,
die «Das Fenster zum Hof» zu einem Fest machen. Und der
Mond gewinnt den Vergleich. Dabei wird er doch erst morgen
seinen ganz großen Auftritt haben. Darüber wird dann zu berichten sein.

20. Juli Weiter als bis zum Mond ist die Menschheit bislang nicht gekommen, aber um es Neil Armstrong und Buzz Aldrin gleichzutun, die heute vor genau fünfzig Jahren dort ankamen, muss ich am Jubiläumstag kaum fünfzig Kilometer fahren, zur Rose Bowl nach Pasadena. Hier hat bereits vor zehn Tagen ein Spektakel begonnen, das «Apollo 11» heißt, und wann wäre ein geeigneterer Tag für dessen Besuch als am 20. Juli 2019? Mindestens drei Jahre lang soll diese Darbietung durch die Vereinigten Staaten wandern, aber bis zum 1. September steht der eigens dafür konstruierte Lunar Dome erst einmal hier in Pasadena, allerdings nicht in der berühmten Freiluftarena Rose Bowl selbst, sondern auf einem ihrer Parkplätze. Das riesige Zelt ist ziemlich hässlich. Aber hässlich war ja auch das Landemodul namens «Eagle», das Armstrong und Aldrin damals auf den Mond brachte.

Im Lunar Dome macht man dieses unförmige Fluggerät mit seinen dürren Insektenbeinen dennoch zum Höhepunkt der ganzen Veranstaltung, die als *Immersive Live Show* bezeichnet wird, ein seit einiger Zeit angesagter Begriff im Schaugeschäft. Die Darbietung ist eindringlich, wenn auch nur kurz. «Please note that the programme contains flashing lights, smoke effects and loud noises», bin ich beim Kauf meiner Eintrittskarte gewarnt worden, aber das trifft in dieser Kombination nur für die zwei Minuten zu, in denen von der Decke des Lunar Dome das lebensgroß nachgebaute Landemodul herabgelassen wird: glitzernd, qualmend und brüllend, obwohl man auf dem Mond mangels Atmosphäre gar nichts davon hätte hören können. Und wir 1600 Zuschauer sitzen in diesem Moment gewissermaßen auf dem Mond, in einem nahezu geschlossenen Kreis rund um die Bühne, als die «Eagle» landet – in ihrer bizarren Ungestalt trotzdem irgendwie schön, weil längst ikonisch geworden. Und unsterblich sowieso. Das Unterteil steht ja auch noch immer auf dem Mond herum.

Das Landemodul ist der einzige Akteur vom 20. Juli 1969, der beim Ausflug der *Immersive Live Show* auf den Mond eine Rolle spielt. Die Handlung von «Apollo 11» spielt ansonsten nämlich auf der Erde, und da tritt zwar einmal im Hintergrund Buzz Aldrin alias «Mr. Rendezvous» auf, aber um den Vergleich mit dem echten Astronauten erst gar nicht zu provozieren, sagt sein Darsteller kein Wort, sondern wird nur in einer Bar von einer jungen Dame umschwärmt. Die Herkunft seines Spitznamens «Mr. Rendezvous» wird im Dialog des Stücks allerdings anders hergeleitet: als berufsbedingtes Lob für Aldrins navigatorische Genauigkeit.

Davon hätte die Show «Apollo 11» durchaus etwas mehr brauchen können. Sie steuert einen Schlingerkurs zwischen Rührstück, Generationenporträt und Abenteuergeschichte. Im Mittelpunkt der Handlung steht der junge Ingenieur Ben, der Ende der sechziger Jahre von der NASA angeheuert wird und mit seiner frisch angetrauten Elizabeth nach Houston zieht, wo er im Kontrollzentrum der Apollo-11-Mission zuarbeiten soll. Wie es der Zufall und ein reichlich krudes Handlungsgerüst wollen, kommt die Tochter des Paars genau am 20. Juli 1969 zur Welt, aber man glaube nur nicht, dass «Apollo 11» daraus irgendeinen Konflikt generieren würde. Es ist einfach nur eine naive Gleichsetzung von neuem Leben und Mondlandung, und deshalb beschränkt sich die Darstellung des Tages, auf den das ganze Bühnengeschehen zusteuert, auch allein auf die effektreiche «Eagle»-Landung. Die ist denn auch der schönste, weil wirklich theatralische Moment neben sehr vielen Projektionen auf die runde Kuppelfläche und einigem Multimediagetue an der Stirnseite der Bühne. Es werden O-Töne von 1969 über Lautsprecher eingespielt, und natürlich gibt es eine eigens komponierte heroische Begleitmusik. Irgendwo müssen die fünfzehn Millionen Dollar Produktionskosten ja geblieben sein.

Wieder reingeholt werden sollen sie durch stattliche Eintrittspreise von 45 bis 215 Dollar, zumindest an diesem Tag der Tage ist das Zelt trotzdem proppenvoll. Draußen im Foyer gibt es den obligatorischen Merchandise-Stand mit Tassen, T-Shirts, Schlüsselanhängern und Büchern – etwas Neues ist den «Apollo-11»-Machern für die Vermarktung nicht eingefallen, sie leben noch hinter dem Mond. Große Kunststoffnachbildungen der Erde und ihres Trabanten hängen vor dem Saal hoch über den Besuchern, aber der Mond scheint anfälliger für Luftzug zu sein: Er schaukelt in der Abluft der Klimaanlage hin und her, während die Erde stoisch ihren Platz behauptet. Vielleicht sind wir ja doch der Fixpunkt des Universums.

Das Publikum hier ist nahezu ausnahmslos weiß (wie auch das insgesamt neunzehnköpfige Schauspielerensemble), und dass der britische Ideengeber Nick Grace wohl vor allem auf jene Generationen zählt, die die Mondlandung noch selbst erlebt haben, zeigt sich auch daran, dass die amerikanische Post gleich zwei Stände aufgebaut hat, um ihre Sondermarken zum Jubiläum an den Mann zu bringen. Welcher junge Mensch interessiert sich denn heute noch für Briefmarken? Hier aber wird noch einmal alles aufgeboten, was das Sammlerherz begehrt: Ersttagsbriefe, Kleinbögen, Geschenkmappen, passenderweise zu astronomischen Preisen. Und die betagteren Besucher sind erkennbar kauffreudig. Neben mir sitzt später ein junges Paar mit etwa dreijährigen Zwillingen.

Was werden die beiden Knaben für Erinnerungen von dieser Mondlandung behalten? Hoffentlich mehr als ihr Nachbar im Lunar Dome, der im selben Alter von seinem Vater mit vor den Fernseher genommen wurde, aber nichts mehr davon weiß. Es war ja damals auch Nacht in Europa, während man in Amerika dafür gesorgt hatte, dass Mondlandung und Ausstieg aus der «Eagle» zur besten Sendezeit stattfanden.

Einundzwanzigeinhalb Stunden verbrachten Armstrong und Aldrin auf dem Mond; die Show in Pasadena dauert dagegen nur anderthalb und deckt doch sage und schreibe fünfundsiebzig Jahre ab. Denn rund um die Mondlandung wird eine Rahmenhandlung geflochten, die dafür sorgt, dass neben Elizabeth noch eine weitere Frau in prominenter Rolle auftreten kann: Sydney, die Enkelin von Ben, die am Abend eines 19. Juli unserer Gegenwart von ihrem längst pensionierten, jedoch dank seiner ungebrochenen Begeisterung für den Kosmos geistig jung gebliebenen Großvater getröstet wird, weil Sydneys Mutter, jenes am 20. Juli 1969 geborene Kind, schon tot ist. Die ganzen Bühnenszenen aus den sechziger Jahren im Kontrollzentrum von Houston, in den Bars der Stadt oder auch auf dem Mond, sind Erinnerungen von Ben, die er Sydney erzählt, bevor die Handlung dann zu einem weiteren großen Schritt für die Menschheit springt: der ersten Marslandung im Jahr 2044. Und wer setzt da den Fußabdruck? Natürlich Sydney. Für sie öffnet sich ein großes Tor an der Stirnseite und gibt den Blick frei auf eine weite rote Wüstenlandschaft. Sie geht hinaus, wildes Aufbrausen der Musik, Abdunkeln des Zeltes, es ist vorbei, einigermaßen großer Applaus.

Am Plot von «Apollo 11» merkt man, was Amerikaner umtreibt, wenn sie an das Ereignis von vor genau fünfzig Jahren denken. Einmal ist es das Pathos des Gelingens, nachdem Präsident Kennedys Herausforderung an sein Land, noch vor

Ablauf der sechziger Jahre einen Menschen auf den Mond und zurück zu bringen, gemeistert worden war; und dann ist es die Beschämung, dass die Kette der Mondbesuche 1972 mit Apollo 17 abbrach. Hinzu kommt die im Englischen provokative Formulierung des «man on the moon», die zwar «Mensch» meint, aber «Mann» sagt, und es waren ja bislang auch nur zwölf Männer dort, alles weiße Amerikaner. Was die Medien in den letzten Wochen im Hinblick auf die Zukunft der Raumfahrt interessierte, war die Frage, wann endlich eine Frau auf den Mond kommt. Und ob denn nun der Mars in Angriff genommen wird. «Apollo 11» darf sich also auch deshalb als eindringliche Show bezeichnen, weil sie die Dringlichkeit erkannt hat, diese beiden Fragen dramaturgisch in die wohlige Erfolgsgeschichte einzubeziehen.

Sie waren auch zentral für eine Diskussion über die aktuelle Bedeutung der Raumfahrt, zu der die «Los Angeles Times» heute unmittelbar vor der Show in den Lunar Dome geladen hat. Patt Morrison, eine Kolumnistin der Zeitung, die in einem flamboyanten rosaroten Kleid mit dazu passendem ausladenden Hut moderiert, sich jedoch die Bemerkung gestattet, dass Frauen in Zukunft hoffentlich nicht mehr durch aufreizende Mode auf sich aufmerksam machen müssen, hat mit Bonnie Dunbar eine von immerhin fünfzig Astronautinnen, die ins All geflogen sind (wenn auch eben nicht auf den Mond), eingeladen und dazu zwei Führungskräfte aus der Raumfahrtzulieferindustrie: George Torres und Frank Slazer. Wenig überraschend fordern alle drei eine bessere finanzielle Ausstattung der NASA, deren Budget derzeit gerade einmal 0,3 Prozent des amerikanischen Staatshaushalts beträgt, während es zu Zeiten des Apollo-Programms bei fast viereinhalb Prozent lag. Das Expertentrio plädiert aber auch für eine schleunige Wiederaufnahme der Mondflüge, um damit das Sprungbrett zum Mars zu haben. Der Bau eines Observatoriums auf der erdabgewandten Seite des Mondes und die Gewinnung von Raketentreibstoffbestandteilen wie Wasser- und Sauerstoff aus dem am Südpol des Erdtrabanten gefundenen Eis seien logistische Voraussetzungen für etwaige Mars-Expeditionen, die nicht nur drei Tage, sondern neun Monate Flugzeit erfordern werden. Und alle Podiumsgäste sind sich einig, dass bei der nächsten bemannten (ha, da hat die deutsche Sprache dasselbe Problem!) Mondmission eine Frau dort landen werde. Erhofft wird dieser Flug für 2024; weil das so bald wäre, erwartet man nun allmählich die Nominierung der entsprechenden Astronautin – wie man auch schon Jahre im Vorhinein wusste, wer mit den Apollo-Flügen zum Mond gelangen würde. Die schöne Publicity-Chance, just den heutigen Tag zur Verkündung des Namens der Glücklichen zu nutzen, hat die NASA verstreichen lassen, aber Torres wagt die Prognose, dass spätestens bis Jahresende eine entsprechende Mitteilung erfolgen werde.

Dann müssten sich die Vereinigten Staaten allerdings wirklich wieder auf den Mond festlegen und sich am eigenen Mythos messen lassen. Heute ist auf allen Kanälen und besonders optimistisch hier in Pasadena davon gesprochen worden. Aber ob wir je eine andere Frau als die fiktive Sydney auf einem extraterrestrischen Himmelskörper sehen werden, steht weiter in den Sternen.

21. *Juli*   Immer wieder sonntags verlassen sie in sonst nie gesehener Vielfalt ihre Garagen: die Autos mit den *vanity plates.* Dieser Begriff bezeichnet die individualisierten Nummernschilder, auf denen sich so manches findet, was man nur

mit Eitelkeit erklären kann. Namenskürzel zuhauf, heute zum Beispiel WJM 1, in dem man einen William James Miller vermuten könnte, der natürlich hinter seinem Lenkrad die Nummer eins ist. Oder BEST BB, wie sich ein mutmaßlicher Bill Baker oder Benjamin Britten vom Heck seines SUVs her präsentiert. Hinter TRS 4U dürfen wir uns dagegen wohl eher eine Mitleidsbekundung für die Hinterherzuckelnden vorstellen: «tears for you». Oder doch ein uns nahegelegter Respekterweis für den Vorausfahrenden à la «the real stuff» oder «the rising star»? Es sind übrigens fast ausschließlich Männer, die am Steuer von Vanity-Plate-Wagen sitzen, auch bei dem teuren schwarzen Flitzer mit dem Kennzeichen MAMA TZA.

Einige Fahrer indes nutzen die auf Antrag – auch als Geschenk für andere! – beim kalifornischen Department of Motor Vehicles erhältlichen Kombinationen von maximal sieben Buchstaben und/oder Zahlen für einträglichere Zwecke als Selbstbeweihräucherung. So fuhr kürzlich ein Lieferwagen mit dem Kennzeichen CURI CAB vor mir her, was sich beim Überholen dann als der abgekürzte Firmennamen des Kramladens «Curiosity Cabinet» herausstellte. Was sich hinter 2 LIONS verbirgt, hat sich mir dagegen nicht erschlossen, jedenfalls kein Fan der englischen Fußballnationalmannschaft (oder einer, der nicht bis drei zählen kann). Bei CALIDAD ist es einfacher, da sollen wir uns vermutlich den besten aller denkbaren kalifornischen Väter im vorausfahrenden Wagen vorstellen. NU MUSIC wird den avantgardistischen Vorlieben des Autobesitzers Ausdruck verleihen wollen; wir sind also doch recht schnell wieder zu den Eitelkeiten zurückgekehrt. Deren Gipfelpunkt mit dem schlichten Kennzeichen OK erreicht ist. Der Herr am Steuer fuhr allerdings tatsächlich ganz okay.

Manchmal nehme ich Nummernschilder als Warnhinweise vor den charakterlichen Eigenschaften der Fahrzeughalter, so etwa bei BODYBYG. Das müsste man wohl als «Leichensyck» übersetzen; das orthographisch korrekte *bodybag* war wahrscheinlich schon an einen anderen Zyniker vergeben. Da lobe ich mir das beruhigende Signal, das vom Kennzeichen OMMMING ausgeht. Besonders im Stau, wie mir geschehen, spürt man die besänftigende Wirkung des «Om»-Lautes, den Buddhisten und Hindus bei ihren meditativen Praktiken verwenden. Wer im Straßenverkehr von Los Angeles zu ommen versteht, der hat wohl tatsächlich alle weltlichen Herausforderungen hinter sich gelassen.

BDBD BOM dagegen interpretiere ich als aufputschende Botschaft, und unter all den Sonntagsfahrern war dieser Mann denn auch einer der aggressiveren. Aber das ehrlichste Vanity-Kennzeichen ist mir auf einem aufgemotzten Pickup begegnet, der auf Reifen unterwegs war, die das Fahrzeug zur Teilnahme an jedem beliebigen Monster-Truck-Rennen qualifiziert hätten. Auf dem Nummernschild stand einfach LIFTED. Das hatte in seiner ersichtlichen Wahrheitsliebe – man sehe mir das Wortspiel nach – etwas geradezu Erhebendes.

22. Juli Gestern Abend ging rund zweihundert Kilometer südlich von Los Angeles die weltweit größte Comicmesse zu Ende: Die San Diego Comic-Con International zog bei ihrer fünfzigsten Ausgabe an vier Tagen 150000 Besucher an. Ich habe die Veranstaltung immer gescheut, denn seit fünfzehn Jahren hat das Festival ungeachtet seines Namens nicht mehr allzu viel mit Comics zu tun. Als die Superhelden-Filme das

Kino zu erobern begannen, mag es für die Hollywood-Studios inhaltlich und geographisch nahegelegen haben, auf der Comic-Con, wo sich die entsprechende Fan-Basis traf, kräftig die Werbetrommel für ihre Produkte zu rühren, aber als das Phänomen dann Ausmaße annahm, die die Leserschaft und den Umsatz der Comics weit übertrafen, wandelte sich das Festival zu einer Film- und Fernsehfantasymesse, auf der es keine Rolle mehr spielte, ob die Produkte jemals etwas mit Comics verband. Der Erfolg gab den Veranstaltern leider recht: Auch in diesem Jahr waren die Tickets schon Wochen vorher ausverkauft. Spontanbesuche in San Diego gelten als zwecklos.

Selbst mit Anmeldung geht man durch einen geduldstrapazierenden Einlassparcours. Zunächst steht man um ein Bändchen an, dass einem erst die Berechtigung verschafft, sich in die eigentliche Warteschlange am Einlass zu stellen. Wer die besonders publikumswirksamen Veranstaltungen in Halle H, dem Zentrum der Hollywood-Aussteller, besuchen will, sollte klugerweise schon sehr früh am Morgen da sein; die Veranstalter haben als Sonnenschutz Partyzelte entlang der Straße aufgestellt, damit man die stundenlange Wartezeit übersteht. Die ganz Hartgesottenen campieren schon in den Nächten vor einzelnen begehrten Präsentationen dort, was immerhin dadurch erleichtert wird, dass die Straße vor dem Festivalgelände mittlerweile gesperrt ist, nachdem vor Jahren eine übermüdete Wartende beim Überqueren der Fahrbahn von einem Auto erfasst und getötet wurde. Die aufwendige Cosplay-Kostümierung vieler Besucher mag sich nachts als hilfreich gegen die kühlen Winde vom Pazifik her erweisen, tagsüber aber sind leichtgeschürzte Anime-Mädchen gegenüber schwergerüsteten Game-of-Thrones-Kriegern klar im Vorteil. Wobei es für Letztere nach dem Start der letzten Staffel in San Diego nichts Neues mehr zu sehen gab, also hielt sich auch die Zahl der Cosplayer aus diesem Themenbereich in Grenzen. Marvel-Superhelden-Imitatoren waren dagegen Hunderte zu sehen, und man möchte nicht wirklich wissen, wie es sich unter ihren Spandex-Anzügen in den überfüllten Hallen anfühlte.

Die Comics spielen hier mittlerweile noch weniger als eine Nebenrolle, man könnte es eher einen Cameo-Auftritt nennen. Wenn ein Superstar der Zunft (zugegebenermaßen im anspruchsvollen Segment) wie Chris Ware aus Chicago anreist und dann nicht einmal mehr einen vollen Saal bei seinem Auftritt vorfindet, den er überall sonst auf der Welt hätte, sagt das genug über die angebliche Comic-Con. Oder der Schotte Eddie Campbell, ein anderer Großmeister: vielleicht dreißig Zuhörer bei seiner Präsentation einer kommenden kolorierten Ausgabe von «From Hell», dem legendären Comic, den er auf der Grundlage eines Szenarios von Alan Moore gezeichnet hat. Gar keine Rede von den Brüdern Gilbert und Jaime Hernandez, den Veteranen des amerikanischen Autorencomics und als in Los Angeles lebende Zeichner zudem Lokalmatadoren: nicht einmal Warteschlangen bei deren Signierstunden. Die gab es dafür umso mehr und umso länger bei den Film- und Fernsehstars und -sternchen. Zu den am prominentesten besetzten Panels wurden wegen Überfüllung nicht einmal mehr VIP-Gäste oder akkreditierte Pressevertreter eingelassen.

Man könnte nun meinen, ich wäre diesmal doch dort gewesen, aber ich bin meinem Vorsatz treu geblieben, mir den Rummel in San Diego nicht anzutun. Was ich hier zu erzählen habe, verdanke ich den Eindrücken von zwei Berliner Comiczeichnern, die heute das Thomas Mann House besucht haben: Ulli Lust und Kai Pfeiffer. Beide kenne ich mittlerweile seit vielen Jahren, mit beiden habe ich als Redakteur zusammengearbeitet, auf beide habe ich mich sehr gefreut. Ulli Lust ist hier, weil ihr jüngster Comic, der 2017 auf Deutsch erschienene Band «Wie ich versuchte, ein guter Mensch zu sein», gerade in englischer Übersetzung herauskommt. Deshalb ist sie jetzt auf Signiertournee an der Westküste, und in San Diego bekam sie zu ihrer eigenen Überraschung während des Festivals einen unangekündigten Preis für ihr Lebenswerk in die Hand gedrückt: den Inkpot Award der Comic-Con in Form eines anthropomorphen Tintenfasses samt goldenem Tuch zur regelmäßigen Politur der nachtschwarzen Oberfläche. Und eine lebenslang gültige Ehrenkarte für das Festival, aber darum muss man sie wohl nicht beneiden.

23. *Juli*   Der wie ein Tortenstück geschnittene Laurel & Hardy Park, in dem ich diesen Eintrag schreibe, ist trotz seines Namens eine ziemlich traurige Angelegenheit. Ein Schild, das ihn als das auswiese, was er sein soll, gibt es nicht; die einzigen Tafeln auf der Rasenfläche verbieten Fußballspielen und Hundedefäkation. Aber an die beiden Schauspieler wird am richtigen Ort erinnert, denn jenseits des Parks befindet sich der Schauplatz eines ihrer besten Filme, eines der lustigsten aller Zeiten.

Bei Tripadvisor, dem weltweiten Reiseführer im Netz, sind die Music-Box-Treppen als 232. von 634 Empfehlungen für Los Angeles gelistet, also mag man es mir nachsehen, dass ich von ihnen erst gegen Ende meines Aufenthalts gehört habe. Und ich hätte es gar nicht getan, wenn nicht eine vierköpfige deutsche Familie eines Sonntags vor dem verschlossenen Tor des Thomas Mann House gestanden und darum gebeten hätte, sich das Gebäude aus der Nähe ansehen zu dürfen. Es wäre nicht nötig gewesen zu erwähnen, dass sie aus Lübeck kamen, um mich zu überzeugen, ihnen eine kleine Führung durchs Erdgeschoss des Hauses zu geben und ihnen das Arbeitszimmer des Lübeckers in Los Angeles zu zeigen. Danach tauschten wir noch Tipps über interessante Örtlichkeiten in Los Angeles aus, und dabei erzählten sie von ihrem Besuch der Music Box Stairs. Oder, wie sie es nannten, der Klaviertransport-Treppe.

Ich unterstelle, dass jeder Kinofan sofort gewusst hätte, worum es sich handelt, selbst wenn die Namen Stan Laurel und Oliver Hardy nicht auch noch gefallen wären. Es gibt in der Filmgeschichte viele berühmte Treppenszenen – in Eisensteins «Panzerkreuzer Potemkin», Hitchcocks «39 Stufen», «Verdacht» und «Vertigo» oder Avildsens «Rocky», um nur einige zu nennen –, aber der beste Treppenwitz im Kino ist die knapp halbstündige Filmkomödie «The Music Box» (oder auf Deutsch eben «Der Klaviertransport») von 1932, der im selben Jahr den Oscar für den besten Kurzfilm gewann. Und wie ich jetzt erfuhr, wurde sie nicht im Studio von Hal Roach gedreht, sondern *on location* im Stadtteil Silver Lake.

Den hatte ich aus guten filmästhetischen Gründen bisher gemieden, weil mich David Robert Mitchells «Under the Silver Lake» ziemlich zu Beginn meines Amerikaaufenthalts derart entsetzt hatte, dass ich das Kino vor dem Ende verließ und mit dem Setting auch nichts zu tun haben wollte. Aber der Drehort einer meiner Lieblingsszenen von Laurel & Hardy? Andererseits war der Besuch einer berühmten literarischen Treppenvorlage, der Strudlhofstiege aus Heimito von Doderers gleichnamigem Roman, vor Jahren in Wien eine schwere Enttäuschung, weil die Umgebung der Jugendstilanlage so banal war. Und wer weiß, was im ständig sich wandelnden Los Angeles rund um die Treppe aus «The Music Box» passiert sein mag, die 1932 einen scheinbar endlosen, noch weitgehend unbebauten Hang hinauf zur Walnut Avenue führte, wo Stan und Ollie bei der Hausnummer 1127 ein mechanisches Klavier als Geburtstagsgeschenk für Professor Theodore von Schwartzenhoffen (der konsonantenreiche Nachname weist den Professor ebenso sicher als Deutschen aus wie sein starker Akzent und der teutonische Furor) abzuliefern haben? Um das zu überprüfen, bin ich doch nach Silver Lake gefahren, zu den Music Box Stairs, wie die Treppen jetzt ganz offiziell heißen – hier gibt es, anders als im benachbarten Park, ein entsprechendes Straßenschild.

Dass die Walnut Avenue reine filmische Fiktion war, hatte ich schon der Straßenkarte entnommen: Die Stiege – 133 Stufen bei zehn Treppenabsätzen zähle ich – führt von der Vendome Street hinauf zum Descanso Drive, und das Haus, das sich oben am Treppenende befindet, hat nichts mit dem im Film an dieser Stelle zu sehenden Gebäude zu tun. Weder gibt es davor einen Brunnen, noch ist es überhaupt alt genug, um vor 87 Jahren schon dagestanden zu haben. Hier oben wurde 1932 allein der Blick die Treppe hinab gefilmt, der Rest der Szenen im und um das Haus von Professor von Schwartzenhoffen wird dann doch im Studio entstanden sein.

Ganz anders unten. Schon der Anblick des genau vor der Treppe beginnenden Trennstreifens in der Mitte der Vendome Street erfreut, denn den sieht man auch schon in «The Music Box» angelegt, allerdings da noch lediglich grasbewachsen, während jetzt hohe Palmen vom Gang der Zeit künden. Stehengeblieben dagegen scheint sie rechts neben dem Treppenanfang: Dort befinde ich mich exakt vor jenem Gebäude, das man auch in der ersten Filmeinstellung mit der Stiege erkennen kann, ein weißes terrassiert-verschachteltes

Einfamilienhaus mit mexikanischem Einschlag. Sogar das Garagentor ist noch das gleiche wie 1932. Damals muss das Haus recht neu gewesen sein, denn in einem anderen Laurel-&-Hardy-Film, der etwas früher an derselben Stelle gedreht wurde, fehlte es noch.

Noch ein hier entstandener Laurel-&-Hardy-Film? Das entnehme ich einer kaum mehr lesbaren Plakette auf der dritten Stufe der Treppe, die erwähnt, dass hier auch «Hats Off» gedreht wurde, schon 1927. Von diesem Werk habe ich noch nie gehört – aus gutem Grund, wie sich später herausstellen sollte, denn «Hats Off» ist der einzige verlorene Film von Laurel & Hardy. Zuletzt gezeigt wurde er nachweisbar 1930, ausgerechnet in Deutschland, danach verliert sich jede Spur von ihm. Erhalten aber sind Produktionsfotos, und mehrere davon zeigen die Treppenanlage in Silver Lake, teilweise sogar aus identischen Blickwinkeln wie im späteren «The Music Box», der überhaupt die Geschichte von «Hats Off» nur variiert hat. Im früheren Film schleppten Stan und Ollie wiederholt eine Waschmaschine die 133 Stufen hinauf, und auch der Running Gag mit ihren vertauschten Hüten belustigte schon im Vorgänger (daher dessen Titel). Da «Hats Off» ein Stummfilm war und seit Jahren aus dem Verleih verschwunden war, nutzte man seine Grundidee einfach noch einmal für einen Tonfilm; das war nicht nur bei Hal Roachs Produktionsgesellschaft so. Dass man aber sogar den Drehort noch einmal aufsuchte, spricht für den optischen Reiz der langen Treppe.

Sonst ist heute nicht mehr viel vom damaligen Aussehen der Stiege geblieben. Links und rechts von ihr ist der Hang mittlerweile komplett bebaut; Freiraum um die Treppe gibt es keinen mehr.

Ihre wenig spektakuläre Platzierung in der Tripadvisor-

Rangliste ist dennoch unverdient, denn oben muss man nur ein paar Meter weiter den Descanso Drive hinaufgehen, um einen wunderbaren Ausblick auf Downtown zu genießen. Und jenseits des Sunset Boulevard, von dem die Vendome Street abgeht, liegt gleich der architektonisch bedeutsame Teil von Silver Lake mit diversen Bauten von Neutra, Schindler und anderen Herolden des kalifornischen Modernismus. Dort lebte auch Walt Disney; zum Haus, in dessen Garage Micky Maus erdacht wurde, ist es nur ein Katzensprung. Diesem Viertel von Los Angeles verdanken wir unendlichen Spaß, und fast wäre ich versucht, der Aufforderung eines neben den Music Box Stairs am Straßenrand liegenden Pappschildes nachzukommen: «Get Involved! Adopt a Stairway.» Doderer bedichtete die Strudlhofstiege melancholisch so: «Viel ist hingesunken uns zur Trauer / und das Schöne zeigt die kleinste Dauer.» Dem gilt es zu wehren bei den Music Box Stairs: Viel ist hingesunken uns zum Lachen / und das Schöne muss man dauern machen. Aber ob angesichts der Tradition dieses Drehortes das Engagement eines Mannes mit konsonantenreichem Nachnamen, deutschem Akzent und bisweilen teutonischem Furor gewünscht wäre, möchte ich dann doch lieber nicht erproben.

24. Juli   Robert S. Mueller III, der ehemalige Sonderbeauftragte der Regierung zur Untersuchung des russischen Einflusses auf die amerikanischen Präsidentschaftswahlen von 2016, ist heute Morgen früh aufgestanden. Die durch eine Vorladung von der demokratischen Mehrheit im Repräsentantenhaus durchgesetzte Befragung des bald fünfundsiebzigjährigen früheren FBI-Direktors durch zwei Ausschüsse des Parlaments – den Rechtsausschuss und den für die Geheimdienste – wurde zwar kurzfristig um eine Woche auf den heutigen Mittwoch verschoben, dafür ihr Beginn auf 8.30 Uhr Ortszeit in Washington angesetzt. Auf die Quote des live im Fernsehen übertragenen Auftritts darf man gespannt sein. Ich musste den «Mueller Day», wie die amerikanischen Rundfunkanstalten diesen Mittwoch getauft haben, noch etwas früher angehen, denn 8.30 Uhr Eastern Time bedeutet für Pacific Palisades halb sechs am Morgen.

Damit war für mein Vormittagsprogramm gesorgt, denn vor dem Rechtausschuss waren drei Stunden Fragezeit vorgesehen und vor dem Geheimdienstausschuss dann nach einer halbstündigen Pause weitere zwei. Es dauerte aber noch deutlich länger. Die Berichterstattung der Medien hat dann den Rest des Tages in Anspruch genommen – des bislang mit Abstand wärmsten in Pacific Palisades. Wo könnte man sich da besser aufhalten als vor dem Fernseher? Da Mueller wiederholt angekündigt hatte, dass er kein Wort über das hinaus sagen werde, was in seinem am 22. März an Justizminister Barr übergebenen Bericht steht, durfte man gespannt sein, wie die vielen Stunden Befragung eigentlich gefüllt werden sollten. Es wurde spekuliert, dass Mueller sich bei seinen Antworten auf «Ja» und «Nein» beschränken und ansonsten auf die Formulierungen seines 448-seitigen Berichts verweisen werde. Da man aber weiß, dass Präsident Trump wiederholt gegen Muellers Vorladung protestiert und ihm nahegelegt hatte, ihr nicht nachzukommen, wurde der Auftritt des früheren Sonderermittlers in den Vereinigten Staaten als größtes politisches Ereignis des Jahres gehandelt, als letzte Chance der Demokraten, doch noch Gründe für ein Amtsenthebungsverfahren gegen den Präsidenten zu liefern. Allerdings sind nach aktuellen Umfragen gerade einmal etwas mehr als zwanzig Prozent der Amerikaner dafür, dass ein solches Verfahren eingeleitet wird.

CBS News überträgt aus Washington, draußen ist es noch dunkel, und die ausfahrbare Leinwand im Wohnzimmer des Thomas Mann House ist so eindrucksvoll dimensioniert, dass ich Mueller lebensgroß vor mir habe: dunkelblauer Anzug, kleingemusterte Krawatte. Wie ernst er seine Ankündigung gemeint hat, nichts über den Bericht hinaus zu äußern, zeigt sich schon darin, dass er auf die Frage einer Reporterin, was er von diesem Tag erwarte, schweigt – dazu steht ja nichts im Bericht. Die einführenden Bemerkungen des demokratischen Ausschussvorsitzenden Jerold Nadler und des republikanischen Mitglieds Doug Collins, beide denkbar parteilich, nehmen bereits die ersten zehn Minuten in Anspruch. Dann wird Mueller vereidigt und gibt ein Anfangsstatement ab, neun Minuten lang, nur um noch einmal zu betonen: «The report is my testimony and I will stay inside that text.» Als Nadler ihn bittet, bestimmte Passagen für einfache Gemüter zu erklären, gerät Mueller ins Stottern. Das nutzt wiederum Collins, um die Aufnahmefähigkeit des Zeugen subtil in Frage zu stellen. Er werde langsam fragen, behauptet er, fährt aber dann im Tempo eines Maschinengewehrs fort und versucht vor allem, jeweils nur ein «Ja» als Antwort auf seine Fragen zu bekommen. Jedes Mitglied des Rechtsausschusses hat fünf Minuten zur Verfügung, was konstant zu höchster Redegeschwindigkeit führt. Der Republikaner John Ratcliffe stellt kaum mehr eine Frage, sondern gibt eine eigene Interpretation des Mueller-Berichts ab – wenig überraschend, dass sein Urteil nicht gerade positiv ausfällt. Ratcliffes Parteikollege Jim Jordan nutzt seine fünf Minuten, um detailliert den Vorwurf zu begründen, das FBI habe eine Kampagne gegen Präsident Trump in Gang gesetzt und Mueller sich zu deren

Werkzeug machen lassen. Da Mueller alle Fragen zur Parteilichkeit seiner Untersuchung unbeantwortet lässt, dürften sich Trumps Wähler darin bestätigt sehen, dass die Untersuchung einseitig geführt wurde.

Beide Parteien haben vor allem ihnen jeweils gefällige Zitate aus dem Bericht isoliert und lassen sich deren Richtigkeit von Mueller bestätigen, der dazu einen Ringbinder mit dem Text neben sich liegen hat. Ein Eigentor schießt der Demokrat Steve Cohen, als er nach der Quelle der berühmtesten Passage fragt: jener, der zufolge Trump bei der Nachricht von Muellers Berufung gesagt haben soll, das bedeute das Ende seiner Präsidentschaft. Mueller antwortet, er wisse gerade nicht mehr, wie dieses Zitat zustande gekommen sei. Damit ist es in Frage gestellt, aber die republikanischen Kollegen halten sich in der Folge so strikt an ihre vorformulierten Fragen oder Erklärungen, dass niemand auf diese Unsicherheit Muellers eingeht. Für Spontaneität ist in drei Stunden einfach keine Zeit.

Man erfährt auch, dass Mueller selbst nur an sehr wenigen der fünfhundert Interviews teilgenommen hat, die sein Team für den Bericht geführt hat. Es ist allgemein die Taktik der Demokraten, die Ungesetzlichkeit von Trumps Vorgehen dadurch zu belegen, dass er die Ablösung Muellers betrieben und die Untersuchung des Sonderermittlers behindert habe (Cantus firmus: Niemand sonst käme damit in Amerika ungestraft davon), während die Republikaner vor allem auf die Umstände der Untersuchung eingehen und Widersprüche zwischen dem Bericht und Muellers Selbstverständnis aufzeigen wollen (Cantus firmus: Das Ergebnis stand schon vorher fest). Mueller gibt sich beiden Ansinnen gegenüber stoisch; sein explizitester Widerspruch artikuliert sich in der wiederholten Antwort auf meist republikanische Fragen: «Ich stimme Ihrer Darstellung nicht zu.» Auskünfte zu konkreten Abläufen der Untersuchung verweigert er generell. Der Republikaner Greg Steube droht Mueller daraufhin gegen Ende der Befragung des Rechtsausschusses implizit eine Ermittlung durch das Justizministerium an, weil das amerikanische Volk Anspruch auf Antworten habe. Was den Demokraten Greg Stanton zu einer Lobpreisung von Mueller persönlich und der Unparteilichkeit seines Teams provoziert.

Achtunddreißig Parlamentarier befragen Mueller in der ersten Runde, die vierzig Minuten länger ausfällt als angekündigt, in der zweiten Runde vor dem Geheimdienstausschuss sind es noch einmal einundzwanzig; einige davon sind in beiden Gremien vertreten. Auffällig ist, dass die demokratischen Fragesteller häufiger Bildschirmpräsentationen mit Zitaten und Checklisten vorbereitet haben, die im Fernsehen eingeblendet werden. Das aber ist kontraproduktiv, weil die Übertragung dadurch parteiisch wirkt. Ganz am Anfang meines Amerikaaufenthalts habe ich eine Trump-Pressekonferenz gesehen, während der der Präsident eine Grenzpolizistin mit dem Satz neben sich bat: «Say hello to the fake news people.» Diese Polemik gegen die Medien haben seine Anhänger längst verinnerlicht, und die Übertragung der Mueller-Befragungen wird deren Meinung über einseitige Berichterstattung unfreiwillig noch verstärken. Medienkompetenz wird in dem Moment zum Nachteil, da der Nutzen der Medien in Frage gestellt ist.

In Kalifornien ist es 9.52 Uhr, als es in Washington vor dem Geheimdienstausschuss weitergeht, draußen nähert sich die Temperatur schon erstaunlichen 25 Grad. Robert Mueller aber bleibt so zugeknöpft wie zuvor. Auch in diesem Ausschuss stellen die Demokraten als Mehrheitsfraktion im Repräsentantenhaus den Vorsitz, und Adam Schiff nutzt noch mehr als Nadler die Gelegenheit für große Worte über Korruption und fehlende Moral. Ansonsten ändert sich im Vergleich zur ersten Runde wenig, allerdings verschiebt sich der Fokus der Fragen klar in Richtung Russland: Inwieweit hatte Donald Trump als Unternehmer und Präsident-schaftskandidat dort Interessen? Und hat er sie heute noch? Natürlich weigert sich Mueller, auf derartige Spekulationen einzugehen. Aber in seinem Anfangsstatement vor dem Geheimdienstausschuss hat er bereits gemahnt, dass viel mehr getan werden müsse, um erneute gravierende Einfluss-nahmen fremder Mächte auf die amerikanischen Wahlen zu verhindern. Dann bringt Schiff ihn dazu, den Vorwurf von Donald Trump, die Untersuchung sei eine Hexenjagd gewe-sen, zurückzuweisen. Und zuletzt wird Mueller noch dazu provoziert, die Vorgänge rund um die Wahl von 2016 nach-einander als «ein Verbrechen», «falsch», «unpatriotisch» und «unmoralisch» einzuschätzen, indem Schiff, der sein Privileg des letzten Wortes in der Anhörung sehr viel geschickter aus-nutzt, als es sein Kollege Nadler vom Rechtsausschuss getan hatte, den auf kurze Antworten geeichten Zeugen fragt, ob er diese Begriffe rückblickend jeweils für zutreffend halte. Mit seinem eigenen letzten Satz drückt Schiff dann Zweifel dar-an aus, ob dieser Präsident die Interessen des amerikanischen Volkes vertrete oder seine eigenen finanziellen. So eine For-mulierung bleibt hängen – fünf rhetorisch starke Minuten zum Finale.

Um 11 Uhr hätte eigentlich alles gelaufen sein sollen, aber es ist 12.28 Uhr geworden. Fast sieben Stunden ohne Über-raschungen. Die CBS-Moderatorin nennt das einen «un-glaublichen Tag». Stellt er eine Sternstunde der amerika-nischen Demokratie dar? Nein. Gibt er den Demokraten Hoffnung auf eine Amtsenthebung von Trump? Nein. Beschert er den Republikanern den gewünschten Abschluss der Russland-Untersuchung? Nein. Ist mit Mueller ein neuer Held zu feiern? Nein. Hat sich das Zusehen gelohnt? Ja. Leider. Nach dem «unglaublichen Tag» steht man der amerikanischen Politik einigermaßen ungläubig gegenüber.

25. Juli

Lange Zeit bin ich früh schlafen gegangen. Bis auf zwei oder drei Mal in den vier amerikanischen Monaten immer gegen Mitternacht. Heute Abend nicht. Eigentlich müsste ich sagen: Heute Morgen nicht, denn ins Bett gekommen bin ich erst gegen vier. Aber ich schlage das noch der Nacht vom Donnerstag zu, denn sonst könnte ich nicht behaupten, gleich am ersten Tag in Quentin Tarantinos neuem Film «Once Upon a Time ... in Hollywood» gewesen zu sein. In Hollywood selbstverständlich.

Und das wollten viele von sich behaupten. So viele, dass meine Versuche vor zwei Wochen, Karten für eine der ersten Vorstellungen des Films im New Beverly Cinema zu bestellen, kläglich scheiterten: an Überlastung der Homepage des Kinos mittags an einem Werktag. Das New Beverly gehört bekanntlich Tarantino selbst, und in «Once Upon a Time ... in Hollywood» taucht es einmal ganz kurz im Hintergrund auf, um dann als «the dirty movie theater» abgekanzelt zu werden. Fans versprachen sich offenbar einen doppelten oder sogar dreifachen Reiz vom Besuch einer dortigen Vorstellung: einen Film, der ein Kino zeigt, in diesem Kino zu sehen, und womöglich auch noch Tarantino selbst zu erleben, denn allgemein wird erwartet, dass er sich das Heimspiel nicht entgehen lassen wird. Ich bin Fan seiner Filme mit Ausnahme des vorletzten, «The Hateful 8», den ich scheußlich fand. Mit

«Once Upon a Time ... in Hollywood» könnte er also wieder etwas gutmachen.

Aber zurück zum Kartenbestellversuch an einem Werktagmittag vor zwei Wochen. Ich klickte eine Vorstellung nach der anderen durch – das New Beverly spielt den fast drei Stunden langen Film in der ersten Woche immerhin neunzehn Mal –, aber nach fünf Minuten hieß es bereits überall «Sold out». Bis auf eine Mitternachtsvorstellung. Nein, nicht die von heute, das wäre ja zu schön gewesen, die war auch sofort ausverkauft, sondern eine am kommenden Montag (gerade noch, die Anfangszeit lautet nämlich 23.59 Uhr). Was sollte ich machen? Ich erwarb eine Karte. Wenig später war auch dieser Termin ausverkauft.

Dann saß ich am vergangenen Wochenende im Billy Wilder Cinema, dem in Westwood gelegenen Kino der UCLA, die die größte universitäre Filmsammlung der Welt besitzt. Regelmäßig werden dort thematische Reihen konzipiert, und gerade hat eine begonnen, die sich «Runaway Hollywood» nennt. Sie zeigt amerikanische Filme, die in den fünfzehn Jahren nach dem Zweiten Weltkrieg in anderen Ländern gedreht wurden, überwiegend in Europa, wo etliche Hollywood-Studios über Guthaben aus Kinoeinnahmen der Kriegszeit verfügten, die wegen der Devisenbewirtschaftungen die jeweiligen Länder nicht verlassen durften. Besonders viel wurde im verbündeten Großbritannien gedreht, aber immerhin vierzig Filme entstanden auch im ehemaligen Feindstaat Deutschland, und gleich zwei davon konnte man kürzlich in einer Doppelvorstellung sehen: «Decision Before Dawn» von Anatole Litvak aus dem Jahr 1952 und «Berlin-Express» von Jacques Tourneur aus dem Jahr 1948. Vor allem der zweite Film interessierte mich, denn er wurde zum Teil im zerstörten Frankfurt gedreht. *Home turf.*

Der andere Film ist allerdings deutlich besser, vor allem dank Oskar Werner in seiner ersten amerikanischen Hauptrolle. Und den zweiten konnten wir auch gar nicht zu Ende sehen, denn wegen eines Feueralarms musste das Kino nach zwei Dritteln seiner Laufzeit geräumt werden. Es war zwar ein Fehlalarm, aber niemand konnte sagen, wann die Projektion fortgesetzt werden würde. Die Frankfurt-Szenen hatte ich da glücklicherweise schon gesehen, die Handlung war sowieso nicht besonders originell, und – siehe oben – ich pflege in Amerika früh schlafen zu gehen. Also fuhr ich nach Hause.

In der Pause zwischen den beiden Filmen aber hatten sich zwei andere Besucher hinter mir unterhalten, selbstverständlich über Kino, es ging um Quentin Tarantinos neuen Film. Die einzige wirklich lohnende Weise, ihn sich anzusehen, sei natürlich als 70-Millimeter-Kopie. Tarantino, das muss man wissen, dreht als Techniktraditionalist nicht digital: Er filmt auf 35-Millimeter-Negativ und lässt einzelne Kopien auf dem doppelt so breiten und somit bildschärferen 70-Millimeter-Material herstellen, für das nostalgische Filmenthusiasten schwärmen wie nostalgische Musikliebhaber für Vinylplatten. Nur muss man dann auch 70-Millimeter-Kopien zeigen können, und kaum ein Kino hat noch die dafür notwendigen Projektoren. Jedenfalls nicht das New Beverly. Demnach, so tönte es aus der Reihe hinter mir mit Überzeugung, sei es für einen echten Filmfan undenkbar, sich «Once Upon a Time … in Hollywood» im New Beverly anzusehen. Tja, so kann man sich blamieren.

Also schaute ich am Sonntag nach, welche Kinos in Los Angeles überhaupt Tarantinos neues Werk als 70-Millimeter-Kopie vorführen würden. Ich fand nur eines, das ArcLight Hollywood auf dem Sunset Boulevard, keiner der dortigen alten Kinopaläste, sondern ein modernes Kinozentrum, das

2002 allerdings um eine Hollywood-Institution herumgebaut wurde: einen besonders großen Filmtheatersaal namens «The Dome», der von außen aussieht wie ein halbierter Golfball – Domes können anscheinend nicht elegant aussehen. Dieser hier stammt aus den sechziger Jahren, taucht auch einmal kurz in Tarantinos Film auf und bietet eine so große Cinemascope-Leinwand, wie ich sie seit dem Abriss des Frankfurter «Royals» nicht mehr gesehen habe. Das ist die Abspielstätte für die 70-Millimeter-Vorführungen, und das ArcLight richtet sich dabei strikt an Filmfanatiker: keine Werbung vor der Vorstellung, kein Einlass mehr nach Beginn des Films. Der Dome hat fast tausend Plätze. Da müsste es doch noch Möglichkeiten geben, Karten zu bekommen. Am Montagabend fuhr ich vorbei, da ich ohnehin in der Gegend war.

Um es kurz zu machen: Alle 70-Millimeter-Vorstellungen an den ersten vier Tagen waren ausverkauft bis auf die um Mitternacht am Eröffnungstag. So bin ich heute zum längsten Tag in meinen amerikanischen Monaten gekommen. Länger sogar als erwartet, wie sich zeigen sollte.

Worum geht es in «Once Upon a Time ... in Hollywood»? Vor allem um die erste Zusammenarbeit auf der Leinwand von Leonardo DiCaprio und Brad Pitt, deren kombinierte Star-Power wohl noch mehr zur Neugier auf den Film beigetragen hat als der Regisseur Tarantino. Die beiden ergänzen sich sehr gut, zumal ein besonderer Reiz darin besteht, dass DiCaprio einen Filmstar namens Rick Dalton spielt, der seine besten Zeiten hinter sich hat, während Pitt in der Rolle von dessen Stuntdouble Cliff Booth zu sehen ist, beide also Darsteller der zweiten oder sogar dritten Reihe spielen – dabei sind DiCaprio und Pitt im wahren Leben die größten Stars, die Hollywood derzeit zu bieten hat. Angesiedelt ist die Handlung 1969, in der Umbruchzeit, als das traditionelle

Studiosystem von New Hollywood abgelöst wurde, dem Kino der jungen wilden unabhängigen Filmemacher. Tarantinos Film beginnt aber noch im Old Hollywood, denn das ist Rick Daltons Welt. Die Verquickung des Geschehens mit der mörderischen «Family» um Charles Manson signalisiert jedoch bereits das Ende der alten Traumfabrik: Willkommen in der neuen Albtraumfabrik! Oder doch nicht? Der Film trägt ja nicht ohne Hintergedanken die Märchenanfangsformel «Es war einmal» im Titel. Wobei hier das Ende märchenhaft ist. Wenn auch nicht sonderlich überraschend, denn wer Tarantinos «Inglourious Basterds» kennt, der ahnt irgendwann, wie der Hase laufen wird.

Der Film hält mich trotzdem über seine volle Länge von fast drei Stunden wach. Was anfangs daran liegt, dass ich mich extrem aufs Zuhören konzentrieren muss, weil man nicht behaupten kann, dass DiCaprio und Pitt sich einer deutlichen englischen Aussprache befleißigten. Doch dann gibt es um 1.48 Uhr morgens einen Adrenalinstoß, der für den Rest der Vorstellung mehr als ausreicht, denn plötzlich wird die Leinwand dunkel. Kollektives Aufstöhnen im Dome, und bald bestätigt sich die Vermutung der erregten Menschenmasse, dass der Film gerissen ist. Oder der Projektor kaputtgegangen. Jedenfalls verkündet ein Mitarbeiter des Kinos nach viertelstündigem Bemühen, den Film wieder zum Laufen zu bringen: «The 70 mm is broken.» Deshalb werde man nun auf digitale Projektion umsteigen. Noch lauteres kollektives Aufstöhnen. Was denkt ArcLight sich wohl, warum wir alle hier in tiefster Nacht noch im Kino sitzen? Für Digitaltechnik? Die hätten wir in den anderen Sälen des Hauses leicht haben können – und das zu angenehmeren Zeiten.

Den Anschluss an die Unterbrechung bekommt der Vorführer auch nicht hin; wir sehen fünf Minuten doppelt, wodurch sich aber wenigstens eine der besten Szenen des Films wiederholt. Und der Vergleich von analoger und digitaler Projektion ist verblüffend: In der verbleibenden Stunde ist zwar alles etwas schärfer und brillanter, aber das Bild vor dem Filmriss war lebendiger – farbgesättigter und körniger. Die obligatorischen Tarantino-Brutalitäten kommen erst gegen Ende, und das Ganze findet um 3.25 Uhr seinen Abschluss. Draußen erhält jeder Besucher einen Gutschein für einen weiteren Kinobesuch; ArcLight hat also doch kapiert, mit was für einem Publikum man es hier zu tun hat. Nur wie soll ich diesen Gutschein in den mir verbleibenden fünf amerikanischen Tagen einlösen, wo alle 70-Millimeter-Vorstellungen von «Once Upon a Time … in Hollywood» ausverkauft sind? Aber da ist ja noch mein Ticket für die Mitternachtsvorstellung vom Montag im New Beverly. Dort wird dann zwar nur die 35-Millimeter-Kopie laufen, aber wenigstens auch gutes altes Zelluloid. Doppelt zu kaufen hat sich also gelohnt, wollen doch mal sehen, wo nun die großmäuligen Puristen ihre Karten herbekommen! Ich werde jedenfalls noch einmal nicht früh schlafen gehen. Denn eines verliere ich allmählich hier in Los Angeles: die Zeit.

26. Juli «After my death burn unread.» Das ist überdeutlich zu lesen, sobald man die vor mir liegenden blauen Notizhefte aufblättert. Der Weisung, sie nach dem Tod zu verbrennen, wurde offensichtlich nicht gefolgt. Es handelt sich um Tagebücher, geführt von Galka Scheyer, der 1924 aus Deutschland in die Vereinigten Staaten ausgewanderten Agentin der Malergruppe «Die Blaue Vier» (Feininger, Jawlensky, Kandinsky, Klee), deren spektakuläres Haus in den Hollywood Hills ich ziemlich zu Beginn meines Aufenthalts in Los Angeles aufgesucht habe. Nun bin ich zum Finale dieses Aufenthalts im Getty Research Institute auf den Nachlass einer 1996 verstorbenen amerikanischen Kunsthistorikerin gestoßen, die sich vor dreißig Jahren mit Plänen trug, den Briefwechsel von Scheyer mit ihren vier Künstlern herauszugeben, und begleitend dazu alles zusammentrug, was sonst noch über das Leben der Emigrantin zu finden war. Dabei kam ihr zugute, dass Lette Valeska, eine enge Freundin von Scheyer seit gemeinsamen Braunschweiger Kindertagen, nach deren Tod fast alles aufbewahrt hatte, was der Nachlass an Dokumenten hergab. Darunter vier blaue Hefte, obwohl die Anweisung, alle Tagebücher zu verbrennen, auch noch explizit im Testament stand – als konkreter Auftrag an Valeska. Eine Abschrift dieses Testaments ist natürlich ebenfalls Teil des umfangreichen Konvoluts im Getty Research Institute, mit dessen Sichtung ich nun schon seit Wochen beschäftigt bin.

Was hat Lette Valeska bewogen, den unmissverständlichen Auftrag zur Zerstörung zu missachten? Hielt sie sich für Max Brod und ihre Freundin Galka Scheyer für so etwas wie Franz Kafka? Man wird es nicht mehr klären können, zumal Valeska offenbar einen Großteil der Tagebücher tatsächlich vernichtet hat. Denn auch wenn ich heute vor diesen vier Heften aus Scheyers letzten anderthalb Lebensjahren sitze, fehlen doch die früheren Tagebücher. Einem der erhaltenen liegt ein loser Zettel bei, der den ursprünglichen Gesamtbestand aufzählt: Demnach gab es neunzehn weitere Hefte, die vom Sommer 1907 bis Frühling 1944 geführt wurden, mit einer großen Lücke in den Jahren 1927 bis 1930, aber da die Nummerierung durchgängig ist, steht zu vermuten, dass Galka Scheyer in dieser Zeit wohl mit ihren Notaten ausgesetzt hat.

Die Aufzeichnungen sind meist in sehr sorgfältiger Schrift verfasst, überwiegend auf Englisch, manchmal auch auf Deutsch, ein System ist bei der Sprachwahl nicht zu erkennen. Scheyer war in ihren letzten Jahren an Krebs erkrankt, deshalb gab es kaum mehr gesellschaftliche Aktivitäten. Zu Beginn des frühesten erhaltenen Hefts wird ihre letzte größere Reise nach New York geschildert, die von Ende April bis Ende Juni 1944 dauerte und während der sie Feininger zum letzten Mal sah, den einzigen damals noch lebenden der «Blauen Vier». Traumnotate nehmen in den Tagebüchern einen großen Raum ein, und offenbar sah Scheyer angesichts ihrer lebensbedrohlichen Krankheit noch einmal alle früheren Tagebücher durch, denn es finden sich mehrere Stellen daraus in einem der erhaltenen kopiert. Vielleicht liefert das eine Erklärung dafür, warum dieses spezielle Heft von Valeska nicht verbrannt wurde: Es bietet eine kleine Auswahl letzter Hand.

Beinahe gespenstisch fühlt es sich an, im Tiefgeschoss des Getty Centers in einem fast hermetisch abgeschlossenen Raum zu sitzen und Aufzeichnungen zu lesen, die in den lichtdurchfluteten Räumen des hoch über der Stadt gelegenen Hauses 1880 Blue Heights Drive entstanden sind. Die nie dafür gedacht waren, von jemand anderem konsultiert zu werden als der Tagebuchschreiberin selbst. Ich folge ihr immer wieder ins Krankenhaus, in die nächtliche Verzweiflung, aber auch in das Glücksgefühl über ihre letzte Liebe, ein Mann namens Walter, der ihr während der Krankheit zur Seite stand und die damals Fünfundfünfzigjährige am letzten 14. Februar, den sie erleben sollte, zu seiner «Valentine» erklärte. Und trotzdem: Kann Forscherinteresse die Indiskretion der unerwünschten Teilnahme legitimieren? Meine Freude über den Archivfund schwindet.

Als Galka Scheyer starb, hatte sich das Verhältnis zu Walter wieder gelockert, aber Lette Valeska stand ihr zu Hause bei. Das letzte Wort, das Scheyer für sich selbst schriftlich festgehalten hat, steht in einem dem vierten Heft beigelegten Taschenkalender, in dem die Spalte für den 1. Dezember mit «Lette» beschrieben ist; für die noch folgenden zwölf Tage ihres Lebens gibt es keine Eintragungen mehr, sie lag in Agonie. Das Vertrauen in die langjährige treue Freundin muss groß gewesen sein; ich bin nun doch traurig, dass es enttäuscht wurde. «The dusty comedy of everyday», hat Galka Scheyer auf einem anderen Zettel aus diesem Heft notiert. Staub aufwirbeln wird ihr Leben, das zudem eher eine Tragödie war, heute wohl nicht mehr. Und es war doch sehr groß.

27. Juli

Lauter letzte Male, heute das vermutlich letzte Museum für mich in Los Angeles. In den vergangenen zwei Wochen war in Gesprächen immer wieder vom Museum of Jurassic Technology die Rede gewesen; die unterschiedlichsten Amerikaner hatten es mir gegenüber erwähnt, und alle waren sie angetan bis begeistert von diesem kleinen Haus im Stadtteil Culver City, dessen Name man am ehesten mit «Museum für vorsintflutliche Technologie» übersetzen müsste. Wobei das dem Inhalt nicht gerecht würde.

Der setzt cum grano salis nämlich erst im Frühbarock ein, dem Zeitalter der Wunderkammern, als die Welt durch die Entdeckungsreisen so groß geworden war, dass die Europäer sich ihres Wissens versichern wollten, denn Wissen ist Macht. Mit den Raritätenkabinetten der Fürsten ging es los, die Kaufleute etablierten mit den Handelsmessen erste globale Austauschforen, das Bürgertum ergänzte Enzyklopädien und Privatsammlungen, die Industrie steuerte Labore und

Montagehallen bei, und das Ganze mündete schließlich in der bislang größten Wunder- und Verwunderkammer der Menschheitsgeschichte, dem Internet. Das spielt im Museum of Jurassic Technology selbstverständlich keine Rolle, aber mit seinen Verschwörungstheorien, Echophänomenen und Trollstrukturen hätte es großartig hier hineingepasst. Denn all das gab es, wie man sieht, auch schon in früheren Jahrhunderten.

Humbug ist eine Konstante in der Evolution des menschlichen Denkens, das wird in Culver City überdeutlich. Athanasius Kircher? Sicher ein kluger Mann, dieser Kleriker des 17. Jahrhunderts, dem im Museum ein ganzer Raum gewidmet ist, aber bei aller Universalbildung mochte er sich vom göttlichen Ratschluss denn doch nicht verabschieden. Was unterscheidet ihn also von jenem Amerikaner der dreißiger Jahre, von dem in einem anderen Raum ein Brief an ein Observatorium ausgestellt ist, in dem der Absender seine Dienste als Kosmologe anbietet, weil er zuverlässig das Alter jedes Sonnensystems berechnen könne? Dieser Herr fabuliert davon, dass die Kinderstube aller Sterne im Orionnebel läge, und beziffert das Alter unseres Sonnensystems auf zweiunddreißig Millionen Jahre, in denen Gott als eifriger Erzieher munter an der Genese der Welt mitgebastelt habe. Das mag man gegenüber der biblischen Schöpfungsgeschichte immerhin für etwas realistischer halten, aber der Brustton der Überzeugung, der aus diesem Schreiben spricht, ist von derselben Art wie das demonstrative Selbstbewusstsein all der Spinner auf jenen Netzseiten, die naturwissenschaftliche Aussagen als ideologiegetriebene Propaganda disqualifizieren wollen – selbstverständlich immer als solche der Gegenseite.

Das Museum of Jurassic Technology hat sein wichtigstes ästhetisches Vorbild im Londoner Soane's Museum, dem früheren Haus des ebenso wohlhabenden wie exzentrischen Architekten Sir John Soane, dessen Sammelwut dafür gesorgt hat, dass noch der letzte Quadratzentimeter Wohnfläche mit irgendeiner Rarität bestückt ist und die Bilder im Kunstkabinett dank Ausklapprahmen mehrschichtig an der Wand hängen. Ähnlicher Horror vacui scheint das Ehepaar Wilson, die Gründer des seit 1988 bestehenden Museums in Los Angeles, umzutreiben, denn in den kleinen, bewusst schummrig beleuchteten Räumen der beiden Museumsstockwerke ist bisweilen kaum ein Durchkommen, was allerdings auch am Besuch an diesem Samstagnachmittag liegt. Mr. Wilson war übrigens ausgebildeter Entomologe, und die traditionelle Methode des Insektensammelns hat offenbar die Systematik des Museumsaufbaus geprägt: Vieles wirkt aufgespießt, klassifiziert und endgültig um jedes Leben gebracht.

Ich kann nicht behaupten, dass mich das Museum of Jurassic Technology beeindruckt hätte, geschweige denn, dass mich sein Konzept überzeugte. Hier herrscht ein konfuses Durcheinander der unterschiedlichsten wissenschaftlichen, unwissenschaftlichen und pseudowissenschaftlichen Betrachtungen, und Hauptcharakteristikum der ausgestellten Objekte scheint das Pittogroteske zu sein, wenn ich mich mal an einer Wortschöpfung versuchen darf, die gut zu der von Madalena Delani und Geoffrey Sonnabend aufgestellten Vergessenstheorie der «Obliscence» passen würde, die im Museum prominent dokumentiert wird. Oder zur hypersymbolischen Wahrnehmung der Bienen. Oder einer Sammlung von dekorativen Pfeifenköpfen. Oder den von Hagop Sandaldjian jeweils aus einem einzelnen menschlichen Haar geschnitzten und in eine Nadelöse eingefädelten Skulpturen. Oder zu den gemalten Porträts der im Rahmen des sowjetischen Raumfahrtprogramms ins All transportierten Hunde. Erkenntnisgewinn? Jeweils gleich null. Das Staunen mag zwar am Beginn aller Philosophie stehen, aber dankenswerterweise haben die Philosophen seit diesem Diktum des Aristoteles den Mund wieder zubekommen und weitergedacht. Das kann man von den Machern des Museum of Jurassic Technology nicht behaupten. Erklärungen über das Zustandekommen der abstrusen Gedanken und Gegenstände in ihrem Haus interessieren sie nicht, die Ausstellung ist rein phänomenologisch, eine Freakshow, die in ihrem Anspruch selbst vorsintflutlich anmutet.

In diesen geistfernen und sinnesfeindlichen Zeiten ist ein Museum, das derart lustvoll Antiaufklärung betreibt, ein Ärgernis. Ich verlasse es nach einer Dreiviertelstunde wieder und fahre lieber zum nächsten Kino, das «Honeyland» zeigt, einen Dokumentarfilm über Bienenzucht in Mazedonien. Ohne jede Hypersymbolik. Dafür mit klarer ökologischer und humanistischer Aussage. Die Vorführung ist erfreulicherweise noch voller als dieses Museum, das wirklich das letzte war.

28. Juli

Vor fünf Jahren gab es ein kleines Zeitfenster, in dem man das Innere der Bethlehem Baptist Church an der Ecke Compton Avenue/49th Street hätte besichtigen können. Und zwar jeweils an einem Tag wie heute, sonntags um 11 Uhr, denn da wurde hier Gottesdienst abgehalten, wenn auch kein baptistischer mehr. Die 1945 geweihte Kirche war der Gemeinde dreißig Jahre später zu klein geworden, weshalb sie das Bauwerk kurzerhand verkaufte und ein paar Meilen entfernt ein neues, größeres errichten ließ. In solchen Fragen sind amerikanische Glaubensgemeinschaften pragmatisch –

nicht umsonst ist auf dem heute noch gut sichtbaren Grundstein des Altbaus von 1945 neben dem Namen des damaligen
Pastors und einer Küsterin auch der des Schatzmeisters der
Gemeinde verewigt worden. In den Vereinigten Staaten ist es
üblich, dass Kirchen wie Unternehmen geführt werden. Für
ihr Gotteshaus erlösten die Bethlehem-Baptisten 39000 Dollar, bezahlt 1976 von der Gründerin einer evangelikalen Gemeinde namens Prayer Tower for All Nations, die dort dann
nahezu dreißig Jahre lang als Priesterin Messen abhielt, ehe
sie als Mittachtzigerin von einem Immobilienbetrüger, der
sich als Bischof ausgab, nicht nur um ihr Wohnhaus, sondern
auch um ihre Kirche gebracht wurde. Der falsche Bischof
landete bald darauf im Knast und das Gotteshaus im Immo-
bilienportfolio eines Klempners.

Wohl keiner dieser drei späteren Eigentümer wusste,
dass das Gebäude von niemand Geringerem als Rudolph
Schindler errichtet worden war. Sein Name wird auf dem
Grundstein nicht erwähnt, und über die Umstände, wie ein
Stararchitekt dazu kam, für eine gewiss nicht wohlhabende
schwarze Baptistengemeinde im schon damals nicht besonders gut angesehenen Stadtteil Alameda tätig zu werden, ist
heute nichts mehr bekannt. Andere Kirchen hat Schindler
nicht gebaut; vielleicht reizte ihn der architektonische Wettbewerb auf der Compton Avenue, wo es Dutzende solcher
Gebäude gibt. Gerade mal hundert Meter weiter steht etwa
die Greater Mount Zion Baptist Church, die der afroameri-
kanische Architekt James Garrott 1936 errichtet hat. Garrott
war auch von den Bethlehem-Baptisten um einen Vorschlag
für deren Bauprojekt gebeten worden, aber sein Entwurf
sah der schon vorhandenen Nachbarkirche so ähnlich, dass
die Auftraggeber lieber jemanden engagierten, der unver-
wechselbar baute. Das ist Rudolph Schindler hier einmal

mehr gelungen, und diese Freiheit wird ihn wohl auch gereizt haben. Geld jedenfalls kann keine große Rolle bei der Entscheidung gespielt haben, denn als der Architekt 1953 starb, war ihm die Gemeinde immer noch einen Teil seines Honorars schuldig.

Das strahlend weiße Gebäude ist im typischen Schindler-Schachtel-Look entworfen; durch ihren auf die Holzkonstruktion aufgetragenen abgestuften Gipsputz vermittelt die Kirche den Eindruck einer aus massiven Blöcken errichteten megalithischen Kultstätte. Schindler hat von seiner frühen Mitarbeit an Frank Lloyd Wrights Hollyhock-Haus profitiert, und gäbe es nicht das aus einem Oberlicht herauswachsende Kreuzrelief auf dem Flachdach, würde nichts auf eine christliche Nutzung hinweisen. Zur Compton Avenue gibt sich das niedrige Gebäude hermetisch, aber zur Nebenstraße hin zeigt es eine transparente Terrassen-und-Pergola-Landschaft, die geradezu theatralisch wirkt. Auf der anderen Ecke des Grundstücks, wo eine Alley in die 49th Street mündet, steht ein kleiner, durch einen Laubengang zu erreichender Gemeindesaal, dessen Äußeres noch einmal die Gipsputzstruktur der Kirche zitiert. Den ihm zur Verfügung stehenden Baugrund hat Schindler optimal genutzt.

«Optima» ist denn auch zweimal groß an den straßenzugewandten Fassaden zu lesen. Gegenwärtiger Nutzer ist ein Beerdigungsinstitut mit diesem Namen, das in der ehemaligen Kirche seine Aufbahrungshalle eingerichtet hat. «Please keep doors closed», steht am Eingangsportal, aber am Sonntag ist hier natürlich gar kein Geschäftsbetrieb, also auch kein Zutritt möglich. Die eingangs erwähnte kurze Phase, in der das Gebäude im Jahr 2014 öffentlich zugänglich war, verdankte sich der Nutzung durch eine weitere religiöse Gemeinschaft, die sich Faith-Build International nannte, aber nicht einmal ein ganzes Jahr lang hierbleiben konnte, weil sie von der neuen Eigentümerin, einer Immobiliengesellschaft, mit einem Kaufpreis konfrontiert wurde, der für sie unerschwinglich war: 1,8 Millionen Dollar. Dabei soll eine Rolle gespielt haben, dass 2009 angeblich ein Getty-Scholar an der Kirche vorbeigefahren ist und sie als Schindlers Werk identifiziert hat, woraufhin sie als Denkmal eingetragen, wieder ins Bewusstsein der Öffentlichkeit gerufen und somit wertvoll wurde. Das ist jedoch eine *urban legend.* In allen älteren Los-Angeles-Architekturführern, die ich konsultiert habe, ist das Gebäude bereits verzeichnet.

Um seine Steuerschulden zu begleichen, hatte der Klempner die Kirche vor zehn Jahren der Stadt Los Angeles überschreiben müssen, die sie aber schon 2012 für 210000 Dollar an die erwähnte Immobiliengesellschaft weiterverkaufte. Der kamen dann für die Renovierung des heruntergekommenen Baus die Gläubigen von Faith-Build International gerade recht: Die Gemeinde führte die notwendigen Arbeiten im Winter 2013/2014 in Eigenregie durch und zahlte für den erhofften späteren Erwerb der Kirche schon einmal 17500 Dollar an. Dass nach Abschluss ihrer Rettungstat dann mehr als der hundertfache Betrag von ihr verlangt wurde, war ein echtes Investoren-Bubenstück.

Es zahlt sich bislang erfreulicherweise nicht aus; immer noch ist die besagte Immobiliengesellschaft Eigentümerin, der zuletzt bekanntgewordene Preis für die Schindler-Kirche betrug rund 1,5 Millionen Dollar, aber das neuerdings hier residierende Bestattungsunternehmen wird einen solchen Betrag sicher nicht aufbringen können. Immerhin sorgt diese Zwischennutzung für die Instandhaltung des Gebäudes, das nach dem Auszug der Gemeinde Anfang 2015 rasch wieder mit Graffiti verschmiert worden war. Heute wirkt die Kirche von außen tadellos. Die Homepage von «Optima» zeigt, dass der Firma durchaus bewusst ist, was für einen bedeutenden Standort sie bezogen hat, aber sie weist das Gotteshaus vorsichtshalber nur als «gegenwärtige Heimat des Unternehmens» aus. Ich wäre dort wirklich gerne einmal eingelassen worden, aber der Preis dafür scheint mir doch etwas zu hoch. Sterben oder sterben lassen, um in die Schindler-Kirche zu gelangen? Selbst Rom durfte man nach alter Spruchweisheit ja wenigstens erst noch sehen, bevor man das Zeitliche segnete.

29. Juli Gute Nachbarschaft will gepflegt sein, aber manche Nachbarn auf dem Riviera-Hügel habe ich in meinen vier Monaten einfach nicht getroffen. Zum Beispiel Adam Sandler, der fünf Fußminuten und zwei Straßen weiter hinter einer Hecke wohnt, die so hoch ist, dass man nicht einmal ahnen kann, was dahinter liegt. Nur dass Sandler dort haust, ist bekannt. Wenn man diesen berühmten Nachbarn also tatsächlich einmal sehen will, schaut man sich am besten einen seiner Filme an. Aber Vorsicht! Nicht irgendeinen.

Sandlers Humor ist normalerweise nichts für mich, doch es gibt einen unglaublich guten Film mit ihm in der Hauptrolle, der auch schon wieder siebzehn Jahre alt ist: «Punch-Drunk Love» von Paul Thomas Anderson. Eine Liebeserklärung ans klassische Hollywood-Kino, ein Farben- und Klangfestival, das die Melodramen und Musicals der fünfziger Jahre heraufbeschwört, und das mit einem Sandler, dessen verzögertes Spiel an Stan Laurel denken lässt, ohne dass es dabei aber einen großspurig-voreiligen Gegenpart wie Oliver Hardy gäbe oder die Unschuld von Laurels naivem Verhalten. Sandlers Barry Egan steht bei allem Phlegma immer kurz vor der Explosion; er ist ein Unternehmer, der seine Firma in einer Lagerhalle in einer gesichtslosen Gegend von Los Angeles betreibt – gefilmt wurde im Valley – und eine Geschäftsidee umzusetzen versucht, die man getrost als grotesk betrachten darf. Kurz: Er ist erfolglos. Auch im Privatleben, was an den sieben Schwestern liegen mag, die das arme Brüderchen von klein auf kujoniert haben. Ein Familiendrama, ein Liebesdrama, ein Geschäftsdrama. Und wunderbar komisch.

Es ist die wohl letzte Telefon-Hollywoodkomödie vor dem Aufkommen mobiler Kommunikation. Unglaublich für heutige Verhältnisse, wie viel Zeit der Film auf Telefonate mit Festnetzgeräten verwendet – zugleich resultiert das Gefühl, einen Filmklassiker zu sehen, zu einem großen Teil aus dieser Nostalgie. Dass die Farbgebung, die Tonspur und die Einstellungen höchsten Ansprüchen genügen, ist bei einem Regisseur wie Anderson wenig überraschend. Umso mehr ist es die Leistung des hier gerade nicht wie entfesselt aufspielenden Adam Sandler. Es ist eine für ihn ganz unübliche Zurückhaltung beim Grimassieren, die seinen Barry Egan nicht Sandler-typisch nervig retardiert, sondern sympathisch linkisch wirken lässt. Dieser immer strebend sich bemühende und genauso zuverlässig scheiternde Barry ist ein Donald Duck. Und es gibt auch eine Daisy (gespielt von Emily Watson), eine tumbe Brüderbande im Stil der Panzerknacker und einen leicht reizbaren Matratzenverkäufer, der eigentlich einen Telefonsexdienst betreibt. Das klingt nun zwar gar nicht mehr nach Entenhausen, aber Philip Seymour Hoffman, der von Anderson ohnehin seine besten Rollen bekommen hat, spielt diesen Verkäufer dermaßen exaltiert, dass der böse Mann sofort auch als geniale Comicfigur durchginge.

Dass «Punch-Drunk Love» Aufnahme in die DVD-Reihe

der amerikanischen Criterion Collection gefunden hat, eine Art Pléiade des Kinos, sagt schon genug über die Qualität des Films aus. Seit ich ihn vor ein paar Wochen gekauft habe, komme ich abends manchmal gar nicht mehr ins Bett, ohne mir noch einzelne Szenen daraus anzusehen, denn Sandlers Timing ist phantastisch. Oh, wie gern hätte ich ihn eines Morgens zwei Straßen weiter aus seiner mit einer amerikanischen Flagge bemalten Grundstückspforte treten und so ins Sonnenlicht blinzeln sehen, wie es im Film der solipsistische Barry immer dann tut, wenn er das Zufahrtstor zur Werkhalle seiner Firma öffnet: voller Staunen darüber, dass es so etwas wie eine Außenwelt gibt. «Punch-drunk» bezeichnet den Zustand eines Boxers, der nach mehreren eingesteckten Treffern wie besinnungslos durch den Ring taumelt. So ergeht es Barry Egan mit der Liebe: Er ist angeschlagen. Sandler aber führt mit seiner Darstellung das genaue Gegenteil vor: totale Kontrolle eines großartigen Schauspielers. Und trotzdem scheint Sandler hier dermaßen eins mit seiner Rolle, dass man sich nicht vorstellen kann, dass er im wahren Leben irgendwie anders agieren könnte. Natürlich darf man nie ein anderes der unzähligen furchtbaren Sandler-Vehikel sehen. Oder man muss wie ich diese Eindrücke durch eine kontinuierliche Dosis der Droge «Punch-Drunk Love» betäuben. Das werde ich in Deutschland beibehalten.

30. Juli Meine morgige Abreise wird eingerahmt von der zweiten Fernsehdebatte der Bewerber um die demokratische Präsidentschaftskandidatur. Wie schon bei der ersten Auflage in Miami vor vier Wochen sind wieder zwanzig Teilnehmer durchs Los auf zwei Abende verteilt worden, und wenn sich morgen das Aufeinandertreffen von Kamala Harris und Joe Biden, das Ende Juni für das größte Spektakel sorgte, wiederholt, werde ich schon seit zwei Stunden in der Luft sein. Aber heute Nachmittag kann ich noch den ersten Teil mit Bernie Sanders und Elizabeth Warren verfolgen, jenen Kandidaten, die gemeinhin am weitesten links eingeordnet werden. Sie gelten als gute Freunde, und beide liegen derzeit in den Umfragen ungefähr gleichauf mit Harris hinter Biden. Auch Pete Buttigieg ist schon am ersten Tag dran, derzeit an fünfter Stelle. Die anderen fünfzehn Debattanten gelten als chancenlos, aber ich freue mich darüber, dass ich heute noch einmal die Schriftstellerin Marianne Williamson hören kann, mit deren Auftritt in der First Unitarian Church Anfang April meine Aufmerksamkeit für den beginnenden amerikanischen Wahlkampf überhaupt erst geweckt worden ist. Danach werde ich sie kaum mehr wiedersehen. Die nächste Fernsehdiskussion der demokratischen Bewerber ist zwar schon für den 12. September angesetzt, aber dann gelten für die Zulassung härtere Auswahlkriterien. Ein neues Gesicht gibt es diesmal gegenüber der ersten Auflage im Juni: Steve Bullock, Gouverneur von Montana, der damals die Kriterien nicht erfüllt hat, kommt nun zum Zuge, weil der in Miami noch vertretene Eric Swalwell mittlerweile aus dem Rennen ausgeschieden ist. Und neunzehn Teilnehmer hätten seltsam gewirkt; es lebe die natürliche Überlegenheit des Dezimalsystems!

Wie wichtig diese zweite Debattenrunde genommen wird, zeigt sich daran, dass das Hammer Museum in seinem Veranstaltungsforum beide Diskussionsteile live auf eine Großleinwand projizieren lässt. Danach folgt jeweils ein Expertengespräch, in dem eingeschätzt werden soll, wer sich am besten verkauft hat. Im Fernsehen läuft das Ganze zwar genau nach dem gleichen Schema ab, doch das Kollektiverlebnis im Hammer Forum verstärkt die Bedeutung des Ereignisses. Eine solche Veranstaltung schien mir der geeignete Schlusspunkt für meinen Aufenthalt in den Vereinigten Staaten zu sein, denn schon Alexis de Tocqueville hat vor bald zweihundert Jahren die Stärke der Demokratie in Amerika mit ihren meinungsfreudigen Versammlungen begründet.

Als Schauplatz der Gesprächsrunden hat die Demokratische Partei diesmal Detroit ausgesucht, dem Bundesstaat Michigan wird besondere Bedeutung bei der kommenden Präsidentschaftswahl beigemessen; neben Pennsylvania und Wisconsin galt Michigan vor vier Jahren als Schlüsselstaat beim Sieg von Donald Trump über Hillary Clinton, und die Demokraten haben sich fest vorgenommen, 2020 den Republikanern dort jeweils wieder den Rang in der Wählergunst abzulaufen. Es wird auf Seiten der Demokraten zu viel Symbolpolitik betrieben, während Präsident Trump munter Tweets und Fakten setzt.

Gastgebender Sender ist diesmal CNN; auch hier wechselt man von Diskussion zu Diskussion ab. Auf die zwei Stunden, die in Miami für jeden der beiden Abende reserviert waren, hat man noch jeweils eine halbe draufgepackt. Dafür sollen die Redezeitbegrenzungen konsequenter eingehalten werden als vor vier Wochen, aber das bleibt ein frommer Wunsch. Bei den knappen Vorgaben wären auch nur *sound bites* herausgekommen, gut geeignet für Zitate in Tweets, wie sie auf vier weiteren Leinwänden im Forum laufend eingeblendet werden, ansonsten jedoch Bankrotterklärungen des politischen Diskurses. CNN stört das offenbar nicht. Der Sender hat ja auch ordentlich Werbezeit verkauft – wie Bernie Sanders bitter anmerkt, vor allem an die Großkonzerne, die er und Warren besonders auf dem Kieker haben.

Diesen beiden Kandidaten sind als den beliebtesten des Abends die Plätze in der Mitte zugewiesen worden, und sie scheinen einen Nichtangriffspakt verabredet zu haben, so gut ergänzen sich ihre Positionen, die nur darin voneinander abweichen, dass Warren konsequent von «change» spricht, wo Sanders diesmal explizit «revolution» proklamiert. Selbst die moderateren Konkurrenten gehen kaum einmal in den Infight, nur John Delanay, der steinreiche Parlamentsabgeordnete aus Maryland, bezieht einen dezidiert antiprogressiven Standpunkt, was ihn im Vergleich zu den heute groß auftrumpfenden alten Hasen Warren und Sanders zwar argumentativ nicht gut aussehen lässt, ihm aber sicher die Gunst des rechten Parteiflügels verschaffen wird. Wenn Joe Biden morgen wieder versagen sollte, dann könnte Delanays Stunde schlagen.

Ansonsten gelingt es nur zwei weiteren Teilnehmern der Runde, sich zu profilieren: Pete Buttigieg und ausgerechnet Marianne Williamson, die in Miami kaum zu Wort gekommen war. Diesmal gibt sie die radikalste Kandidatin und verlangt die Zahlung von zwei- bis fünfhundert Milliarden Dollar an die schwarze Bevölkerung als Entschädigungszahlung für die Folgen der Sklaverei. Alles kann die sonst von ihr so vehement eingeforderte Liebe also doch nicht leisten. Das eindrucksvollste rhetorische Manöver aber liefert Elizabeth Warren, die Delanays wiederholte Mahnung zum Realismus mit der Bemerkung kontert, sie verstünde nicht, wieso man sich als Präsidentschaftskandidat aufstellen lassen wolle, um dann auf der Bühne zu verkünden, für was man alles nicht kämpfen dürfe. Nicht nur in Detroit jubelt ihr dafür der Saal zu, auch im weit entfernten Hammer Forum gibt es in diesem Augenblick kein Halten vor Begeisterung. Hier geht man richtig mit, vor allem seit es gegen Abend proppenvoll geworden ist. Anscheinend sind etliche Zuschauer direkt aus dem Büro ins Museum gefahren.

Zur Expertenrunde nach der Fernsehdiskussion werden der demokratische Politstratege Zacharie Boisvert, die Politikredakteurin der an ein junges schwarzes Publikum gerichteten Internetplattform «Blavity» Kandist Mallet, die Juraprofessorin Franita Tolson von der USC und der Politikberater und frühere Antikriegs-Aktivist Bill Zimmerman aufs Podium gebeten. Damit setzt sich die Debatte vom Bildschirm nun leibhaftig hier im Raum fort. Und wieder diskutieren nur Parteigänger der Demokraten miteinander. Irgendwann fragt Boisvert ins Publikum, ob denn überhaupt ein Republikaner vertreten sei. Niemand meldet sich. «Das ist eben L.A.», lacht Boisvert. Es ist aber eigentlich zum Weinen. So versichert man sich wieder nur gegenseitig der ohnehin fertigen Meinung. Das Museum hätte als Organisator wenigstens auf der Bühne für einen Widerpart sorgen können. Aber da sich die Besucher bei der Diskussion vor allem über die Fragestellungen der CNN-Moderatoren erregen, die ihnen zu nahe an republikanischen Begrifflichkeiten waren, kann man sehen, dass abweichende Standpunkte in dieser Versammlung gar nicht gewünscht sind. Tocqueville dürfte angesichts der Kultur der amerikanischen Demokratie heute zum Skeptiker werden.

31. Juli   Al Jaffee ist achtundneunzig Jahre alt, Sergio Aragonés einundachtzig. Beide sind noch beruflich aktiv, und ihr Arbeitsplatz trägt den Namen «Mad». Der wird jetzt jedoch geschlossen: Das Magazin stellt zwar nicht sein Erscheinen ein, wird aber nach der kommenden August-Ausgabe keine neuen Inhalte mehr in Auftrag geben, sondern in Zukunft seine zweimonatlich erscheinenden Hefte mit dem reichen Material aus siebenundsechzig Jahren Satireproduktion bestreiten. Jaffee und Aragonés, die letzten überlebenden Zeichner aus der Blütezeit von «Mad», werden also zwangspensioniert, ihre früheren Arbeiten aber weiter gedruckt. Man wünschte sich, «Mad» hätte den Anstand gehabt, zumindest den hundertsten Geburtstag von Jaffee abzuwarten, ehe man ihn und seinen Kollegen lebendig begräbt. Aber ein Blatt, das seine Mitarbeiter traditionell nur als «die übliche Bande von Idioten» ausweist, muss wohl selbst auch nicht klüger agieren.

Zugleich wird das Heft künftig nicht mehr über Kioske vertrieben, sondern nur noch im Abonnement oder in Comic- und Buchläden verkauft. Das trägt einer Entwicklung Rechnung, die Presseerzeugnisse immer mehr zu Insider-Produkten für eine Gruppe von bereits Eingeweihten macht – analog zum Echokammer-Effekt im Internet oder gestern bei der demokratischen Präsidentschaftsbewerber-Diskussion. Alles dreht sich nur noch um die eigene Peergroup, Andersdenkende zu erreichen oder gar zu überzeugen, ist aufwendig, kostspielig und somit uninteressant. Natürlich nur aus ökonomischem Blickwinkel, nicht aus einem intellektuellen. In der Redaktion von «Mad» dürfte niemand glücklich sein über die von der Geschäftsführung auferlegte Selbstbeschränkung auf die «usual gang of readers». Aber E.C. Publications, der Comicverlag, dem der Erfolg des 1952 gegründeten «Mad» den Fortbestand sicherte, nachdem in den fünfziger Jahren die bis dato sichere Einnahmequelle von Horror- und Verbrechercomics unter dem moralischen Druck der Politik zu versiegen drohte, sieht darin heute die einzige Existenzmöglichkeit für das Magazin: nur noch Nostalgie. Das Heft mag dadurch gerettet werden, für Satire ist Recycling das Todesurteil.

Die Juni-Nummer von «Mad», die vorletzte mit neuen Beiträgen, ist mein letzter Buchkauf in den Vereinigten Staaten geworden, und dafür musste ich am vergangenen Sonntag in ein Comic-Spezialgeschäft, weil das Heft schon jetzt von keinem mir bekannten Kiosk mehr geführt wurde. Im Nachhinein war das ein Glück, denn hier auf dem Flughafen, wo ich diesen Eintrag schreibe, gibt es «Mad» auch nicht. Es kostet knapp sechs Dollar, aber wenn man abonniert, bekommt man einen ganzen Jahrgang, also sechs Hefte, für insgesamt fünfzehn, und wenn man gar zwei Abos abschlösse (eines etwa als Geschenk für jemand anderen), kostete das zweite sogar nur noch zehn. Solch extreme Preisunterschiede zwischen Abonnement und Einzelverkauf gibt es auch bei der renommiertesten aller amerikanischen Zeitschriften, dem «New Yorker». Dessen Einzelhefte kosten 8,95 Dollar, das Jahresabo mit fünfzig Ausgaben dagegen nur den Spottpreis von fünfzig. Nicht mit dem dabei noch verbliebenen Preis von einem Dollar pro Heft, sondern mit der dokumentierten Aufmerksamkeit wird da bezahlt. In Zeiten, als im «New Yorker» noch viel geworben wurde, mag das vernünftig gewesen sein. Heute ist sein kostspieliger Qualitätsjournalismus wirtschaftlicher Wahnsinn, aber ein Medienkonzern wie Condé Nast kann sich ein Prestigezuschussprojekt wie den «New Yorker» leisten; ein kleines Verlagshaus wie E. C., das außer «Mad» nichts Nennenswertes vertreibt, kann es nicht.

Vor ein paar Jahren ist E. C. von New York hierher nach Los Angeles umgezogen, in die Alameda Avenue in Burbank. Das war der erste Bruch mit der eigenen Tradition, und die Zeitschrift hat sich seitdem sehr verändert, weil man durch den Ortswechsel einige langjährige Beiträger verloren hat. Aber ganz verabschieden wollte und konnte man sich nicht vom Ruhm früherer Tage. Da ist etwa in jedem Heft weiterhin Jaffees berühmtes Einklappbild oder eine neue Folge von «Spy vs. Spy», seit nunmehr fast dreißig Jahren von Peter Kuper gezeichnet, der die Serie von ihrem Erfinder Antonio Prohías übernahm, dessen Name in jeder Episode irgendwo in Morseschrift untergebracht wird. Der Respekt vor den Altmeistern des Nonsens, wie «Mad» ihn groß gemacht hat, vor Satiregöttern wie Harvey Kurtzman, Basil Wolverton, Mort Drucker, Don Martin oder eben Jaffee und Aragonés, war immer Bestandteil der Heftkultur. Man wird sich nun darauf herausreden, dass man künftig mit jeder Ausgabe noch intensiver an sie erinnere, indem man ihre alten Geschichten nachdruckt, aber das werden papierne Grabplatten sein. Ich habe es mir in der aktuellen Nummer ja ansehen können, der als Beilage ein Faksimile der ersten Ausgabe von «Plop!» beigeheftet ist, einem von 1973 bis 1976 erschienenen Humormagazin des Comicverlags DC, das von vielen «Mad»-Stammzeichnern beliefert wurde. Pressegeschichtlich interessant, aber nach 46 Jahren ohne jeden Belang für das, was den «Mad»-Mythos ausmacht: Kulturkritik der unmittelbaren Gegenwart.

Dabei müssten im Moment doch goldene Zeiten für Satire in den Vereinigten Staaten herrschen. Und tatsächlich wird auf der Rückseite des von mir erworbenen Heftes ein Sammelband mit «Mad»-Beiträgen über Donald Trump aus den ersten beiden Jahren seiner Präsidentschaft beworben. Auch solch eine einträgliche aktuelle Zweitverwertung wird es künftig nicht mehr geben, weil ja kein neues Material mehr dazukommt. Und Hand aufs Herz: Möchten wir heute ganze Anthologien mit Kennedy-, Nixon- oder Reagan-Verspottungen lesen? Oder auch nur Einzelbeiträge dieser Art, wie sie das neue Konzept des dann wohl sehr alt aussehenden «Mad» präsentieren wird? Aus historischem Interesse vielleicht, gewiss nicht mehr aus politischem.

Dass «Mad» just seine kulturelle Relevanz verliert, als ich das Land verlasse, ist eine böse Pointe; mit dem Magazin hatte ich bislang in Europa den Kontakt zum Geschehen in einem Land halten können, das gerade in diesem Zerrspiegel zur Kenntlichkeit fand. Das vorletzte «Mad»-Heft nach bewährtem Rezept wird mich daran erinnern. Sicher ist vieles darin einfach Blödelei, und über das Niveau der jüngeren Zeichner kann man trefflich streiten. Aber nehmen wir nur das Titelblatt dieser Juni-Ausgabe, wie immer mit dem unverkennbaren Bubengesicht von Alfred E. Neumann versehen: rote Haare, Sommersprossen, Zahnlücke im grinsenden Mund. Gezeichnet hat das Umschlagmotiv ein gewisser Chris Wahl, über den ich nicht viel wusste. Er hat jedoch derart genau den Stil der klassischen Coverbilder von Norman Mingo getroffen, dass eine Brücke geschlagen wird zwischen dem 1973 in Australien geborenen Wahl und seinem 1896 zur Welt gekommenen amerikanischen Vorbildner. Und Mingo hat in der Figur Alfred E. Neumanns wiederum eines seiner Vorbilder weiterleben lassen, das so alt war wie er selbst: das Yellow Kid von Richard F. Outcault. «Mad» war bislang ästhetisch meist auf der Höhe gleich mehrerer Zeiten und dadurch zeitlos, solange die Satire nur zeitgemäß geriet. Das will sie nun gar nicht mehr, und die Selbstbezüglichkeit, die den Charme der Lektüre von «Mad» ausmachte, aber nicht dessen gesellschaftspolitische Bedeutung, wird künftig zum einzigen Verkaufsargument werden. Doch permanentes Selbstlob und ermüdende Wiederholungen haben wir genug in der gegenwärtigen amerikanischen Kultur. Zurück in Europa, werde ich diesen Aspekt meines Aufenthalts nicht vermissen. Aber dass «Mad» nicht mehr über diese gegen-

wärtige amerikanische Kultur witzeln, spötteln, blödeln soll,
das schon.

1. August

Das ist der einzige Eintrag, der nicht auf amerikanischem Boden entstanden ist: der hundertvierundzwanzigste. Diese Zahl ist mir in Los Angeles schon einmal begegnet: in der Kathedrale «Our Lady of the Angels». Der beeindruckendste Blickfang in deren Innenraum ist ein zwanzig Wandteppiche umfassender Bilderzyklus von John Nava namens «Die Kommunion der Heiligen». Er zeigt auf beiden Seitenwänden des Mittelschiffs insgesamt hundertvierundzwanzig Personen, Heilige und Selige aus allen christlichen Epochen bis hin zu Johannes XXIII., sozusagen die Schutzengel des Gotteshauses. Und nun ist mir diese himmlische Zahl auch noch in dieses Tagebuch aus der Stadt der Engel geraten.

Was bedeuten hundertvierundzwanzig Tage? Einen Bruchteil Leben, nur ein wenig mehr als ein Drittel des Jahres 2019, aber eine überreiche Erfahrung in einem Amerika im Zustand der gesellschaftlichen Spaltung, kurz vor der nächsten Präsidentschaftswahl, in der sich nach allen Erkenntnissen meines Aufenthalts diese Spaltung noch einmal vertiefen wird. Ich habe ein Land gesehen, in dem gegenwärtig die Brücken über den Atlantik abgebrochen werden, die vor fünfundsiebzig Jahren, am Ende des Zweiten Weltkriegs, errichtet worden sind. Nicht nur, weil ich in Kalifornien gelebt habe, ist mir klargeworden, dass der Blick nach Asien für Amerikaner mittlerweile viel selbstverständlicher ist als der auf Europa. Die transpazifische Konkurrenz mit China bestimmt ihr Verhalten, und der Nahe Osten gilt als wunder Punkt der Welt.

Und doch habe ich auch über meine Heimat etwas gelernt. Vier Monate im Haus von Thomas Mann in Pacific Palisades – das verändert den Blick auf Amerika und Deutschland gleichermaßen. Erfahrungen mit der Auseinandersetzung innerhalb einer Demokratie, wie die Familie Mann sie in der McCarthy-Ära gemacht hat, sind mit einem Mal wieder zu aktuellen Bezugspunkten für Bürger der Vereinigten Staaten geworden, wie ich aus vielen Gesprächen gelernt habe. Obwohl ich auf den Spuren des deutschen Exils gewesen bin, ist mir das globale gesellschaftliche Versuchslabor, das Los Angeles darstellt, immer deutlicher geworden. Was hier geschieht, steht überall bevor. Und ich stieß auf Künstler oder Autoren, die schon vor langer Zeit ein Amerika vorausgesehen haben, wie wir es nie für möglich gehalten hätten, aber nun erleben. Ich bin ein Alteuropäer, der die Neue Welt gesehen hat. Je näher der Abreisezeitpunkt rückte, desto weniger wollte ich meine Erkundungen beenden. Desto klarer wurde mir jedoch auch, dass diese Ab- eine Heimreise bedeutete: in die mir genehmere vertraute Welt. Dabei bot das Thomas Mann House so viel Anknüpfungspunkte ans Eigene wie in Amerika nur möglich. Fremd war ich eingezogen, befremdet zieh ich aus. Doch auch bereichert.

Dank an

Nikolai Blaumer, Tyler Smith und Josh Widera vom Thomas Mann House in Pacific Palisades

Zaia Alexander, Stefanie Diekmann und Burkhard Neie in Berlin

Brigitte Diefenbacher von der Berthold Leibinger Stiftung in Ditzingen

Petra McGillen in Hanover

Jürgen Kaube, Sandra Kegel, Anja Linek, Tilman Spreckelsen und Jan Wiele von der «Frankfurter Allgemeinen Zeitung»

Martina Gerhardt

das Thomas Mann House, in dem das Buch entstand